Gespräche über Lernen – Lernen im Gespräch

Heike de Boer · Marina Bonanati (Hrsg.)

Gespräche über Lernen – Lernen im Gespräch

Herausgeber
Heike de Boer
Marina Bonanati

Universität Koblenz-Landau
Koblenz, Deutschland

ISBN 978-3-658-09695-3   ISBN 978-3-658-09696-0 (eBook)
DOI 10.1007/978-3-658-09696-0

Die Deutsche Nationalbibliothek verzeichnet diese Publikation in der Deutschen Nationalbibliografie; detaillierte bibliografische Daten sind im Internet über http://dnb.d-nb.de abrufbar.

Springer VS
© Springer Fachmedien Wiesbaden 2015
Das Werk einschließlich aller seiner Teile ist urheberrechtlich geschützt. Jede Verwertung, die nicht ausdrücklich vom Urheberrechtsgesetz zugelassen ist, bedarf der vorherigen Zustimmung des Verlags. Das gilt insbesondere für Vervielfältigungen, Bearbeitungen, Übersetzungen, Mikroverfilmungen und die Einspeicherung und Verarbeitung in elektronischen Systemen.
Die Wiedergabe von Gebrauchsnamen, Handelsnamen, Warenbezeichnungen usw. in diesem Werk berechtigt auch ohne besondere Kennzeichnung nicht zu der Annahme, dass solche Namen im Sinne der Warenzeichen- und Markenschutz-Gesetzgebung als frei zu betrachten wären und daher von jedermann benutzt werden dürften.
Der Verlag, die Autoren und die Herausgeber gehen davon aus, dass die Angaben und Informationen in diesem Werk zum Zeitpunkt der Veröffentlichung vollständig und korrekt sind. Weder der Verlag noch die Autoren oder die Herausgeber übernehmen, ausdrücklich oder implizit, Gewähr für den Inhalt des Werkes, etwaige Fehler oder Äußerungen.

Lektorat: Stefanie Laux, Stefanie Loyal

Gedruckt auf säurefreiem und chlorfrei gebleichtem Papier

Springer Fachmedien Wiesbaden ist Teil der Fachverlagsgruppe Springer Science+Business Media
(www.springer.com)

Inhalt

Einleitung: Gespräche über Lernen-Lernen im Gespräch 7

Teil I Grundlegendes

Lernprozesse in Unterrichtsgesprächen 17
Heike de Boer

Partizipation in Unterrichtsgesprächen 37
Birgit Brandt

Unterrichtsgespräche aus semiotisch – pragmatistischer Perspektive 61
Roswitha Lehmann-Rommel

Sprachtheoretische Grundlagen des Dialogs nach
Wilhelm von Humboldt 83
Susanne Gölitzer

Dialogische Gespräche 103
Mechtild Beucke-Galm

Teil II Gespräche über Lernen

Schüler-Lehrer-Gespräche: Lernberatung 125
Karin Bräu

Reflexion und Partizipation in Lerngesprächen 143
Malte Fischer, Marie-Christin Wagner und Marek Breuning

Portfoliogespräche 161
Frauke Grittner

Selbsteinschätzung in Lehrer-Schüler-Eltern-Gesprächen 177
Marina Bonanati

Eltern-Lehrer-Gespräche: Orte der interaktiven Aushandlung
von Verantwortung 195
Claudia Knapp

Teil III Lernen im Gespräch

Das mathematische Gespräch in Lernpartnerschaften im
Mathematikunterricht 213
Gyde Höck

Philosophieren als Unterrichtsprinzip – philosophische Gespräche
mit Kindern 233
Heike de Boer

Literarisches Lernen in Vorlesegesprächen 251
Catharina Fuhrmann und Daniela Merklinger

Gespräche über Experimente 267
Ulrike Eschrich

Transkriptionslegende 283
Index 285
Autor/inn/en 289

Einleitung:
Gespräche über Lernen-Lernen im Gespräch

Gespräche sind konstitutiver Bestandteil schulischen Alltags. Sie können Zugänge zum fachlichen und überfachlichen Lernen sowie zu Schülerperspektiven eröffnen und ebenso verschließen; sie können neugierig und nachdenklich machen, motivieren und Fragen aufwerfen aber auch beschämen oder Ängste und Blockaden auslösen. Denn schulische Gespräche sind in der Regel nicht nur öffentliche Gespräche, die auf der ‚Klassenbühne' stattfinden und von vielen Augen und Ohren verfolgt werden, sie sind auch Bestandteil von Leistungsrückmeldung und -bewertung. SchülerInnen wissen, dass sie nicht frei sind in dem, was sie in schulischen Gesprächen sagen und veröffentlichen. Die durch die Schulpflicht „zwangsgerahmte" Schule (Helsper 2011) provoziert bei SchülerInnen und Lehrkräften Muster und Routinen, mit denen sie sich im schulischen Alltag bewähren, schützen und den schulischen Alltag letztendlich mit hervorbringen.

Der Zusammenhang von professionellem, kommunikativem Lehrerhandeln und der Qualität von Schülerbeiträgen ist empirisch mehrfach belegt und führt zu der Frage, vor welchen Herausforderungen LehrerInnen mit der Gestaltung schulischer Gespräche stehen. Sprachliches Handeln ist flüchtig, situativ, nur bedingt planbar und erfordert im schulischen Kontext sowohl eine Ziel- als auch eine Prozessorientierung. Damit ist sprachliches Handeln für Lehrkräfte immer ein Handeln in Spannungsfeldern. Von ihnen werden curricular eingebettete und an fachlichen Kompetenzen orientierte Unterrichtsplanungen, zugleich aber auch eine an situativen Prozessen orientierte Handlungsflexibilität erwartet. Diese Spannung bezeichnet Helsper als Antinomie von Organisation und Interaktion. Sie ist eine von zahlreichen nicht auflösbaren Spannungsfeldern (vgl. Helsper 2011, S. 156), die den Beruf LehrerIn kennzeichnen und im Schulalltag zu großen Herausforderungen führen. Die Auseinandersetzung mit Antinomien[1] sieht Helsper als Kern des professionellen Lehrerhandelns an. Die Organisation Schule schafft Strukturen, die regelhafte Routinen im Sinne automatisiert ablaufender Handlungsmuster bedingen. Auch Gespräche finden häufig nach festen, ritualisierten Abläufen statt. Diese ritualisierte Organisation der Interaktion ermöglicht einerseits Transparenz, Vertrautheit und Routine, die Sicherheit vermitteln kann. Andererseits provoziert gerade die organisierte Regelhaftigkeit auch Subsumierungen, Kategorisierungen und Stereotypisierungen, die dem situationsspezifischen Handeln von SchülerInnen zu wenig Rechnung tragen. Die bildungspolitisch geforderte Orientierung an Kompetenzen und die Abkehr von kleinteiligen inhaltlichen Vorgaben über Lehrpläne ermöglicht einerseits eine stärkere Prozessorientierung, andererseits verstärken jedoch die zahlreichen Maßnahmen outputorientierter Steuerung eine „Top-Down-Logik", die dieser Perspektive auch entgegenwirkt (vgl. Dreßler 2013, S. 748). So wird zurecht kritisiert, dass ein ökonomisches, von Effizienz, Wettbewerb und Konkurrenz geprägtes Denken dem gemeinsamen Nachdenken und Fragen entwickeln im Unterrichtsgespräch entgegen steht und suggeriert, dass komplexe Denkprozesse über kleinteilig formulierte Teilkompetenzen entwickelt und erfasst werden können (vgl. ebd). Lernen nimmt dagegen oft seinen Ausgang in der Problemhaftigkeit einer Sache, es hat responsiven Charakter und löst im besten Fall das gründliche Nachdenken, das Sich in etwas Versenken und Vertiefen, aus und entfaltet seine Qualität im nicht vorherbestimmbaren Prozess des Gesprächs.

Verschiedene empirische Untersuchungen haben in den letzten Jahren zunehmend problematisiert, dass die Maxime, Unterricht zu öffnen und zu individualisieren, auch dazu geführt hat, die Sachbetrachtung der Selbstregulierung und Selbstständigkeit nachzuordnen (Bräu 2013 und in diesem Band). Die qualitativ empirische Analyse geöffneter Unterrichtssituationen macht sichtbar, dass SchülerInnen in diesen Phasen vor allem lernen, Aufgabenkataloge abzuarbeiten und Materialien ordnungsgemäß zu verwalten (vgl. Breidenstein 2014). Der fachliche Diskurs zwischen SchülerInnen oder SchülerInnen und LehrerInnen findet (zu) wenig statt. Lehrende sind in diesen Phasen „LernbegleiterInnen", die vor allem dazu beitragen, die zunehmende Selbstregulierung zu unterstützen (vgl. Hellrung 2011). Unterschätzt wird die Bedeutung der gezielten und dosierten Lehrerintervention,

---

[1] Helsper unterscheidet Antinomien als Ausdruck der in modernisierten Lebenspraxen angelegten Spannungen, die im Lehrerhandeln eine besondere Zuspitzung erfahren wie zum Beispiel in der Nähe-Distanzantinomie (Nähe aufzubauen und gleichzeitig professionelle Distanz zu wahren), von solchen, die aus der gesellschaftlichen Institutionalisierung des Schulsystems resultieren, z. B. der Antinomie von Selektion und Fördern (vgl. Helsper 2011).

die dazu beitragen kann, Bearbeitetes zu versprachlichen und das noch nicht „Ausdrückbare" im gemeinsamen Gespräch zu entfalten. Miteinander im Gespräch Erklärungen zu suchen, Anschlussfragen zu entwickeln, Fachbegriffe anzubieten und Schülererklärungen aufeinander zu beziehen, erfordert eben auch eine lernende und offene Grundhaltung auf der Seite der Lehrenden. Damit SchülerInnen sich auf eine ‚Anderen zugängliche und ihnen noch unbekannte Welt' beziehen können, sind die Perspektiven der MitschülerInnen elementar, denn manchmal sind es gerade die Fragen der „Anderen", die erst „meine" neuen Antwortmöglichkeiten hervorrufen (vgl. Meyer-Drawe 1996 , S. 95). Birkemeyer u. a. sprechen in diesem Kontext von der Bedeutung der „Resonanzerfahrung im Dialog" (2015, S. 19) für die gemeinsame Konstitution von Sinn im Gespräch.

Die Leitung und Unterstützung schulischer Gespräche hat in diesem Sinne mindestens vier Anforderungsebenen. Sie erfordert von Lehrenden zum einen an die Lebenswelt der Schüler anzuschließen und mit ihnen gemeinsam relevante Themen auszuwählen; zum anderen ist die fachwissenschaftlich-fachdidaktische Expertise notwendig, um den Diskurs fachlich zu durchdringen und zu vertiefen; zum Dritten ist eine auf den Gesprächsprozess fokussierte Handlungsflexibilität bedeutsam, die dazu beiträgt, dass aus vielen individuellen Äußerungen eine kollektive Bedeutungsaushandlung wird, in der die SchülerInnen das bereits Gewusste im Gespräch überschreiten und Neues gelernt werden kann; und zum Vierten ist für diesen Prozess eine forschende Haltung – die Haltung des Lehrers als Lerners – bedeutsam. Übersehen wird in diesem Kontext häufig die Komplexität und Dynamik schulischer Gespräche, denn im Interaktionshandeln werden situative Bedeutungen ausgehandelt, die in einer spezifischen Situation in der Institution Schule entstehen und durch die Anwesenden hergestellt werden. Eine Fokussierung auf den Gesprächsprozess kann dazu beitragen, sensibel für die beteiligten Aktivitäten, Einflüsse und Dynamiken zu werden.

Mit den Beiträgen in diesem Buch möchten wir nicht nur eine Perspektive auf schulisch-unterrichtliche Gespräche einnehmen, die besonders das interaktive und situierte Aushandeln von Bedeutungen und Sinn fokussiert; sondern auch die Bedeutung des fachlich und professionell geleiteten und nicht nur begleiteten Unterrichtsgesprächs herausarbeiten. Diskutiert wird, wie im gemeinsamen Sprechen, Argumentieren und Erklären über Lernen kommuniziert wird und wie Lernen stattfinden kann im Sinne der Überschreitung des bereits Gewussten und der Bearbeitung der eigenen Denkmuster und Routinen. *Gespräche über Lernen und Lernen im Gespräch* sind in diesem Sinne zwei zentrale Perspektiven, die in den folgenden Beiträgen eingenommen werden.

Vor dem Hintergrund dieser Überlegungen gliedert sich das Buch in drei thematische Blöcke:

Das **erste Kapitel** umfasst grundlegende theoretische und empirische Überlegungen. *Heike de Boer* bündelt den Stand der empirischen Forschung zum Thema Unterrichtskommunikation und reflektiert den Lernbegriff. Dabei wird nicht nur die Prozessqualität von Lernen hervorgehoben, sondern auch die Bedeutung kollektiver Lernprozesse in interaktiven Aushandlungen zwischen SchülerInnen fokussiert. Das Zusammenwirken von fachlichen, sozialen und peerkulturellen Faktoren wird auf der Folie schulischer Gespräche als institutionelle Gespräche reflektiert und in der Spannung von Ziel– und Prozessorientierung kommunikativen Handelns diskutiert. *Birgit Brandt* richtet den Blick auf unterschiedliche Sozial- bzw. Kooperationsformen im Gespräch und analysiert die Komplexität der Rollenstrukturen in Unterrichtsgesprächen. Sie zeigt, dass die dichotome Gegenüberstellung der institutionellen Rollen Lehrperson und SchülerIn bzw. der Gesprächsrollen SprecherIn und HörerIn nicht ausreichen und illustriert an verschiedenen Beispielen aus dem Unterrichtsalltag, wie mit der gesprächsanalytischen Perspektive verschiedene Facetten der Partizipationsmöglichkeiten im Unterricht rekonstruiert werden können. *Roswitha Lehmann-Rommel* betrachtet Gespräche aus einem pragmatistischen Verständnis heraus. Mit Dewey und Peirce bestimmt sie die Qualität pädagogischer Prozesse über die Fähigkeit (von LehrerInnen und SchülerInnen) im Gespräch Bedeutungen zu klären und sich bewusst in Zeichensystemen zu bewegen. Wissenserwerb denkt sie im Anschluss an Dewey nicht von einem vorhandenen Wissenskorpus her, sondern von den fluktuierenden Beziehungen, die zwischen Objekten, Zeichen und Bedeutungen hergestellt werden. Anhand der semiotischen Begrifflichkeit zeigt sie, was es bedeutet, Gespräche konsequent von einer dreiwertigen anstelle einer zweiwertigen, polaren Denkform her zu verstehen und expliziert daraus Möglichkeiten sowohl für die Gesprächsführung als auch für die Analyse von Unterrichtsgesprächen. *Susanne Gölitzer* betrachtet Gespräche vor dem Hintergrund der sprachtheoretischen Arbeiten Wilhelm von Humboldts sowie der philosophischen Überlegungen David Bohms. Sie diskutiert Schwierigkeiten der Verständigung als Aufgaben des sprachlichen „In-der-Welt-Seins" und versteht Sprache mit Humboldt als wesentliches Erkenntnisorgan, das individuell oder subjektiv gefasst ist. Mit dem Dialogansatz des Physikers und Philosophen David Bohm wird gezeigt, wie das ‚In der Schwebe halten von Annahmen' eine Möglichkeit bietet, Ordnungen und Kategorien, die in der Kommunikation zwischen Menschen vorgenommen werden, neu zu betrachten. Auch *Mechthild Beucke-Galm* fokussiert die Qualität des Dialogs und reflektiert, inwiefern schulische Gespräche durch die Maximen des sokratischen Dialogs, Bubers Hinwendung zum Anderen sowie Bohms kollektives Erkunden impliziter Ordnungen bereichert werden können. Sie stellt den Dialog als alternative Gesprächsform auch für den schulisch-unterrichtlichen Kontext vor und zeigt, wie ein „geistiger Raum" eröffnet

Einleitung: Gespräche über Lernen-Lernen im Gespräch

wird , der durch Meta-Gesprächskompetenzen der Lehrenden aufrecht erhalten und gefüllt werden kann.

Das **zweite Kapitel** fokussiert Beratungs- und Reflexionsprozesse in schulischen Gesprächen und stellt Ergebnisse der empirischen Unterrichtsforschung in Schulen zu Lehrer-Schüler-Eltern-, Schüler-Lehrer-, Schüler-Schüler-, und Lehrer-Eltern-Gesprächen vor. Den Einstieg in den empirischen Teil des Buches bildet die Auseinandersetzung mit Schüler-Lehrer-Gesprächen in Form der Lernberatung. Der Beitrag von *Karin Bräu* bietet einen Überblick zum Forschungsstand sowie Einblicke in die Praxis der Lernberatung im Kontext individualisierten Unterrichts. Mit Hilfe einer mikroanalytischen Perspektive werden strukturelle Merkmale herausgearbeitet, wird die Behandlung der Lerninhalte problematisiert und schließlich der lehrerseitige Umgang mit Antinomien reflektiert.

Malte Fischer, Marie Christin Wagner und *Marek Breuning* zeigen, wie die Durchführung von Lerngesprächen im ersten Schuljahr möglich gemacht werden kann. Lerngespräche werden hier verstanden als Anlass, Partizipation und Reflexion von Schüler/inne/n zu etablieren. Diese zwei Aspekte werden anhand von Transkriptausschnitten aus dem zweiphasigen Prozess, Lerngespräche im Anfangsunterricht zu etablieren, analysiert. Auch im Beitrag *Frauke Grittners* steht die Reflexion im Mittelpunkt der theoretischen und empirischen Auseinandersetzung und wird im Rahmen von ‚Portfolioarbeit' zur Förderung des selbstregulierten Lernens betrachtet. Eine empirische Auseinandersetzung erfolgt am Beispiel eines Portfoliogesprächs zum Abschluss einer Unterrichtseinheit. Die Analyse wird geleitet von den Fragen, inwieweit Bereiche der kognitiven, metakognitiven und motivationalen Fähigkeiten thematisiert und äußere Lernbedingungen berücksichtigt werden und welche Bedeutung ‚authentisches' Reflektieren hat. Nehmen die ersten drei Beiträge dieses Teils unterrichtliche Gespräche in den Blick, fokussieren die zwei folgenden außerunterrichtliche Gesprächsformen, in die jeweils Eltern als Sorgeberechtigte involviert sind. Durch die curricular verankerte Aufforderung zur ritualisierten Selbsteinschätzung sind das Lernen und seine Reflexion strukturell in sogenannten ‚Lernentwicklungsgesprächen' verankert. *Marina Bonanati* untersucht diese halbjährlichen Gespräche zwischen LehrerIn, SchülerIn und Eltern als Gespräche über ‚Lernen'. Sie analysiert detailliert die Selbsteinschätzung eines Schülers und rekonstruiert so, wie dessen Lernentwicklung im Gespräch konstruiert wird. *Claudia Knapp* verfolgt im Anschluss daran die Frage, wie in Eltern-Lehrer-Gesprächen am Schulanfang die Verantwortung zwischen den Beteiligten bezogen auf das Lernen einer Schülerin ausgehandelt wird. Sie untersucht, wie die Lernentwicklung eines Schulkindes sowie mögliche Fördermaßnahmen in einem Gespräch zwischen einer Mutter und einer Lehrerin besprochen werden und welche Verantwortung die Beteiligten für Lernstand und zukünftige Förderung übernehmen bzw. sich zuweisen.

Im **dritten Kapitel** wird der Blick auf fachdidaktische Gesprächssituationen gerichtet und der Frage nachgegangen, wie Lernen in und durch Gespräche angeregt werden kann und welche Rolle unterschiedliche Lehrerimpulse für die Qualität fachdidaktischer Gespräche haben. *Gyde Höck* fokussiert mit einer interaktionistisch-konstruktivistisch orientierten Perspektive den fachbezogenen Austausch unter Lernenden im Mathematikunterricht. Sie diskutiert, unter welchen Bedingungen es im Gespräch zwischen Grundschulkindern mathematisch wird und welche Lernchancen sich im Rahmen der mathematischen Themenentwicklung eröffnen. Zur Beantwortung dieser Fragen wird zunächst differenziert, welche verschieden gelagerten thematischen Schwerpunkte eines Gesprächs unter Lernpartnern im Mathematikunterricht der Grundschule auftreten. Anknüpfend an das Beispiel einer Gruppenarbeit wird die Komplexität eines inhaltsbezogenen Fachgesprächs unter Grundschulkindern mit seinen Lernchancen und -hürden rekonstruiert. Diskutiert wird, inwieweit der mikroanalytische Blick auf mathematische Gespräche für eine lernförderliche Gesprächskultur sensibilisieren kann.

Heike de Boer geht den Fragen nach, wie es in philosophischen Gesprächen mit Kindern gelingt, im partizipativen Dialog gemeinsam Nachdenklichkeit herzustellen. Zur Beantwortung dieser Frage wird zunächst reflektiert, wie mit Kindern philosophiert werden kann. Auf der Grundlage qualitativ empirischer Untersuchungen zum „exploratory talk" und „critical thinking" werden Herausforderungen an das Lehrerhandeln in philosophischen Gesprächen expliziert. An einem Fallbeispiel wird anschließend Partizipation interaktionsanalytisch rekonstruiert und in Prozessaktivitäten überführt, die sichtbar machen, wie es zur Entstehung neuer und relationaler Perspektiven im philosophischen Gespräch kommen kann. Sichtbar gemacht wird auch, inwiefern eine gesprächsanalytische und forschende Perspektive zur Professionalisierung der Gesprächsführung beitragen kann. *Catharina Fuhrmann und Daniela Merklinger* reflektieren, wie in Vorlesegesprächen Prozesse literarischen Lernens angestoßen und wie im Gespräch über Literatur der Dialog mit dem Text angeregt werden kann. Sie stellen die Konzeption des Vorlesegesprächs und Aspekte literarischen Lernens vor und rekonstruieren an einem Fallbeispiel, wie literarisches Lernen im Vorlesegespräch im Zusammenspiel von Text, Bild und Impuls des Vorlesers/der Vorleserin entstehen kann. *Ulrike Eschrich* beschäftigt sich mit Gesprächen über Experimente und interessiert sich für Versprachlichungen, Vorstellungen und Denkwege, die im gemeinsamen Miteinander erkennbar werden. Sie stellt den sokratisch-genetisch-exemplarischen Sachunterricht als Ansatz zur Umsetzung einer ganzheitlichen Sprachbildung vor und zeigt anhand einer Experimentiersituation, wie Kinder gemeinsam nach einer Problemlösung suchen. Abschließend diskutiert sie, welche Lehrerimpulse hilfreich gewesen wären, um ein vertiefendes fachliches Verständnis der Situation zu erreichen und bildungssprachliche Prozesse in Gang zu setzen.

Mit diesem Buch möchten wir einen Beitrag zum Diskurs über Chancen und Grenzen des Lernens in und durch Gespräche leisten. Wir freuen uns darüber, Experten und Expertinnen gewonnen zu haben, die mit ihren Beiträgen geholfen haben, die Thematik des Bandes auszudifferenzieren und zu illustrieren, und bedanken uns dafür bei allen Autorinnen und Autoren ausdrücklich. Für wertvolle Unterstützung bei Korrekturen und Formatierung danken wir insbesondere Catharina Fuhrmann und Mathis Krtschil.

Frankfurt im März 2015　　　　　　　　Heike de Boer und Marina Bonanati

Literatur

Bräu, K. 2013. Zwischen Lerninhalten und Prozessunterstützung, zwischen Sache und Person. Eine Analyse von Lernberatungsgesprächen im individualisierten Unterricht. *Zeitschrift für interpretative Unterrichtsforschung* 2: 21-38.
Birkemeyer, J., A. Combe, U. Gebhard, T. Knuth, und M. Vollstedt. 2015. Lernen und Sinn. Zehn Grundsätze zur Bedeutung der Sinnkategorie in schulischen Bildungsprozessen. In *Sinn im Dialog. Zur Möglichkeit sinnkonstituierender Lernprozesse im Fachunterricht*, hrsg. A. Combe, 9-33. Springer VS Verlag: Wiesbaden.
Breidenstein, G. 2014. Die Individualisierung des Lernens unter den Bedingungen der Institution Schule. In *Individuelle Förderung in der Gemeinschaft*, hrsg. B. Kopp, S. Martschinke, M. Munser-Kiefer, M. Haider, E.-M. Kirschhock, G. Ranger, und G. Renner, 35-51. Wiesbaden: Springer VS Verlag.
Dreßler, J. 2013. Schule der Pädagogen oder Schule der Ökonomen? Das Philosophieren mit Kindern und die Frage der Unterrichtskultur. *Pädagogische Rundschau* 67 (6): 741-752.
Helsper, W. 2011. Lehrerprofessionalität – der strukturtheoretische Professionsansatz zum Lehrerberuf. In *Handbuch der Forschung zum Lehrerberuf*, hrsg. E. Terhart, H. Bennewitz, und M. Rothland, 149-171. Münster u. a.: Waxmann.
Hellrung, M. 2011. *Lehrerhandeln im individualisierten Unterricht*. Opladen & Farmington Hills: Barbara Budrich.
Meyer-Drawe, K. 1996. Vom anderen lernen. Phänomenologische Betrachtungen in der Pädagogik. In *Deutsche Gegenwartspädagogik* (Bf. 2), hrsg. M. Borelle, und J. Ruhloff, 85-98. Baltmannsweiler: Schneider Hohengehren.

Teil I
Grundlegendes

Lernprozesse in Unterrichtsgesprächen

Heike de Boer

Zusammenfassung

Wie geschieht Lernen in Unterrichtsgesprächen und was wissen wir über die Bedeutung von Unterrichtsgesprächen für Lern – und Bildungsprozesse? Diese Fragen stehen im Mittelpunkt dieses Beitrages und werden mittels der Reflexion des Lernbegriffs und aktueller Ergebnisse der empirischen Unterrichtsforschung diskutiert. Dabei wird nicht nur die Prozessqualität von Lernen hervorgehoben, sondern auch die Bedeutung kollektiver Lernprozesse in interaktiven Aushandlungen zwischen SchülerInnen. Das Zusammenwirken von fachlichen, sozialen und peerkulturellen Faktoren wird auf der Folie schulischer Gespräche als institutionelle Gespräche reflektiert und in der Spannung von Ziel- und Prozessorientierungen kommunikativen Handelns diskutiert.

1 Bildende und partizipative Gespräche

Sophie: also, ich finde überall ist glück (4.0). (--) lisa
Lisa: ich finde es nicht überall glück zum beispiel auf einer be-erdigung, (--) da ist kein glück. (8.0) tim
Tim: für manche leute ist das schon glück. (5.0)
Max: wie meinste denn das?
Kind: [wie meinst du das?]
Kinder: [ja, erklär uns wie du das meinst]

Mit der Frage wie SchülerInnen im Gespräch lernen, rückt die Prozessqualität von Lernen als Produkt einer interaktiven Aushandlung in den Fokus. So wird in diesem kleinen Gesprächsausschnitt[1] sichtbar, dass der interaktive Austausch an wechselseitiges Deuten und Interpretieren gebunden ist. Die kurze Sequenz über Glück zeigt in welcher Weise sich die beteiligten Kinder darüber verständigen, wie sie das Gesagte und Gehörte verstehen. Lernen in der kollektiven Interaktion erfordert Verständigung und Verstehen. Verstehen wiederum macht das wechselseitige Herstellen von Anschlüssen und Bezügen im Gespräch notwendig. Im Beispiel teilt Lisa Sophies Überlegung nur bedingt und formuliert eine Ausnahme, indem sie die generalisierende Äußerung „überall" sei Glück mit einem Gegenbeispiel ausdifferenziert. Tim greift Lisas Aussage auf und entwickelt einen Sonderfall; er verweist darauf, dass für „manche Leute" eine Beerdigung durchaus Glück sei. Da er nicht näher ausführt, was er damit meint, provoziert er die erstaunten Nachfragen mehrerer Kinder, die nun eine genauere Erklärung von ihm fordern und seine Äußerung offensichtlich nicht nachvollziehen können. Lernprozesse können in diesem Sinne angestoßen werden, wenn im kollektiven Gespräch Neues, Unerwartetes und Irritierendes hervorgebracht wird. In diesem Beispiel ist es die Irritation und Neugier auslösende Äußerung von Tim, dass auch auf Beerdigungen Glück zu finden sei. Diese ermöglicht, dass die Kinder nachfolgend eine Erklärung aushandeln, die zu neuen Erkenntnissen führt.

Was Lernen ist und wie es geschieht wird im wissenschaftlichen Diskurs in Abhängigkeit vom erkenntnistheoretischen Interesse unterschiedlich aufgefasst.

Der Lernbegriff

Lernen in Unterrichtsgesprächen aufzuspüren, erfordert die Prozessqualität des Lernens näher zu betrachten; demzufolge stehen hier Auseinandersetzungen mit dem Lernbegriff im Mittelpunkt, die sich für den kollektiven „Herstellungsprozess" von Lernen interessieren. Für den Erziehungswissenschaftler Scholz ist Lernen ein individueller Prozess, der die Teilhabe am Kollektiv voraussetzt (Scholz 2009, S. 167). Lernen ist ein kommunikativer Akt, in dem sich die Teilnehmenden gegenseitig vermitteln als was sie die wahrgenommenen Handlungen deuten. Scholz legt die Annahme zu Grunde, dass es zu kulturellen Ausdifferenzierungen gehöre, dass Menschen gelernt haben, mit einer bestimmten Handlung eine Reihe von unterschiedlichen Bedeutungen zu verbinden. Lernen beschreibt in diesem Sinne nicht Handlungen, sondern Deutungen von Handlungen oder die

---

[1] Dieses Transkript entstand im WS 2013/14 an der Universität Koblenz im Rahmen des Seminars: Philosophieren mit Kindern. Im Kontext dieses Seminars bereiten Studierende mehrere philosophische Gespräche vor, führen diese durch und analysieren sie auf der Basis von Audiomitschnitten und Transkripten.

Intentionalität von Handlungen, die zugleich immer in Beziehungshandlungen eingebettet sind. Damit ist Lernen auch ein sozialer Prozess (vgl. 2002, S. 136f.)

Der Soziologe Miller spricht von kollektiven Lernprozessen, die als dialogische Prozesse und als Koordination mentaler Fähigkeiten zwischen mindestens zwei Individuen stattfinden. Er verortet sich mit dieser Position im genetischen Interaktionismus (Miller 1986, S. 17). Fundamentales Lernen setzt kollektive Lernprozesse voraus, so Miller. Er versteht kollektive Lernprozesse als Form des an Verständigung orientierten, sozialen und kommunikativen Handelns, dass sich wesentlich in Form von kollektiven Argumentationen ausdrückt (ebd., S. 10).

Miller konstatiert, dass eine soziale Gruppe zwar nur lerne, wenn der Einzelne dazu in der Lage sei, doch dass die einzelne Person nur Neues lernen könne, wenn ihre Lernprozesse eine „integrative Komponente eines *sozialen Interaktionsprozesses* darstellen" (Miller 1986, S. 5). Mit seinen qualitativ empirischen Analysen von Gesprächen unter Kindern kann er sichtbar machen, dass die Partizipation in der sozialen Gruppe und die Interaktion an sozialen Prozessen zu fundamentalen Lernschritten für das Individuum führen; denn dadurch erfahre die einzelne Person neue Deutungsaspekte, die individuelle Lernprozesse auslösen können. Konstitutiv für diesen Prozess ist, so Miller, die *kollektive Argumentation*, die (im besten Fall) zur Entwicklung des Neuen als gemeinsam geteilten Wissens führt, das umfassender ist als die additive Summe der Einzelbeiträge. Das Lerngeschehen an sich ist in diesem Prozess nicht beobachtbar, sondern nur die Veränderungen, die sich im Gespräch bei den Beteiligten vollziehen sowie an den als gemeinsam geteilt und akzeptiert entwickelten Deutungen sichtbar werden. Damit ist Lernen an *Partizipation*, als *Teilhaben an der gemeinsamen Sinnkonstitution* gebunden. Durch kollektive Partizipation kann ein gemeinsamer Denkprozess einen Denkfluss hervorbringen, dessen Produkt über die Einzeläußerungen hinaus geht. Partizipation ist in diesem Kontext allerdings nicht zwingend an die aktive, sprechende Teilnahme der Beteiligten gebunden. So zeigt Brandt in diesem Band mit der Darstellung des „Rezipientendesigns" wie auch unterschiedliche Formen des Zuhörens Teil der Partizipation sind.

Die Entstehung von gemeinsamen Sinn kann nicht von außen verabreicht oder verordnet werden (vgl. Combe & Gebhard 2012) und benötigt Verweilräume für eine an *Verstehen* orientierte Interaktion im Unterricht. Sie erfordert Zeiten und Räume für eine suchend-interpretative Annäherung an den fachlichen Gegenstand (ebd., S. 226) und die zyklische Entfaltung von Sinn im Gespräch z. B. auch durch Rück- und Vorgriffe, Gesprächsschleifen und Pausen. Combe und Gebhard bezeichnen Momente des Verstehens im Gespräch als „Inseln der Einmaligkeit des Person-Gegenstand-Verhältnisses" (ebd., S. 228).

Auch Kolenda (2010) interessiert sich für *Verstehensprozesse* und untersucht vor dem Hintergrund der Philosophie Gadamers und Rotrys Unterrichtsgespräche als *bildende Gespräche*, in denen Lernprozesse daran erkannt werden, dass sich das Denken, die Einstellungen, die Blickwinkel der Beteiligten geändert haben und es zum Einlassen neuer Facetten und Andersartigkeiten im Gespräch kommt. Die Irritation im eingangs zitierten Beispiel könnte in diesem Sinne ein Ausgangspunkt für die Auseinandersetzung mit neuen Blickwinkeln sein. Zu diesem Lernprozess gehört, so Kolenda, dass im Gespräch der Umgang mit der Sprache der Anderen gelingt; mit dem „Jargon"[2] im Sinne der eigensinnigen Sprache (Kolenda 2010, S. 37) des Anderen. Die Entstehung neuer Fragen auf der Seite der SchülerInnen und die *Herstellung von Anschlüssen im Sinne des „Produktivmachens"* unterschiedlicher Bedeutungen sind aus Kolendas Sicht wichtige Kennzeichen für das bildende Gespräch. Anschließend an Gadamer spricht Kolenda von der *„Kunst des Fragens"* und „Weiterfragens". Sie untersucht unter welchen Bedingungen elaborierende Fragen, als entwicklungstreibende Fragen, die dem Gespräch eine Wendung geben oder einen dialogischen Aushandlungsprozess auslösen, entstehen (ebd., S. 89). Als entscheidendes Merkmal arbeitet sie eine *reziproke Gesprächsstruktur* (ebd., S. 164) zwischen Lehrenden und SchülerInnen heraus, die dazu führt, dass auch das nicht „Ausdrückbare", der „Sinnüberschuss" in sprachliche Artikulation überführt wird (ebd., S. 153). Die Entstehung von *SchülerInnenfragen* im Unterrichtsgespräch ist allerdings aktuell noch ein tendenziell eher unterschlagener Forschungsbereich. Brinkmann und Miller (2013) untersuchen, wie Kinderfragen zum Ausgangspunkt des Sachunterrichts gemacht werden können. Sembill und Gut-Sembill (2004) konstatieren in ihrer Untersuchung, dass es einen *„Fragenüberhang"* im Unterricht gibt und SchülerInnen viele ihrer Fragen zurückhalten. Anders sei dies in Gruppenarbeiten; dies belegen auch amerikanische Untersuchungen mathematischer und philosophischer Gruppenarbeitsprozesse (Littleton & Mercier 2013), in denen sich zeigt, dass SchülerInnen in der Gruppenarbeit nicht nur mehr Fragen aneinander stellen, sondern auch Fragen mit einem höheren kognitiven Niveau, z. B. *Deep-Reasoning Fragen* äußern.

Eine an Verstehensprozessen und Aushandlungen interessierte Forschungsperspektive legt den Fokus auf die Analyse von *Lernprozessen* und untersucht *wie* Lernen in der Interaktion hergestellt wird und z. B. zu Verstehen oder Nichtverstehen, zu Partizipation (Brandt 2004) oder Ko-Konstruktionsprozessen (Höck 2014) führt. Der *methodische Zugang* erfolgt über qualitativ empirische Verfahren, z. B. Interaktions-

---

2 „Der Begriff Jargon ist als ein in die Besonderheit der jeweiligen individuellen Biografie eingebundener Sprachgebrauch zu verstehen, der zugleich in die Erfahrungsgemeinschaft, die hinter diesem spezifischen Sprachgebrauch steht, eingebettet ist" (Kolenda 2010, S. 37).

analysen, Gesprächsanalysen, Gruppendiskussionen, objektiver Hermeneutik oder mit teilnehmender Beobachtung[3]. Es handelt sich dabei um rekonstruktionslogische Ansätze, mit denen auf der Basis der erhobenen Daten die kollektive und interaktive Herstellung von Bedeutung und Verstehen im Gespräch analysiert werden kann. In der empirischen Unterrichtsforschung gibt es aktuell ebenso zahlreiche quantitativ empirisch ausgerichtete Studien, die beispielsweise den fachdidaktischen Kompetenzgewinn von SchülerInnen erheben oder mittels videogestützter Beobachtungen Kategoriensysteme zur systematischen Untersuchung von Unterrichtsgesprächen entwickeln und Zusammenhänge zwischen dem kognitiven Niveau der LehrerInnenfrage und -impulse sowie der SchülerInnenantworten explizieren.

2 Ergebnisse der Unterrichtsforschung

2.1 LehrerInnenfragen und SchülerInnenantworten

Der Bildungserfolg von Kindern und Jugendlichen, Schülern und Schülerinnen ist abhängig von der Kenntnis vorherrschender Praktiken und Normen des Sprachgebrauchs. Doch es findet noch immer zu wenig aktives, sprachliches und prozessorientiertes Handeln in unterrichtlichen Gesprächen statt. Wissen wird eher reproduziert als rekonstruiert, konstatiert Schmölzinger-Eibinger (2013, S. 30) und im Fachunterricht dominiert das Beschreiben und Fakten sammeln (Schramm et al. 2013, S. 293). Offene und auf Begründungen hinzielende LehrerInnenfragen sind eher seltener Bestandteil des Fachunterrichts der Unter- und Mittelstufe. Kobarg et al. (2009) untersuchen im Rahmen der IPN *Videostudie*[4] Frageformen und das *kognitive Niveau von LehrerInnenfragen* und SchülerInnenantworten. Im naturwissenschaftlichen Unterricht, so stellen die AutorInnen fest, überwiegen die Kurzantwortfragen, selten werden offene Fragen, noch seltener *Deep-Reasoning Fragen* gestellt. Die LehrerInnenrückmeldungen umfassen in der Regel einfache Bestätigungen (87 %) und regen wenig zur selbständigen Unterstützung des Lernens an (12 %) (ebd., S. 419).

---

3   Diese Aufzählung umfasst Beispiele methodischer Zugänge und hat keinen Vollständigkeitscharakter.

4   Weitere Videostudien, die die Qualität von LehrerInneninterventionen und SchülerInnenantworten vor allem im Mathematikunterricht mittels videogestützter Beobachtungen beforschen sind z. B. auch von Reusser et al. (2010) und Krammer (2009) erschienen.

Tab. 1 Kategoriensystem zur Differenzierung von LehrerInnenfragen im Unterrichtsgespräch

Art der Frage der Lehrperson	
	Keine Frage
	Offene Frage
	Geschlossene Frage
Kognitives Niveau der Fragen	
	Keine Frage
	Organisatorische Frage
	Reproduktionsfrage
	Kurzantwortfrage
	Langantwortfrage
	Deep-Reasoning Frage

Kobarg et al. 2009, S. 415

Pauli spricht deswegen vom „Revoicing" (Pauli 2010) als methodisch notwendigen Schritt im Unterrichtsgespräch.

Revoicing

O' Connor und Michaels (1996) sprechen von ‚Revoicing' wenn eine SchülerInnenäußerung aufgegriffen, erweitert, akzentuiert und zum Ausgangspunkt für weitere Überlegungen der SchülerInnen in der Klasse gemacht wird. Diese Form der zustimmenden Wiederholung von SchülerInnenäußerungen „drückt eine grundsätzliche Wertschätzung der Äußerung als eigenständigen Beitrag aus und unterstreicht die Rolle der Lernenden als ernstzunehmende Gesprächspartnerinnen und –partner sowie als Urheber einer Idee" (Pauli 2010, 149).

Deep-Reasoning Fragen

„Auf der höchsten Stufe des kognitven Niveaus sind Deep-Reasoning Fragen anzusiedeln. Diese Fragen zielen auf eine längere Antwort oder Erklärung ab, die jedoch nicht reproduktiv ist. Als Antwort wird von den Schülerinnen und Schülern erwartet, dass sie Sachverhalte klären, die ihnen in dieser Form nicht bekannt sind. Damit fordern diese Fragen Schülerinnen und Schüler dazu auf, tiefgehende Denkprozesse durchzuführen. Fragen, die in diese Kategorie fallen, erfordern Antworten, in denen Ursache-Wirkungszusammenhänge erläutert werden oder neue Informationen beurteilt werden" (Kobarg et al. 2009, S. 417). Ein Beispiel aus der Physik: „Was muss man tun, um das Bild, das eine Linse erzeugt, zu vergrößern?" (vgl. ebd.).

Niegemann (2004) plädiert in diesem Kontext auch für eine größere Sensibilität im Umgang mit *Bedenk- und Wartezeiten*, die im Unterrichtsgespräch zu selten zugelassen werden.
In der deutschsprachigen empirischen Unterrichtsforschung wird besonders auf die Bedeutung von „*Scaffolding-Prozessen*" (z. B. Quehl & Trapp 2013) für fachliche Gespräche hingewiesen. Die Notwendigkeit einer durchgängig geförderten Sprachbildung[5] ist ebenso wichtiger Bestandteil des Diskurses (Gogolin & Lange 2012). Ein besonderer Untersuchungsschwerpunkt liegt in diesem Kontext darauf, wie die Ausdrucks- und Begründungskompetenz der SchülerInnen sowie die Überführung der Alltagssprache in die Fachsprache durch gezielte und zugleich begrenzte LehrerInneninterventionen unterstützt und ausgebaut werden kann.

Scaffold – engl. Gerüst/Baugerüst

„Der Scaffolding – Prozess enthält im Wesentlichen eine graduelle Verschiebung von der Fremd- zur Selbstregulation mit dem Ziel, dem Kind zu helfen, unabhängiges Lernen zu erreichen. [...] In einem optimalen Unterricht verändert die Lehrperson mit Scaffolding die Aufgabenschwierigkeit sensibel und flexibel. Sie hilft dem Kind durch sprachliche Anleitung die entscheidenden Zusammenhänge zu erkennen und zu formulieren, gibt ihm nur die minimal nötige Unterstützung, damit die Aufgabe herausfordernd bleibt, dosiert die Hilfe flexibel und lässt sie umso mehr auslaufen, je mehr das Kind fähig ist, die Aufgabe unabhängig von Unterstützung zu bewältigen" (Salonen & Vauras 2006, S. 209).

Die Untersuchungen von Scaffolding-Prozessen haben u. a. sichtbar gemacht, wie entscheidend die dosierten und zugleich fachlich reflektierten Impulse der Lehr-

---

5 Mit durchgängiger Sprachbildung bezeichnen Gogolin und Lange einen bestimmten Ausschnitt sprachlicher Kompetenz, ein formelles Sprachregister, als Art und Weise eine Sprache zu verwenden und dabei formale Anforderungen zu beachten (vgl. Gogolin & Lange 2012, S. 111).

person gerade auch in Gruppenarbeitsphasen sind, um SchülerInnen im Übergang von der Alltagssprache zur Fachsprache zu unterstützen (vgl. Gibbons 2006). Bedeutsam ist auch, dies zeigen weitere Untersuchungen, *das* und *wie fachliche Begründungsprozesse* angeleitet werden. Schramm u. a. legen dar, dass die Qualität der LehrerInnenfragen grundlegend für das wissenschaftliche Begründen im naturwissenschaftlichen Sachunterricht sei. Sie entwickeln in Anlehnung an Furtak (vgl. Schramm et al. 2013, S. 300) ein Segmentierungsraster für ihre Interaktionsdaten und kristallisieren unterschiedliche Begründungsniveaus der SchülerInnenbeiträge heraus. Hervorgehoben wird, dass besonders die explizite „Warum-Frage" längere Begründungen in den SchülerInnenantworten hervorruft.

Der *Zusammenhang zwischen dem kognitiven Niveau der LehrerInnenfrage und der Qualität der SchülerInnenantworten* ist in der empirischen Forschung unbestritten. Zusammenfassend spielen folgende Faktoren für die Qualität der SchülerInnenäußerungen im lehrergelenkten Unterrichtsgespräch eine Rolle:

- das fachdidaktische Wissen,
- gepaart mit der Fähigkeit gezielte prozessorientierte Gesprächsimpulse setzen zu können (Fragen, Weiterfragen, Anschlüsse herstellen),
- offene Fragen und Deep-Reasoning Fragen zu entwickeln,
- Pausen und Wartezeiten zuzulassen,
- Interventionen bewusst und dosiert zu platzieren (Scaffolding),
- Bewertungen zurückzuhalten,
- Partizipation zwischen den SchülerInnen zu erzeugen (SchülerInnen aufeinander verweisen),
- Reziprozität im Gespräch herzustellen.

Die Analyse der Qualität von LehrerInnenfragen bzw. -impulsen und SchülerInnenantworten lässt allerdings die Antwort offen, *wie sich Verstehen, als kollektives Denken oder Ko-Konstruktionsprozesse zwischen den Schülern und Schülerinnen* vollzieht. Im Folgenden werden Untersuchungen vorgestellt, die fokussieren, wie im gemeinsamen Aushandlungsprozess fachdidaktisches Lernen und Verstehen vollzogen wird.

2.2 Lernen in kollektiven Arbeits- und Denkprozessen

Während in der deutschsprachigen Forschung zum mündlichen, fachsprachlichen Lernen besonders der Zusammenhang zwischen LehrerInnenäußerungen und der Qualität und dem fachlichen Gehalt der SchülerInnenantworten untersucht wird, gibt es in der englisch- und amerikanischen Forschung ein besonderes Interesse für das *„joint meaning making"* zwischen den SchülerInnen. Dabei liegt eine ausgeprägte Perspektive auf dem *kollektiven Denkprozess*, der *fachlich-inhaltliche* und *soziale Dimensionen* umfasst. Wie SchülerInnen miteinander ins Gespräch kommen, gemeinsam geteilte fachliche Deutungen entwickeln und erfolgreich zusammenarbeiten beforschen Barnes und Todd (1995; 2000). Sie können in ihren empirischen Untersuchungen *„collaborative moves"* herausfiltern, die für das „joint meaning making" wesentlich sind. Barnes und Todd arbeiten verschiedene Faktoren heraus, die für das Gelingen von Gruppenarbeitsprozessen entscheidend sind:

- initiating (Initiierung und Verantwortungsübernahme),
- eliciting (Nachfragen und Entlocken eine Position),
- extending (Aufgreifen von Beiträgen und weiterentwickeln),
- qualifying (Würdigung und Einordnung für die weitere Aufgabenbearbeitung)
(Barnes & Todd 1995/2000, S. 7 ff.).

Sie analysieren die soziale und kognitive Funktion dieser Faktoren für kooperative Prozesse und können zeigen wie eng die fachlich-inhaltliche Ebene und die Beziehungsebene zusammen spielen. Auch Howe (2009) untersucht Gruppenarbeitsprozesse und beforscht in sachunterrichtlichen Kontexten die „joint construction". Sie entwickelt zwei Typen der *„joint construction"*, die sich hinsichtlich der Reziprozität und Symmetrie im Ko-Konstruktionsprozess[6] unterscheiden. Brandt und Höck (2011, S. 276 ff.) ergänzen Howes Typen um einen Subtypus, der sich durch „cognitive convergence" auszeichnet und das Phänomen der Annäherung von Beteiligten beschreibt, die über eine längere Zeit zusammenarbeiten.

---

6   Typ I bezeichnet Howe als „symmetrische" Ko-Konstruktion, in der die Beteiligten eine von allen akzeptierte Sichtweise entwickeln. Im Typ II wird die Idee von einem Interaktionspartner entwickelt und im weiteren Verlauf von allen weiteren Beteiligten gemeinsam entwickelt (Howe 2009, S. 217 ff.).

Ko-Konstruktion

Brandt und Höck definieren Ko-Konstruktion folgendermaßen:

„Maßgebend für die Bezeichnung einer Kooperation als Ko-Konstruktion sind dabei einerseits das örtliche und zeitliche Zusammensein der Beteiligten, andererseits der Umstand, dass das Problem nicht von einzelnen Beteiligten alleine in ähnlicher Weise gelöst werden kann. Die gemeinsam ausgehandelte Ko-Konstruktion sollte für alle Beteiligten neue Deutungsaspekte bei der gemeinsamen Problembewältigung beinhalten und damit auch potentiell individuelle Lernprozesse eröffnen" (Brandt & Höck 2011, S. 250).

Einen wichtigen Beitrag zum Verständnis von kooperativen SchülerInnenarbeiten leisten auch die Ergebnisse von Kumpulainen und Kaartinen (vgl. 2000, S. 450). Sie arbeiten überzeugend heraus, dass die Herausforderung des „joint meaning making" in Gruppeninteraktionen darin besteht, die fachlich-inhaltliche und soziale Dimension zusammenzubringen und eine Vielzahl von Perspektiven zu koordinieren. Es bedarf einer sozialen und fachlichen Kompetenz, *Anschlüsse an die Beiträge der MitschülerInnen herzustellen und eines sprachlich und fachlich kompetenten Partners.*

In der deutschsprachigen Forschung nehmen diese Perspektive vor allem VertreterInnen der *interpretativen Unterrichtsforschung* ein (z. B. Krummheuer & Naujok 1999; Krummheuer & Fetzer 2005; Brandt 2004; Brandt & Höck 2011). Brandt (2004) rekonstruiert *Partizipation* auf der gesprächsanalytischen Ebene und spricht in diesem Kontext von einem polyadischen Unterrichtssystem, in dem es mehrere SprecherInnen und HörerInnen gibt. Sie untersucht SchülerInnenäußerungen u. a. hinsichtlich ihrer Autonomie, Originalität und Adressatenschaft und macht mit ihrem Forschungsansatz Partizipation gesprächsanalytisch sichtbar (siehe Brandt in diesem Band). Auch Höck (2014[7] und in diesem Band) legt jüngst eine Studie vor, in der ko-konstruktive Problemlöseprozesse interaktionsanalytisch im Mathematikunterricht der Grundschule untersucht werden. Sie arbeitet heraus, dass die *Beziehungsebene* zwischen den Kindern das mathematische Gespräch beeinflusst, sodass z. B. vordergründig durchaus über Mathematisches gesprochen wird, aber dennoch keine Problemlösung erfolgt (ebd., S. 549 ff.). Gerade das „*Lernen zu argumentieren*" funktioniert besser im „*eingespielten Lerntandem*" und die Problemlösegespräche nehmen dort komplexere Formen an. Höck stellt auch fest, dass die von ihr als „Ko-Konstruktionspausen" bezeichneten Unterbrechungen, im

---

7 Die Dissertationsschrift erscheint 2015 als Druckfassung.

Sinne einer „Schleife" durch kurzzeitige Ablenkungen vom Thema oder längere Pausen, hohe Bedeutungen erlangen und eine wichtige Rolle im mathematischen Problemlöseprozess erhalten (ebd., S. 542 ff.).

Dass das kollektive Bedeutungsaushandeln zwischen SchülerInnen von sozialen Prozessen, z. B. der „*Imagewahrung*", so überformt wird, dass das fachliche Gespräch unerwartete Richtungen annehmen kann, hat de Boer (2006; 2009) mit ihren Interaktionsanalysen im Klassenrat gezeigt. SchülerInnen agieren in unterrichtlichen Gesprächen in unterschiedlichen Rollen und geraten immer wieder in Dilemmasituationen, da sie mit ihren unterrichtlichen Äußerungen einerseits vor der Lehrperson und andererseits vor den Peers bestehen wollen. Veröffentlichung und Zurückhaltung im Unterrichtsgespräch und Imagepflege werden zusammengedacht und das durch „Öffentlichkeit" gekennzeichnete Klassenratsgespräch ist auch Ausdruck einer *schulischen Inszenierung*, die von den SchülerInnen aktiv mitgestaltet wird und peerkulturelle Einflüsse erfährt. Es zeigt sich, das die „*Unterrichtsbühne*" auch eine „*Peerbühne*"[8] ist, auf der ausgehandelt wird, wer, wann, was sagen und tun darf - damit wird entscheidend das schulische Lernen beeinflusst. Erkennbar wird, dass unterrichtliche Gespräche vor allem auch institutionelle Gespräche sind, die eine wesentliche Prägung durch die „zwangsgerahmte Institution Schule" (de Boer 2009, S. 114 ff.) erhalten und u. a. auch durch Selbstdarstellungspraktiken der Beteiligten geprägt werden. Auch Bonanati belegt mit ihrer Analyse von *Lernentwicklungsgesprächen*, die in einigen Bundesländern als *Lehrer-Schüler-Eltern Gespräche* im Bildungsplan gesetzlich verankert sind, die *institutionelle Prägung und Überformung dieser Gespräche*. Ihre Untersuchung zeigt, dass nicht wie gewünscht, ein symmetrisches und partizipatives Gespräch zwischen den Beteiligten entsteht, sondern eine „Bühne" konstruiert wird, auf der Lernprozess von SchülerInnen verhandelt wird (Bonanati 2014, S. 141 und in diesem Band).

---

8   Es ist ein wesentliches Ergebnis der Forschungen von Breidenstein, dass die Bedeutung peerkulturellen Handelns in der Schule sichtbar wird. In seiner ethnografischen Studie zum Schülerjob zeigt er, dass SchülerInnentätigkeiten pragmatisch und routiniert sind und SchülerInnen nicht zur Schule gehen um zu lernen, sondern um ihren „Job" zu tun (Breidenstein 2006). Gemeinsam mit Meier und Zaborowski untersucht Breidenstein auch Praktiken der Leistungsbewertung im Unterricht (2011). In ihren ethnografischen Beobachtungen im fünften und siebten Schuljahr verschiedener Schulformen explizieren sie, wie „Noten als (letztes) Mittel im Kampf um Anerkennung des Schulischen", hier könnte man ergänzen des schulischen Lernens, gelten (2011, S. 363 ff.).

3 Gespräche in der Institution Schule

Unterrichtsgespräche sind institutionell geprägte Gespräche, d. h. sie finden im schulisch-institutionellen Raum statt, in dem eine für didaktische Zwecke konstituierte *Schulsprache* geschaffen wird (Ehlich 2012; Feilke 2013), die eigene Maximen, Normen und Praktiken enthält. Die Normen der Schulsprache sind ein Ergebnis der institutionellen Instruktion, z. B. „Sprich in ganzen Sätzen".[9] Feilke arbeitet am Beispiel literal-argumentativer Kompetenzen *die Differenz zwischen Bildungs- und Schulsprache* heraus und konstatiert, dass die Schulsprache keine Bildungssprache sei, sondern *ein Instrument der Erziehung zur Bildungssprache*; denn ein kompetenter Sprachgebrauch werde orientiert an den Vorstellungen der Schule und Schulfächer aufgebaut (vgl. 2013, S. 117).[10]

Angesichts des klassischen und in zahlreichen empirischen Untersuchungen hervorgehobenen dreischrittigen Musters der *Lehrer-Schüler-Interaktion*: Initiation-Reply-Evaluation spricht Lüders vom „Unterricht als Sprachspiel" (Lüders 2003; 2011). Dieses von Mehan (1979) in seiner Studie „learning lessons" explizierte Muster trifft auch heute noch auf das zumeist als fragend-entwickelnd geführte Unterrichtsgespräch zu (Lüders 2011)[11]. Lüders (2003) und Richert (2005) können in ihren Studien zeigen, dass dieses Muster in Instruktionsphasen auch aktuell noch dominiert, allerdings mit fachspezifischen Modifizierungen.[12] Becker-Mrotzek (2009) zieht zur Erklärung dieses Phänomens in Anlehnung an Reinmann und Mandl (2006) eine technologische Position zum Lehren und Lernen heran, in der die Grundidee des Unterrichtens darauf beruht, dass dem Lerner klar strukturier-

---

9 Gerade diese häufig gebräuchliche Korrektur von SchülerInnenäußerungen im Unterricht führt eher zu Abbrüchen und kommunikativer Zurückhaltung als zur elaborierten sprachlichen Äußerung.

10 Feilkes Recherchen weisen darauf hin, dass die Schulsprache des literalen Argumentierens durch die Routinen der schriftlichen Erörterungsdidaktik geprägt sei und festgefügte, globale Muster didaktischer Gattungen (Nacherzählung, Inhaltsangabe, Erörterung usw.) grundlegten, statt an lokale textbildende Prozeduren anzuknüpfen. Entscheidend sei, so Feilke, an Textroutinen der SchülerInnen anzuschließen, die Hinweise auf komplexe Handlungsschemata liefern könnten. Dies geschehe allerdings nicht, sodass das didaktische Potential des literalen Argumentierens als meinungsbildendes Schreiben zu einem weitgehend verselbständigten Handlungsschemata verkomme (Feilke 2013, S. 128).

11 Im Handbuch Forschung zum Lehrerberuf legt Lüders (2011) eine umfassende Recherche zur Lehrer-Schüler-Interaktion und Unterrichtskommunikation vor. Siehe dazu auch Naujok, Brandt & Krummheuer (2008, S. 779-799) im Handbuch Schulforschung.

12 66 % der Interaktionssequenzen in Richerts Studie entsprechen dem I-R-E Muster; sie findet hohe fächerspezifische Schwankungen; im Mathematikunterricht 45 %, im Deutschunterricht 80 % (Richert 2005).

tes vorbereites Wissen durch die Lehrperson vermittelt wird (vgl. Becker-Mortzek 2009, S. 105). Der Lerngegenstand wird von der Lehrperson zu diesem Zweck in kleine Teile zerlegt, sodass die Lernenden ihn schrittweise aufnehmen können. Dieses Paradigma, auch als *Instructional design* bezeichnet, setzt auf einen rezeptiven, wenig Eigeninitiative erfordernden Unterricht. Demgegenüber steht, so Becker-Mrotzek, das konstruktivistische Verständnis vom Lernen, in dem die Lehrperson aktivierende situierte Lernumgebungen schafft, wie im offenen Unterricht oder wie mit der Projektmethode und durch Scaffolding-Prozesse, Coaching und Modelllernen, die SchülerInnen zu aktivieren versucht (ebd.).

Rabenstein et al. kritisieren die Engführung dieser Betrachtungen durch die Fokussierung auf erstens sprachliche Äußerungen, denn diese seien eingebettet in Handlungen und soziale Kontexte, also auch *nicht sprachliches Tun*. Sie fassen Unterricht deswegen nicht als Sprachspiel, sondern als *pädagogische Ordnung* auf (2011, S. 213; 2013). Unterricht vollzieht sich als „regelhafte Praxis" im Tun und im Sprechen und produziert pädagogische Ordnungen. Zweitens machen sie darauf aufmerksam, dass der Begriff „Sprachspiel" an den frontalen und darbietend entwickelnden Unterricht gekoppelt ist und Phasen der freien Arbeit oder des individualisierten Unterrichts nicht angemessen erfasst (2011, S. 212 ff.). Rabenstein et al. explizieren, dass SchülerInnen im Unterricht z. B. als „schnelle", „langsame", „hilfsbereite" SchülerInnen usw. adressiert werden. Damit werden ihnen Positionen in der Klasse zugewiesen, die auf implizite Normen hindeuten und die SchülerInnen z. B. als „gute" oder „schlechte" SchülerInnen anerkennen. Eine als Lob gedachte Formulierung wie z. B. „Das hätte ich nicht gedacht, dass du diese Aufgabe lösen kannst", deutet in diesem Sinne darauf hin, dass damit die implizite Zuweisung einer bestimmten Position einhergeht. Rabenstein et al. leisten mit ihrem begrifflichen Explikationen und ihrem Forschungsfokus auf „pädagogischen Ordnungen" einen wichtigen Beitrag für das Verständnis unterrichtlicher Kommunikation, der auch dafür sensibilisiert, wie sich im Unterrichtsalltag die *soziale Konstruktion*[13] *von Differenz* vollzieht.

Soziale Konstruktion von Differenz

Differenz verstanden als Unterschied oder Verschiedenheit resultiert aus einem Vergleich oder einer Unterscheidung. Der Begriff hat sich allerdings längst von der einfachen Entgegensetzung von Verschiedenheit und Gleichheit gelöst und

---

13 Heterogenität wird im Unterricht durch die Produktion von Differenzen und Normierungsprozessen (siehe Beispiel im Kasten) sozial konstruiert.

umfasst auch Probleme der Zugehörigkeit, Nichtzugehörigkeit und Mehrfachzugehörigkeit, als auch der Abweichung, Nichtanpassung und Brüchigkeit (vgl. Balzer & Ricken 2007, S. 57). Differenz, die in diesem Sinne als sozial konstruiert verstanden wird, ist immer auf einzelne Aspekte bezogen, auf konkrete Unterschiede, im folgenden Beispiel die Differenz zwischen guten und schlechten LeserInnen. Es handelt sich dabei um eine relationale Zuschreibung, die aus dem „sozial konstruierten" Vergleich resultiert und sich an einem ebensolchen Maßstab orientiert.

Beispiel:
Die Grundschullehrerin Frau Schild fragt: „Wer glaubt, dass er ein guter Leser ist und auch schwierige Texte verstehen kann?" Während Dennis noch nachdenkt haben sich schon zehn Kinder gemeldet. Die Kinder die aufzeigen werden von Fr. Schild nach vorne gerufen und stellen sich dort nebeneinander hin. Frau Schild erklärt weiter, dass es um Textaufgaben geht und fragt, wer meint wirklich gut rechnen zu können. Erneut zeigen einige der Kinder auf und werden nach vorne gebeten. Alle Kinder die nun vorne stehen, können entweder gut lesen oder gut rechnen oder beides und bekommen die Aufgabe einem anderen Kind in der Klasse zu helfen; sie sind die Helferkinder. Alle Kinder die sitzen geblieben sind gehören dementsprechend nicht dazu. Da Dennis noch sitzt, wird ihm nun ein Partner zugewiesen, der ihm helfen soll (Auszug aus einem studentischen Beobachtungsprotokoll 2013, Universität Koblenz).

Die Sprache von LehrerInnen und ihre *Adressierung von SchülerInnen* im Unterrichtsgespräch beeinflusst entscheidend das interaktive Handeln. Untersuchungen von Huber (2011) bestätigen einen Zusammenhang zwischen dem normierenden Verhalten von LehrerInnen und der sozialen Akzeptanz von Kindern im Unterricht. Das Verhalten der Lehrenden habe mehr Auswirkungen auf die soziale Akzeptanz der Peers als das SchülerInnenverhalten, so Huber (ebd.).

4 Ausblick: Zwischen Ziel- und Prozessorientierung

Dem fachlichen Lernen im Unterrichtsgespräch wird, wie dargestellt wurde, aktuell in vielfältigen Untersuchungen nachgegangen. Besonders im Rahmen jüngerer Videostudien im naturwissenschaftlichen Unterricht wird der Zusammenhang von LehrerInnenfragen und der Begründungsqualität der SchülerInnenantworten beforscht, hierbei wird das zu niedrige kognitive Niveau von LehrerInnenfragen bemängelt. Im darbietend entwickelnden Unterrichtsgespräch überwiegt nach wie vor weitgehend das bekannte I-R-E Muster (s. o.) und insgesamt dominieren die LehrerInnenäußerungen und die auf Rezeption ausgerichteten Kurzantwortfragen. Auch im individualisierten Unterricht fallen die Analysen nicht besser aus. So kommt Bräu (2013) durch die Untersuchung von Lernberatungsgesprächen im individualisierten Unterricht zu dem Schluss, dass der „Sachanspruch dem Selbstständigkeitsanspruch" nachgeordnet wird und damit die Chance die Lernberatung für ein „bildendes Gespräch" über den Sachgegenstand zu führen, zu selten genutzt wird (vgl. Bräu 2013 und in diesem Band). Ebenso kann Breidenstein (2014) in seiner ethnografischen Studie zeigen, dass im individualisierten Unterricht wenig gesprochen und viel an Arbeitsblättern gearbeitet wird.

Eine grundlegende These dieses Beitrages ist, dass zur Herausbildung partizipativer und bildender Gespräche die Sensibilität für die Prozessqualität von Gesprächen bedeutend ist. Dazu müssen SchülerInnen und LehrerInnen, wie in verschiedenen Studien sichtbar wird, *für den Umgang mit der Sprache der „Anderen" sensibilisiert werden, im Sinne der Herstellung von Anschlüssen und des „Produktivmachens" von Gehörtem und Gesagtem.*

Wie ist nun zu erklären, dass dies nur selten geschieht und SchülerInnen nur wenig eigene Fragen im Unterricht laut äußern, zu wenig miteinander und gemeinsam Denken und Sprechen?

Luhmann (2000) verweist in seinen Reflexionen zum Erziehungssystem auf die Antinomie von *Organisation und Interaktion*, auf deren Folie Unterrichtsgespräche stattfinden. Auch wenn Gespräche im Unterricht unterschiedliche didaktische Orte z. B. als Einstiegs-, Erarbeitungs- oder Ergebnissicherungsgespräch haben, finden sie zu festen, auch ritualisierten und organisierten Zeitpunkten statt. Die ritualisierte Organisation von Gesprächen ermöglicht einerseits Transparenz, Vertrautheit und Routine, die Sicherheit vermitteln kann. Andererseits führt gerade die organisierte Regelhaftigkeit auch zu Musterhaftigkeit und provoziert Subsumierungen, Kategorisierungen und Stereotypisierungen, die dem *situationsspezifischen Handeln* von SchülerInnen zu wenig Rechnung tragen.

Unterrichtsgespräche sind gleichzeitig gekennzeichnet durch Eigendynamik, Eigensinn und Situiertheit und sind deswegen eben nur bedingt plan- oder vorhersehbar. Unterschätzt wird häufig die Komplexität schulischer Gespräche, denn im Interaktionshandeln werden Bedeutungen ausgehandelt, die in einer spezifischen Situation in der Institution Schule entstehen und durch die Anwesenden hergestellt werden. Der Gesprächsverlauf kann nur bedingt vorbestimmt werden und ist doppelt kontingent[14]. Die Lehrperson weiß nicht, was die SchülerInnen sagen werden und die SchülerInnen wissen nicht, was die Lehrperson sagen wird. Damit finden unterrichtliche Gespräche in der Spannung von Organisation und Interaktion statt und sind zugleich durch eine weitere Spannung gekennzeichnet, die zwischen den Polen Prozess- und Zielorientierung liegen. Sprachliches Handeln ist flüchtig, situativ, nur bedingt planbar und erfordert besonders in Lehr-Lernkontexten, sowohl eine Ziel- als auch eine Prozessorientierung. Hieraus ergeben sich besondere Herausforderungen für LehrerInnen. Von ihnen werden curricular eingebettete und an fachlichen Kompetenzen orientierte Unterrichtsplanungen, zugleich aber auch eine an situativen Prozessen orientierte Handlungsflexibilität erwartet. Damit SchülerInnen zu „kompetenten Anderen" im Gespräch werden können, bedarf es professionalisierter Lehrender, die ihre eigene Gesprächs- und Moderationsfähigkeit untersuchen, reflektieren und weiterentwickeln können. Dies geschieht in den letzten Jahren zunehmend in Interventionsstudien, deren Ergebnisse zeigen, dass sich die explizite Professionalisierung der Gesprächsfähigkeit von Lehrpersonen lohnt (vgl. z. B. Beinbrech et al. 2009; Ewerhardy et al. 2012; Krammer et al. 2010; Lipowsky et al. 2008). Eine weitere Perspektive bietet das forschende Lernen, indem in allen Phasen der Lehrerbildung immer wieder Prozesse und Interaktionen und damit die Wirkungen von Lehrerimpulsen festgehalten, transkribiert und analysiert werden und die Flüchtigkeit des Gesprochenen quasi „eingefroren" und der Selbstreflexion zugänglich gemacht werden (vgl. de Boer in diesem Band). Dass schulische Gespräche immer auch institutionell geprägte Gespräche - mit einer eigenen Schulsprache - sind, ist kaum zu beeinflussen. Die enorme Musterhaftigkeit instruktiver öffentlicher Phasen spricht allerdings sehr dafür einen dritten und ebenso vielversprechenden Zugang weiter auszubauen: Die Untersuchung kooperativer und kollektiver Denk- und Arbeitsprozesse von SchülerInnen im Spannungsfeld von sozialen, peerkulturellen und fachlichen Prozessen bietet gerade aus unterschiedlichen fachdidaktischen Perspektiven großes Erkenntnispotential. Verschiedene Studien der letzten Jahre (s. o.) haben sichtbar gemacht, dass soziale und peerkulturelle Aktivitäten das fachliche Lernen nicht nur überformen, sondern entscheidend beeinflussen. Wir benötigen genaueres Wissen über das Zusammenwirken von sozialen, peerkulturellen und fachlichen Lernprozessen in kooperativ-interaktiven Lern- und Arbeitssituationen zwischen SchülerInnen, um die Entstehung, Unterbrechung und Entwicklung kollektiver Denk- und Verstehensprozesse besser nachvollziehen und für pädagogisch-didaktische Überlegungen fruchtbar machen zu können.

---

14 Kontingent bedeutet ungewiss und ist für Luhmann ein zentraler Begriff, der die unterrichtliche Kommunikation kennzeichnet (Luhmann 2000, 102ff.).

Literatur

Barnes, D., und F. Todd, F. 1995/2000. *Communication and Learning Revisted. Making meaning through talk*. Portmouth, NH: Boynton/Cook Heinemann.

Becker-Mrotzek, M. 2009. Unterrichtskommunikation als Mittel der Kompetenzentwicklung. In *Deutschunterricht in Theorie und Praxis. Mündliche Kommunikation und Gesprächsdidaktik*, hrsg. U. Wilfried, 103-116. Hohengehren: Schneider Verlag.

Beinbrech, C., T. Kleickmann, S. Tröbst, und K. Möller. 2009. Wissenschaftliches Begründen durch Schülerinnen und Schüler und die Rolle der Lehrkraft. *Zeitschrift für Grundschulforschung* 2 (2): 139-155.

Bohm, D. 2008. *Der Dialog. Das offene Gespräch am Ende der Diskussion*. Stuttgart: Klett-Cotta.

Bonanati, M. 2014. Lernentwicklungsgespräche – Gespräche über Lernprozesse? In *Individuelle Förderung in der Gemeinschaft*, hrsg. B. Kopp, S. Martschinke, M. Munser-Kiefer, M. Haider, E.-M. Kirschhock, G. Ranger, und G. Renner, 138-141. Wiesbaden: Springer VS Verlag.

Brandt, B. 2004. *Kinder als Lernende. Partizipationsspielräume im Klassenzimmer*. Frankfurt am Main: Peter Lang Verlag.

Brandt, B., und G. Höck. 2011. Ko-Konstruktion in mathematischen Problemlöseprozessen - partizipationstheoretische Überlegungen. In *Die Projekte erStMaL und MaKreKi. Mathematikdidaktische Forschung am „Center for Individual Development and Adaptive Education" (IDeA)*, hrsg. B. Brandt, R. Vogel, und G. Krummheuer, 245-284. Münster: Waxmann.

Bräu, K. 2013. Zwischen Lerninhalten und Prozessunterstützung, zwischen Sache und Person. Eine Analyse von Lernberatungsgesprächen im individualisierten Unterricht. *Zeitschrift für interpretative Unterrichtsforschung* 2: 21-38.

Breidenstein, G. 2006. *Teilnahme am Unterricht. Ethnographische Studien zum Schülerjob*. Wiesbaden: VS Verlag für Sozialwissenschaften.

Breidenstein, G. 2014. Die Individualisierung des Lernens unter den Bedingungen der Institution Schule. In *Individuelle Förderung in der Gemeinschaft*, hrsg. B. Kopp, S. Martschinke, M. Munser-Kiefer, M. Haider, E.-M. Kirschhock, G. Ranger, und G. Renner, 35-50. Wiesbaden: Springer VS Verlag.

Combe, A., und U. Gebhardt. 2012. *Verstehen im Unterricht: Zur Rolle von Phantasie und Erfahrung*. Wiesbaden: VS Verlag für Sozialwissenschaften.

de Boer, H. 2006. *Klassenrat als interaktive Praxis. Auseinandersetzung-Kooperation-Imagepflege*. Wiesbaden: Springer VS Verlag.

de Boer, H. 2009. Lernen im Spannungsfeld von Peersein und Schüler/innensein. In *Kinder in der Schule. Zwischen Gleichaltrigenkultur und schulischer Ordnung*, hrsg. H. de Boer, und H. Deckert-Peaceman, 105-119. Wiesbaden: Springer VS Verlag.

Ehlich, K. 2012. Unterrichtskommunikation. In *Mündliche Kommunikation und Gesprächsdidaktik*, hrsg. M. Becker-Mrotzek, 327-348. Hohengehren: Schneider Verlag.

Ewerhardy, A., T. Kleickmann, und C. Möller. 2012. Fördert ein konstruktivistisch orientierter naturwissenschaftlicher Sachunterricht mit strukturierenden Anteilen das konzeptuelle Verständnis bei den Lernenden? *Zeitschrift für Grundschulforschung* 5 (1): 76-88.

Feilke, H. 2013. Bildungssprache und Schulsprache am Beispiel literal-argumentativer Kompetenzen. In *Sprache im Fach. Sprachlichkeit und fachliches Lernen*, hrsg. hrsg. M. Becker-Mrotzek, K. Schramm, E. Thürmann, und J. Vollmer, 113-131. Münster: Waxmann.

Gibbons, G. 2006. Unterrichtsgespräche und das Erlernen neuer Register in der Zweitsprache. In *Die Macht der Sprachen. Englische Perspektiven auf die mehrsprachige Schule*, hrsg. P. Mecheril, und T. Quehl, 269-290. Münster: Waxmann.

Gogolin, I., und I. Lange. 2012. Bildungssprache und durchgängige Sprachbildung. In *Migration und schulischer Wandel: Mehrsprachigkeit*, hrsg. S. Fürstenau, und M. Gomolla, 107-129. Wiesbaden: VS Verlag.

Höck, G. 2014; unveröffentlichte Dissertation. *Ko-Konstruktive Problemlösegespräche im Mathematikunterricht der Grundschule. Eine mikrosoziologische Studie zum Zusammenspiel lernpartnerschaftlicher Ko-Konstruktion und individueller Partizipation.* Frankfurt am Main.

Howe, C. 2009. Collaborative group work in middle childhood: Joint construction, unresolved contradiction and the growth of knowledge. *Human Development* 52: 215-239.

Huber, C. 2011. Soziale Referenzierungsprozesse und soziale Integration in der Schule. *Empirische Sonderpädagogik* 3 (1): 20-36.

Kobarg, M., M. Prenzel, und K. Schwindt. 2009. Stand der Unterrichtsforschung zum Unterrichtsgespräch im naturwissenschaftlichen Unterricht. In *Deutschunterricht in Theorie und Praxis*, hrsg. W. Ulrich, 408-429. Hohengehren: Baltmannsweiler.

Kolenda, S. 2010. *Unterricht als bildendes Gespräch. Richard Rorty und die Entstehung des Neuen im sprachlichen Prozess*. Barbara Budrich :Opladen.

Krammer, K. 2009. *Individuelle Lernunterstützung in Schülerarbeitsphasen. Eine videobasierte Analyse des Unterstützungsverhaltens von Lehrpersonen im Mathematikunterricht.* Münster: Waxmann.

Krammer, K., C. L. Schnetzler, C. Pauli, K. Reusser, N. Ratzka, F. Lipowsky, und E. Klieme. 2010. Unterrichtsvideos in der Lehrerfortbildung: Überblick über Konzeption und Ergebnisse einer einjährigen netzgestützten Fortbildungsveranstaltung. In *Lehrerinnen und Lehrer lernen –Konzepte und Befunde zur Lehrerfortbildung*, hrsg. F. Müller, A. Eichenberger, M. Lüders, und J. Mayr, 227–244. Münster: Waxmann.

Krummheuer, G., und M. Fetzer. 2005. *Der Alltag im Mathematikunterricht. Beobachten –Verstehen - Gestalten*. Elsevier, Sepktrum: Heidelberg

Krummheuer, G., und N. Naujok. 1999. *Grundlagen und Beispiele interpretativer Unterrichtsforschung*. Leske und Budrich: Opladen.

Kumpulainen, K., und S. Kaartinen. 2000. Situational mechanisms of peer group interaction in collaborative meaning making. *European Journal of Psychology of education* XV (4): 431-454.

Lipowsky, F., C. Pauli, und K. Rakoczy. 2008. Schülerbeteiligung und Unterrichtsqualität. In *Lehrerexpertise. Analyse und Bedeutung unterrichtlichen Handelns*, hrsg. M. Gäser-Zikuda, und J. Siefried, 67-90. Münster: Waxmann.

Littleton, K., und N. Mercier. 2013. *Interthinking: Putting talk to work*. Abingdon: Routledge.

Lüders, M. 2003. Unterricht als Sprachspiel. *Eine systematische und empirische Studie zum Unterrichtsbegriff und zur Unterrichtssprache*. Bad Heilbrunn: Klinkhardt.

Lüders, M. 2011. Die Sprachspieltheorie des Unterrichts. In *Unterrichtstheorien in Forschung und Lehre*, hrsg. W. Meseth, M. Proske, und F.-O. Radtke, 175-189. Bad Heilbrunn: Klinkhardt.

Luhmann, N. 2000. *Organisation und Entscheidung*. Wiesbaden und Opladen: Westdeutscher Verlag.

Mehan, H. 1979. *Learning lessons. Social Organisation in the Classroom*. London: Harvard University Press.

Miller, M. 1986. *Kollektive Lernprozesse. Studien zur Grundlegung einer soziologischen Lerntheorie.* Suhrkamp: Frankfurt am Main.

Miller, S., und V. Brinkmann. 2013. Schülerfragen im Mittelpunkt des Sachunterricht. In *Sachunterricht in der Grundschule*, hrsg. E. Gläser, und G. Schönknecht, 226-241. Frankfurt am Main: Grundschulverband.

Naujok, N., B. Brandt, und G. Krummheuer. 2008. Interaktion im Unterricht. In *Handbuch der Schulforschung*, hrsg. W. Helsper, 779-799, Wiesbaden: VS, Verl. für Sozialwissenschaften.

Niegemann, H. M. 2004. Lernen und Fragen: Bilanz und Perspektiven der Forschung. *Unterrichtswissenschaft* 32 (4): 345-356.

O'Conner, M., und S. Michaels, S. 1996. Shifting participation status through revoicing: Analysis of a classroom discourse strategy. *Anthropology and Education* 24 (4): 63-103.

Pauli, C. 2010. Klassengespräche – Engführung des Denkens oder gemeinsame Wissenskonstruktion selbstbestimmt lernender Schülerinnen und Schüler? In *Selbstbestimmung und Classroom Management. Empirische Befunde und Entwicklungsstrategien zum guten Unterricht*, hrsg. T. Bohl, K. Kansteiner-Schänzlin, M. Kleinknecht, B. Kohler, und A. Nold, 145-161. Bad Heilbrunn: Klinkhardt.

Quehl, T., und U. Trapp. 2013. *Sprachbildung im Sachunterricht der Grundschule. Mit dem Scaffolding-Konzept unterwegs zur Bildungssprache.* Münster: Waxmann.

Rabenstein, K., S. Reh, und T. Idel. 2011. Unterricht als pädagogische Ordnung. Eine praxistheoretische Perspektive. In *Unterrichtstheorien in Forschung und Lehre*, hrsg. W. Meseth, M. Proske, und F.-O. Radtke, 189-209. Bad Heilbrunn: Klinkhardt.

Rabenstein, K., und S. Reh. 2013. Von „Kreativen", „Langsamen" und „Hilfebedürftigen". Zur Untersuchung von Subjektpositionen im geöffneten Grundschulunterricht. In *Bildungsgerechtigkeit jenseits von Chancengleichheit*, hrsg. F. Dietrich, M. Heinrich, und N. Thieme, 239-259. Wiesbaden: Springer VS Verlag.

Reinmann, G., und H. Mandl. 2006. Unterrichten und Lernumgebungen gestalten. In *Pädagogische Psychologie. Ein Lehrbuch*, hrsg. A. Krapp, und B. Weidemann, 613-658. Weinheim und Basel: Beltz (5. Vollst. überar. Auflage).

Reusser, K., C. Pauli, und M. Waldis. 2010. *Unterrichtsgestaltung und Unterrichtsqualität – Ergebnisse einer internationalen und schweizerischen Videostudie zum Mathematikunterricht.* Münster: Waxmann.

Richert, P. 2005. *Typische Sprachmuster der Lehrer-Schüler-Interaktion.* Bad Heilbrunn: Klinkhardt.

Ricken, N., und N. Balzer. 2007. Differenz: Verschiedenheit, Andersheit, Fremdheit. In *Handbuch Interkulturelle Kommunikation und Kompetenz. Grundbegriffe – Theorien – Anwendungsfelder*, hrsg. J. Straub, A. Weidemann, und D. Weidemann, 56-69. Stuttgart: Metzler.

Salonen, P., und M. Vauras. 2006. Von der Fremdregulation zur Selbstregulation. Die Rolle von sozialen Makrostrukturen in der Interaktion zwischen Lehrenden und Lernenden. In *Didaktik auf psychologischer Grundlage. Von Hans Aeblis kognitionspsychologischer Didaktik zur modernen Lehr- und Lernforschung*, hrsg. M. Baer, M. Fuchs, P. Füglister, K. Reusser, und H. Wyss, 207 -217. Bern: hep Verlag.

Schmölzer-Eibinger, S. 2013. Sprache als Medium des Lernens im Fach. In *Sprache im Fach. Sprachlichkeit und fachliches Lernen*, hrsg. M. Becker-Mrotzek, K. Schramm, F. Thürmann, und J. Vollmer, 25- 41. Münster: Waxmann.

Scholz, G. 2002.Lernen als kommunikative Haltung. Überlegungen zu einem erziehungswissenschaftlichen Lernbegriff. *Online Zeitschrift Grundschulforschung* 5.

Scholz, G. 2009. Lernen als kommunikative Haltung. Überlegungen zu einem erziehungswissenschaftlichen Lernbegriff. In *Konzepte des Lernens in der Erziehungswissenschaft. Phänomene, Reflexionen, Konstruktionen. Beiträge zur Theorie und Geschichte der Erziehungswissenschaft*. Bd. 31, hrsg. G. Strobel-Eisele, und A. Wacker, 157-171. Bad Heilbrunn: Klinkhardt.

Schramm, K., I. Hardy, H. Saalbach, und A. Gadow. 2013. Wissenschaftliches Begründen im Sachunterricht. In *Sprache im Fach. Sprachlichkeit und fachliches Lernen*, hrsg. M. Becker-Mrotzek, K. Schramm, E. Thürmann, und J. Vollmer, 295-317. Münster: Waxmann.

Sembill, D., und K. Gut-Sembill. 2004. Fragen hinter Schülerfragen. *Unterrichtswissenschaft* 32: 321-341.

Zaborowski, K., U. Meier, und G. Breidenstein. 2011. *Leistungsbewertung und Unterricht. Ethnographische Studien zur Bewertungspraxis in Gymnasium und Sekundarschule.* Wiesbaden: VS Verlag für Sozialwissenschaften.

Partizipation in Unterrichtsgesprächen

Birgit Brandt

Zusammenfassung

Unterricht ist geprägt durch soziale Kommunikation – das Gespräch in seinen vielfältigen Ausprägungsformen nimmt dabei eine vorrangige Rolle ein. Das Gespräch im Unterricht kann in sehr unterschiedlichen Sozial- bzw. Kooperationsformen eingebunden werden, zum Beispiel als Plenumsgespräch oder als Peergespräch während der Partnerarbeit. Um die Komplexität der Rollenstrukturen von Unterrichtsgesprächen zu erfassen, reicht daher die dichotome Gegenüberstellung der institutionellen Rollen *Lehrperson* und *SchülerIn* bzw. der Gesprächsrollen *Sprecher* und *Hörer* nicht aus. An illustrativen Beispielen aus dem Unterrichtsalltag zeigt dieser Beitrag aus gesprächsanalytischer Perspektive Facetten der *Partizipationsmöglichkeiten* an Gesprächen im Unterricht auf.

1 Einleitung

> *"[...] classroom talk is not merely a conduit for sharing of information, or a means for controlling the exuberance of youth; it is the most important educational tool for guiding the development of understanding and for jointly constructing knowledge."*
> (Mercer & Hodgkinson 2008, S. xi-xviii).

Fällt der Begriff *Unterrichtsgespräch*, so wird damit meist das kleinschrittig durch die Lehrperson gelenkte Unterrichtsgespräch assoziiert, das trotz aller Kritik an dieser Form der Unterrichtsführung über alle Schultypen hinweg noch immer ein gängiges Handlungsmuster darstellt: Über meist geschlossene Fragen, die nur kurze Antworten erfordern, lenkt die Lehrperson das Geschehen – das Gespräch verläuft als eine Art Ping-Pong-Prozess zwischen der Lehrperson auf der einen Seite und den SchülerInnen als *kollektives Gegenüber* auf der anderen Seite – das

Melderitual regelt, dass immer nur ein/e SchülerIn aus diesem Kollektiv tatsächlich zu Wort kommt. Es ist, so Hilbert Meyer, „so etwas wie das ‚Schmieröl' für den Unterrichtsprozess." (2011, S. 283); es garantiert einen reibungslosen Unterrichtsverlauf, an dem die SchülerInnen – insbesondere in der Grundschule – scheinbar rege involviert sind. Die Aktivität der SchülerInnen ist jedoch vor allem an der akustischen Oberfläche der Sprach*produktion* zu verorten, nicht an der inhaltlichen Entfaltung des Gesprächs*themas*. Gerade diese eher durch wenig inhaltliche Verantwortung gekennzeichnete Beteiligung garantiert die Reibungslosigkeit der Interaktion: Als SchülerIn ist es relativ einfach, jederzeit ein- und auszusteigen, ohne dass die Interaktion ‚heiß läuft' oder ins Stocken gerät. So muss David im folgenden Beispiel den Gesprächsverlauf nicht von Beginn an aufmerksam verfolgen, um einen passenden Gesprächsbeitrag produzieren zu können:

Beispiel 1   Die Farben der Frühlingsblumen[1]

Im Anschluss an einen Spaziergang zum Spielplatz im Schulumfeld entwickelt sich im Klassenzimmer folgendes Gespräch.

Lehrerin	passt mal auf\ – als wir eben auf dem **Spielplatz** waren da – was haben wir da alles gesehen/ .. Nicole\
Nicole	wir ham einen Kastanienbaum gesehen . und . und . und ... und eine Rose
<S	Nein
<Lehrerin	ne Rose ham wa nicht gesehen\ was haben wir für **Blumen** gesehen\ wer **weiß** es noch\ **Franzi**\
Franzi	Osterglocke ne Osterglocke (...) zwei äm Tulpen und zwei Blüten die auf dem Baum lag und dann und dann noch eine rote Tulpe die noch da stand\
Lehrerin	ich hab **noch** was gesehen\ ... und das hatte ne **Farbe** wie **ich** heut anhab\
S	blau/
Lehrerin	was war das noch\ wer **weiß** noch was wa dazu **gesagt** haben\ ... Petra/
Petra	Glöckchen

---

1 Das Transkript entstammt dem Datenkorpus des DFG-Projektes „Argumentationsformate" (1996–1999, an der FU Berlin durchgeführt unter der Leitung von Prof. Dr. G. Krummheuer). Ausführliche Analysen zu Transkripten aus diesem Projekt finden sich in Naujok 2000, Krummheuer & Brandt 2001 und Brandt 2004. Die Namen der Beteiligten sind in allen Transkripten anonymisiert.

Lehrerin	ja so ne blaue Glockenblume\ und Flieder\ welche Farbe hatte der . **Flieder**\ ... Carola
Carola	lila\
Lehrerin	lila\ . Osterglocken\.. Osterglocken\ . was hatten die für ne Farbe\ David
David	gelb -

Meyer (2011) bezeichnet das lehrerzentrierte Unterrichtsgespräch, wie es sich in diesem Beispiel zeigt, als ein „unehrliches Handlungsmuster" (2011, S. 287), das zur Herrschaftssicherung beiträgt – und etwas vortäuscht, was es eigentlich nicht sei: Ein Gespräch, in dem die Lehrperson die Befehlsgewalt zur Disposition stellt (ebd., S. 282; vgl. Becker-Mrotzek & Vogt 2001, S. 75).

Was sind nun die Strukturen an diesem Handlungsmuster, die rechtfertigen es dennoch als *Gespräch* zu bezeichnen? Welche Handlungssituationen[2] im Unterricht sind ebenfalls als *Unterrichtsgespräch* einzuordnen? Und welche *Partizipationsmöglichkeiten* bieten sich den Lernenden, unterrichtliche Gespräche mitzugestalten? Um diesen Fragen nachzugehen werden zunächst die Begriffe *Gespräch* und *Unterrichtsgespräch* geklärt. Anschließend wird mit dem Partizipationsmodell (Krummheuer & Brandt 2001, Brandt 2004) ein analytischer Zugriff auf Tiefenstrukturen der Partizipation an Unterrichtsgesprächen dargestellt und an Gesprächssequenzen aus unterschiedlichen Forschungsprojekten illustriert.

2 Das Unterrichtsgespräch als soziale Kommunikationsform

2.1 Gespräch als soziale Kommunikation

Mit Gespräch werden sowohl umgangssprachlich als auch im wissenschaftlichen Kontext sehr unterschiedliche Handlungssituationen bezeichnet: Prüfungsgespräche, Patientengespräche, Beratungsgespräche oder eben Unterrichtsgespräche. Dabei wird meist auf *mündlich-sprachlich konstituierte Handlungssituationen*

---

2 Ausgehend von Arbeiten zur Sprechakttheorie (z. B. Searle 1984) wird Sprache hier nicht als bloßes (akustisches) Ereignis bzw. Geräusch betrachtet, sondern als Handlung (vgl. Ehlich & Rehbein 1986, S. 134f).

verwiesen. Der Begriff *Gespräch* muss sich somit auf die *Gemeinsamkeiten* dieser Handlungssituationen beziehen.

Gespräch

Ein Gespräch ist eine besondere Form der sozialen Kommunikation und lässt sich als ein verbaler (mündlicher) Gedankenaustausch zwischen zwei oder mehr Personen verstehen. Die Spanne, was alles als *Gespräch* bezeichnet wird, ist sehr breit: Sowohl der zwanglose Smalltalk zwischen Bekannten als auch politische Verhandlungen zwischen Staaten lassen sich darunter fassen – bzw. werden als solche bezeichnet. Aus linguistischer Sicht definieren Brinker und Sager: „Gespräch ist eine begrenzte Folge von sprachlichen Äußerungen, die dialogisch ausgerichtet ist und eine thematische Orientierung aufweist" (2006, S. 11). Damit werden Minimalanforderungen formuliert, die eine Handlungssituation aufweisen muss, um als Gespräch etikettiert werden zu können; diese werden im Folgenden kurz erläutert.

Die Definition von Brinker und Sager hebt über die Formulierung *sprachliche Äußerungen* mündlich-sprachlich konstituierte Gesprächsformen hervor, die durch den unmittelbaren Kontakt der Kommunizierenden gekennzeichnet sind und damit auch von paralinguistischen Momenten (Artikulation, Sprechrhythmus etc.) sowie mimischen, gestischen und körperlichen Ausdrucksmitteln mit geprägt werden. Allerdings weisen auch einige schrift-sprachliche Kommunikationsformen Gesprächscharakter auf, etwa bestimmte Formen des Briefwechsels oder schriftliche Kommunikationsprozesse mit Hilfe digitaler Medien, wie z. B. der Chat, der auch die Gleichzeitigkeit mündlich geführter Gespräche aufweisen kann.

Als *begrenzte Folge* sprachlicher Äußerungen hat das Gespräch einen Anfang und ein Ende, die über sogenannte Eröffnung- und Beendigungssequenzen markiert werden. Mit der Forderung nach einer *thematischen Orientierung* ist eine inhaltliche Auseinandersetzung impliziert, die über das Austauschen von Begrüßungsfloskeln hinausgeht (vgl. Höck in diesem Band). Somit ergibt sich eine dreigliedrige Grundstruktur: Ein Gespräch setzt sich zusammen aus einer *Eröffnungsphase*, einer Gesprächsmitte – dem thematisch orientierten *Gesprächskern* – und einer *Abschlussphase* (siehe z. B. Brinker & Sager 2006). Eröffnung und Abschluss können dabei in Face-to-Face-Interaktionen auch mimisch oder gestisch erfolgen.

Der *dialogische Charakter* einer Handlungssituation entsteht über eine wechselnde Verteilung der Gesprächsrollen *Sprecher* und *Hörer*. Im Gespräch muss mindestens einmal ein *Sprecherwechsel* erfolgen – reine *Hörersignale*[3], wie sie auch im monologisch angelegten Vortrag auftreten, induzieren noch keine für den dialogischen Charakter notwendigen Sprecherwechsel. Jedoch können im Verlaufe eines Gespräches durchaus monologische Sequenzen eingebunden sein. Die Regeln für den Sprecherwechsel sind je nach Gesprächssituation unterschiedlich; sie können eher informell ausgerichtet sein und sich spontan entfalten oder nach zuvor festgelegten Regeln erfolgen (z. B. Sprecherwechsel durch Aufzeigen und/oder Liste).

Das spontane Alltagsgespräch zeichnet sich als „rolloses Sprechen" aus (Bittner 2006, S. 22), das über die generellen Gesprächsrollen Sprecher und Hörer keine weiteren Rollenzuweisungen aufweist. In zahlreichen Gesprächsarten werden darüber hinaus festere Gesprächsrollen vergeben, die die Partizipation der einzelnen Teilnehmenden regulieren, etwa die Rolle des *Prüfenden* und die Rolle des *Prüflings* in einem *Prüfungsgespräch* oder die Rolle des *Moderators* in größeren Gesprächsrunden. Unberührt von diesen festen Rollen muss ein Sprecherwechsel stattfinden: In einem Prüfungsgespräch muss sowohl der Prüfer als auch der Prüfling zu Wort kommen; der Moderator ist sowohl als Sprecher als auch als Hörer am Gespräch beteiligt.

Insbesondere Gespräche mit einer größeren Teilnehmeranzahl erfordern Strukturierungshilfen, um (relativ) reibungslose Sprecherwechsel und eine gemeinsame thematische Orientierung zu gewährleisten. Im Klassenzimmer wird der Sprecherwechsel üblicherweise über das Melderitual organisiert – das Aufzeigen ist eine potentielle Sprecherwahl – die Rederechtzuweisung erfolgt über nachgelagerte Mechanismen (vgl. „turn-allocation machinery": Mehan 1979, S. 83 ff.). Aber auch der thematische Zusammenhalt ist in größeren Gruppen nicht ohne weiteres gewährleistet. Vielmehr tendieren größere Gruppen dazu, in kleine Teilgruppen zu zerfallen, die jeweils eigene thematische Interessen verfolgen. Auch hier lassen sich verschiedene Formen der Steuerung finden, z. B. die Moderation, die den thematischen Zusammenhalt organisiert.

Damit weist Beispiel 1 notwendige Merkmale eines Gespräches auf: Die Lehrerin eröffnet das Gespräch mit einer Impulsfrage und beendet kurz nach dem wiedergegeben Ausschnitt das Gespräch mit einem Arbeitsauftrag (s. u.); es findet mehrfach ein Sprecherwechsel zwischen der Lehrerin und verschiedenen SchülerInnen statt und alle Sprechbeiträge sind kohärent aufeinander bezogen. Die Kohärenz wird über die Fragen der Lehrerin organisiert; dabei erfolgt im Laufe des Gesprächs eine

---

3   Hörersignale sind eine mögliche Ausdruckeinheit in Gesprächen, die nicht auf eine unmittelbare Übernahme der Sprecherrolle abzielen. Vielmehr werden mit diesen kurzen verbalen, paraverbalen oder nonverbalen Signalen dem aktuell Sprechenden Aufmerksamkeit, Zustimmung oder Ablehnung signalisiert.

zunehmende Steuerung und Verengung der thematischen Orientierung. Ehlich und Rehbein (1986) bezeichnen derartige Gesprächssituationen als „Lehrer-Vortrag mit verteilten Rollen" (S. 84).

2.2 Schulische Unterrichtsgespräche

Im Folgenden werden Gespräche im schulischen Kontext näher betrachtet – der Fokus liegt auf Gesprächen im unmittelbaren Unterrichtskontext, auch wenn die Trennlinie zu anderen Gesprächen in der Schule nicht immer ganz trennscharf zu ziehen ist.

Um die Besonderheiten von Unterrichtsgesprächen herauszuarbeiten, geht Bittner (2006) zunächst von der „symmetrische[n] Kommunikation unter gleichwertigen, sich gegenseitig respektierenden Individuen" (S. 13) als idealisierte Handlungssituation des Miteinander-Sprechens aus, also Gesprächssituationen ohne hierarchische Rollenstrukturen. Mit der Teilnahme an solchen Gesprächen gehen die Teilnehmenden zwei scheinbar gegensätzliche Verpflichtungen ein: Einerseits die Bereitschaft *mitzusprechen*, andererseits die Bereitschaft zuzuhören – als „mental aktives Schweigen" (ebd., S. 15). Die Teilnahme an Gesprächen zeichnet sich damit durch eine „grundsätzliche Aufnahme- und Lernbereitschaft" (ebd., S. 16) aus, die Bereitschaft, sich auf die Beiträge anderer einzulassen und sich im Gespräch neuen und fremden Sachgebieten zu öffnen. Damit wird im Gespräch ein wesentliches Moment unterrichtlicher Interaktion bedeutsam: die Ausrichtung auf (inhaltsbezogene) Lernprozesse. Auf dieser Grundlage definiert Bittner *Unterrichtsgespräch* wie folgt:

Unterrichtsgespräch

"Ein Unterrichtsgespräch ist eine zum schulischen Lehren, Lernen und Erziehen eingesetzte dialogische Interaktion, mit der unter kommunikativen Gesetzmäßigkeiten sozial relevante Bildungskontexte bereitgestellt werden und in der die personalen Interessen, Rücksichten und Erwartungen so zu moderieren sind, dass Schüler kulturell vorstrukturierte Stoffgebiete er- und verarbeiten können" (ebd., S. 31). Verbunden mit der zweckorientierten Ausrichtung unterrichtlicher Interaktion auf Lehr-Lernprozesse erfährt somit die thematische Orientierung, ein Kernmerkmal der Handlungssituation Gespräch, ein Ausrichtung auf relevante Bildungskontexte.

Gesprächsthemen werden damit im Unterrichtsgespräch zum *Lerngegenstand* bzw. *Bildungskontext*: Das Thema ,Wetter' hat im Unterrichtsgesprächen eine andere Funktion als im Smalltalk.

Die institutionelle Einbindung allein ist demnach nicht ausreichend, um eine Gesprächssequenz im Klassenzimmer als Unterrichtsgespräch zu bezeichnen, die Zweckorientierung des Lehrens, Lernens und Erziehens muss im Gespräch manifest werden. Unter dieser Definition lassen sich unterschiedliche Gesprächsformen zusammenfassen, deren gemeinsame Konstituente die *Einbindung in die Institution Schule* verbunden mit einer *zweckorientierte Ausrichtung* auf Lehren und Lernen (bzw. Erziehen) ist. Die thematische Orientierung des Gesprächs ist auf relevante Bildungskontexte ausgerichtet – wer diese Themen in konkreten Handlungssituationen auswählt bzw. wie diese Ausrichtung im Gesprächsverlauf gewährleistet wird, ist dabei irrelevant. So ist auch ein nach informellen Gesprächsregeln ablaufendes Partnergespräch, das Peers über ein – im gewissen Rahmen (z. B. curriculare Vorgaben) – nach eigenen Interessen selbst gewähltes Thema führen, als Unterrichtsgespräch zu bezeichnen.

Die von Bittner (2006) angeführte „grundsätzliche Lernbereitschaft" scheint somit in Unterrichtsgesprächen zunächst aufgrund der institutionellen Rollen *Lehrer* und *Schüler* auf der Seite der *SchülerInnen als Lernende* zu liegen. Die Lehrperson nimmt als *Experte* für die „kulturell vorstrukturierten Stoffgebiete" (s. o.) am Unterrichtsgespräch teil. Die damit verbundene epistemische Asymmetrie – ein Wissensgefälle im zu verhandelnden Thema unter den Beteiligten – negiert jedoch nicht die auch mit dem Expertentum verbundene Lernbereitschaft, wenn eine dialogische Interaktion mit Laien oder Novizen entstehen soll. Die Teilnahme an Gesprächen als Experte erfordert eine zurückhaltende Gesprächsbeteiligung, damit „das Gespräch trotz seiner Fachkenntnisse nicht ins Monologische" (Bittner 2006, S. 19) gewendet wird.

2.3 Die Lehrperson in Unterrichtsgesprächen

Die Lehrperson wird hier in Hinblick auf ihre strukturelle Einbindung in unterschiedliche Gesprächsformen im Unterricht betrachtet, nicht in Hinblick auf intentionale oder funktionale Rollenbeschreibungen (z. B. als Lernberater, als Moderator u. Ä.; siehe Pauli & Reusser 2000). Es geht also um Gesprächsstrukturen im Unterricht und die Sonderstellung der Lehrperson in diesen, und zwar in Hinblick auf die Einbindung typischer schulischer Sozialformen in Unterrichtsgespräche: Plenum, (Klein-)Gruppen und Paare (Zwiegespräche).

Während bei Plenumsgesprächen die unmittelbare, direkte Teilnahme der Lehrperson vorausgesetzt werden kann, lassen sich die Gruppen- bzw. Zwiegespräche als Unterrichtsgespräche sowohl mit unmittelbarer Beteiligung der Lehrperson denken als auch als Gespräche unter Peers, in die die Lehrperson nicht involviert ist (vgl. Krummheuer & Brandt 2001, S. 85). Ist die Lehrperson direkt involviert, werden meist über die epistemische Asymmetrie deutliche Rollendifferenzen zu verzeichnen sein. Während einer Gruppenarbeitsphase lässt sich dies als (adaptive) Lernberatung bzw. Intervention beschreiben – was sich als überaus anspruchsvoll für die Lehrperson erweist (z. B. Pauli & Reusser 2000; Krammer, Reusser & Pauli 2010; Leiss & Tropper 2014). Auch Zwiegespräche mit direkter Beteiligung der Lehrperson sind epistemisch asymmetrisch; dabei kann aber, wie z. b. im Diagnosegespräch, das Gewicht der Lernbereitschaft auf der Seite der Lehrperson liegen, wenn der Lernende die Gelegenheit erhält, im Gespräch die individuelle Sicht auf die Dinge zu artikulieren (Schütte 2008, S. 174f; vgl. Bräu 2013; Krammer 2009).

Auch wenn die Lehrperson nicht unmittelbar in ein Gespräch unter Peers involviert ist, so ist sie doch im Handlungsraum *Klassenzimmer* meist zugegen und steht als Ansprechpartner in besonderer Weise bereit bzw. hat bestimmte Zugriffsrechte auf die im Klassenzimmer stattfindenden Partner- und Gruppengespräche. So kann sie z. b. die Gespräche ‚von außen' über ein zentrales Signal beenden oder einzelne Paare und Gruppen ansprechen:

Beispiel 2 Zugriffsrecht der Lehrperson auf dyadische Partnerarbeit[4]

Sebastian und Nele arbeiten zusammen an Textaufgaben und haben sich mündlich auf eine Lösung für die erste Aufgabe geeinigt.

Lehrerin   (kommt an den Tisch) habt ihr die Erste schon/ .. ist das
            die Zweite oder die Erste\ (tippt auf das Arbeitsblatt)
Nele   des ist die Erste
Lehrerin   achso okay

In dieser Szene ‚betritt' die Lehrerin den Arbeitszusammenhang der Partnerarbeit von Nele und Sebastian. Sie fragt nach dem Arbeitsstand der Lernenden und Nele gibt ihr ohne zu zögern die gewünschte Information; der Zugriff der Lehrerin auf den Arbeitszusammenhang wird damit legitimiert.[5]

---

4 Das Transkript entstammt dem Datenkorpus „Kollektives Problemlösen" (2009–2011), durchgeführt an der Goethe-Universität Frankfurt am Main unter der Leitung von JProf. Dr. B. Brandt; finanziell unterstützt vom ZLB der Goethe-Universität).
5 Als Kontrast stelle man sich vor, eine Schülerin bzw. ein Schüler würde sich mit derselben Frage an Nele und Sebastian wenden – es lässt sich leicht vorstellen, dass Nele z. B. mit „Das geht dich nichts an!" reagiert.

Mit diesem Zugriffsrecht der Lehrperson auf Gruppen- und Partnerarbeit ist auch der Charakter der Öffentlichkeit von Unterrichtsgesprächen verbunden, der im nächsten Abschnitt näher beleuchtet wird.

2.4 Öffentlichkeit in Unterrichtsgesprächen

Unterricht lässt sich als öffentliches Ereignis beschreiben; Unterrichtsgespräche weisen damit im Vergleich zu nicht-öffentlichen Privatgesprächen andere kommunikative Strukturen auf (vgl. Becker-Mrotzek & Vogt 2001, S. 7). Die Öffentlichkeit im Klassenzimmer ist nicht mit der allgemeinen Zugänglichkeit etwa einer Bahnhofshalle vergleichbar; als Institution mit gesellschaftlichem Auftrag besteht jedoch eine „potentiell herstellbare Publizität" (ebd.), die sich z. B. auch in der thematischen Ausrichtung der Unterrichtsgespräche auf relevante Bildungsaufträge ausdrückt. Auch Wiesemann und Amann betonen diese Eigenheit schulischer Interaktion:

> „Wenngleich es sich bei Schulräumen nicht um öffentliche Plätze handelt, zu denen beliebige Personen Zutritt haben, so ist doch das Interaktionsformat dadurch bestimmt, dass die Beteiligten ihre Beiträge wechselseitig nicht ausschließlich aneinander als Einzelne richten" (Wiesemann & Amann 2002, S. 151).

In diesem Zitat wird eine zweite Dimension von Öffentlichkeit im Klassenzimmer deutlich, die sich aus der Tatsache heraus ergibt, dass Unterricht im Klassenverband eine Massenveranstaltung ist, an der viele Personen gleichzeitig teilnehmen und alle Aktivitäten im Rahmen dieser ‚Klassenzimmer-Öffentlichkeit' stattfinden. Über die Anwesenheit weiterer Personen werden alle Gesprächsbeiträge für diese potentiell wahrnehmbar. Diese Form der Klassenzimmer-Öffentlichkeit bildet die Grundlage für die Öffentlichkeit im Sinne der „potentiell herstellbaren Publizität" (s. o.): Die Gesprächsbeiträge sind für alle im Raum wahrnehmbar und damit auch kontrollierbar; die im Klassenzimmer präsenten Personen wirken somit als potentielle Kontrollinstanz nach außen.

2.5 Das I-R-E-Inszenierungsmuster in Unterrichtsgesprächen

Das I-R-E-Inszenierungsmuster

Mehan (1979) hat in einer empirischen Studien zu Instruktionsphasen im Unterricht ein für lehrerzentrierte Plenumsgespräche typisches Inszenierungsmuster beschrieben: den unterrichtlichen Dreischritt „I–R–E" (Initiation-Reply-Evalution, ebd. S. 52). Dabei eröffnet die Lehrperson mit der Initiation die Sequenz, besonders häufig über einfache Sachfragen (product elicitation, ebd.), für die als Reply eine kurze Antwort genügt. Dieses zweite Element übernimmt ein/e SchülerIn. Es folgt die Evaluation durch die Lehrperson und ein neuer Dreischritt kann sich anschließen.

Aktuellere Studien bestätigen die Dominanz dieser Interaktionsstruktur im Klassenzimmer, wenn auch mit unterschiedlicher Häufigkeit in Abhängigkeit vom Unterrichtsfach (z. B. Richert 2005; Lüders 2003; vgl. Becker-Mrotzek 2009; siehe auch de Boer in diesem Band). Das typische Grundmuster der Kommunikation, das „adjacency pair"[6] (I–R) (Sacks, Schegloff & Jefferson 1974), wird im Unterricht somit durch den Gesprächsschritt der Evaluation erweitert. Der Schritt der Evaluation gibt im Unterrichtsverlauf darüber Auskunft, ob das von der Lehrperson und dem antwortenden Lernenden gemeinsam produzierte Äußerungspaar I-R so zusammen passt. Genauer also: Ob die SchülerIn erwartungskonform reagiert hat oder aber ob die von der Lehrperson erwartete Antwort bzw. Reaktion noch aussteht. Eine positive Evaluation stellt somit nicht (nur) ein an die/den SchülerIn gerichtetes Lob dar, sondern ist funktional auf die Konstituierung des Gesprächsthemas ausgerichtet.

> "This finding suggests that the third act, evaluation, plays a significant role in instructional discourse. While evaluation seldom occurs in everyday discourse, it is an essential component of instructional sequence. It contributes information of a mutually acceptable reply" (Mehan 1979, S. 64).

Im Beispiel 1 lässt sich dieses Inszenierungsmuster in verschiedenen Facetten rekonstruieren:

---

6 Als „adjacency pair" werden zwei direkt aufeinander bezogene Äußerungen bezeichnet, die von unterschiedlichen Sprechenden hervorgebracht werden. Dabei wird der zweite Paarling als Reaktion durch den ersten Paarling hervorgerufen. Typische Beispiele sind: Frage/Antwort; Vorschlag/Ablehnung bzw. Zustimmung.

L:	I	passt mal auf\ - als wir eben auf dem **Spielplatz** waren da - was haben wir da alles gesehen/ .. Nicole\
N:	R	wir ham einen Kastanienbaum gesehen . und . und . und ... und eine Rose
L:	E	ne Rose ham wa nicht gesehen\
L:	(E)/I	was haben wir für **Blumen** gesehen\ wer **weiß** es noch\

Nach einer wohl nur für Außenstehende offen wirkenden Frage der Lehrerin (I) nennt Nicole verschiedene Pflanzen[7], die sie auf dem Spielplatz gesehen hat (R). Die Antwort Rose wird von der Lehrerin direkt abgelehnt (E). Mit der nun konkretisierten Frage nach **Blumen** wird zunächst die von Nicole gewählte generelle Ausrichtung auf Pflanzen implizit bestätigt (E). Weiter ist damit eine neue Initiation mit eingeschränktem Antwortspektrum verknüpft (I). So wäre es nun nicht mehr erwartungskonform, nachfolgend auf den von Nicole genannten Kastanienbaum einzugehen.[8]

Im Laufe des Gespräches schränkt die Lehrerin ihre Fragen auf die Farbe einer von ihr benannten Blume ein (I); die Beiträge der Kinder verkürzen sich auf die Benennung der Farben (R), was von der Lehrerin jeweils kurz bestätigt wird (E). Schließlich endet etwas später das Gespräch mit der Formulierung eines Arbeitsauftrages, der in Einzelarbeit zu erledigen ist: „ihr dürft mit **Bunt-** oder mit **Filzstiften**\ alles was **ihr gesehen habt** aufmalen\ Osterglocken, ..Tulpen\ äh .. die kleine Glockenblume/ Forsythien\." Das Gespräch dient somit dazu, die anschließende Aufgabe vorzubereiten: Die Frühlingsbilder sollen keine Phantasiebilder werden, sondern es sollen verschiedene Frühlingsblumen in den richtigen Farben gemalt werden; die originale Begegnungsstätte (Spielplatz) ist dabei irrelevant. Durch das I-R-E-Muster hat die Lehrerin die Kinder als *Kollektiv* in diese Instruktionsphase eingebunden.

Funktional wird mit der Evaluation als Erweiterung der üblichen Gesprächssequenz sichergestellt, dass in der auf einen bestimmten Unterrichtsgegenstand ausgerichteten Kommunikation dieser angemessen thematisiert wird und dabei die SchülerInnen eingebunden sind – also: die Partizipation der Lernenden an der

---

7 Auf dem Spielplatz hat ein Gespräch über die Frühlingsblumen stattgefunden, so dass Nicole hier den Erwartungen der Lehrerin wohl zumindest in der thematischen Ausrichtung gerecht wird und nicht z. B. Spielgeräte nennt, die sie sicher auch *gesehen* haben wird. Deutlich wird dies auch, da die Lehrerin mehrfach auf dieses vorhergehende Gespräch verweist (z. B. wer **weiß** noch was wa dazu **gesagt** haben).

8 Der Kastanienbaum taucht später in Bildern der Kinder wieder auf und war wohl nicht nur für Nicole etwas Erwähnenswertes, was auf dem Spielplatzausflug *gesehen* wurde.

thematischen Entfaltung des zu Lernenden im Gespräch – wobei die Lehrerin über Fragen die Entfaltung steuert. Zudem wird die Lehrerin als besondere *Zuhörerin* für die Beiträge der Kinder etabliert: Die Antworten der Kinder sind vornehmlich an die Lehrperson gerichtet.

Im folgenden Abschnitt soll nun über das Partizipationsmodell von Krummheuer und Brandt (2001) die unterschiedliche Adressierung sowie die unterschiedliche Verantwortlichkeit für Gesprächsbeiträge in Unterrichtsgesprächen genauer in den Blick genommen werden.

3   Ein Partizipationsmodell für Unterrichtsgespräche

Interaktionen mit mehr als zwei Beteiligten werden in Abgrenzung zu Interaktionen in (nicht-öffentlichen) Paarbeziehungen als polyadisch bezeichnet (Krummheuer & Brandt 2001, S. 16; vgl. Sacks 1998, S. 532f). Gesprächsbeiträge in polyadischen Interaktionen sind nicht an eine einzelne Person als Gegenüber adressiert, sondern ggf. an mehrere Personen gleichzeitig gerichtet. Das Partizipationsmodell ist für polyadisch angelegte Interaktionen ausgerichtet und für dyadische Situationen nur mit Einschränkungen anwendbar.[9] Es ist entwickelt worden zur Beschreibung argumentativer Interaktionsprozesse in der Primarstufe (Krummheuer & Brandt 2001; Brandt 2004).

Das Partizipationsmodell

Die Grundidee des **Partizipationsmodell** ist eine analytische Ausdifferenzierung der Alltagsbegriffe Sprecher und Hörer für polyadische Interaktionen über das Rezipienten- bzw. Produzentendesign (vgl. Krummheuer & Brandt 2001, S. 17f., Brandt 2004, S. 24f):

- Das *Produktionsdesign* erfasst die unterschiedlichen Formen der Verantwortung und der Originalität sprachlicher Äußerungen.
- Mit dem *Rezipientendesign* werden Ausdifferenzierungen hinsichtlich der Hörerschaft und die Beziehung verschiedener Interaktionsstränge im Klassenzimmer zueinander ausgearbeitet.

---

9   Dies wird schon bei der Betrachtung von sehr intensiv ablaufenden Partnergesprächen im Klassenzimmer deutlich, wenn die Lernpartner eine sehr intensive Beziehung eingehen und die „Öffentlichkeit" im Klassenzimmer für einen Moment ausblenden (vgl. Brandt & Höck 2011).

Das Modell greift auf konversationsanalytische Arbeiten von Goffman (1974/ 1981; Levinson 1988) zurück. Goffman kritisiert, dass die gängige Konversationsanalyse für ihre analytischen Betrachtungen auf die alltagssprachlichen Gesprächsrollen zurückgreift, was aus seiner Sicht unzureichend ist: „It [die Konversationsanalyse, B.B.] takes global folk categories (like speaker and hearer) for granted instead of decomposing them into smaller, analytical coherent elements" (Goffman 1981, S. 129).

3.1 Das Produktionsdesign

Mit dem **Produktionsdesign** wird die Frage nach der Verantwortlichkeit der Sprechenden für ihre Beiträge zur Konstituierung des Gesprächsthemas und seiner inhaltlichen Ausgestaltung rekonstruiert. Hier lässt sich zwischen der Authentizität bzw. Originalität der einzelnen Sprechbeiträge und deren Ursprüngen bzw. Initiationen unterscheiden. Goffman (1981) spricht vom „production format" (1981, S. 145) einer Äußerung: „Plainly, reciting a fully memorized text or reading aloud from a pre-pared script allows us to animate words we had no hand in formulating, and to express opinions, beliefs, and sentiments we do not hold" (ebd.).

Goffman illustriert seine Idee am Beispiel einer vorformulierten politischen Rede: Ist diese über *Ghostwriting* verfasst, so sind idealtypisch zwar Ideen der RednerIn enthalten, die Autorenschaft im Sinne der Ausformulierung wird jedoch von einer anderen Person verantwortet. Das hier vorgestellte Produktionsdesign baut auf dieser Grundidee auf.

Für die Analyse wird dabei ein Sprechakt in drei Komponenten zerlegt, und zwar

„1. eine akustische Realisierung (Lautsprecherfunktion),
2. ein syntaktisches Gebilde mit einer bestimmten Wortwahl und Form (Formulierungsfunktion) und
3. einen inhaltsbezogenen (semantischen) Beitrag zur Bedeutungsaushandlung[10] (Inhaltsfunktion)" (Krummheuer & Brandt 2001, S. 42).

---

10 Hierbei handelt es sich vor allen um Satz- bzw. Textsemantik, also um die Analyse zusammenhängender syntaktischer Einheiten.

Intentionale Aspekte bzw. Zweck oder Absicht des Sprechenden werden somit ausgeblendet.[11] Sprechende Personen sind zumindest für die Lautsprecherfunktion der Äußerung verantwortlich. Falls ein Sprechender nicht alle Funktionen ausfüllt, muss es nicht sprechende Beteiligte geben, denen die fehlenden Funktionen zugewiesen werden können.

Auch dies wird zunächst an Beispiel 1 näher erläutert. Unterstellen wir keine als Theater inszenierte Stunde, in der Sprechtexte vorgegeben sind, übernimmt die Lehrerin mit ihren eigenen Beiträgen die Verantwortlichkeit für alle drei Funktionen; ebenso lassen sich die Beiträge von Nicole und Franzi als vollständig eigenverantwortliche Äußerungen werten: Die Lehrerin gibt zwar durch ihre Fragen einen gewissen Rahmen für mögliche Antworten vor, dieser wird aber von beiden eigenverantwortlich inhaltlich gefüllt. Der inhaltsbezogene Beitrag der nachfolgenden Schülerbeiträge zum Thema „Farben der Frühlingsblumen" ist jeweils schon in den vorhergehenden Fragen der Lehrerin enthalten, der somit auch als „nicht-Sprechende" Verantwortung für Gesprächsbeiträge zuzuschreiben ist.

In Abhängigkeit von der Verantwortung für die Funktionen einer Äußerung lassen sich für die Beteiligten *funktionale Sprecherrollen* beschreiben:

Tab. 1 Ausdifferenzierte Sprecherrollen nach Verantwortlichkeit für die Äußerung

	Verantwortlichkeit bei Sprechende (mit Lautsprecherfunktion)		
	Formulierungsfunktion	Inhaltsfunktion	Beispiel 1
Kreator	+	+	Lehrerin, Nicole, Franzi
Paraphrasierer	+	−	Petra
Traduzierer	−	+	
Imitierer	−	−	Carola, David

---

11 Bezogen auf die von Searle (1981) eingeführte Sprechakttheorie wird mit der Inhaltsfunktion vor allem der propositionale Akt hervorgehoben und somit der illokutionäre und der perlokutionäre Akt in diesem Analyseschritt nur eingeschränkt berücksichtigt. Mit dem illokutionären Akt wird auf eine konventionelle Sprechhandlung verwiesen, die mit der sprachlichen Äußerung vollzogen wird, etwa eine Bitte, eine Warnung oder eine Behauptung. Der perlokutionäre Akt verweist auf den Zweck der Sprechhandlung und ist kausal mit dem illokutionären Akt verbunden: Es ist möglich, jemanden von etwas abzubringen (perlokutionär), indem man eine Warnung oder eine Bitte ausspricht (illokutionär); es ist möglich, jemanden zu loben (perlokutionär), indem man in einer Behauptung (illokutionär) dem zu Lobenden eine positiv besetzte Eigenschaften zuschreibt (propositional).

	Verantwortlichkeit bei Nicht-Sprechenden (ohne Lautsprecherfunktion)		
	Formulierungs-funktion	Inhaltsfunktion	Beispiel 1
Initiator	-	+	Lehrerin
Formulator	+	-	
Inventor	+	+	Lehrerin

Die Rolle des Kreators ist die des idealisierten Sprechers[12], der den akustisch hervorgebrachten Redebeitrag eigenständig formuliert und damit auch eine eigene Idee zum Ausdruck bringt – also auch für den semantischen Gehalt (propostionaler Akt) verantwortlich zeichnet. Im Beispiel 1 lässt sich für die Lehrerin sowie auch für Nicole und Franzi die funktionale Sprecherrolle *Kreator* rekonstruieren. Wird die aktuelle Äußerung nicht als *Kreator* hervorgebracht, so müssen die Formulierung und/oder der semantische Gehalt aus vorhergehenden Beiträgen übernommen werden; entsprechend sind Nicht-Sprechende ohne Lautsprecherfunktion mit verantwortlich für den aktuellen Sprechakt. Für geteilte Verantwortlichkeiten ergeben sich folgende Paarungen (Zuordnung in Tabelle über Graustufen markiert):

- Paraphrasierer und Initiator,
- Traduzierer und Formulator,
- Imitierer und Inventor.

Die weiteren Schülerbeiträge in Beispiel 1 weisen geteilte Verantwortlichkeiten auf. Petra sucht nach der Bezeichnung und bringt mit Glöckchen in der funktionalen Rolle des *Paraphrasiers* eine eigene Formulierung ein. Wollen Carola und David die Situation nicht ‚stören', so müssen sie die ‚richtige' Farbe nennen. Die Funktion der Formulierung ist nicht allein durch das Nennen der richtigen Farbe gegeben, so dass Carola und David die funktionale Rolle *Imitierer* zuzuordnen ist. Die fehlende Verantwortlichkeit liegt jeweils in Sprechbeiträgen der Lehrerin (*Initiator* für Petra, *Inventor* für Carola und David). Typischerweise ist die Rolle des *Imitierers* mit dem wörtlichen Wiederholen etwas schon Gesagtem verbunden; in Unterrichtsgesprächen lässt sich diese funktionale Rollenzuschreibung aber – wie in diesem Beispiel – oft über entsprechende Antwortverengungen rekonstruieren. In Plenumsgesprächen ist dabei häufig die Lehrperson als Inventor zu rekonstru-

---

12 Diese idealisierte Sprecherrolle ist nicht unbedingt verknüpft mit einer optimierten Ermöglichungsbedingung für fachliches Lernen durch produktive Partizipation am Gespräch (vgl. Krummheuer & Brandt 2001, S. 56; siehe Beispiel 4).

ieren; in Partner- und Gruppengesprächen lässt sich diese funktionale Rolle auch in Schülerbeiträgen finden.

Die funktionale Rolle des *Traduzierers* lässt sich häufig im sogenannten ‚Lehrerecho' finden: Die Lehrperson wiederholt wortwörtlich, was ein/e SchülerIn zuvor gesagt hat, stellt damit aber gerade die Angemessenheit zur Disposition:

Beispiel 3 Funktionale Sprecherrolle Traduzierer in einer I-R-E-Sequenz[13]

```
Die Lehrerin hält eine 20'er-Rechenkette hoch; dabei sind dreizehn Perlen
sichtbar, 7 sind in ihrer Hand verborgen. Die Kinder nennen Rechensätze,
die dazu passen. (z.B. 10+3)
Jarek         Sieben minus null\
Lehrerin      Sieben minus null/
```

Während Jarek die Behauptung aufstellt, dass man zu 13 sichtbaren Perlen einer Zwanzigerkette 7-0 sagen kann, wird dies von der Lehrerin durch die Wiederholung im fragenden Tonfall gerade negiert. Der traduzierende Beitrag der Lehrperson erfüllt damit die Funktion der Evaluation im I-R-E-Muster: Auf den stummen Impuls *13 Perlen* (Initiation) ist `sieben minus null` keine passende Antwort (Reply).

Ein Kleingruppengespräch unter Peers soll die auf Verstehen und Verständigung ausgerichtete Funktion paraphrasierender Sprechbeiträge verdeutlichen. Aufgabe der Kinder ist es, zum abgebildeten Würfelgebäude einen Bauplan zu entwickeln. Erwartungskonform wäre Plan a); diese Kleingruppe entwirft jedoch Plan b). Das Transkript gibt den Beginn des Einigungsprozesses für diese Lösungsidee wieder.

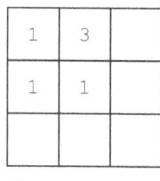
a)

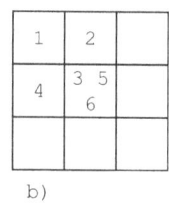
b)

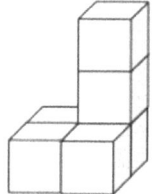

Abb. 1 Aufgabe „Bauplan" mit erwartungskonformer Lösung und die Lösungsidee „Bauanleitung"

---

13 Das Beispiel stammt aus dem DFG-Projekt „Argumentationsformate" (siehe Fußnote 1; vgl. Brandt 2004, S. 170).

Beispiel 4   Inhaltliches Verständnis klären über die funktionale Rolle Paraphrasierer[14]

Charline, Jamal, Jens und Nele bearbeiten als „Expertengruppe" im Mathematikunterricht einen Bauplan für ein Würfelgebäude. Nach einigen Vorschlägen entwickelt sich folgende Gesprächssequenz.

Jamal	oder das ginge auch/ wenn wir/ die Steine/ zum Beispiel verschiedene **Zahlen** geben und dann ähm die aufeinander setzen\. Und die Zahlen dann aufschreiben in die Reihenfolge\
Nele	das habe ich irgendwie nicht gerafft
Charline	ja guck/ wir könnten Zahlen den Würfeln geben/
Nele	ach so wie zum Beispiel *(tippt dabei nacheinander auf die Würfel)* das ist jetzt eins das ist zwei das ist drei das ist vier das ist fünf das ist sechs/
Charline	ja/ dann könnten wir nämlich . eins und zwei und dann die vier dann machen\ *(deutet dabei auf verschiedene Felder im Plan)* ...

Jamal formuliert eine Möglichkeit, wie das Würfelgebäude im Plan festgehalten werden könnte. Der Beitrag schließt damit inhaltlich kohärent an das vorhergehende Gespräch an, allerdings grenzt Jamal seinen Vorschlag einleitend mit `oder das ginge auch` von den vorhergehenden Vorschlägen ab – er greift also nicht unmittelbar auf die Ideen zurück (wenngleich sein Vorschlag natürlich nicht völlig zusammenhangslos hervorgebracht wird). Dieser Lösungsvorschlag sieht vor, die Würfel zu nummerieren (`die Steine verschiedene` **Zahlen** `geben`) und dann diese Zahlen wie in einer Bauanleitung im Plan einzutragen (`die Zahlen dann aufschreiben in die Reihenfolge`). Diese Lösung wird so nach einer Klärungsphase auch von der Gruppe als Lösung akzeptiert und im Plan festgehalten (Abb. 1); Jamal ist daher die funktionale Rolle des Kreators für diesen Lösungsvorschlag zuzuschreiben. Durch ihre Nachfrage eröffnet Nele eine Klärungsphase, an der zunächst nur Charline und sie selbst beteiligt sind: Sie drücken die von Jamal hervorgebrachte Idee mit eigenen Worten aus und konkretisieren diese mit dem vorliegenden Material. Dabei gehen sie erst auf die Bezeichnung der Würfel mit Zahlen ein (`wir könnten Zahlen den Würfel geben`) und schließlich auf das Eintragen auf dem Plan (`dann könnten wir nämlich (.) eins und zwei und dann die vier dann machen\`). Dabei

---

14 Das Beispiel stammt aus dem BLK-Projekt „Netzwerk Wissenschaftliche Weiterbildung für Lehrerberufe"(NWWL) (2004–2006, an der Goethe-Universität Frankfurt a. M. durchgeführt unter der Leitung von Prof. Dr. Krummheuer) (vgl. Brandt & Tatsis 2009; s. a. Brandt 2010).

kommen bei dieser Konkretisierung nicht nur verbalsprachliche Ausdrucksmittel zum Einsatz, sondern es werden konkrete Handlungen und Zeigegesten eingesetzt, um die Doppelcodierung durch Zahlen hervorzuheben: Es geht darum, zunächst die Würfel zu bezeichnen und diese dann entsprechend ihrer Bezeichnung mit arabischen Ziffern auf dem Plan einzutragen. Dabei könnte man hier Nele für die zunehmende Konkretisierung verantwortlich zeichnen – es wird dabei aber die ursprünglich von Jamal eingebrachte Idee ausgedrückt. Dies erfolgt in der funktionalen Rolle des Paraphrasierers: Nele wählt eine *neue Formulierung* und trägt so dazu bei, dass die schon im Raum stehende Idee *verstanden* wird.

3.2 Das Rezipientendesign

Das **Rezipientendesign** greift auf das „participation framework" (Goffman 1981) zurück; dabei wird der Alltagsbegriff *Hörer* in verschiedene *Rezipientenstatus* (ausdifferenzierte *Hörerrollen*) unterteilt. Mit dem Rezipientendesign wird sowohl die Adressierung einer einzelnen Äußerung als auch das Verhältnis verschiedener Handlungsstränge im Klassenzimmer fassbar; hier wird insbesondere der erste Punkt ausgeführt.[15]

Ausgangspunkt der Analyse ist wieder eine einzelne Handlungsaktion bzw. Sprechakt; die Zuschreibung eines Rezipientestatus ist keine Aussage über die Qualität des Zuhörens, sondern eine Aussage über die *Adressierung* der Äußerung im Rahmen der (akustischen) Erreichbarkeit. Dabei kommt dem Sprechenden eine hervorgehobene Bedeutung für diese Adressierung zu, jedoch handelt es sich hierbei um einen interaktiven Aushandlungsprozess, an dem auch die *Rezipienten* teilhaben (vgl. Brandt & Tatsis 2009).

Zunächst einmal gibt es den Kreis der direkt am Gespräch Beteiligten; dabei kann der/die Sprechende etwa durch Namensnennung oder Personalpronomen einzelne Beteiligte unmittelbar ansprechen. Diese Hörerrolle wird als *Gesprächspartner* bezeichnet und ist durch die unmittelbare Adressierung mit einem besonderem Recht verbunden, den nächsten Turn zu übernehmen, allerdings auch mit einer gewissen Verpflichtung zur Aufmerksamkeit. Die anderen direkt Beteiligten werden als *Zuhörer* bezeichnet und haben ein eingeschränktes Recht, den nächsten Turn zu ergreifen. Im oben dargelegten I-R-E-Inszenierungsmuster ist die Initiation zumeist

---

15 Für eine ausführliche Diskussion siehe Brandt (2004) sowie Krummheuer & Brandt (2001).

an *alle Lernenden* gerichtet. Die/der ausgewählte SchülerIn richtet das Reply an die Lehrperson, die mit der Evaluation auf die Rolle als Gesprächspartner reagiert; es handelt sich hier also um eine Verkettung von Gesprächspartnerschaften der Lehrperson mit wechselnden Beteiligten aus der Gruppe der Lernenden; der Rest der Klasse ist bis zur nächsten Initiation als *Zuhörerschaft* konzipiert.

In öffentlichen Räumen sind meist auch Außenstehende anwesend, die nicht direkt am Gespräch teilnehmen, sich jedoch in der akustischen Erreichbarkeit der Äußerung aufhalten, etwa im Restaurant die Gäste am Nebentisch oder etwa in Phasen der Partner- oder Gruppenarbeit im Klassenzimmer. Auch im Plenum gibt es eingebettete Handlungsstränge, an denen nicht alle beteiligt sind, etwa das Vorsagen einer Antwort unter Peers: Dies sollte möglichst von der ebenfalls anwesenden Lehrerin nicht gehört werden; diese Hörerrolle wird als *Lauscher* bezeichnet und z. B. über Körperhaltung und Stimmlage markiert. Dieser analytische Begriff ist von der alltagssprachlichen Bezeichnung zu unterscheiden, in der gerade eine von dem Gespräch ausgeschlossene Person versucht, die Äußerung dennoch akustisch aufzunehmen. Eine weitere Hörerrolle im Kreis der Außenstehen ist der *Mithörer*, deren beiläufiges Zuhören geduldet wird; das Tolerieren von Mithörern hat Auswirkung auf die Themenwahl – intime Themen werden ggf. ausgespart. Tabelle 2 gibt einen Überblick über das Rezipientendesign in Abhängigkeit von der Äußerung.

Tab. 2 Ausdifferenzierte Hörerrollen aus der Perspektive der Äußerung

	Direkte Beteiligung am Gespräch	**Gesprächspartner:** direkt adressiert; besondere Rechte zur Turnübernahme
		Zuhörer: Rezeption erwünscht; (eingeschränkte) Rechte zur Turnübernahme
Äußerung		
	ohne direkte Beteiligung am Gespräch	**Mithörer:** Rezeption toleriert; kein Zugang zu Insiderwissen
		Lauscher: Rezeption wird möglichst verhindert

Folgendes Beispiel zeigt auf, dass es nicht ohne weiteres möglich ist, aus dem Status des Mithörers in Handlungsstränge ‚einzudringen':

Beispiel 5   Rezeptionsdesign einer Helferszene[16]

Sabrina (3. Jg.) hilft Patrick (1. Jg.) bei der Aufgabe 12-8.

```
Sabrina   Zwölf minus sechs sind sechs\ sechs minus zwei -
Aja       Sabrina warum hilfst du ihm noch er hat dich doch gekratzt du
          brauchst ihm gar nich helfen\ dann bereut ers
Sabrina   (winkt zu Aja) hm (wendet sich wieder Patrick zu) so\ sechs
          minus zwei sind - sechs minus eins sind fünf/ .. was kommt vor
          fünf/
```

Die Helferin Sabrina wird von Aja namentlich angesprochen, allerdings gibt Sabrina mit einem Handzeichen zu verstehen, dass sie sich jetzt nicht auf ein Gespräch über Moral und Helfen einlassen möchte. Sie wendet sich unmittelbar wieder Patrick zu, zerlegt die Aufgabe weiter in kleinere Schritte und ignoriert Ajas Gesprächsangebot. Allerdings ist es nicht ausgeschlossen, sich als Mithörer an eine Gesprächsgruppe zu wenden und damit den Kreis der direkt Beteiligten zu verändern:

Beispiel 6   Rezeptionsdesign einer Helferszene[17]

Die Kinder bearbeiten ein Arbeitsblatt in Einzelarbeit. Jarek ist schon fertig und ist von der Lehrerin als Helfer zu Wasily geschickt worden. Wayne kommt an den Tisch, Marina sitzt mit am Tisch und hält mit der eigenen Arbeit inne.

```
Wayne      äh/ das darf man so nicht abgucken\
Jarek      na klar darf man das abgucken\
Wayne      nein\ du sollst ihm nur sagen wie das geht\
Jarek      häh/ (unverständlich) man das kann ich\
Lehrerin   (kommt zum Tisch)ja Jarek\ das ist nämlich so\ der Wasily
           versteht es nicht wenn er abguckt\ der Wasily versteht das
           aber und kanns alleine machen/ . wenn du ihm sagst wie das
           geht\ verstehst du Jarek\ wenn du sagst wie man das macht\
           dann kann er das nämlich selber dann braucht er nicht mehr zu
           gucken\
```

---

16 Transkript aus dem Datenkorpus „Argumentationsformate" (siehe Fußnote 1; vgl. Naujok 2000, S. 55ff).

17 Transkript aus dem Datenkorpus „Argumentationsformate" (siehe Fußnote 1).

Der Arbeitsprozess von Wasily und Jarek ist als dyadische Hilfesituation zunächst durch wechselseitige Gesprächspartnerschaft geprägt, die durch schriftliche Produkte gestützt wird; Wayne ist für diese Ausgangssituation als Mithörer zu sehen. Als solcher kommt er an den Tisch und kritisiert die Art und Weise, in der die beiden miteinander agieren: Seine Aussage könnte eher an den „Abgucker" (Wasily) als Gesprächspartner gerichtet sein. Allerdings reagiert Jarek, der „abgucken lässt". Er wendet sich Wayne zu und es entsteht eine wechselseitige Gesprächspartnerschaft zwischen Jarek und Wayne, in der sie sich jeweils gegenseitig direkt adressieren und für die Wasily als Mitbetroffener als Zuhörer zu sehen ist. Schließlich kommt die Lehrerin als Außenstehende an den Tisch – ihr besonderes Zugriffsrecht entspricht auch bei einer nicht-direkten Teilnahme eher dem eines Zuhörers. Mit ihrem Beitrag unterstützt sie Wayne, namentlich adressiert sie jedoch Jarek, der damit als Gesprächspartner adressiert ist. Über Wasily wird in der 3. Person gesprochen – es wird über ihn verhandelt, aber er ist nicht unmittelbar adressiert. Wie Wayne ist er für diesen Gesprächszug als Zuhörer zu rekonstruieren. Umgangssprachlich könnte man nun festhalten, dass Marina dem Gespräch ‚lauscht' – tatsächlich lässt sich im Fortlauf des Unterrichtsgeschehens erkennen, dass sie aufmerksam zugehört hat. Die direkt Beteiligten (zunächst Wasily, Jarek und Wayne, schließlich auch die Lehrerin) hindern Außenstehende jedoch nicht an der Rezeption, der Rezipientenstatus Lauscher wird somit nicht markiert. Marina ist, wie der Rest der Kinder, die diese Gesprächssequenz akustisch wahrnehmen können – unabhängig von Aufmerksamkeit, die sie der Gesprächssequenz zukommen lässt, in der Rolle des Mithörers zu sehen. Diese Rollenzuschreibung verändert sich über die gesamte Gesprächssequenz nicht, auch wenn im Kern der direkt Beteiligten Rollenverschiebungen zu verzeichnen sind.

4 Abschluss

In der Einleitung wurde darauf verwiesen, dass Meyer das lehrerzentrierte Gespräch als ein unehrliches Handlungsmuster bezeichnet. Wie im Laufe des Beitrags deutlich wurde, erfüllt das Eingangsbeispiel durchaus die Kriterien, um als Gespräch bezeichnet werden zu können. Die für dieses Gespräch herausgearbeiteten starken Reglementierungen der inhaltlichen Ausrichtung durch eine einzelne beteiligte Person – die Lehrerin – widerspricht zwar der *idealisierten Vorstellung* des „rollenlosen Miteinander-Sprechens", nicht jedoch möglichen Verlaufsformen von Gesprächen mit hierarchischer Rollenverteilung. Allerdings lässt sich kein auf gegenseitige Verständigung ausgerichteter Prozess rekonstruieren, der im Produktionsdesign durch paraphrasierende Beiträge gekennzeichnet wäre. Insbesondere ist die Lehrerin in fast allen Beiträgen für den semantischen Gehalt verantwortlich und die wenigen *Ideen* außerhalb der in ihren Beiträgen rekonstruierten Ideenlinie (Farben der Frühlingsblumen) *werden ausblendet.* Somit lässt diese Gesprächssequenz eine mit der Gesprächsteilnahme verbundenen *Lernbereitschaft* auf der Seite der Lehrerin als Expertin vermissen. Im Unterricht wird es den SchülerInnen so ermöglicht, sich mit der Übernahme der Lautsprecherfunktion als *Sprechende* – mit der funktionalen Rolle des Imitierers – zu beteiligen, ohne dass die Lehrperson dabei Befehlsgewalt über die thematische Entwicklung abgibt.[18]

Markowitz beschreibt Partizipation im Klassenraum im Spannungsfeld zwischen „Teilsein" und „Teilnahme" (Markowitz 1986, S. 9). Er rekurriert mit dem „Teilsein" auf eher rezeptive, interpretierende Aspekte der Interaktion, während mit dem „Teilnehmen" eher produktive und mitgestaltende Aspekte angesprochen werden (vgl. Krummheuer & Brandt 2001, S. 17f; Brand 2004, S. 6). Das Geschehen im Klassenraum eröffnet jedem Einzelnen ein umfangreiches Repertoire zum Teilsein und zur Teilnahme mit sehr unterschiedlichen Verantwortlichkeiten. Mit der funktionalen Rolle des Imitierers ist es somit möglich, mit der Verantwortlichkeit für die Lautsprecherfunktion sprachlich-produktiv *Teil zu sein* im Geschehen, ohne gestaltend-produktiv *teilzunehmen.* Die konkrete Ausgestaltung dieser vielfältigen Partizipationsmöglichkeiten wird dabei von allen Beteiligten gleichermaßen (re)produziert – rezeptiv wie produktiv. Somit gestalten die Schülerinnen und Schüler als Lernende die Bedingungen zur Ermöglichung von Lernprozessen in Unterrichtsgesprächen mit – auch das *Teilsein* im *Lehrervortrag mit verteilten Rollen.*

Literatur

Becker-Mrotzek, M. 2009. Unterrichtskommunikation als Mittel der Kompetenzentwicklung. In *Mündliche Kommunikation und Gesprächsdidaktik,* hrsg. M. Becker-Mrotzek, 103-115. Hohengehren: Schneider.

Becker-Mrotzek, M., und R. Vogt. 2001. *Unterrichtskommunikation. Linguistische Analysemethoden und Forschungsergebnisse.* Tübingen: Max Niemeyer.

Bittner, S. 2006. *Das Unterrichtsgespräch. Formen und Verfahren des dialogischen Lehrens und Lernens.* Bad Heilbrunn: Klinkhardt.

---

18 Inwieweit dies tatsächlich „suggeriert" wird, ist fraglich: Alle Teilnehmenden scheinen die Regeln zu kennen und ‚spielen' mit.

Brandt, B. 2004. *Kinder als Lernende. Partizipationsspielräume im Klassenzimmer.* Frankfurt am Main: Peter Lang Verlag.

Brandt, B. 2010. Rezeptionstheoretische Einsichten in Interaktionsprozesse beim Gruppenpuzzle im Mathematikunterricht der Grundschule. In *Qualitative Bildungsforschung im Elementar- und Primarbereich,* hrsg. F. Heinzel, und A. Panagiotopoulou, 29-42. Hohengehren: Schneider.

Brandt, B., und G. Höck. 2011. Ko-Konstruktion in mathematischen Problemlöseprozessen – partizipationstheoretische Überlegungen. In *Die Projekte erStMaL und MaKreKi. Mathematikdidaktische Forschung am „Center for Individual Development and Adaptive Education" (IDeA),* hrsg. B. Brandt, R. Vogel und G. Krummheuer, 245-284. Münster: Waxmann.

Brandt, B., und K. Tatsis. 2009. Using Goffman's concepts to explore collaborative interaction processes in elementary school mathematics. *Research in Mathematics Education* 11 (1):39-56.

Bräu, K. 2013. Zwischen Lerninhalten und Prozessunterstützung, zwischen Sache und Person. Eine Analyse von Lernberatungsgesprächen im individualisierten Unterricht. *Zeitschrift für interpretative Unterrichtsforschung* 2: 21-38.

Brinker, K., und S. Sager. 2006. *Linguistische Gesprächsanalyse: Eine Einführung.* Berlin: Erich Schmidt (4. Aufl.).

Ehlich, K., und J. Rehbein. 1986. *Muster und Institution. Untersuchungen zur schulischen Kommunikation.* Tübingen: Narr.

Goffman, E. 1974. *Das Individuum im öffentlichen Austausch. Mikrostudien zur öffentlichen Ordnung.* Frankfurt a. M.: Suhrkamp.

Goffman, E. 1981. Footing. In *Forms of Talk,* hrsg. E. Goffman, 124-150. Oxford: Basil Blackwell.

Krammer, K. 2009. *Individuelle Lernerunterstützung in Schülerarbeitsphasen.* Münster: Waxmann.

Krammer, K., K. Reusser, und. C. Pauli. 2010. Individuelle Unterstützung der Schülerinnen und Schüler durch die Lehrperson während der Schülerarbeitsphase. In *Unterrichtsgestaltung und Unterrichtsqualität – Ergebnisse einer internationalen und schweizerischen Videostudie zum Mathematikunterricht,* hrsg. K. Reusser, C. Pauli, und M. Waldis, 107-122. Münster: Waxmann.

Krummheuer, G., und B. Brandt. 2001. *Paraphrase und Traduktion. Partizipationstheoretische Elemente einer Interaktionstheorie des Mathematiklernens in der Grundschule.* Weinheim: Beltz.

Leiss, D., und N. Tropper. 2014. *Umgang mit Heterogenität im Mathematikunterricht: Adaptives Lehrerhandeln beim Modellieren.* Berlin, Heidelberg: Springer.

Levinson, S. C. 1988. Putting linguistics on a proper footing: Explorations in Goffman's participation framework. In *Goffman: Exploring the interaction order,* hrsg. P. Drew, und A. Wootton, 161-227. Oxford: Polity Press.

Lüders, M. 2003. *Unterricht als Sprachspiel. Eine systematische und empirische Studie zum Unterrichtsbegriff und zur Unterrichtssprache.* Bad Heilbrunn: Klinkhardt.

Markowitz, J. 1986. *Verhalten im Systemkontext. Zum Begriff des sozialen Epigramms. Diskutiert am Beispiel des Schulunterrichts.* Frankfurt a. M.: Suhrkamp.

Mehan, H. 1979. *Learning lessons.* Cambridge: Harvard University Press.

Mercer, N., und S. Hodgkinson. 2008. Exploring Talk for Learning. In *Exploring Talk in School,* hrsg. N. Mercer, und S. Hodgkinson, xi-xviii. London: Sage.

Meyer, H. 2011. *Unterrichts-Methoden. II. Praxisband.* Berlin: Cornelsen (14. Aufl.).
Naujok, N. 2000. *Schülerkooperation im Rahmen von Wochenplanunterricht. Analyse von Unterrichtsausschnitten aus der Grundschule.* Weinheim, Basel: Beltz.
Pauli, C., und K. Reusser. 2000. Zur Rolle der Lehrperson beim kooperativen Lernen. *Schweizerische Zeitschrift für Bildungswissenschaften* 22 (3): 421-442.
Richert, P. 2005. *Typische Sprachmuster der Lehrer-Schüler-Interaktion.* Bad Heilbrunn. Klinkhardt.
Sacks, H. 1998. *Lectures on conversation.* Malden: Blackwell.
Sacks, H., E. Schegloff, und G. Jefferson. 1974. A Simplest Systematic for the Organisation of Turn-Taking in Conversation. *Language 50 (4)*: 696-735.
Schütte, M. 2008. Die sprachliche Einführung neuer mathematischer Begriffe im Grundschulmathematikunterricht. In Beiträge zum Mathematikunterricht, hrsg. E. Vasarhely, 729-733. Hildesheim: Franzbecker.
Searle, J. 1984. *Sprechakte. Ein sprachphilosophischer Essay.* Frankfurt a. M.: Suhrkamp.
Wiesemann, J., und K. Amann. 2002. Situationistische Unterrichtsforschung. In *Forum qualitative Schulforschung 2. Interpretative Unterrichts- und Schulbegleitforschung*, hrsg. G. Breidenstein, A. Combe, W. Helsper, und B. Stelmaszyk, 133-158. Opladen: Leske & Budrich.

Unterrichtsgespräche aus semiotisch – pragmatistischer Perspektive

Roswitha Lehmann-Rommel

Zusammenfassung

Im pragmatistischen Verständnis von Unterrichtsgesprächen wird der Fokus darauf gelegt, wie Bedeutungen generiert werden. Die Qualität pädagogischer Prozesse bestimmt Dewey im Rückgriff auf Peirce' Semiotik über die Fähigkeit (von Lehrer/innen und Schüler/innen), im Gespräch Bedeutungen zu klären und sich bewusst in Zeichensystemen zu bewegen. Wissenserwerb denkt er nicht von einem vorhandenen Wissenskorpus her, sondern von den fluktuierenden Beziehungen, die zwischen Objekten, Zeichen und Bedeutungen hergestellt werden. Sie bewusst und verantwortlich zu gestalten, ist aus seiner Sicht der Dreh- und Angelpunkt, um absichtsvoll auf soziale ebenso wie auf individuelle Entwicklungen Einfluss zu nehmen.

Anhand der semiotischen Begrifflichkeit wird gezeigt, was es bedeutet, Gespräche konsequent von einer dreiwertigen anstelle einer zweiwertigen Denkform her zu verstehen. Darin stecken Möglichkeiten sowohl für die Gesprächsführung als auch für die Analyse von Unterrichtsgesprächen. Reichweite und Analysepotential dieser Kategorien werden an Fallbeispielen erläutert.

1 Einleitung

> „Lernen, richtig verstanden, heißt nicht Dinge lernen, sondern die Bedeutung der Dinge, und dieser Prozeß erfordert die Verwendung von Zeichen ... Wörter können nur dann als Symbole fungieren, wenn die Bedeutung vorher im Zusammenhang mit einer Situation, in der diese wichtig war, erfaßt wurde."
> (Dewey 1910/1992, S. 234).

Nicht die Objekte, sondern ihre Bedeutungen können Gegenstand von Denken und Wissen sein. Objekte sind zugänglich nur durch Vermittlung von Zeichen, Realität wird nur durch Zeichen manifest. Erkenntnisgewinnung und Lernen geschieht immer durch Herstellen neuer, vervielfältigter Beziehungen zwischen Zeichen. Auf Zeichen wird geantwortet, sie – nicht die Dinge – werden begriffen und in Zusammenhänge gebracht. Mit ihrer Ausdifferenzierung werden zugleich Strukturen und Qualität von Erfahren und Interagieren modifiziert und erneuert.

Dewey insistiert mit seinem grundlegenden Verständnis von Lernen als Generieren von Bedeutungen darauf, dass Worte ihre Bedeutung nicht selbstverständlich mittransportieren, sondern in jeder Situation klärender Bestimmungen bedürfen. Pädagogik kann ihre Legitimation nur daraus gewinnen, dass Schüler/innen lernen, „how to make our ideas clear... To know what we think, to be masters of our own meaning..." (Peirce CP 5, S.393). Das Kerngeschäft der Pädagogik umfasst aus der Sicht von Peirce und Dewey einerseits einen starken Fokus auf Wissensgenerierung, d.h. Fragen danach, wie Bedeutungen hergestellt und erfahrungsbezogen erweitert werden. Andererseits sorgt die grundlegend soziale Natur von Verstehen und Erkenntnisgewinnung dafür, dass Kommunikationen im Unterricht zum Dreh- und Angelpunkt für die Qualität pädagogischer Prozesse werden.

Dewey und Peirce konstatieren am Beginn des 20. Jahrhunderts, dass in schulischen Praktiken die Fähigkeit der Schüler, bewusst denken zu lernen, eher abstumpft statt sich auszudifferenzieren, da sie diesbezüglich kaum „intellectual guidance" erhalten (Cunningham 2007, S. 1). Dewey plädiert – insbesondere in seinen späteren Schriften – dafür, dass Schüler mit machtvollen Ideen aus der Wissenschaft konfrontiert werden, deren Bedeutungen sie in dialogischen Prozessen erforschen. Dabei betont er deutlich die Führungsrolle der Lehrenden und ihre Verantwortung für die Qualität der Denkprozesse und die intellektuelle Anleitung der Klasse als gemeinsam denkender Lern-Gemeinschaft. „A lively give-and-take of ideas, experiences, information between members of the class should be the chief reliance" (Dewey LW 8, S. 328). Seine Idealvorstellung war, dass Klassen zu Zentren lebendiger Diskurse über bedeutende intellektuelle Angelegenheiten würden. Aufgabe der Lehrenden sei es, Diskurse anzuregen, die es Schülern erlauben, im dialogischen Prozess Ideen zu entwickeln und sie experimentell zu prüfen. ‚Learning by doing' hat für Dewey die Bedeutung eines aktiven Umgehens mit Zeichen und deren Weiterentwicklung im Erfahrungsbezug.

Diese Auffassung steht in einem Spannungsverhältnis zu aktuellen Befunden unterschiedlicher Studien zum Offenen Unterricht bzw. zu heutigen Praktiken der Individualisierung im Unterricht. Durchgängig werden hier Tendenzen festgestellt, dass Anregungen zu vertieften Auseinandersetzungen mit Themen ausbleiben, der Sachanspruch z. B. gegenüber dem Anspruch auf Selbständigkeit und Selbstorganisation in den Hintergrund tritt und Inhalte als beliebig behandelt werden.

„Das repräsentative Zeigen bezieht sich nicht auf einen spezifischen, fachlichen Inhalt, sondern auf formale Operationen des Sammelns und Bearbeitens von Informationen. Die Wissensvermittlung wird an Texte und Materialien delegiert… Ganz offensichtlich werden aber auch dann eigene Erklärungen vonseiten der Lehrerinnen und Lehrer vermieden, wenn sie gegeben werden könnten" (Bräu 2013, S. 33).

Der Rekurs auf eigene Erfahrungen der Schüler/innen werde zumeist nur formal als Strukturierungsanlass genutzt, ohne dass man sich mit den Bedeutungen beschäftige, welche die Schüler/innen damit verbinden. Alltägliches Bewerten und (versteckte) Anweisungen dominieren gerade auch Gespräche mit einzelnen Schülern in offenen Unterrichtsformen (vgl. Bräu 2006, S. 23). Praktiken der Steuerung und Kontrolle sorgen dafür, dass alle Schüler/innen immer etwas ‚zu tun' haben, sie regulieren das ‚Dran-Kommen', und „Standardisierungen der Unterrichtsinhalte sorgen dafür, dass Hilfestellungen nicht zu komplex werden" (Breidenstein 2014, S. 49). Diese Tendenzen, Verstehensprozesse zu vernachlässigen, Inhalte zu simplifizieren und auf die Produktion ‚richtiger Ergebnisse' abzuzielen, verdanken sich wesentlich der Schwierigkeit, im Kontext der Institution Schule individualisierte Lernprozesse zu ermöglichen. Angesichts höchst unterschiedlicher Lerngegenstände und Schüleranliegen im Offenen Unterricht greifen Lehrpersonen weitgehend auf formalisierte Aspekte von Steuerung zurück und auf „eine gewisse Standardisierung der Schülertätigkeiten und damit der Problemstellungen" (vgl. Breidenstein 2014, S. 48).

Zugleich ist der schulpädagogische und -politische Qualitätsdiskurs von scheinbar selbstverständlichen Annahmen über Effizienz und Ökonomisierung durchzogen. Diese sorgen dafür, dass Schlagworte wie ‚Selbstverantwortlichkeit' und ‚Individualisierung' als scheinbar selbstredende Werte etabliert werden. Praktiken des ‚Lerncoaching', die der individuellen Lernberatung z. B. in Ganztagsschulen dienen sollen, benutzen zunehmend formalisierte und standardisierte Items zur Selbsteinschätzung bei der Aufgabenbearbeitung (vgl. Fragebogen Lerncoaching 2014/15). Inhaltliche Vertiefung tritt bei individueller Lernberatung ebenso wie beim Umgang mit Schülerpräsentationen (vgl. Gruschka 2007) in den Hintergrund. Offenbar haben sich also in Praktiken des Schullebens handlungsleitende Konzepte eingenistet, die wenig Gebrauch machen von vorhandenen Wissensbeständen, wie Bedeutungen in Gesprächen bewusst rekonstruiert und ausdifferenziert werden.

Ich möchte mit dem folgenden Beitrag verdeutlichen, dass das triadische Denkmodell der Semiotik und des Pragmatismus angesichts dieser Befunde weiterführende Impulse geben kann. Es erscheint mir ein vielversprechender Ausgangspunkt, um Alternativen zu handlungsleitenden Überzeugungen zu entwerfen, die sich im Kontext der Schulreformen der letzten Jahre gebildet bzw. verfestigt haben. Im Folgenden werde ich zentrale Aspekte der Theorien von Dewey und Peirce skizzieren und jeweils mögliche Bedeutungen anhand konkreter Fallbeispiele ausbuchstabieren.

2 Bedeutungen erforschen und erweitern: das pädagogische Kerngeschäft

Alles Wissen, auch wissenschaftliche Forschung zielt aus pragmatistischer Sicht darauf, Dinge und Ereignisse mit Bedeutungen zu versehen. Sie zu verstehen, heißt immer, dass im Forschungsprozess der Gegenstand aus einer Isolation befreit wird und Bezüge entdeckt werden, die vorher nicht verstanden bzw. als selbstverständlich genommen wurden.

> "Our progress in genuine knowledge always consists in part in the discovery of something not understood in what had previously been taken for granted as plain, obvious, matter-of course, and in part in using meanings that are directly grasped as instruments for getting hold of obscure and doubtful meanings" (Dewey LW 8, S. 227).

Wissen und Lernen erfordern Verstehen, nicht Information steht im Fokus. Verstehen eines Ereignisses oder eines Dinges heißt für Dewey, Beziehungen von ihm zu anderen Dingen herzustellen, zu beobachten, wie es operiert oder funktioniert, welche Wirkungen es in jeweiligen Kontexten hervorbringt. „Understanding by its very nature is related to action; just as information, by its very nature, is isolated formation and connected with it only here and there by accident" (Dewey LW 11, S. 184). Rückwärts und vorwärts Beziehungen zwischen Bedeutungen herzustellen, ist für Dewey der Inbegriff des Lernens (Dewey 1916/1993, S. 140).

Der Gebrauch von Worten hat eine zweifache Funktion: Einerseits ist ein Wort „ein Werkzeug zum Nachdenken über die Bedeutung, die es vertritt" (Dewey 1910/1992, S. 236). Andererseits können Worte als selbstredende „Ersatzzeichen" verwendet werden, um gerade nicht über die Bedeutung nachdenken zu müssen, die sie symbolisieren. Sofern sie Mittel sind, nicht denken zu müssen, können sie die Aufmerksamkeit für neue Bedeutungen und immer komplexere Zusammenhänge freimachen. Doch dieser selbstverständliche Gebrauch, der auf automatisierte Weise Bedeutungen unterstellt, ist letztlich autoritätshörig, denn wir übernehmen dabei Zuschreibungen aus der Vergangenheit. Für selbstverantwortete Bedeutungsgenerierung gibt es nach Dewey immer wieder neu die Notwendigkeit, Bezug auf gegenwärtiges Erfahren zu nehmen. Dies erfordert eine Blickverschiebung von Produkten zu Prozessen des Denkens, dessen Qualität sich am Maß des ‚Selberdenkens' entscheidet. „Alles Denken ist Forschung, alle Forschung ist eigene Leistung dessen, der sie durchführt, selbst wenn das, wonach er sucht, bereits der ganzen übrigen Welt restlos und zweifelsfrei bekannt ist" (Dewey 1916/1993, S. 231).

Sofern Worte dafür benutzt werden, ‚richtige' Antworten zu produzieren, wird auf Schülerseite eine mechanische Einstellung zum Denken gefördert. „Statt nach dem

Sinn zu forschen, wird einfach aus dem Gedächtnis wiederholt" (Dewey 1910/1992, S. 237). Lernen wird verstanden als Reproduzieren von „ready-made intellectual information and ideas. ... In school as in business we pay more attention ... to having the packages look neat and pasting attractive labels upon them" (Dewey LW 5, S. 131f). Das didaktische Bemühen ziele darauf, dass die vorgefertigten Inhalte angenehm und ohne Anstrengung verdaut werden können. Dabei stumpfe die eigene Kraft zu denken ab.

Dewey kritisiert Tendenzen in der Pädagogik, die aus der naiven Annahme resultieren, dass „wo ein bestimmtes Wort oder ein sprachlicher Ausdruck besteht, auch eine bestimmte Idee vorhanden ist" (Dewey 1910/1992, S. 235). Häufig aber äußern sowohl Erwachsene wie Kinder gewisse sprachliche Formulierungen, deren Bedeutung gewohnheitsmäßig unterstellt und nur mit verschwommenen und unklaren Vorstellungen verbunden wird.

> „Wenn eine Fertigkeit (z. B. Aufsagen von Begriffen oder Texten, rlr) abseits vom Denken erworben wird, so fehlt jedes Verständnis für den Gebrauch, der von ihr gemacht werden soll. Bei solchem Lernen bleibt der Mensch in den Banden seiner Routine und unter der Herrschaft anderer... Wissen ohne Beziehung zu verständigem Handeln aber ist toter Ballast. Indem es Erkenntnis vorspiegelt und dadurch das Gift der Selbsttäuschung entwickelt, wird es zum mächtigsten Hindernis für das Wachstum der Verstandeskräfte... Die Methode des verständigen Lernens... ist nichts anderes als Denken" (Dewey 1916/1993, S. 204).

Insofern liegt die zentrale Aufgabe unterrichtlicher Gespräche darin, Sprache so zu benutzen und zu verstehen, dass Worte nicht mechanisch gebraucht werden, sondern an aktive, bewusste Denkprozesse der Individuen gekoppelt werden (Dewey LW 8, S. 227f).

Die Weise, wie Leute Worte bzw. Zeichen verstehen, ist durch gewohnte Überzeugungen (*habit beliefs*) geprägt, die bedingt sind durch soziale, kulturell und historisch vermittelte Hintergrundkonstellationen. Habituelle Denkmuster und Überzeugungen bilden die wirksame Folie, die ein Individuum im Laufe seiner Lebenserfahrungen konstruiert hat und die körperliche, emotionale, kognitive, voluntative Muster umfasst. Diese gewohnheitsmäßigen Überzeugungen sind stabil, sie sorgen für Allgemeinheit und Kontinuität der Zeichen und verdanken sich – nach Dewey ebenso wie bei Peirce – den *habits*.

Dewey definiert den Menschen als **habit**-Wesen, um auf die durchdringende soziale Bedingtheit menschlichen Denkens und Handelns durch vergangene Erfahrungen hinzuweisen. Als „acquired meaning" (Dewey MW 14, S. 54) strukturieren *habits* Erfahrungen und organisieren weitere Interaktionen. *Habits*

„do all the perceiving, recognizing, imagining, recalling, judging, conceiving and reasoning that is done" (Dewey MW 14, S. 124). Sie „umfassen das gesamte Verhalten im emotionalen und intellektuellen Bereich, die grundsätzliche Aufnahmebereitschaft des Menschen und auch das Tableau seiner Reaktionsformen" (Dewey 1938/1974, S. 259). Sie sind das Reservoir an Möglichkeiten, mit denen ein Individuum in Interaktionen mit seinen Umgebungen treten und Bedeutungen in Situationen erfassen kann.

Habits sind der Niederschlag früherer Interaktionen und entfalten ihre Wirkung in automatisierten Bahnen (*grooves*). Insofern werden sie weitgehend mechanisch – ohne Wahlfreiheit – aktualisiert. Doch die Quintessenz seines dynamischen *Habit*-Begriffs ist, dass diese Dispositionen in jeder Aktualisierung durch den Vollzug selbst wieder beeinflusst und dabei auch modifiziert werden. Dies ist der entscheidende Ansatzpunkt für die Steuerung von Lernprozessen.

Dewey unterscheidet zwei Arten von **Lernen**: „In learning habits it is possible for man to learn the habit of learning" (Dewey MW 14, S. 75). Die erste Form von Lernen (*learning habits*) erfolgt ständig und geschieht unbewusst, mechanisch und routinemäßig: jede Interaktion hat stillschweigende Rückwirkungen auf die beteiligten Personen. Pädagogische Steuerung dieser Art von Lernen erfolgt u. a. durch die Gestaltung von Lernumgebungen und Interaktionsroutinen.

Dewey unterscheidet davon die zweite Form von Lernen, mit der Bewusstheit und Intelligenz in diese fortwährenden Beeinflussungsprozesse integriert wird. Das „habit of learning" bezeichnet Dewey an anderen Stellen als „die Methode des Denkens", als „Reflexion", als „inquiry" oder schlicht als „Denken". Gemeint ist, dass eine bewusste Distanznahme von den eigenen automatisch erzeugten Bedeutungszuschreibungen und Reaktionsformen erfolgt. Innehalten, distanzierte Beobachtung und Untersuchung (*inquiry*) von habitualisierten Selbstverständlichkeiten muss selbst als eine Gewohnheit eingeübt werden, darin sieht Dewey die Führungsaufgabe von Lehrer/innen in Unterrichtsgesprächen.

Die Bedeutung und Angemessenheit von jeweils wirksamen automatisierten Annahmen und Überzeugungen in konkreten Situationen der Interaktion zu untersuchen, ist für Dewey der Inbegriff selbstverantwortlichen Denkens und bewussten, reflexiven Lernens. Angestoßen durch die Erfahrung von Inadäquatheit, Problemen und Krisen können wir angesichts konkreter Ereignisse und Interaktionen dem Automatenhaften unserer jeweiligen Reaktionen entrinnen. Insofern eröffnet eine Sensibilität für gewohnheitsmäßig ablaufende, selbstverständliche Prozesse allererst die Möglichkeit, soziale Prozesse ebenso wie individuelle Lebensformen absichtsvoll zu gestalten. Die im Laufe der Jahre gebildeten Überzeugungen *(habit beliefs)* bilden die Kontinuität und Universalität stiftenden Hintergrundannahmen und präformieren die Wahrnehmung. Zugleich gibt ihre Aktualisierung immer auch Raum für Abweichungen. *Habit beliefs* sind daher keineswegs als Widerpart zur Vernunft, sondern als ihr Ko-Partner, als Ausgangspunkt von *inquiry* für Individuen zu verstehen.

Habits sind in Deweys Theorie ein zweischneidiges Schwert: einerseits bilden sie die machtvollsten und effektivsten Instrumente von Verstehen und Erkennen. Sie bilden temporäre Ruhepunkte für eine Gemeinschaft und erlauben ihren Mitgliedern, zu antizipieren und Zukunft zu planen[1]. Andererseits sorgen sie dafür, dass fruchtbare Details ignoriert werden und können individuell und gemeinschaftlich blind machen für neue Möglichkeiten. Wenn Stabilität einmal etabliert ist, ist es für eine Gemeinschaft gefährlich anzunehmen, dass diese Angelegenheit geschlossen ist. „There is no belief so settled as not to be exposed to further inquiry" (Dewey LW 12, S. 16). Festzuhalten bleibt an dieser Stelle, dass Kontingenzen, Krisen und individuelle unbeabsichtigte Impulse einen erheblichen Beitrag zum Wachstum und Wohlbefinden der Gemeinschaft leisten, da die Lebendigkeit der *habits* von ihnen abhängt.

Wenn nun im Gespräch Worte als selbstverständliche, fixierte Bezeichnungen von etwas gebraucht werden, ohne dass man ein Spektrum möglicher Bedeutungen offen hält, sorgt die Sprache dafür, aktive Denkprozesse und Verantwortlichkeit für das eigene Verständnis zu unterbinden. Inkohärenzen im Denken und Differenzen in den Perspektiven unterschiedlicher Gesprächspartner werden dann verdeckt und dadurch verstärkt. Die Erforschung von Bedeutungen in den oben genannten Kontexten sollte nach Dewey prinzipiell immer möglich sein. Insofern bietet jedes Problem oder Nichtverstehen immer eine günstige Gelegenheit, das Mechanische des Denkens zu unterbrechen.

Dewey weist darauf hin, dass schulische Kommunikationen häufig dazu neigen, bei Schüler/innen einen negativen Einfluss auf die Fähigkeit zu denken auszuüben.

---

1 Die individuellen *habits* haben auf der kollektiven Ebene teil am *common sense*. Dewey definiert *common sense* als „Auffassungen und Überzeugungen, die gegenwärtig von einer gegebenen Gruppe oder der Menschheit im allgemeinen fraglos akzeptiert werden" (Dewey 1938/2002, S. 82), die für eine Gruppe „letztgültig und unmittelbar" Sinn stiften. Das System dieser üblichen Bedeutungen wird in Praktiken und Diskursen im Leben von Gruppen und Institutionen fortwährend aktualisiert und immer wieder neu bestätigt. Häufig sind die verwendeten Bedeutungen dabei „von einem logischen Gesichtspunkt aus miteinander unvereinbar" – es herrscht unkoordinierte „Vielfalt von Sprach-Bedeutungs-Konstellationen" (Dewey, 1938/2002, S. 68, 67).

Dies ist der Fall, wenn Lehrer/innen die Inhalte stark in einzelne Aspekte unterteilen, deren Aneinanderreihung keinen komplexen Zusammenhang mehr ergibt. Häufig unterlassen es Lehrende, übergreifende Ideen zu präsentieren (vgl. hierzu Gallin und Ruf 2005). Gespräche sorgen für eine Abnahme von Denkaktivität, wenn von Schüler/innen erwartet wird, dass ihre Antworten in den Redefluss bzw. die erwartete Antwort der Lehrperson sich einpassen. Fragen nach Sinn und Bedeutung liegen zudem jenseits der Zuschreibungen von richtig und falsch. Wenn Lehrende im zweiwertigen Denkmuster mit ‚richtig-falsch' valuierend (vgl. das I-R-E-Inszenierungsmuster bei Mehan 1979) auf Schülerantworten reagieren, erzeugt dies Befangenheit und Unfreiheit im Denken, um Fehler zu vermeiden (Dewey 1910/1992, S. 246). Sofern das zweiwertige Denkmuster durch ein dreiwertiges ersetzt wird, werden Fehlschläge zu wichtigen Informationsquellen für den, der die Gewohnheit selbstverantwortlichen Denkens bzw. reflexiver Aktivität erworben hat.

"The person who really thinks learns quite as much from his failures as from his successes. For a failure indicates to the person whose thinking has been involved in it... what further observations should be made... Nothing shows the trained thinker better than the use he makes of his errors and mistakes" (Dewey LW 8, S. 206).

3 Semiotik – ein triadisches Denkmodell

Im Folgenden möchte ich anhand der semiotischen Begrifflichkeit zeigen, was es bedeutet, Gespräche konsequent von einer dreiwertigen anstelle einer zweiwertigen Denkweise her zu verstehen.

Dewey entwickelt – im Rückgriff auf Peirce – ein semiotisches Verständnis von Bedeutung, das auf einer triadischen Struktur von Zeichen basiert, die sich aufeinander beziehen und wechselseitig interpretieren (Dewey LW 15, S. 145, S. 149f).

Die zentralen Begriffe:

Zeichen = alles was als Repräsentant von Dingen, Ereignissen etc. dienen kann.

Objekt = alles was repräsentiert werden kann.

Interpretant = habituelles Muster der Deutung bzw. Interpretation, mit dem Zeichen aufgenommen werden, schließt Denken, Handlungen, Gefühle ein.

Semiosis = unabschließbare Prozesse des Generierens von Bedeutungen, in denen zugleich Strukturen des Erfahrens aufgebaut werden. Sofern sie bewusst vorgenommen werden, bergen sie das Potential, Neues in eingefahrene (kollektive und individuelle) Gleise des Denkens und Erfahrens zu bringen.

Semiotik befasst sich mit Zeichensystemen aller Art und widmet sich als Wissenschaft dem Studium semiotischer Prozesse, d. h. den Vorgängen, wie Zeichen gebraucht werden, wie Wissen und Bedeutungen entstehen, sich modifizieren und kommuniziert werden.

Aus semiotischer Sicht kann Reflexivität bestimmt werden als „awareness of the processes of semiosis" (Cunningham 1992, S. 187). Die Reflexion beginnt mit der Untersuchung der kognitiven Akte und ihren theoretischen Voraussetzungen, die zu bestimmtem Handeln und Denken führen und als scheinbar selbstverständlich genommen werden (vgl. ‚habit of learning'). „Such awareness has an important impact on the ways in which we know, observe, think, and reflect. I can think of no more important educational goal" (Cunningham 1992, S. 188).

Am Beispiel von Mohammed-Karikaturen möchte ich diese Begriffe verdeutlichen. Wenn solch eine Karikatur (als Zeichen) vorliegt, bringt dessen Gegenwart automatisch Interpretanten hervor. Diese unterscheiden sich – je nach Individuum und gesellschaftlich-kulturellen Kontexten. Sie sind selbst ein Niederschlag vergangener Erfahrungen und umfassen kognitive, emotionale und voluntative Aspekte, z. B. Freude am kritischen Geist und der künstlerischen Gestaltung von Karikaturen oder z. B. Empörung über die Verletzung des Tabus, Mohammed darzustellen. Beim letztgenannten Beispiel wird thematisch, dass aus muslimischer Sicht der Prophet Mohammed *nicht* zum Objekt für Präsentationen werden darf. Alle diese Interpretanten bringen explizite Deutungen und Stellungnahmen, emotionale Ausdrucksformen und Handlungen hervor. Angesichts dieser sichtbaren Äußerungen können nun diese *bewusst* als Zeichen für weitere Interpretanten genommen werden. Semiosis als Forschungsprozess bedeutet nun, die zunächst vom Zeichen (Karikatur) hervorgebrachten unterschiedlichen Interpretanten – dazu gehören auch alle Arten der Ächtung und Tabuisierung, der Kritik und Zustimmung – zu thematisieren und zu untersuchen. Auf diese Weise entstehen neue, erweiterte Bedeutungen, welche die automatisierten, nicht bewussten (kollektiven und individuellen) Gleise des Denkens und Erfahrens modifizieren. Das hat direkte Effekte auf Spielräume im (Re-)Agieren.

Schulpädagogische Diskurse und Praktiken werden weitgehend von einer binären Denkform strukturiert, indem man davon ausgeht, dass Zeichen Objekte abbilden und beide sich entsprechen, ohne dass man ihr Verhältnis thematisieren müsste (vgl. Lehmann-Rommel 2008, 139ff). Gegenüber diesem verbreiteten Denkmodell besteht man in der Semiotik darauf, dass Zeichen Objekte immer nur unvollständig repräsentieren. Zeichen bilden Objekte nicht einfach ab, sondern zwischen beiden besteht eine maßgebliche Differenz, die als eigenständiges Drittes (,Interpretant') gefasst wird, welches weiterentwickelt werden kann. Bedeutung erhalten Zeichen erst durch unterschiedliche ,Interpretanten', die sie jeweils bei den beteiligten Personen als Effekt hervorbringen. Ein Interpretant ist selbst ein Zeichen in einem sehr weit gefassten Sinn, das Deutungen, Handlungen, Gefühle und Denken umfasst. Die Interpretanten, die ein Zeichen hervorbringt, variieren – je nach Vorgeschichte – bei unterschiedlichen Personen und situativen Kontexten.

Z. B. das Wort ,Sonne' kann als Zeichen dienen und bringt als *Interpretanten* vielleicht ein Wohlgefühl nach einer Regenperiode hervor oder eine Definition als Licht und Wärme oder Energie spendender Himmelskörper. Die Deutung ist sowohl abhängig von den situativen (äußeren und inneren) Umständen (in der Wüste könnte jemand auf die Sonne eher abwehrend reagieren), als auch von den akkumulierten Wissensbeständen und früheren Erfahrungen (ein Sonnenforscher wird mit seinen Kategorien andere Wahrnehmungen und Deutungen haben). Das Zeichen ,Sonne' kann – z. B. in einer Übersetzung – auch als Interpretant z. B. für das frz. Wort ,soleil' gebraucht werden. Jeder Aspekt eines dieser *Interpretanten* kann selbst wieder zum Zeichen werden für weitere Untersuchungen (z. B. was wird unter Energie verstanden? Was verbirgt sich hinter einer Befindlichkeit? Welche Bedeutungsnuancen bestehen im Wortgebrauch beim Übersetzen (z. B. le soleil, die Sonne)?). Denn jedes Zeichen steht im Kontext einer Verknüpfung (*Semiosis*) mit anderen Folgezeichen. Jeder Aspekt einer Äußerung kann selbst wieder Ausgangspunkt neuer bedeutungsgenerierender Prozesse werden.

Der Sinn eines Zeichens liegt also nicht in ihm selbst, sondern in der Sequenz von Folgezeichen und Deutungen, die es hervorbringt. Diese können expliziert und untersucht und damit selbst zu einem Zeichen für neue Interpretanten werden. So bilden die Beziehungen von Objekt-Zeichen-Interpretant einen kontinuierlichen Fluss. Insofern ist die triadische Zeichenstruktur nie abgeschlossen und potentiell auf unendliche Ausdifferenzierung der Zeichen angelegt. In dieser Dynamik der Semiosis werden nicht nur intellektuelle Strukturen aufgebaut, sondern sie bildet Möglichkeiten und Grenzen jeglichen Erfahrens und Interagierens mit Welt selbst.

Die Interpretation eines Zeichens ist weder rein willkürlich noch völlig determiniert und mechanisch. Der Interpretant ,liest' das Zeichen auf eine – durch gewohnte Überzeugungen (*habit beliefs*) – bestimmte Weise und gibt ihm so

Bedeutung. Diese ‚Lesart' ist bedingt durch soziale, kulturell und historisch vermittelte Hintergrundkonstellationen, welche einerseits im Darstellungsmedium, andererseits in individuellen *habit*-Konstellationen liegen. Die kollektiven Zeichensysteme (z. B. die französische Sprache oder künstlerische Darstellungsmittel) beherrschen die Einzelnen mehr oder weniger differenziert. Sich in ihnen geübt und flexibel bewegen zu können, stellt für Dewey ein zentrales pädagogisches Ziel dar. Individuelle Hintergrundannahmen (*belief systems*) bilden die wirksame Folie, die ein Individuum im Laufe seiner Lebenserfahrungen erworben hat und die körperliche, emotionale, kognitive, voluntative Muster (*habits*) umfasst. Diese gewohnheitsmäßigen Überzeugungen sorgen für Allgemeinheit und Kontinuität der Zeichen. Sie ermöglichen subjektive Sicherheit, man tendiert dazu, sich mit ihnen zu identifizieren.

> "Automaticity is an inevitable and benign fact of semiosis. Structure once created comes to seem natural and unchangeable. In effect we become anesthetized by these structures and overlook the processes that created them" (Cunningham 1992, S. 187).

Der entscheidende Schritt, um Wahlfreiheit und Bewusstheit in Denkprozesse und Entscheidungen zu integrieren, besteht in einer expliziten Rekonstruktion semiotischer Prozesse.

Der externe Aspekt von verwendeten Zeichen: ihre explizite Aussage bzw. sichtbare Form, sie kann zum Gegenstand von weiterführenden inhaltlichen Überlegungen gemacht werden.

Der interne Aspekt bei der Verwendung von Zeichen: sie repräsentieren und geben Aufschluss über die stillschweigenden – oft nicht bewussten, automatisierten – Annahmen und Überzeugungen desjenigen, der die Zeichen verwendet. Der Gebrauch von Zeichen gibt also nicht nur in inhaltlich-expliziter Dimension Aufschluss, sondern immer auch über die habituellen Hintergrundannahmen derjenigen, die sich äußern. Beide Aspekte können in Gesprächen untersucht und weiter entwickelt werden.

Produktion und Konsumtion von Bedeutung

Wenn eine Person eine Äußerung ‚**produziert**', so ist diese aus Sicht der Semiotik unvollständig. Sie bietet in ihrer materiellen Form nur Anhaltspunkte und Markierungen dafür, wie sie ‚**konsumiert**' bzw. aufgenommen wird. Diese Lücken müssen neu mit Bedeutung gefüllt werden, um die geäußerten Zeichen bedeutungsvoll werden zu lassen. Dabei kommen häufig andere Interpretanten zur Geltung als diejenigen, die bei der Produktion einer Äußerung verwendet wurden.

Die Differenz zwischen Produktion der Äußerung und deren Konsumtion ist ein wesentlicher Faktor für jede diskursive Praxis, bleibt aber häufig unbewusst. Beim Führen von Gesprächen ist es sinnvoll davon auszugehen, dass die unterschiedlichen Interpretanten, die dabei zur Geltung kommen, expliziert, untersucht und erweitert werden können (vgl. Eco 1998, S. 62ff).

Die Unterscheidung von Produktion und Konsumtion ist bedeutsam im Blick auf verbale, nonverbale, mündliche, schriftliche, bildliche u. a. Äußerungsformen. Im Alltagssprachlichen vernachlässigen die gängigen Modelle von Kommunikation diese Differenzen. Man geht z. B. davon aus, dass ein Adressat beim Lesen ‚den richtigen' Sinn einer Aussage oder eines Textes reproduzieren kann. Diese Annahme basiert auf der Unterstellung, dass der Sender denselben Interpretanten zum Einsatz bringt wie der Empfänger. Eine verbreitete stillschweigende Auffassung von Kommunikation ist von dem Ideal geleitet, dass Konsumtionsprozesse die Tätigkeit der Produktion (d. h. in Unterrichtsgesprächen häufig die Interpretanten der Lehrperson) nachzuvollziehen haben. Aus semiotischer Sicht gibt es in Gesprächen stattdessen die Chance, mit diesen Differenzen der Interpretanten zu rechnen, sie transparent zu machen und produktiv zu nutzen und auszudifferenzieren.

Im Folgenden sollen Bedeutungen dieser Unterscheidungen anhand einer Unterrichtsszene ausgeführt werden.[2]

Lehrerin	(steht seitlich vor der Tafel, auf der in der Mitte groß das Wort ‚Schneeglöckchen' geschrieben steht, darunter aus Pappe ein gelber Kreis und das Bild eines Schneeglöckchen aus grüner und weißer Pappe): … ich glaube, an der Sonne fehlt noch was.
Jan:	Streifen.
L:	Genau. Und ihr habt ja auch noch, wenn ihr so einen gelben (undeutlich) bleibt ja noch was über.
Lars:	Aber die Strahlen sieht man eigentlich gar nicht!
L:	Ja, das stimmt.

---

2 Es handelt sich hierbei um einen videografierten Unterrichtsmitschnitt (‚Sonnenstrahlen') in Mühlhausen 2008.

Lars:	Eigentlich braucht man die nur zu nehmen, wenn man möchte. Weil eigentlich ist das nur so hell einfach um die Sonne.
L:	Das stimmt, da hast du allerdings recht. Ja wenn ihr keine Strahlen möchtet, dann braucht ihr auch keine zu machen. Weil, das stimmt. Weil, da habt ihr recht. Eigentlich sieht man die ja gar nicht.
Ben:	oder wie wär das mit einem Mond …
Lars:	… Mond hat aber sowieso gar keine Strahlen …
L:	Aber wir wollen doch eine Sonne machen … Macht ihr die Stengel so wie ihr wollt. Streifen und Strahlen… schneidet wie ihr wollt, und klebt die dann darum herum … Und wenn das alles so geklappt hat, wie ich mir das vorstelle, dann sieht das ungefähr so aus. (Sie heftet ihr fertiges Produkt an die Tafel)
Mehrere Schüler:	Ohhh, Ahhh, Schööön!
L:	Ja, hier sind auch außen Blätter, die sind ein bisschen oval, ein bisschen länglich, rund geschnitten. Das könnt ihr hinterher noch dran machen, wenn ihr möchtet. Das braucht ihr aber auch nicht. Falls ihr noch grünes Papier da habt.

Ausgangspunkt des Gesprächs ist das Bild an der Tafel (Zeichen), welches auf eine wahrnehmbare Sonne als Objekt verweist. Die erste Äußerung der Lehrerin ist ihre Frage danach, was an ihrem Bild noch fehlt. Der interne Aspekt gewährt Einblick in ihre eigenen impliziten Hintergrundannahmen, ihre bewussten und nicht-bewussten Absichten, ihr Verständnis von Unterricht und von ihrer Rolle, von Möglichkeiten der Kommunikation etc. Es deutet sich eine starke Ziel- und Planfokussierung an und die Annahme, dass es pädagogisch wertvoll sei, wenn die Schüler/innen den kleinschrittigen Vorgaben der Lehrerin folgen. Die Äußerung von Lars zeigt, dass seine Konsumtion der Lehreräußerung (*es fehlen Streifen*) einen anderen Interpretanten zur Geltung kommen lässt als die Lehrerin für die Produktion der Frage verwendet. Sie setzt die Darstellung von Sonnenstrahlen durch gelbe Streifen stillschweigend als selbstverständlich voraus. Jan bestätigt dies zunächst. Im Bekunden von Widerspruch („aber…") stellt Lars dann das Bild (Zeichen) der Lehrerin in dessen Repräsentations- und Erkenntnisfunktion in Frage. Es wird deutlich, wie seine Äußerung wieder neue Interpretanten und Assoziationen bei den Mitschülern hervorruft (Vorschlag, einen Mond abzubilden). Im Unterricht bleibt deren Relation aber ungeklärt (z. B. dass die Sonne im Frühling (Thema der vorangegangenen Stunde) eine andere Funktion für das Wachstum des Schneeglöckchens hat als der Mond). Die Lehrerin schließt den Raum für ein Gespräch über differente Interpretanten, den die Schüler eröffnet haben und verhindert damit weiterführende Explorationen. Die externe Seite ihrer Äußerung (*wenn Ihr keine Strahlen möchtet...*) benennt eine neue Version der Aufgabe (mit Entscheidungsfreiheiten für die Klasse). Dabei kommt es zu Inkohärenzen zwischen der Erlaubnis, nach eigenem Gutdünken das Bild zu gestalten, und ihrer modellhaft vorgeführten Lösung, die als normierendes Vorbild von vielen Schüler/innen akzeptiert wird.

Zugleich zeigt die interne Dimension ihrer Äußerung, dass Differenzen in den Interpretanten angesichts ihres Bildes nicht vorgesehen sind und sie offenbar irritieren. In rückblickender Reflexion könnten Vorschläge und Assoziationen der Schüler/innen in ihrer Eigenständigkeit und ihrem Potential gewürdigt werden. Aus semiotischer Perspektive könnte darüber gesprochen werden, wie das durch Lars angesprochene Thema, die Differenz von Darstellung und Wahrnehmung der Sonne, im klassenöffentlichen Gespräch aufgegriffen werden kann: sei es durch Rückfragen an Lars (um seine Deutung genauer zu verstehen) oder sei es durch den Vorschlag mit der Wahrnehmung zu experimentieren. Voraussetzung wäre ein Verständnis der Gelegenheit, die Differenz von Produktion und Konsumtion für ein Eröffnen von Semiosis im Gespräch zu nutzen. Ausgehend von der benannten Differenz zwischen Objekt/Naturgegenstand und Zeichen/Darstellung könnte man einen Raum fürs Experimentieren mit unterschiedlichen Darstellungsmöglichkeiten eröffnen, bei dem individuelle Wahrnehmungen (der Sonne) thematisiert und ein Austausch über Begründungen der Wahl von Zeichen beginnen könnte.

Aus semiotischer Sicht ist eine Vielfalt unterschiedlicher Konsumptionen und Lesarten höchst willkommen und hat fruchtbares Potential für edukative Prozesse. Konsequenzen für Aktivitäten der Lehrperson könnten sein:

- ein einladendes Eröffnen eines Raums für verschiedene Lesarten statt ihn zu schließen, z. B. vertiefende Rückfragen zu Schüleräußerungen (‚Sonne hat keine Strahlen'), Aufforderungen zum Experimentieren mit Wahrnehmung und Darstellung von Sonnenlicht
- Prozesse der Konsumption nicht als trivial zu betrachten und auszublenden – in dem Sinne, dass Lehrende sich ernsthaft interessieren für die Perspektive der Schüler/innen und ihre Weisen Bedeutungen zu konstruieren
- Semiosis in eigenen Äußerungen zu explizieren (d. h. den eigenen Zeichengebrauch zu erläutern: z. B. wie kommt die Lehrperson dazu, gelbe Streifen zu wählen).

Wenn Lehr-Lern-Arrangements als diskursive Praktiken verstanden werden, für die die Differenz von Produktion und Konsumption konstitutiv ist, ermöglicht dies eine Distanzierung von den jeweiligen Äußerungen. Dabei können sowohl Produktions- als auch Konsumptionsprozesse beobachtbar und Ausgangspunkt von wechselseitiger Wissenserweiterung werden.

4 Lernen als Zeichenprozess und der Stellenwert von Darstellungen

Dieses Fallbeispiel verweist auf die Bedeutung von sprachlichen und bildlichen Ausdrucksformen (z. B. die gelben Pappstreifen) als Denk- und Aktivierungshilfen von Semiosisprozessen in Gesprächen. Einerseits werden verfügbare Deutungs- und Handlungsgewohnheiten bei Lehrenden wie bei Schüler/innen sichtbar gemacht. Andererseits können sie gemeinsame Forschungsprozesse einleiten (z. B. Beobachtungen, Experimente und Reflexionen, wie Sonnenlicht wahrgenommen und dargestellt werden kann). Darstellungen kommt daher als Ausgangs- und Bezugspunkt für Gespräche eine zentrale Rolle zu. Sie sind Denkhilfen, insofern sie „einen externen Speicher" für lösungsrelevante Informationen erlauben. Sie sind Kommunikationshilfen, da sie auch nonverbale Verständigung zwischen Kooperationspartnern und gemeinsames Handeln ermöglichen. Sie sind Aktivierungshilfen, die in das Denkhandeln „ein spielerisches Moment" hineinbringen, sie „tragen einen Aufforderungscharakter" und verleiten zum Experimentieren (Hoffmann 2000, S. 6).

> „Die Möglichkeit des Lernens ergibt sich daraus, dass im Diagramm eine Vielzahl von Vorstellungen, die im Denken des Lernenden nur vage und diffus gegeben waren, notwendig fixiert und strukturiert werden und dass die Beobachtung des Diagramms dazu beiträgt, diese Vorstellungen plötzlich viel klarer und in einem ganz bestimmten Bezug zueinander zu sehen" (Hoffmann 2000, S. 42)[3].

Wenn jemand z. B. eine vage, unscharfe Idee beginnt in Worte zu fassen oder sie mit anderen Mitteln gestaltend zum Ausdruck bringt, gehen in diese Fixierung die kulturgebenden Mittel der Repräsentation ein. So kann das Denken geschärft werden, z. B. durch die Auseinandersetzung mit den sprachlichen Mitteln, mit den Konventionen oder Stilmitteln der Kunst. Implizite Wissensbestände werden durch diesen konkreten Umgang mit Zeichen sichtbar und können erweitert wer-

---

3 Diagramm = „Zeichen, das Relationen mit den Mitteln eines konsistenten Darstellungssystem repräsentiert. Insofern ist auch jeder Satz, der in einer Sprache formuliert wird, ein Diagramm" (Hoffmann 2000, S. 13).

den. So entstehen weitergehende Transformationsmöglichkeiten, die das Problem zunehmend bearbeitbarer machen. Wenn Schüler/innen oder Studentinnen gelernt haben, Skizzen oder Beschreibungen vom vorläufigen Stand ihrer Überlegungen zu einer Frage anzufertigen, dann können sie im nächsten Schritt selbstständig in weiterführende Denkprozesse eintreten.

Die Voraussetzung dafür, in Unterrichtsgesprächen semiotische Prozesse durch Darstellungen zu befördern, besteht darin, dass Schüler/innen den Umgang mit Zeichen und Darstellungen lernen und üben. Auch wenn Worte bekannt sind und eingesetzt werden, ist damit der Tatbestand noch nicht gegeben, dass die Schüler/innen ihr Verständnis bewusst explorieren und weiterentwickeln. Dafür brauchen sie ein Gegenüber, das sie veranlasst, ihre Deutungen zu explizieren und im Gespräch mit anderen Auffassungen ins Verhältnis zu setzen. Diese Fähigkeit, sich in Zeichensystemen zu bewegen, ist Voraussetzung, um Bewusstheit der vollzogenen stillschweigenden Deutungen und damit Gestaltungsfreiheiten im Umgang mit Welt zu erwerben.

Ich möchte die Bedeutung dieser Überlegungen anhand einer Unterrichtsstunde verdeutlichen.[4]

Praktikantin Lea hatte der Klasse einen Filmausschnitt „Das Leben der Inuit heute" gezeigt, in welchem diverse Informationen präsentiert wurden: dass nur noch einzelne Jugendliche die traditionellen Fertigkeiten im Umgang mit der Natur zur Sicherung des Lebens des Lebensunterhalts (Werkzeuge, Iglubau…) erlernen, dass sie stattdessen in die ‚Stadt' ziehen, einige in die Schule gehen, zumeist keine Arbeit finden und dänische Sozialhilfe erhalten, in Supermärkten einkaufen, ein hoher Prozentsatz mit Alkoholkonsum und Selbstmord reagiert. Nach dem Anschauen des Films sollte arbeitsteilig zu sechs Themenbereichen (Wohnen/Ernährung/Kleidung/Transport/Ausrüstung/Arbeit) den beiden Fragen nachgegangen werden, was man über das jeweilige Thema erfahren habe und wie man das bewerte. Im anschließenden Unterrichtsgespräch schrieb die Praktikantin auf eine Folie (links standen die Themenbereiche) die jeweiligen Beschreibungen in eine mittlere Spalte, daneben eine rechte Spalte mit der Überschrift „Lebensverbesserung/-verschlechterung +/-". Im Unterrichtsgespräch fragte sie, nachdem Begriffe für die mittlere Spalte genannt worden waren, jeweils die Wertung ab.

Ben: ‚Die leben in Holzhäusern' … ‚schmal und hoch'

---

4 Diese Szene wurde in einer Praktikumsgruppe der PH Freiburg aus einer Geographiestunde (8.Klasse Werkrealschule) mitgeschrieben.

Unterrichtsgespräche aus semiotisch – pragmatistischer Perspektive

Lea: ‚Ist das nun eine Verbesserung?'
Ben: ‚ja, vielleicht gibt es ja auch ne Heizung.' *(darüber war im Film nichts gesagt, aber in der Stunde zuvor war ein Film über das traditionelle Leben der Inuit in Iglus gezeigt worden)*
Lea: ‚ist ja schon ein bisschen komfortabler, dann machen wir ein Plus'.

Am Ende des Gesprächs standen in der Wertungsspalte für jede Zeile - bis auf die letzte (zum Thema Arbeit) - Pluspunkte in der Tabelle. Bei den Wertungen fragte sie mehrfach nach, ob alle einverstanden seien mit dem Plus. Zur Ernährung wurde von Schülerseite erwähnt, dass die Supermarktnahrung weniger einseitig sei als nur - wie traditionell - Fisch und Fleisch zu essen, bei Transport und Ausrüstung wurde der Fortschritt der Technik ins Feld geführt.
Es gab einige Schülerantworten, die nicht so ganz in die positive Wertung passten: z.B. meinte Jonas ‚abwechslungsreicheres Essen ja, aber sie sind abhängig und können es sich nicht alles leisten'.
Und zum Thema Transport meinte Till: ‚ja, vielleicht besser und schneller, aber das bedeutet auch Umweltverschmutzung'. Daraufhin reagierte Lea: ‚okay, dann mach ich mal ein kleines Plus hin'.
Auf ihre abschließende Frage: Fällt Euch noch etwas auf? gab es zwei Schülerantworten: ‚es gibt eine Schule!' und ‚Und da die ganzen Inuit zu wenig verdienen, bekommen sie noch Geld vom Staat', was die Praktikantin zustimmend und ohne weiteren Kommentar zur Kenntnis nahm.
Nachdem nun die Tabelle ausgefüllt war, stellte sie - fast erstaunt wirkend - fest, dass der Gesamteindruck dieser Tabelle (fast ausschließlich Pluszeichen) den Aussagen des Films zur Erfahrung von Sinn- und Perspektivlosigkeit der jungen Inuit widersprach. Sie äußert dies und beginnt zum Stundenende mit den Schüler/innen ein Gespräch, in welchem nachdenkliche Beiträge über problematische Aspekte (Selbstmordrate, Alkoholkonsum) im modernisierten Leben der Inuit zu Wort kommen.

Bemerkenswert aus semiotischer Sicht ist an dieser Szene Folgendes:

1. Die Frage nach der Bewertung durch die Schüler verhindert, dass diese mit differenten, kultur- und kontextspezifischen Perspektiven rechnen. Vielmehr wird unterstellt, dass man Einzelheiten – losgelöst aus dem situativen und kulturellen Kontext – ohne weitere Untersuchung der zur Verfügung stehenden Interpretanten sinnvoll bewerten könne. Aus pragmatistischer Sicht hingegen können Urteile legitimerweise erst als solche bezeichnet werden, wenn sie auf bewusster, reflexiver Prüfung der eingehenden stillschweigenden Annahmen und Kontexte beruhen.

2. Relativierende und differenzierende Schüleräußerungen (Umweltverschmutzung, Verarmung), die weitere Kontexte einbeziehen, werden nicht vertieft, z. T. bleiben sie kommentarlos stehen oder werden – einschränkend – subsumiert unter das ‚Plus'. Relationen der Zeilen zueinander bleiben ausgeblendet (z. B. das Verhältnis der letzten Zeile (Arbeitslosigkeit), das einzige Minus in der Tabelle, zu den anderen Zeilen). Offenbar gibt es eine ausgeprägte Scheu bei der Praktikantin, die im Gespräch auftauchenden komplexen und widersprüchlichen Zusammenhänge oder Inkohärenzen zu benennen und weitergehende Fragen anzustoßen. Dadurch werden die Schüler in ihren Deutungen gebremst. Eine Zusammenhang stiftende Reflexion der Beiträge und weiterführendes Generieren von Bedeutungen werden verhindert. Im Gegenteil entsteht der Eindruck, dass die Praktik, einzelne Ereignisse – ohne Beachtung der Kontexte – zu bewerten, eine sinnvolle Haltung gegenüber der Realität darstellt.
3. Frappierend ist, dass durch den abschließenden Blick auf die Tabelle die Diskrepanz von positiven Bewertungen und dem Gesamteindruck des Films augenfällig ist und von der Praktikantin thematisiert wird. M.E. ist das ein deutliches Beispiel für die Wirkkraft einer Darstellung. Auch wenn die zweiwertige Struktur der Tabelle (Verbesserung: ja oder nein) semiotische Reflexionsprozesse aktiv behindert, erzeugt der abschließende Blick auf die Grafik eine gewisse Krise. In der anschließenden Reflexion kann die Annahme der Praktikantin, dass die Aufforderung, einzelne Sachverhalte isoliert zu bewerten, eine schülerorientierte Maßnahme sei, bei der die Schüler lernen, sich zu positionieren und urteilsfähig zu werden, modifiziert werden.

Im Verlauf dieser Szene wird einerseits deutlich, dass Bewerten und Beurteilen einen Prozess von Semiosis, also das Herstellen von Bezügen, das Einbeziehen kultureller und situativer Kontexte und das Explizieren und Abwägen unterschiedlicher Interpretanten, systematisch unterbinden. Aus der Sicht der Semiotik kann andererseits gezeigt werden, dass zu jedem beliebigen Zeitpunkt die geäußerten Bewertungen und ihre internen Verstehenshorizonte (statt sie zu bewerten) zum Ausgangspunkt weiterer semiotischer Prozesse produktiv genutzt und transformiert werden können.

5 Konsequenzen für das Verständnis von Unterrichtsgesprächen

Lernen pädagogisch zu unterstützen, erfordert aus Sicht des semiotischen Pragmatismus Aktivitäten, die fortlaufende Semiosis nähren, verbunden mit der Absage an die Überzeugung, dass es irgendeine Art fixierbaren Wissens über Realität gäbe. Dies verlangt den Lehrenden ab, einen Übergang vom zweiwertigem (richtig/falsch, +/-) zum dreiwertigen Denken zu vollziehen und den flexiblen Umgang mit Zeichen in Gesprächen zu pflegen und anzuregen. Zentrale Schritte sind:

- Hintergrundannahmen und Bedeutungskontexte zu erfragen und zu explizieren,
- Wirkungen und Konsequenzen bestimmter Annahmen für Situationen zu erfassen und experimentell zu untersuchen,
- Beziehungen zwischen Äußerungen herzustellen.
- Um eine Erweiterung von Denkstrukturen zu initiieren, sind Mehrperspektivität auf Gegenstände und Dialogphasen ebenso unverzichtbar
- wie das Einfordern von individuellen Positionierungen und Darstellungen, um vage Ideen prägnanter werden lassen und Sinn aus neuen Erfahrungen zu generieren.

Wenn Lehrpersonen sich aus Unterrichtsgesprächen zurückziehen, besteht die Gefahr, dass Schüler/innen für sich oder in peer-Gruppen ihre jeweils aktualisierten Interpretanten bestätigen und ungeprüft verstärken. Dadurch können die eingespielten Muster ihres Denkens und Erfahrens kaum überschritten werden. Im Gegenteil wird gelernt, dass es ausreicht, Begriffe, Statements und Wertungen fallen zu lassen, und dass die Differenz von Zeichen, Bezeichnetem und Interpretation nicht der Rede wert ist.

Aus semiotisch-pragmatistischer Sicht ist es die Aufgabe von Lehrenden, sowohl auf Zeichenstrukturen bzw. Überzeugungssysteme aufmerksam zu machen als auch – für die Schüler – selbst aktuelle Ideen und Denkweisen der Fachdisziplinen darzustellen und im Gespräch deren Bedeutung, ihre Beziehungen und Effekte gemeinsam zu erforschen. Auf der Basis eines konsequenten Verständnisses der Dreiwertigkeit von semiotischen Prozessen und der Unabschließbarkeit von Wissensprozessen können sie forschende Dialoge gestalten, Hintergrundannahmen explizieren und „vorwärts und rückwärts Bedeutung" aus Äußerungen und Beobachtungen generieren (Dewey 1916/1993, S. 140).

Die Fähigkeit hierzu basiert nach Dewey und Peirce auf einer gesunden Distanz gegenüber dem *Common Sense*, fundierter Kenntnis des aktuell entwickelten Fachwissens und Offenheit für neue Deutungen und Rahmungen. Während Lehrende einerseits anspruchsvolle fachliche Ideen „zeigen", sind sie andererseits dafür zuständig, dass Schüler lernen, Zeichen zu lesen und sich forschend den eigenen denkwirksamen Überzeugungen zuzuwenden, die von anderen zu respektieren und die Zweifel anderer an vermeintlichen Selbstverständlichkeiten willkommen zu heißen.

Bereits Dewey betont die Wichtigkeit von Institutionen für die Erzeugung einer semiotisch reflexiven Haltung. „Wir sehen uns veranlasst zu fragen, worin die spezifische stimulierende, fördernde und erzieherische Kraft jeder spezifischen sozialen Einrichtung besteht" (Dewey 1920/1989, S. 240). Er fordert dazu auf, empirisch zu untersuchen, inwieweit Menschen in konkreten Institutionen sensibler für semiotische Prozesse werden, ob sie selbständige Reflexion von Bedeutungen fördern, und wie Neugier und Fragen eingeschläfert bzw. geweckt werden. Die eingangs erwähnte ethnografische Unterrichtsforschung kann hierzu einige Ergebnisse präsentieren (vgl. Einleitung), die den Schulreformen der letzten Jahren höchst ambivalente Wirkungen bescheinigt: u. a. bei den Bemühungen um Individualisierung im offenen Unterricht bilden sich auf institutioneller Ebene deutliche Routinen der Formalisierung, Standardisierung und der Immunisierung gegen eine vertiefende Arbeit an Inhalten und der Klärung von Bedeutungen.

Diese Tendenzen in den Praktiken und im institutionell getragenen Selbstverständnis sind keineswegs festgeschrieben. Gerade Gespräche sind essentiell, um jenseits der automatisierten Bahnen Spielräume im Denken, Erfahren und Handeln auszuloten. Solange die Einzelnen kein rückfragendes Gegenüber erfahren, bleibt das automatisierte Ineinandergreifen von Common Sense und individuellen *habits* undurchdringlich, da die Bezugnahmen auf sich und Welt fraglos und unproblematisch erscheinen. Doch *habits* sind vage und haben insofern einen kreativen Überschuss und damit das Potential, den *Common Sense* weiterzuentwickeln (Dewey LW 14, S. 28f, 49f). Diese Spielräume können jedoch niemals theoretisch, sondern nur im partikularen Sich-Zeigen erschlossen werden. Wir wissen nicht, wie sich unsere Blicke und Möglichkeiten nach den nächsten Handlungsschritten verändert haben.

Die Antwort dieses Beitrags auf die eingangs erwähnte Diskrepanz von derzeit beobachtbaren Unterrichtspraktiken und semiotisch-pragmatistischer Theorie ist eine Ermunterung, sich im Gespräch – jenseits von Antworterwartungen – sprechend und handelnd in Unbekanntes zu bewegen und mit eigenen Ideen zu experimentieren. Diese Bewegungen (von Schüler/innen und Lehrer/innen) können scheitern oder sich als unsinnig erweisen.

„Trotzdem enthält es die Chance, alte Muster des Common Sense überschreiten zu können... indem sich das partikulare Selbst ... anderen in seinen Flirts mit dem Unsinn zwanglos zeigt und indem andere für das Selbst exemplarisch werden, erhält der jeweils partikulare Ort eine Kontur" (Salaverria 2008, S. 169f).

Dies ist der vielversprechendste Ausgangspunkt für semiotisch inspirierte Gesprächsführung und damit für zunehmend bedeutungsvolles alltägliches Erfahren.

Literatur

Bräu, K. 2013. Zwischen Lerninhalten und Prozessunterstützung, zwischen Sache und Person. Eine Analyse von Lernberatungsgesprächen im individualisierenden Unterricht. *Zeitschrift für interpretative Schul- und Unterrichtsforschung* 2, 21-37.

Bräu, K. 2006. Gesprächsanalytische Untersuchung der Lehrer-Schüler-Kommunikation bei der Betreuung individualisierten Lernens. In *Schulpädagogische Forschung, Unterrichtsforschung, Perspektiven innovativer Ansätze*, hrsg. S. Rahm, I. Mammes, und M. Schratz, 15-25. Innsbruck, Wien, Bozen: Studien Verlag.

Breidenstein, G. 2014. Die Individualisierung des Lernens unter den Bedingungen der Institution Schule. In *Individuelle Förderung und Lernen in der Gemeinschaft*, Jahrbuch Grundschulforschung 17, hrsg. B. Kopp et al, 35-50. Wiesbaden: Springer.

Cunningham, D. J. 1992. Cognition as Semiosis. The Role of Inference. *Theory and Psychology* 8 (6): 827-840.

Cunningham, D. J. 2007. Educating the Semiotic Mind: Introduction to Special Issue on 'Semiotics and Education'. *Semiotica* 164: 1-7.

Dewey, J. *The Middle Works* (Dewey MW, Bd. 1-15): 1899-1924, hrsg. J. A. Boydston. Carbondale & Edwardsville: Southern Illinois University Press 1976ff.
MW 14. 1922/1988. Human Nature and Conduct. Introd.: M.G. Murphey.

Dewey, J. *The Later Works* (Dewey LW, Bd. 1-17): 1925-1953, hrsg. J. A. Boydston. Carbondale & Edwardsville: Southern Illinois University Press 1981ff.
LW 5. 1930. Construction and Criticism, 125-143.
LW 8. 1933. How we think. 2nd ed.
LW 11. 1935-1937. The Challenge of Democracy to Education, 181-190.
LW 12. 1938. Logic. The Theory of Inquiry.
LW 14. 1939-1941. Essays, Reviews, and Miscellany
LW 15. 1942-48. Peirce Theory of Linguistic Signs, Thought and Meaning, 141-152.

Dewey, J. 1910/1992. Philosophie und Pragmatismus. In *Pragmatismus. Ausgewählte Texte*, hrsg. E. Martens, 205-246. Stuttgart: Reclam.

Dewey, J. 1916/1993. *Demokratie und Erziehung. Eine Einleitung in die philosophische Erziehung*. Weinheim & Basel: Beltz.

Dewey, J. 1920/1989. *Die Erneuerung der Philosophie*. Hamburg: Junius-Verlag.

Dewey, J. 1938/1974. Erfahrung und Erziehung. In *Psychologische Grundfragen der Erziehung: der Mensch u. sein Verhalten, Erfahrung u. Erziehung*, hrsg. W. Correll, 247-296. Basel, München: Reinhard Verlag.

Dewey, J. 1938/2002. *Logik. Die Theorie der Forschung*. Frankfurt: Suhrkamp.

Eco, U. 1998. *Lector in fabula. Die Mitarbeit der Interpretation in erzählenden Texten.* München: dtv.

Fragebogen Lerncoaching, Schuljahr 2014/15, Sommerberg-Schule, Grund- und Werkrealschule Lenzkirch.

Gallin, P., und U. Ruf. 2005. *Dialogisches Lernen in Sprache und Mathematik*, Bd. 1 Austausch unter Ungleichen: Grundzüge einer interaktiven und fächerübergreifenden Didaktik. 3. Aufl. Seelze-Velber: Kallmeyer.

Gruschka, A. 2007. Präsentieren geht über Studieren. Wie heute das Präsentieren Schule macht. *Pädagogische Korrespondenz* 37: 18-36.

Hoffmann, M. 2000. Lernen als Zeichenprozess. *Zeitschrift für Semiotik* Bd. 22 H. 1: 3-10.

Lehmann-Rommel, R. 2008. Experimentelle Erfahrung – eine Alternative zum epistemologischen Repräsentationsmodell. In *Bildende Widerstände – widerständige Bildung. Blickwechsel zwischen Pädagogik und Philosophie*, hrsg. Ch. Thompson, und G. Weiss, 121-144. Bielefeld: transcript Verlag.

Mehan, H. 1979. *Learning Lessons*. Cambridge: Harvard University Press.

Mühlhausen, U. 2008. *Abenteuer Unterricht*. DVD-ROM. Baltmannsweiler: Schneider Verlag Hohengehren.

Peirce, C. S. 1931-1935. *Collected Papers of Charles Sanders Peirce*, Vol. 1-6, hrsg. Charles Hartshorn, und Paul Weiss, Cambridge MA: Harvard University Press.

Salaverria, H. 2008. Zweifeln und Sinnen. Handlungsspielräume von Peirce bis Rorty. In *Pragmatismus – Philosophie der Zukunft?*, hrsg. A. Hetzel, J. Kertscher, und M. Rölli, 158-170. Weilerswist: Velbrück Wissenschaft.

Sprachtheoretische Grundlagen des Dialogs nach Wilhelm von Humboldt

Susanne Gölitzer

Zusammenfassung

Eine Sprache sprechen lernt jeder, aber sich richtig zu verstehen, scheint ziemlich schwer zu sein. Mit Blick auf die sprachtheoretischen Arbeiten Wilhelm von Humboldts werden Schwierigkeiten der Verständigung in diesem Beitrag als Aufgaben des sprachlichen „In-der-Welt-Sein" vorgestellt. Sprache wird mit Humboldt als wesentliches Erkenntnisorgan, das individuell und subjektiv ist, gefasst. Verständigung gelingt trotz aller Schwierigkeiten deshalb, so Humboldt, weil Menschen zur Perspektivenübernahme in der Lage sind und ihr eigenes Denken zum Gegenstand des Nachdenkens machen können. So können Voraussetzungen des Denkens und zugrundeliegende Annahmen sichtbar werden. Mit dem Dialogansatz des Physikers und Philosophen David Bohm wird gezeigt, wie das „In der Schwebe halten" von Annahmen eine Möglichkeit bietet, schnelle und falsche Ordnungen und Kategorien, die in der Kommunikation zwischen Menschen vorgenommen werden, zu umgehen und etwas neu zu betrachten.

Turmbau zu Babel

„Es hatte aber alle Welt einerlei Zunge und Sprache. Als sie nun nach Osten zogen, fanden sie eine Ebene im Lande Sinear und wohnten daselbst. Und sie sprachen untereinander: Wohlauf, laß uns Ziegel streichen und brennen! – und nahmen Ziegel aus Stein und Erdharz als Mörtel und sprachen: Wohlauf, laßt uns eine Stadt und einen Turm bauen, dessen Spitze bis an den Himmel reiche, damit wir uns einen Namen machen; denn wir werden sonst zerstreut in alle Länder. Da fuhr der HERR hernieder, daß er sähe die Stadt und den Turm, die die Menschenkinder bauten. Und der HERR sprach: Siehe, es ist einerlei Volk und einerlei Sprache unter ihnen allen, und dies ist der Anfang ihres Tuns; nun wird ihnen nichts mehr verwehrt werden können von allem, was sie sich vorgenommen haben zu tun. Wohlauf, laßt uns herniederfahren und dort ihre Sprache verwirren, daß keiner des andern Sprache verstehe! So zerstreute sie der HERR von dort in alle Länder, daß sie aufhören mußten, die Stadt zu bauen. Daher heißt ihr Name Babel, weil der HERR daselbst verwirrt hat aller Länder Sprache und sie von dort zerstreut hat in alle Länder" (Bibel nach der Übersetzung Martin Luthers. Württembergische Bibelanstalt 1978, S. 21).

In der Bibel erscheint das Geschenk der unterschiedlichen Sprachen, die Vielsprachigkeit, als eine Bestrafung. Durch die ‚Sprachverwirrung' ist den Menschen die Macht genommen, gemeinsam einen Turm bis in den Himmel zu bauen. Auch im Alltag stellen wir uns manchmal die Frage, ob es nicht viel einfacher ginge, wenn wir alle dieselbe Sprache sprächen. Dies ist aber nur unter der Prämisse denkbar, dass die Wörter einer Sprache die willkürlichen Gefäße einer Bedeutung sind, die man aus dem ‚Gefäß' hinaus nehmen oder hinein tun kann. Entdeckt man die Vielstimmigkeit der Sprachen in der Welt als Quelle der unterschiedlichen Perspektiven auf die Welt, wird aus der ‚Bestrafung' ein ‚Geschenk' und aus dem Wunsch die Idee, viele (Einzel)Sprachen lernen zu wollen. Diese Vorstellung der „Zerstreuung" oder „Verwirrung" wird dadurch noch kompliziert, dass selbst in einer Einzelsprache das sich Verstehen nicht immer gesichert ist. ‚Wir sprechen eine andere Sprache', sagen wir dann, wenn wir betonen, dass wir uns nicht verstehen. Welche theoretische Vorstellung von Sprache einer solchen Interpretation von Vielsprachigkeit als Grundvoraussetzung des Miteinander-Sprechens zugrunde liegt und wie sie im Dialog ihren expliziten Ausdruck finden kann, soll im Folgenden dargestellt werden. Der Dialog wird vor dem Hintergrund der noch ausgeführten sprachtheoretischen Annahmen Humboldts zum grundlegenden Modell des Miteinander-Sprechens. In diesem Sprechen nimmt die Vielsprachigkeit eine besondere Form an. Was geschieht also beim Sprechen?

1 Miteinander sprechen als miteinander die Welt begreifen

Es gibt ganz unterschiedliche Metaphern und Erklärungsversuche für Kommunikation. Eine einfache und zunächst einleuchtende Metapher für den Vorgang der Kommunikation ist die Metapher des „Eimers". Man nennt sie auch die

„Container-Metapher" (vgl. Krippendorf 1994). In einen „Eimer", die Wörter oder sprachlichen Einheiten, füllt man eine Substanz wie die Bedeutung und gibt diesen „Eimer" weiter an den nächsten, der sich aus dem „Eimer" herausholen kann, was der andere hinein gegeben hat. Die Sprache ist in dieser Metapher für die Bedeutungen das Gefäß, in dem das, was einem wichtig ist, transportiert wird. Es macht für den Inhalt des „Eimers" keinen Unterschied, ob er blau oder rot ist, welche Farbe er hat oder aus welchem Material er gefertigt ist. Inhalt und Träger sind in dieser Vorstellung von sprachlicher Kommunikation getrennt, die Verbindung von signifikat und signifikant sind arbiträr, zeichenhaft.

Signifikat und Signifikant

Jedes sprachliche Zeichen hat gewissermaßen zwei Seiten: seine Bedeutungsseite (Signifikat, das Bezeichnete, Vorstellung) und seine Ausdrucksseite (Signifikant, das Bezeichnende, Lautstrom oder -bild). Diese Unterscheidung geht auf Ferdinand de Saussure zurück (1967). Arbitrarität wird gemeinhin als „Willkürlichkeit" übersetzt, allerdings trifft es im Deutschen nicht genau die Bedeutung. Arbitrarität bedeutet, dass sich Signifikat und Signifikant frei zueinander verhalten. Ihre Zuordnung ist konventionell und historisch, nicht aber durch einen eigenen bedeutungsvollen Zusammenhang gegeben. Das Tier auf der Weide wird im Deutschen als „Rind", im Englischen als „cow", im Spanischen als „vaca" und im Italienischen als „bovino" bezeichnet. Die Ausdrucksseite und Bedeutungsseite können variieren und sind durch den Gebrauch verbindlich, nicht durch eine innere Logik.

Der Gedanke, den jemand geäußert hat, wurde unabhängig vom „Eimer" entwickelt und kann aus diesem wieder so herausgeholt werden, wie er hinein getan wurde. Es verändert den Gedanken nicht, dass er in sprachlicher Weise, also in „Wort-Eimern", transportiert wird. In einer solchen Auffassung von Sprache muss die Sprachverwirrung nach dem Turmbau zu Babel als eine Strafe verstanden werden. Die verschiedenen Sprachen, die „Gott dem Menschen verordnet hat" (siehe Beispiel), weil sie den Turm bis in den Himmel haben bauen wollen, erschweren das Verstehen erheblich und die Menschen „mussten fortan erhebliche Mühe aufwenden", um sich trotz ihrer verschiedenen Sprachen verstehen zu können. Wie viel einfacher wäre es doch, wenn jeder aus dem Eimer sofort nehmen könnte, was ein anderer hinein getan hat. Sprache wäre dann dazu da, das, was man sagen will, möglichst klar zu formulieren, so dass das Gegenüber auch tatsächlich das, was ich meine, klar verstehen kann. Missverständnisse sollte man in diesem Modell vermeiden können.

Was wäre aber, wenn der Inhalt des Eimers gar nicht unabhängig vom Transportmittel – der Ausdrucksseite des Zeichens – gedacht werden kann? Im Deutschen beispielsweise lässt sich ein Regen als Platzregen oder Nieselregen beschreiben. Es regnet wie aus Eimern, es nieselt, es plätschert, es regnet Fäden. Gefrorener Regen kommt als Hagel oder als Graupeln auf die Erde. Können die Menschen, die Deutsch als Muttersprache erworben haben, überhaupt noch einen Regen undifferenziert betrachten? Die Vorstellungen dessen, was Regen bedeutet, sind im Deutschen andere als in einer anderen Sprache. Wenn eine Sprache viele Ausdrücke für den Regen bereithält, gleicht kein Regen dem anderen mehr. Dass die Sprache dem Inhalt, also dessen, was man sagen möchte, nicht äußerlich ist, kann noch an anderen einfachen Beispielen verdeutlicht werden. Im Englischen gibt es für das Wort „Glück" zwei Varianten: „luck" und „happiness". Während die erste eher den Moment und das schicksalhafte „Glück gehabt" beschreibt, meint die zweite eher einen Zustand. Das Glück als Gestalt kann man außerdem mit „fortune" beschreiben. Für jemanden, der Englisch spricht, ist es ganz und gar nicht gleich, welchen „Eimer" man nimmt, um vom Glück zu sprechen. In jeder Sprache lassen sich solche Beispiele finden, die auf ganz spezifische Weltansichten deuten. Die Einzelsprachen haben in der Geschichte ganz unterschiedliche Perspektiven auf die Welt entwickelt. Diese Perspektiven sind historisch wandelbar, gewissermaßen kontingent[1] und niemals isoliert, sondern eher im Konzert der unterschiedlichen Sprachen auch Einflüssen aus anderen Sprachen ausgesetzt. Deshalb entlehnen sich Sprachen Wörter aus einer anderen Sprache. Menschen, die mit Deutsch aufgewachsen und literalisiert wurden, kennen Wörter und deren Bedeutungen wie „Basta", „Fitness", „Quiz", aber auch „Pascha" oder „Meschugge" u. Ä. und gebrauchen sie wie andere Wörter auch. Das ist nur ein Hinweis darauf, dass die Sprache nicht als ein ‚Gefängnis', betrachtet werden darf, in dem die Vorstellungen ‚gefangen' gehalten werden. Auch das wäre in gewisser Weise nur eine „Eimer-Metapher" für das sprachliche Verstehen. Auch Menschen, deren Muttersprache Deutsch ist, können die unterschiedlichen Bedeutungshöfe von „Glück" verstehen. Sie können die fremden Perspektiven, die in einer Sprache aufgehoben sind, übernehmen und annehmen, weil alle Sprachen für solcherart Perspektivenübernahme offen sind.

---

1 „Kontingent" kann man auch mit „zufällig" übersetzen. Es meint in diesem Zusammenhang, dass hier kein Subjekt am Werke ist, das die Perspektive autonom bestimmt. Die Möglichkeiten einer Sprache entwickeln sich vielmehr mit der Gesellschaft und im Kontext anderer ebenfalls wieder sprachlich agierender Gesellschaften und sind in diesem Sinne kontingent.

Die Ausdrucksseite ist für die Bedeutungen nicht unerheblich. Welche Worte ich wähle, welchen Ton ich anschlage, welche Betonung ich meiner Äußerung gebe, kurz: Wie ich etwas ausdrücke, ist für das, was ich sagen will von erheblicher Bedeutung. Missverständnisse sind durch eine eindeutige Wortwahl (meist) nicht zu vermeiden. Ganz im Gegenteil: Missverständnisse, Nicht-Verstehen, sprachliche Zerwürfnisse regen gewissermaßen das Sprechen erst an, sie treiben die sprachliche Verständigung an und müssen als konstitutiver Bestandteil der menschlichen Kommunikation gedacht werden, weil sich aus ihnen neue Sichtweisen und Einsichten über die Multiperspektivität der Weltbetrachtung erst ergeben. Deshalb ist die Sprachverwirrung, wie sie nach dem Turmbau zu Babel über die Menschen gekommen ist, keine Strafe, sondern ein „Geschenk", so Wilhelm von Humboldt in seinen Reflexionen über Sprache, denn durch das Erlernen einer anderen Sprache und das Sprechen einer Sprache eröffnen sich Sprecher und Hörer neue „Weltansichten". Damit meint Humboldt die besondere individuelle kognitive Leistung, die in einer Sprache steckt und die ein Mensch erwerben (oder lernen) kann.

> Die Verschiedenheit der Sprachen „ist nicht eine von Schällen und Zeichen, sondern eine Verschiedenheit der Weltansichten selbst. (...) Die Summe des Erkennbaren liegt, als das von dem menschlichen Geiste zu bearbeitende Feld, zwischen allen Sprachen (...) in der Mitte; der Mensch kann sich diesem rein objectiven Gebiet nicht anders, als nach seiner Erkennungs- und Empfindungsweise, also auf einem subjectiven Wege, nähern" (Humboldt 1820, S.20).

Für den hier umrissenen Zusammenhang sind zwei Dinge wichtig: Das Feld, das der menschlichen Erkenntnis zugänglich ist, ist nach Humboldt immer größer oder weiter als das *einer* Sprache. Mit dem Erwerb einer anderen Sprache lernen wir demnach das Feld weiter abzustecken. Darüber hinaus können Menschen nicht anders, als sich über ihre subjektiven Zugänge der Welt zuzuwenden. Jede Erkenntnis, jede Kommunikation muss deshalb immer eine rein subjektive sein. Erst im Sprechen können wir diesen subjektiven Zugang zur Welt durch andere Zugänge erweitern und somit mehr oder anderes oder auch Neues erkennen. Auf diese dialektische Figur von subjektiver Realisierung eines universellen Vermögens der Menschen – eine Sprache zu sprechen – möchte ich noch genauer eingehen.

2 Die Vielfalt der Sprachen und die Vielfalt der Perspektiven

Was nun für die Einzelsprache gilt, nämlich dass hier eine originelle Art der kognitiven Verarbeitungsmöglichkeit von Welt zur Verfügung gestellt wird, die sich von anderen Arten durchaus unterscheidet, gilt auch für jeden Menschen selbst: Jeder Mensch versteht eine Äußerung in subjektiv sehr unterschiedlicher Weise und kann sich doch mit anderen verständigen und gemeinsam geteilte Bedeutungen von Äußerungen beschreiben. Jeder Mensch hat einen höchst individuellen Gebrauch von Sprache. Wenn zwei Menschen von Liebe sprechen, meinen sie in der Regel sehr unterschiedliche Dinge und selbst wenn die Diskrepanz in der Bedeutung dessen, was das Wort „Liebe" meint, nicht sofort in einer Beziehung auffällt, so sind uns doch diese unterschiedlichen Perspektiven, die sich sprachlich ausdrücken lassen, aber nicht immer explizit ausgedrückt werden, doch bewusst oder können von uns bewusst gemacht werden.

Denken, Sprache und Ton (als Ausdrucksseite der Sprache) gehören bei Humboldt, wie ich noch zeigen werde, zusammen. Sprache ist als Organ des Denkens eine kognitive Angelegenheit. Dies gilt für alle Menschen und alle Sprachen. Menschen können diese universelle Aufgabe des Denkens immer nur individuell und höchst subjektiv im Sprechen einer bestimmten Sprache lösen. Das, was ein Mensch spricht, ist aber nicht nur die Einzelsprache, sondern er spricht auch noch angepasst an soziale Kontexte unterschiedliche Sprachen, spezifische Varietäten: die Sprache seiner Region (Dialekt), seines sozialen Milieus (Soziolekt) oder seines kulturellen Milieus (Fachsprachen) usw.:

> „Aber auch innerhalb *einer* Sprache finden sich durchaus Unterschiede. Man spricht dann von „Varietäten". Dazu gehören heute die Regionalsprachen (zum Beispiel die Sprache des Ruhrgebiets, das Berlinische usw.) und die unterschiedlichen sozialen Sprachformen (z. B. die Sprache des vertrauten Umgangs, die „offiziellen" Sprachvarietäten, die „Schriftsprache" usw.)" (Ehlich/Bredel/Reich 2008, S. 15).

Die Verschiedenheit der Sprachen ist also nicht allein eine Verschiedenheit der Einzelsprachen, sondern auch eine Verschiedenheit der Diskurse oder sozialen Umfelder (vgl. Coseriu 1988) innerhalb einer Einzelsprache.

Drei Kontextarten der Sprache

Eugenio Coseriu unterscheidet drei Kontextarten: Einzelsprachlicher Kontext, Rede-Kontext, Außer-Rede-Kontext. Der einzelsprachliche Kontext umfasst im

Sprechen alle möglichen zum Sprachbesitz der Sprecher gehörende formale und semantische Assoziationen, Oppositionen mit anderen Zeichen. Innerhalb der Einzelsprache ist die Denotation des Zeichens durch Bedeutungsfelder bestimmt („grün" bedeutet grün in Beziehung zu anderen Farben). Der Rede-Kontext bezeichnet die Rede selbst als Umfeld. Er ist unmittelbar, wenn er die unmittelbar vorher oder nachher geäußerten Redeteile meint, oder mittelbar, wenn er den gesamten Redetext, die mündliche Rede bezeichnet. Er gilt dann als thematischer Kontext. (vgl. Gölitzer 1999) Der „Außer-Rede-Kontext" wird weiter unterteilt in einen physikalischen Kontext, empirischen Kontext, praktischen Kontext, historischen Kontext, kulturellen Kontext, außerdem beschreibt er noch ein Redeuniversum als Sprachvarietät.

> „Unter Redeuniversum verstehen wir das universelle System der Bedeutungen, dem eine Rede (bzw. ein Satz) zugehört und das seinerseits deren Wert und Sinn bestimmt. Die Literatur, die Mythologie, die Wissenschaften, die Mathematik, die Erfahrungswelt als ‚Themen' oder ‚Bezugswelten' des Sprechenden bilden solche ‚Redeuniversa'."

Das Redeuniversum bezeichnet nur Bedeutungssysteme und nicht etwa „Dingwelten" (Coseriu 1975, S.285).

Ohne auf die Umfeld-Theorie Coserius hier genauer eingehen zu können, kann man doch festhalten, dass eine solche Verschiedenheit verschiedener Regionen und sozialer Umfelder gesprochener Sprache, verschiedener beruflicher und gesellschaftlicher Zusammenhänge geschriebener Sprache sprachliche Varietäten gebiert. Jeder Mensch bewegt sich in unterschiedlichen Varietäten. Sprachtheoretisch wiederholt sich die Vielfalt der Sprachen (der Einzelsprachen wie Englisch, Französisch usw.), die uns nach der Erzählung des Turmbaus zu Babel zuteil wurde, auf der Ebene der Sprachvarietäten innerhalb einer Sprache, die jeder Mensch im Laufe seines Lebens erwirbt oder erwerben kann. Wir können entsprechend an unterschiedlichen Diskursen teilnehmen und verschiedene Texte verstehen – je nach Umfeld, das wir zugrunde legen. Universell ist aber zugleich die Möglichkeit des Sprechens und die Überwindung der Grenzen der entsprechenden Sprachgrenzen. Coseriu (1988) systematisiert die Sprachkompetenz, die der Tätigkeit des Sprechens zugrunde liegt, wie folgt:

Tätigkeit des Sprechens:
- Sprechen im Allgemeinen (universell)
- Konkrete Einzelsprache (historisch)
- Diskurs/Text (individuell)

Die Sprachkompetenz kann offenbar auf verschiedenen Ebenen betrachtet werden. Alle Menschen verfügen über die Fähigkeiten, zu sprechen oder sprechen zu lernen. Sie lernen allerdings immer eine Einzelsprache, die historisch immer eine ganz spezifische Ausprägung hat. Außerdem lernen sie diese Einzelsprache in einem spezifischen sozialen, kulturellen, politischen, institutionellen Milieu sprechen.

Aus dieser Verschiedenheit auf der individuellen Ebene, den gesprochenen Varietäten (Diskurs/Text), ergeben sich für Humboldt quasi naturgemäß Schwierigkeiten in der Kommunikation: Wie sich junge Leute untereinander begrüßen, empfinden ältere Menschen häufig als distanzlos. Die unterschiedliche Art zu sprechen und Gesprochenes zu verstehen oder gar die Situation, in der man sich gerade befindet, zu verstehen, ist Ausdruck des kulturellen Milieus (s. o.) oder auch einer Fachkultur. Die Erfahrungen, die Menschen in diesem Milieu machen, werden in aller Regel in einer bestimmten Art und Weise sprachlich verarbeitet. In manchen Kreisen gilt es als höflich, nicht direkt seine Meinung zu sagen, in anderen gilt es als unverbindlich. Weil Sprache immer individuell und in diesem Sinne subjektiv vorkommt und entsprechend immer verschiedene Möglichkeiten, etwas zu verstehen, gegeben sind, sind die Möglichkeiten zum Missverstehen unendlich. Die „Individualität" des Sprache gebrauchenden und denkenden Menschen ist gewissermaßen universell.

> „Keiner denkt bei dem Wort gerade das, was der andre [denkt S.G.] (...), Bei jedem Denken und Empfinden kehrt, vermöge der Einerleiheit der Individualitaet, dieselbe Verschiedenheit zurück, und bildet eine Masse aus einzeln Unbemerkbarem. Alles Verstehen ist daher immer ein Nicht-Verstehen, eine Wahrheit, die man auch im praktischen Leben trefflich benutzen kann, alle Uebereinstimmung in Gedanken und Gefühlen zugleich ein Auseinandergehen" (Humboldt 1827-1829/1988, S. 228)[2].

Darin sind sich alle Menschen gleich: dass sie individuell sprechen, also ihren eigenen Sprachstil haben, ihre eigene Ausdrucksweise finden und sich in verschiedenen Sprachvarietäten bewegen und diese verstehen. Deshalb gleicht eine Äußerung

---

2   Die Seitenangaben zu den Texten von Humboldt beziehen sich immer auf die Werkausgabe 1988. Um Missverständnisse zu vermeiden, ist das Entstehungsdatum des Textes jeweils angegeben.

auch nur selten genau der anderen, auch wenn dieselben Wörter gefallen sind. Die Möglichkeiten, eine Äußerung zu verstehen sind also nach Humboldt deshalb so unterschiedlich, weil jedes Auffassen, jedes Denken in Sprache als Individuelles vorkommt. Zugleich ist Sprache bei Humboldt aber auch der Garant der Möglichkeit des Verstehens überhaupt, denn durch die unterschiedlichen Sichtweisen und „Weltansichten" (Humboldt 1827-1829/1988: 224), die sich durch die unterschiedlichen Sprachen ergeben, werden die unterschiedlichen Möglichkeiten, die Welt zu verstehen, überhaupt erst sichtbar. Mitunter wird die Welt in einem größeren Zusammenhang erst verstehbar, wenn man die unterschiedlichen Perspektiven betrachtet.

3 Freiheit und Beschränkung

Die Individualität des Sprechens oder auch der lebendigen Sprache findet allerdings auch eine Begrenzung, weil es die Sprache oder vielmehr die Sprachen (auch die Einzelsprachen), die ich spreche, bereits vor meiner Geburt gegeben hat und nach meinem Tod auch noch gesprochen werden.

Die Varietäten, die ich spreche, bilden demnach auch Begrenzungen für mich, die ich zwar überschreiten kann, indem ich eine andere Varietät sprechen lerne, die aber mein sprachliches Handeln und meine Vorstellungen von Welt zunächst auch bestimmen oder zumindest prägen. Humboldt fasst diesen dialektischen Zusammenhang von Beschränkung und Freiheit zusammen:

> „Die Sprache gehört mir an, weil ich sie hervorbringe. Sie gehört mir nicht an, weil ich sie nicht anders hervorbringen kann, als ich thue, und da der Grund hiervon in dem Sprechen und dem Gesprochen haben aller Menschengeschlechter liegt, (…), so ist es die Sprache selbst, von der ich diese Einschränkung erfahre. Allein was mich in ihr beschränkt und bestimmt, ist in sie aus menschlicher, mir innerlich zusammenhängender Natur gekommen, und das Fremde in ihr ist daher nur meiner augenblicklichen und individuellen, nicht meiner ursprünglichen wahren Natur fremd" (Humboldt 1827-1829/1988, S. 226).

Jeder Mensch ist zunächst einmal in seinen Ausdrucksmöglichkeiten an das gebunden, was die Sprachen (im Sinne von Varietäten), in die er hineinwächst, zur Verfügung stellen. Der Begriff „Natur" verweist nach Humboldt auf den quasi-natürlichen Status von Sprache generell. Die Einzelsprache und die Sprachvarietäten werden durchaus als kulturelle Güter verstanden, die sich historisch entwickeln, zugleich ist aber auch dem Menschen das Vermögen zur Sprache natürlicherweise gegeben.

Die ganze sozialisatorische Kraft, die in einem solchen kulturellen Gut liegen kann, hat Pierre Bourdieu (vgl. Bourdieu 1987; vgl. Bourdieu 2001) mit seinem Begriff „kulturelles Kapital" zu fassen versucht. Er erweitert hier den Humboldtschen Sprachbegriff, wenn er zeigt, wie mächtig kulturelle Güter wie ein bestimmter Sprachgestus sein können, wenn er sich mit einem spezifischen Milieu verbindet. Die Fähigkeit, auf „feine Art" sprechen zu können, sich „gebildet ausdrücken" zu können, kann auch in Deutschland als sozialer „Türöffner" interpretiert werden (wie mächtig dies im Bildungskontext Schule wirkt, zeigt auch Gölitzer 2008, S. 72ff).

Das Unvermögen, sich verständlich oder in subjektiv befriedigender Weise auszudrücken, liegt darin, dass das individuelle Vermögen, sich sprachlich auszudrücken, immer den universalen Möglichkeiten, sich auszudrücken, „hinterherhinkt". Die Fremdheit, von der Humboldt spricht, ist so kein Unvermögen oder ein individuelles Problem, es ist vielmehr konstitutiv für das menschliche Sprachvermögen und das sprachliche In-der-Welt-sein. Es lassen sich immer noch weitere Möglichkeiten des sprachlichen Ausdrucks entdecken und individuell entwickeln, weil Sprachen im Allgemeinen keinen festen und ein für alle Mal abgesteckten Bedeutungsraum abstecken, sondern vielmehr einen Möglichkeitsraum für das Verstehen von Welt darstellen, der sich mit jedem Sprechen und durch jeden einzelnen Sprecher verändern kann. Insofern beschränkt jede Sprache (Einzelsprachen, aber auch Fachsprachen, Jugendsprache usw.) den Einzelnen und gibt ihm zugleich die Freiheit, etwas sprachlich anders und neu – im Sinne von originell – zu fassen.

Eine Sprache erwerben hieße nach Humboldt, dass unser Sprachvermögen vermittels des Miteinander-Sprechens erst geweckt wird. Wir lernen die Welt auf eine ganz bestimmte, originelle Art begreifen. Diese Originalität wird noch dadurch bereichert, dass ich selbst die Sprache, in die ich hinein geboren wurde, originell gebrauchen kann.

> „Denn der Mensch kann sie [die Sprache S.G.] ebensowenig allein hervorbringen, als bloss von andern empfangen (…) (Humboldt vmtl. 1821/1988, S. 28)

Ich verfüge über die Sprache, insofern ich sie selbst kreativ gebrauchen kann und ich verfüge zugleich nicht über sie, da ich sie nicht einfach nach meiner Willkür verändern kann. Wenn die Hauptfigur, „der alte Mann" in Peter Bichsels „Ein Tisch ist ein Tisch" beginnt, die Gegenstände in seinem Zimmer willkürlich umzubenennen, riskiert er, aus der Sprachgemeinschaft hinauszufallen. Er vereinsamt.

Sprachverwirrungen

Ein Tisch ist ein Tisch: In der Kurzgeschichte von Bichsel aus dem Jahre 1969 beschließt ein „Mann, der kein Wort mehr sagt, ein müdes Gesicht hat, zu müd zum Lächeln und zu müd, um böse zu sein" (Bichsel 1969/1997: 21) die Dinge in seinem Zimmer umzubenennen, weil er etwas in seinem Leben verändern möchte. Schließlich verstehen die Leute ihn nicht mehr, und er sie nicht mehr: „Er mußte lachen, weil er all das nicht verstand." (Bichsel 1969/1997: 29). Wenn der Tisch nicht mehr „Tisch", sondern „Stuhl" heißt und das Bett nicht mehr „Bett", sondern „Tisch" heißt, stirbt die Verständigung. Der Mann verliert nicht nur die Sprache, sondern auch das Gegenüber.

In dieser dialektischen Figur von Individualität und Gemeinschaft, Freiheit und Beschränkung, Eigenes und Fremdes liegt nun nach Humboldt die Kraft der Sprache des Menschen schlechthin. Einem solchen Modell von Sprache, in der das Individuelle und Gemeinsame keine Widersprüche, sondern Bedingungen der Möglichkeit zum Verstehen sind, liegt die Vorstellung zugrunde, dass Verstehen von Welt immer auf die Begegnung von Ich und Du angewiesen ist. Durch mein Gegenüber kann ich meinen subjektiven Zugang durch andere erweitern, indem ich im Sprechen von anderen Zugängen überhaupt erfahre. Durch die Beiträge eines Gegenübers kann in mir aber auch etwas angeregt werden, das ich bisher noch nicht bemerkt hatte. Dies birgt die Möglichkeit, Neues zu entdecken.

4 Der Dialog als sprachtheoretisches Grundmodell des Sprechens

Eine Sprache sprechen ist eine soziale Tätigkeit, zu der der Mensch sein Gegenüber braucht. In der Sprache ist dieses Gegenüber als „du" gefasst und meint mehr als nur den Angesprochenen oder den Adressaten der eigenen Rede. Es meint in jeder Sprache den, der dem Ich gegenübertritt und für den gilt, dass er für sich selbst auch ein Ich ist. Diese Reziprozität, Gegenseitigkeit und gegenseitige Anerkennung von Gegenseitigkeit ist im Pronomenpaar „Ich und Du" enthalten. Dieses sprachliche Paar ist nach Humboldt nicht allein ein sprachliches Merkmal, sondern vielmehr ein Merkmal des menschlichen Denkens selbst. Das Denken geschieht immer als Mit-Denken.

„Im Menschen aber ist das Denken wesentlich an gesellschaftliches Daseyn gebunden, und der Mensch bedarf, abgesehen von allen körperlichen und Empfindungsbeziehungen, zum blossen Denken eines dem Ich entsprechenden Du" (Humboldt 1827-1829/1988, S. 201).

Dieses Du gewinnt allerdings erst Kontur, wenn es sich als Individuum von mir unterscheidet. Im Gespräch müssen Menschen also von zweierlei zugleich ausgehen: Sie unterstellen, dass im Sprechen ein Verständnis erzielt werden kann und erkennen zugleich den Anderen als eine Individualität an, die sich von meiner eigenen unterscheidet. Die gegenseitige Anerkennung umfasst die Individualität jedes Sprechenden als Denkenden und die Gemeinsamkeit im Sprechen. Die Gesprächspartner verlassen sich auf die Möglichkeit, einer gemeinsam geteilten Bedeutung, die in der Sprache grundsätzlich angelegt ist und behalten sich zugleich eine subjektiv sehr unterschiedliche Bedeutung vor.

Denotation und Konnotation

Diesem Umstand trägt man begrifflich dadurch Rechnung, dass man die Denotation von der Konnotation unterscheidet. Ein Ausdruck hat meist eine in der Sprachgemeinschaft unstrittige Bedeutung, die man gewissermaßen im Lexikon nachsehen kann (Denotation), während die Konnotation die subjektive Bedeutung bezeichnet, die stark von der Bedeutung, die ein anderer damit verbindet, abweichen kann. Hier war das Beispiel „Liebe" angesprochen.

Dies ist kein Widerspruch, sondern sprachtheoretisch der Normallfall der Rede. Indem die Andersheit des Anderen, seine Individualität, anerkannt wird, öffne ich den Raum für Begegnung, die einen offenen Ausgang haben kann. Ich erkenne das Du als ein anderes Ich an. Dieses Du ist anders und auch gleich oder verbunden mit mir in der Möglichkeit, durch Sprache eine gemeinsam geteilte Bedeutung zu finden. Diese Wahrnehmung ist die Grundlage der Reziprozität: Wir sind ein Teil des Ganzen und keine getrennten eigenen Einheiten, der Andere ist in seinem Anderssein genauso ein Ich wie Ich in meinem Anderssein ihm gegenüber. Deshalb kann ich mich beim Sprechen auch niemals ganz und gar darauf verlassen, dass das, was ich gesagt habe, auch wirklich so verstanden worden ist, wie ich es gesagt habe. Wenn ich in der Pause jemanden bitte, mir aus der Kantine ein Käsebrötchen mitzubringen und er bringt mir ein Wurstbrötchen mit, dann würde kaum jemand bestreiten wollen, dass man mich falsch verstanden hat. Wird mir aber ein Emmentaler-Käsebrötchen mitgebracht, dann hat man mich richtig verstanden.

Leider mag ich keinen Emmentaler und so werde ich zu dem Schluss kommen, ich hätte mich genauer ausdrücken sollen. Die Möglichkeiten, mit einer einfachen Bitte noch ganz andere und sehr individuelle Erfahrungen anzusprechen, sind schier unendlich und es mag erstaunen, dass bei der Vielfalt an Verstehensmöglichkeiten überhaupt jemand mal etwas richtig zu verstehen denkt. Dies kann deshalb gelingen, weil Menschen sich im Sprechen aufeinander zubewegen können und weil sie in einer Beziehung zueinander stehen, in der die Individualität des Anderen gegenseitig Anerkennung findet. Dies gelingt ihnen deshalb, weil sie das, was sie gerade tun, selbst zum Gegenstand ihres Nachdenkens machen können. Im Sprechen wird vermittels der Sprache das Denken im Gegenüber geweckt:

> „Was für mich am überzeugendsten für die Einheit der menschlichen Natur in der Verschiedenheit der Individuen spricht, ist das oben Gesagte: dass auch das Verstehen ganz auf der inneren Selbstthätigkeit beruht, und das Sprechen mit einander nur ein gegenseitiges Wecken des Vermögens des Hörenden ist" (Humboldt 1827-1829/1988, S. 220).

Dies kann nur geschehen, wenn sich das Ich und Du auf ein Gespräch einlassen, genau diesen Prozess des gegenseitigen Weckens von Gedanken eben zulassen. Das Du ist gewissermaßen das Gegenüber, an das sich mein Denken sprachlich richtet und das mir vermöge seines eigenen individuellen Denkens erst spiegelt, wie mein eigenes Denken verstanden wird. So kehrt nicht nur mein eigener Gedanke als Objekt der Betrachtung für mich selbst zurück, sondern auch das Verständnis meines Gedanken durch das Gegenüber. Sprechen und Denken sind so verstanden immer als eine soziale Tätigkeit zu denken. Denken und Sprechen beginnen entwicklungslogisch gewissermaßen an getrennten Punkten und verbinden sich zu einem sehr frühen Lebenszeitpunkt. Der Spracherwerb vollzieht sich nach Wygotski in zweifacher Perspektive: zunächst als interpsychischer und anschließend als intrapsychischer Prozess (vgl. Wygotski 1987, S. 302).

Das Gesprochene kommt nie ganz unberührt von der Perspektive des anderen zu mir zurück. Die Individualität des Gegenübers, die so wie meine eigene sich auch sprachlich zeigt, ist unübersehbar (man kann sie selbstverständlich bewusst übersehen oder auch fahrlässig übersehen). Aber nicht nur die unterschiedlichen Perspektiven auf die Welt werden im Gespräch sichtbar, auch meine eigene Perspektive kann als eine Perspektive auf die Welt sichtbar werden. Dies geschieht beispielsweise, wenn Menschen im Gespräch ihre Gedanken erst formulieren und klären. Durch die Formulierung wird der Gedanke als solcher erst deutlich und kann genauer gefasst werden. Durch die Entäußerung kann ein von mir geäußerter Gedanke zurückkehren und mir so fremd erscheinen, dass ich ihn neu sprachlich fassen möchte. Meine eigene Weltansicht wird im Gesagten deutlich. Durch diesen

Akt der Selbsterkenntnis können die Grenzen meines Denkens und Sprechens überwunden werden oder auch als Grenzen des Verstehens deutlich werden.

Genau dies wird erst dadurch möglich, dass mir mein eigener Gedanke und mein Denken selbst im Sprechen zum Objekt wird: Man ringt um Worte, sucht einen besseren Ausdruck, ergänzt sich gegenseitig, korrigiert und übersetzt, bietet andere Worte an und dreht den Satz noch einmal um. Ganz offensichtlich ist die sprachliche Verfasstheit eines Gedankens im Sprechen etwas, das nicht vollkommen beliebig ist. Auch hier zeigt die Eimer-Metapher ihre Grenzen. Selbstverständlich ist nicht jedes Miteinander-Sprechen in dem hier sprachtheoretisch beschriebenen Sinne „dialogisch". Oft geht es beim Sprechen um die Durchsetzung von Zielen, um Macht und Interessensausgleich oder Ähnliches. Dies widerspricht aber nicht der hier dargestellten theoretischen Möglichkeiten des Sprechens, die nach Humboldt dialogisch sind.

Ich möchte im Folgenden nun den Begriff des Dialogs noch etwas stärker aus der Perspektive von Bohm konturieren, da er in den sprachtheoretischen Arbeiten Humboldts nur implizit genannt wird. Beiden Wissenschaftlern ist ein philosophischer Blick auf die Sprache eigen, beiden ging es um die Frage, wie man zu einem gemeinsamen Verständnis in einer komplexen Frage kommen kann, indem man die unterschiedlichen Perspektiven wechselweise einnimmt und dadurch zu neuen Perspektiven gelangen kann.

5 Dialog nach Humboldt und Bohm

Mit Humboldt gesprochen, ist das Miteinander-Sprechen dann dialogisch, wenn sich Individualität und Gemeinsamkeit in einem Gespräch wechselweise formulieren und dabei die Reziprozität der gegenseitigen Anerkennung nicht in Frage gestellt wird, sondern vielmehr im Sprechen bewusst gehalten wird. Die unterschiedlichen individuellen Perspektiven auf eine Frage werden im Sprechen so bewusst gemacht und nicht in der Abgrenzung zueinander betont, sondern die Verbindung der unterschiedlichen Perspektiven wird in dem langsamen Herantasten an eine „gemeinsame Sprache" gesucht. Nochmal das Zitat von Humboldt:

> „Was für mich am überzeugendsten für die Einheit der menschlichen Natur in der Verschiedenheit der Individuen spricht, ist das oben Gesagte: dass auch das Verstehen ganz auf der inneren Selbstthätigkeit beruht, und das Sprechen mit einander nur ein gegenseitiges Wecken des Vermögens des Hörenden ist" (Humboldt 1827-1829/1988, S. 220).

Indem durch meine Äußerung, die als sehr individueller Ausdruck gelten kann, mein Gegenüber angeregt wird, seine eigene Perspektive im Verhältnis zu meiner zu betrachten und dies wieder mich selbst anregt, mich ins Verhältnis zum Gegenüber zu setzen, kann im Gespräch die unterschiedliche Perspektive und die Gemeinsamkeit zugleich deutlich werden. Dialogisch zu nennen ist ein Gespräch dann, wenn die Gesprächspartner sich beim Denken selbst beobachten und sich gegenseitig an diesem Denkprozess teilhaben lassen. Genau dies macht den Schreibstil von Humboldt aus: Er zeichnet den Gang seiner Überlegungen in der Regel nach und versucht die Unsicherheiten seiner Position zu formulieren. Humboldt versucht in seiner Darstellung dessen, was er über Sprache im Allgemeinen und Speziellen ausführt, eine Form zu finden, die Fragen aufwirft und in der Zusammenhänge immer wieder aus einer anderen Perspektive beleuchtet werden. So führt er auch die Gegenargumente zu seinen Überlegungen gebührend aus, vermeidet metaphorische Wendungen nicht und präzisiert sich immer wieder, so dass man erst Schritt um Schritt versteht. Eine schnelle Lektüre der Humboldtschen Schriften führt nur in seltenen Fällen schnell zum Verständnis.

Mit diesem Aspekt hat sich auch Bohm auseinandergesetzt. Im Dialog wird die Selbstwahrnehmung auf den Prozess des Denkens angewandt, damit die Quellen des Denkens wieder sichtbar werden.

„Der Dialog befasst sich mit den Denkprozessen hinter den Annahmen, nicht mit den Annahmen selbst" (Bohm 2008, S. 36).

Es geht auch darum, das stillschweigende Wissen, das in einem Menschen oder in einem Kollektiv zugrundeliegt, zu sehen. Eine wichtige Voraussetzung dafür ist, sich selbst beim Sprechen zuhören zu können und während des Sprechens, aber auch beim Zuhören still nach den „Annahmen" (vgl. Bohm 2008, S. 134) zu fragen, die zu den Äußerungen führen.

Wenn wir still fragen, folgen wir nicht nur Argumenten oder Meinungen, sondern versuchen, im Gespräch Denkbewegungen zu folgen und diese zu verstehen. Damit die Aufmerksamkeit auf die Annahmen hinter den häufig so schnell und automatisch zur Verfügung stehenden Meinungen, Argumenten oder Interpretationsmustern gerichtet werden kann, muss man sich selbst beim Sprechen zuhören lernen.

Denn nur wenn wir diese Denkbewegung selbst in den Blick nehmen, können wir die Unterschiede und Gemeinsamkeiten im Denken als Denkprozess erkennen.

Häufig sollen schnell geäußerte Einschätzungen, die im Gespräch ausgetauscht werden, auf Übereinkunft zielen; sie verweisen aber bei genauerer Betrachtung auf relevante Unterschiede im Denken. Dialogpartner prüfen sich still, ob „alle Uebereinstimmung in Gedanken und Gefühlen" nicht vielmehr ein „Auseinandergehen" (Humboldt s. o.) ist oder ob es bei den subjektiv höchst unterschiedlichen Sichtweisen nicht doch vielmehr auch Übereinstimmungen gibt, die nur deshalb nicht artikuliert werden, weil bisher die Differenzen, also die Verschiedenheiten fokussiert wurden.

Dieses „stille Fragen" wird bei Bohm nicht konkret methodisiert.[3] Bohm nennt dies das „In der Schwebe-Halten" (vgl. Bohm 2008, S. 139). Das ist gewissermaßen eine reflexive Verlangsamung des Gesprächsverlaufs. Durch das „In der Schwebe halten" wird vermieden, einem geäußerten Argument sofort zu folgen oder etwas innerlich zu erwidern, wie man dies oft tut, wenn man im Gespräch ist. Das „In der Schwebe halten" ermöglicht, die zugrundeliegenden Annahmen, die Gefühle und Gedanken hinter der Erwiderung zu erkennen. Die Herausforderung besteht darin, nicht allzu schnell sprachlich auf die inneren gedanklichen Einordnungsreflexe zu reagieren, sondern zunächst den Impuls selbst zu betrachten und ihn ins Verhältnis zu setzen zu dem, was man gerade gehört hat. Dadurch kann ein Zusammenhang zwischen Gehörtem und Gedachtem erkennbar werden, der einem möglicherweise verschlossen geblieben wäre, wenn man allzu schnell auf die Äußerung eines anderen mit den üblichen Einwänden reagiert hätte. Bohm schildert an einem Beispiel, wie das „In der Schwebe halten" zunächst nicht funktioniert. Er erinnert seine Leserinnen und Leser an das Gefühl, wenn man „inneren Widerstand" erlebt oder gar Aggressionen verspürt (vgl. Bohm 2008, S. 140).

Er beschreibt, wie Menschen mit einem solchen Gefühl üblicherweise im Gespräch umgehen, wenn sie es nicht einfach ausagieren:

> „Irgendwann wird ihm dann vielleicht bewußt, was geschieht, woraufhin er denkt: ‚Ich bin aggressiv. Ich darf nicht aggressiv sein.' Mit diesem Gedanken wird die Handlung unterdrückt, was bedeutet, daß der Betreffende immer noch aggressiv ist, nur daß die Aggression sich jetzt *gegen ihn selbst* richtet. Also hat sich nichts verändert. Der Beobachter der Aggression ist durchdrungen von Aggression. Daher geschieht nichts" (Bohm 2008, S. 140).

Mit „nichts" im letzten Satz meint Bohm wahrscheinlich, dass der Beobachter nicht selbst über seine Aggression oder seinen Widerstand nachdenken kann, weil er befangen ist in diesem Gefühl. „In der Schwebe halten" hieße nach Bohm in dieser Situation:

> „Es ist möglich, die Aktivität in der Schwebe zu halten, ihr zu erlauben, sich zu zeigen, zu erblühen und zu entfalten, so daß wir die Aggression und ihre konkrete Struktur in uns erkennen können. Bewegungen vollziehen sich in uns, physische Gefühle wie

---

3 Dies geschieht erst bei Isaacs (2002).

Sprachtheoretische Grundlagen des Dialogs nach Wilhelm von Humboldt

> Herzschlag, Blutdruck, der Atem, die Anspannung im Körper; und dazu kommt die Art von Gedanken, die mit diesen Gefühlen einhergehen. Wir können all diese Vorgänge beobachten, uns ihrer und ihrer Verbindung untereinander bewußt werden. (...) Aber wenn wir auf die Verbindung zwischen ihnen achten, wird klarer, daß sie nicht unabhängig voneinander existieren" (Bohm 2008, S. 140).

Der Zusammenhang unterschiedlicher Gefühle und Gedanken kann dann erst deutlich werden und genau dieser Zusammenhang kann im Dialog dann wieder thematisiert werden, so dass das Gegenüber an der eigenen Denkbewegung auch wieder teilhat. Wie bei Humboldt wird durch die Rückkehr meines geäußerten Gedankens vermittels des Dialogs zu einer neuen Anregung für das Denken. Indem ich mich auf diesen Prozess des Miteinander-Sprechens und -Denkens einlasse, anerkenne ich den anderen auch als ein mir gleiches und dennoch verschiedenes „Ich". Es kann in diesem Dialog kein besseres oder wichtigeres Argument geben, sondern jeder versucht – im besten Falle – die Zusammenhänge des eigenen Denkens neu auszuloten. Bohm nennt das auch die „Eigenwahrnehmung des Denkens" (vgl. Bohm 2008, S. 150). Dies ist die Voraussetzung dafür, dass auch die Gemeinsamkeiten zwischen den Gesprächspartnern neu betrachtet oder gar erst entdeckt werden können. Auch die Bedeutungen, die durch die Sprache bereits gegeben sind, sind selten eindeutig. Je nach Kontexten, die jemand im Sprechen zugrundegelegt, wird Unterschiedliches akzentuiert oder etwas anderes gemeint. Diese Kontexte werden im Dialog freigelegt für mich und das Gegenüber. Dieses mir gegenübergestellte „Ich" ist eben ein „Du". Ich und Du sind im Dialog durch die Konzentration auf die je eigenen Denkbewegungen, die zur Sprache gebracht werden, aufeinander bezogen. Wir können uns im Dialog gegenseitig daran erinnern, unsere eigenen Denkbewegungen noch etwas zu verfolgen und neu zu formulieren. Dadurch können auch bei unterschiedlichen Interessen oder Ausgangslagen Gemeinsamkeiten sichtbar werden, die möglicherweise in einem ersten Austausch im Gespräch überhaupt nicht sichtbar geworden wären. Ein solches Denken nennt Bohm „Partizierendes Denken".

> „Das partizierende Denken erkennt, daß alles an allem teilhat. Es erkennt, daß sein eigenes Sein an der Erde teilhat – es besitzt kein unabhängiges Sein" (Bohm 2008, S. 161).

Nach Humboldt braucht der Mensch bereits „zum blossen Denken" ein Du. Miteinander-Sprechen ist eine Form des gemeinsamen Denkens. Im „partizipierenden Denken" wird darüber hinaus deutlich, was Individuen verbindet. Der Dialog kann ein Raum für ein solches partizipierendes Denken sein, er ist sozusagen eine Form der Begegnung von Individuen, die gemeinsam geteilten Sinn herstellen. Was man in diesem Raum lernt, möchte ich im Folgenden darstellen.

6 Lernen im Dialog

Eine Sprache sprechen ist immer eine gemeinsame Tätigkeit, wie ich mit Humboldt versucht habe zu zeigen. Das Sprechen ermöglicht das Teilen der individuellen Sicht, der Originalität, die in dieser Sicht liegt, durch die gegenseitige Übernahme der Perspektive. Gerade durch das Mit-Teilen wird die eigene Begrenztheit, die selbst in der Regel nicht wahrgenommen wird, überwindbar. Erst dadurch kann ein neuer Gedanke entstehen. Das Faktum, dass Menschen unterschiedliche Sprachen (Einzelsprachen und Varietäten) sprechen, ist demnach keine Strafe, sondern eröffnet den Möglichkeitsraum für ein erweitertes Verstehen und Erleben, weil sich Menschen über ihre eigenen, sehr subjektiven Perspektiven verständigen können, so dass sich auch individuelle Perspektiven verändern können und sich gemeinsam neue Perspektiven entwickeln. Diese neuen Perspektiven enthalten gewissermaßen andere Weltansichten. Das Feld der Erkenntnis wird dadurch weiter abgesteckt. In diesem Verständnis ist die Sprache nicht einem Eimer gleich, in den man etwas hinein tut. In diesem Modell von Sprache ist der Dialog das Basismodell des Sprechens. Das Dialogische ist der Sprache des Menschen sozusagen eingeschrieben und für das Verstehen grundlegend, selbst wenn unser Sprechen im Alltag zuweilen wenig dialogisch erscheint. In den meisten Kontexten, in denen wir uns Tag für Tag bewegen, müssen Interessen bei knapper Ressource verteidigt oder durchgesetzt werden, Konkurrenten müssen übertrumpft werden, Menschen müssen von irgendetwas überzeugt werden, damit man zum Ziel kommt. Wir erwerben im Alltag so eine sichere Routine im instrumentellen Denken, das sich auch in der Sprache zeigt: „Das bessere Argument gewinnt", „Ich wurde überzeugt", „Ich konnte nichts mehr erwidern" u. Ä. Im Dialog nach Bohm geht es aber nicht um die Erreichung eines partikularen (also einzelnen und individuellen) Ziels, sondern darum, dass sich alle Beteiligten als Teil des gemeinsamen Denkens erleben. Die empirische Einschränkung, das Sprechen häufig nicht dialogisch ist, ist auch nach Humboldt keineswegs ein Gegenargument gegen das Miteinander-Sprechen als Miteinander-Denken oder den Dialog als Möglichkeitsraum für partizipierendes Denken. Was durch die Erfordernisse des alltäglichen Handelns oft nicht möglich ist, kann sprachlich durch ein bewusstes Aufeinanderbeziehen im gegenseitigen Einverständnis über die Anerkennung des Anderen in seiner subjektiven Weltsicht hergestellt werden: eine Dialogsituation. Eine solche Dialogsituation kann also herbeigeführt, nicht erzwungen, allenfalls arrangiert und gerahmt werden. Im Dialog lernt man nicht unbedingt eine neue Art zu sprechen und zuzuhören, die Konzentration liegt vielmehr auf dem Vermögen, die Perspektive eines anderen einzunehmen und die eigene Perspektive und ihre Herkunft zum Gegenstand des Nachdenkens zu machen. Dies gelingt nur fragend und mit Bezug auf die eigenen

Gefühle und Gedanken. Deshalb braucht es, um diesen Dialog zu lernen, Menschen, die sich eben gerade das auch vorgenommen haben: das Feld einmal anders zu betrachten, indem die bisherigen Betrachtungsweisen daraufhin befragt werden, woher sie kommen und aus welcher Quelle sie sich speisen. Dadurch können Perspektiven gewonnen werden, die im Alltag häufig verborgen bleiben[4].

Der Dialog ist eine Lernsituation, die ernsthafte und ungeteilte Teilhabe im gemeinsamen Denken durch das Miteinander-Sprechen lehrt und zugleich das Vermögen stärkt, sich selbst beim Zuhören und Sprechen zuzuhören.

Literatur

Bibel nach der Übersetzung Martin Luthers. 1978. Württembergische Bibelanstalt.
Bichsel, Peter. 1997. Ein Tisch ist ein Tisch. In *Kindergeschichten*, 21-30. Frankfurt am Main: Suhrkamp.
Bohm, David. 2008. *Der Dialog.* 5. Auflage. Stuttgart: Klett-Cotta.
Bourdieu, Pierre. 1979/1987. *Die feinen Unterschiede.* Frankfurt am Main: Suhrkamp.
Bourdieu, Pierre. 2001. *Wie die Kultur zum Bauern kommt.* Hamburg: VSA-Verlag.
Coseriu, Eugenio. 1988. *Sprachkompetenz.* Tübingen: Francke.
Coseriu, Eugenio. 1975. Determinierung und Umfeld. In: *Sprachtheorie und allgemeine Sprachwissenschaft. 5 Studien,* hrsg. Eugenio Coseriu, 253-290. München: Fink.
Ehlich, Konrad, Ursula Bredel, und Hans H. Reich (Hrsg.). 2008. *Referenzrahmen zur altersspezifischen Sprachaneignung. Bildungsforschung Band 29/I.* Berlin: Bundesministerium für Bildung und Forschung, Referat Bildungsforschung.
Gölitzer, Susanne. 1999. *Unterrichtsbesprechungen in der Deutschlehrerausbildung.* Frankfurt am Main: Lang.
Gölitzer, Susanne. 2009. *Wozu Literatur lesen? Der Beitrag des Literaturunterrichts zur literarischen Sozialisation von Hauptschülerinnen und Hauptschülern.* Heidelberg.

---

4 Für den schulischen Kontext kann eine Rahmung für eine Dialogsituation so aussehen: Wenn ein Problem oder eine Situation besprochen werden soll, die nicht einfach entschieden werden kann und eine Gruppe beschäftigt, dann gelten für einen bestimmten Zeitraum folgende Regeln des Sprechens (in die Mitte des Stuhlkreises wird ein Stein gelegt, den man sich nehmen kann, wenn man sprechen möchte): Zuhören – Ich höre erst zu, bevor ich selbst den Stein nehme und zu sprechen beginne. Ich bleibe bei mir – Keiner darf sagen: „Das stimmt gar nicht, was du sagst!"
Von Herzen sprechen – Ich sage nur das, was mir wirklich wichtig ist. Der Stein garantiert die Verlangsamung des Gesprächs und hilft, schnelle Erwiderungen und Reflexe zu vermeiden. Durch die dritte Regel werden alle Beteiligten an die Beobachtung ihrer eigenen Gedanken und Gefühle erinnert. Fragen an die anderen Dialogteilnehmer und -teilnehmerinnen sind erlaubt.

Print on demand unter: http://opus.bsz-bw.de/phhd/volltexte/2009/7504/. Zugegriffen: 14. März 2009.

Humboldt, Wilhelm von. Vmtl. 1821/1988. Ueber den Einfluss des verschiedenen Charakters der Sprachen auf Literatur und Geistesbildung. In *Werke Band 3*, 26-30. Darmstadt: Wissenschaftliche Buchgesellschaft.

Humboldt, Wilhelm von. 1820/1988. Ueber das vergleichende Sprachstudium in Beziehung auf die verschiedenen Epochen der Sprachentwicklung. In *Werke Band 3*, 3-25. Darmstadt: Wissenschaftliche Buchgesellschaft.

Humboldt, Wilhelm von. 1827-1829/1988 Ueber die Verschiedenheiten des menschlichen Sprachbaus. In *Werke Band 3*, 144-367. Darmstadt: Wissenschaftliche Buchgesellschaft.

Isaacs, William. 2002. *Dialog als Kunst gemeinsam zu denken*. 2. Auflage. Bergisch Gladbach: Edition Humanistische Psychologie.

Krippendorf, Klaus. 1994. Der verschwundene Bote. Metaphern und Modelle der Kommunikation. In *Die Wirklichkeit der Medien*, hrsg. Klaus Merten, Siegfried J. Schmidt, und Siegfried Weischenberg, 79-113. Opladen: Westdt. Verlag.

Trabant, Jürgen. 2012. *Weltansichten. Wilhelm von Humboldts Sprachprojekt*. München: Beck.

Saussure, Ferdinand de. 1916/1967. *Grundfragen der allgemeinen Sprachwissenschaft*. Berlin: de Gruyter. (Übersetzung der frz. Originalausgabe v. Herman Lommel, seit der 2. Aufl. mit neuem Register und einem Nachwort von Peter von Polenz)

Wygotski, Lew. 1987. Das Problem der Altersstufen. In *Wygotski. Ausgewählte Schriften*, hrsg. Joachim Lompscher, 53-90. Berlin: Volk und Wissen.

Dialogische Gespräche

Mechtild Beucke-Galm

Zusammenfassung

Der Dialog als Haltung und Methode steht im Zentrum dieses Beitrages. Dargestellt wird, inwiefern schulische Gespräche durch die Maximen des sokratischen Dialogs, Bubers Hinwendung zum Anderen sowie Bohms kollektives Erkunden impliziter Ordnungen bereichert werden können. Der Dialog wird als alternative Gesprächsform für den schulisch-unterrichtlichen Kontext diskutiert. Reflektiert wird, wie im schulischen Kontext ein „geistiger Raum" eröffnet werden kann, der durch Meta-Gesprächskompetenzen der Lehrenden aufrecht erhalten und gefüllt wird.

1 Erste Annäherung

„Ein Unterricht, der für die moderne Welt produktive Köpfe fördern will, darf sich nicht damit begnügen, Richtigkeiten sicher zu stellen, er wird, in geeigneten Themenkreisen, das produktive Finden auszulösen, als seine Aufgabe sehen [...]. Wir sollten einander mitteilen und austauschen, mag es auch unvollständig und unvollkommen sein, mehr im Auszubauendes als ein Abgeschlossenes [...]. Es genügt nicht, Sätze zu lehren („Die Erde läuft um die Sonne"); es genügt auch nicht, sie zu veranschaulichen („So wie dieser Apfel um die Lampe"). Wir müssen verstehen lernen. Das heißt jedoch nicht, es den Kindern nachweisen, so dass sie es zugeben müssen, ob sie es glauben oder nicht. Es heißt, sie einsehen lassen, wie die Menschheit auf den Gedanken kommen konnte (und kann)" [1] (Wagenschein 1988, S, 2f.).

---

1 Wagenschein spricht sich leidenschaftlich dafür aus, mit den Schülern in einen Austausch zu gehen, auf ihre Fragen einzugehen, diese ernst zu nehmen und so darauf zu antworten, dass die Kinder verstehen und eigenständig denken lernen und nicht nur die Sätze des Lehrers auswendig lernen.

Martin Wagenschein, Physiker und Lehrer bzw. Professor, hat vor mehr 50 Jahren ganz wunderbare (Lern-)Gespräche mit Kindern (und Studenten) geführt. Die Kinder konnten fragen und er gab sich mit seinem physikalischen Wissen über die Phänomene in der Welt ohne Vorbehalt ihren Fragen hin. „Warum ist der Mond rund? Warum bewegt sich das Wasser? Warum springt der Ball hoch, wenn man ihn auf die Erde wirft?" Er machte auf Beobachtungen aufmerksam und fragte zurück. Die Kinder sprudelten vor Ideen und kamen mit weiteren Fragen, er hörte zu und fasste zusammen, er antwortete, machte auf andere Beobachtungen aufmerksam oder lud ein, mit ihm zusammen zu überlegen. So führte er sie von der Frage über das Entdecken zum Wissen, vom Beobachten über das Erkennen zum Verstehen.

Wer ihm zuhörte oder seine Texte las, konnte die Offenheit des Wissenschaftlers spüren, dem die Kinderfragen ebenso wichtig waren, wie seine eigenen Forschungsfragen und der sich ohne Besserwisserei – obwohl er mehr wusste, als jeder andere in der Runde – auf die Situation und auf die Menschen um ihn herum einließ.

Was machte die Wagenschein'schen Lern-Gespräche so besonders? Seine Gespräche gingen nicht von seinen Konzepten aus, sondern von dem, was in der Situation von einem der Kinder oder Studenten als Frage formuliert wurde. Wagenschein nahm die Frage ernst und eröffnete damit einen ‚Raum' für gemeinsames Suchen und gedankliches Explorieren. Jeder Beitrag war willkommen und wurde aufgenommen, auch wenn er auf den ersten Blick unverständlich oder sinnlos erschien. Wagenschein kam nicht als monologisierender Wissenschaftler daher, er machte sich mit den Kindern/Studenten auf den Weg des Erkundens und wurde dabei mit ihnen zum Suchenden. Seine Gespräche waren geprägt von tiefem Respekt und einem dialogischen Geist.

Der Begriff ‚Dialog' kommt aus dem Griechischen. ‚Dia' bedeutet ‚durch' und ‚logos' meint ‚das Wort' oder die ‚Bedeutung des Wortes'. Im Dialog wollen die Teilnehmer ihr Verständnis von Situationen, Menschen, Dingen und von deren Zusammenhängen vertiefen und erweitern, um für sich – als Einzelne und als Gruppe – Sinn und Orientierung herzustellen und um neues Wissen zu kreieren. David Bohm[2], ein Verfechter des Dialogs, beschreibt das mit folgenden Worten:

> "… a stream of meaning flowing among us and through us and between us. This will make possible a flow of meaning in the whole group of which will emerge some new understanding. It is something new, which may not have been in the starting point at all. It is something creative" (Bohm 1990, S. 1).

---

2   Auf David Bohm und seine Dialog-Philosophie gehe ich später im Text noch ausführlich ein. Ausgangspunkt und Hintergrund für dieses Zitat war die Erfahrung einer ungeplanten mehrstündigen Dialog-Session mit einer Gruppe von ca. 30 Teilnehmern, die sich vorher nicht kannten.

2 Dialog hat eine lange Tradition

2.1 Sokrates und die Erkenntnissuche

Dialog hat in der europäischen Geistesgeschichte (und nicht nur dort) eine lange Tradition. Im antiken Griechenland war der Philosoph Sokrates (469 -399 v.Chr.) berühmt für eine besondere Gesprächsstruktur, den sokratischen Dialog[3], in dem er sich mit Anderen über wesentliche Fragen des menschlichen Lebens austauschte, z. B.: Was bedeutet es, Mensch zu sein? Sein Ziel war es, durch diese spezielle Gesprächsstruktur neue Erkenntnisse und Einsichten zu generieren und so zu ethischen Grundsätzen zu kommen.

Sokrates verhielt sich in den Dialogen als Unwissender. Er wollte erreichen, dass die Anderen ihre Vorstellungen offen legen und nicht durch seine Ideen beeinflusst würden. Da er davon ausging, dass jeder Mensch bereits über Wissen verfügt, ohne sich dessen bewusst zu sein, nutzte er Dialoge, um das vorhandene Wissen ins Bewusstsein zu rufen.

Die sokratischen Dialoge begannen immer bei konkreten Erfahrungen. Daraus leitete er allgemeine Aussagen ab und gelangte von dort aus zu neuen Erkenntnissen. Diese waren für ihn jedoch keine allgemeingültigen Wahrheiten, er verstand sie als vorübergehende individuelle Überzeugungen. In seinem Vorgehen bediente sich Sokrates einer klaren Abfolge. Zuerst zweifelte er gängige Annahmen (z. B.: Jeder Mensch ist gut) oder Normen an (z. B.: Ich darf keine schlechten Gedanken haben). Er wollte die gängigen Vorstellungen vom Leben, von Tugenden und von Normen auf den Prüfstand stellen. Dann brachte er seine Gesprächspartner durch bohrendes Fragen zum Nachdenken und provozierte sie mit Wiederholungen. Dabei verwickelte Sokrates seine Gesprächspartner immer wieder in Widersprüche, so dass diese in ihren bisherigen Annahmen verunsichert wurden und in einen Zustand innerer Verwirrung kamen. Das war gewollt und in Sokrates' Verständnis notwendig. Er war überzeugt davon, dass neue Einsichten und geistige Neuorientierung nur durch Verunsicherung und Ungewissheit entstehen können. Für Sokrates war ethisches Handeln ein wichtiger Teil seiner Philosophie. Er war der Meinung, dass Menschen aus Unwissenheit schlecht handeln. Sokrates führte seine Dialoge daher mit der Intention, die Menschen in Athen zu Erkenntnissen und Einsichten zu bringen und ihnen dadurch ein ethisch richtiges Handeln zu ermöglichen.

---

3   Die sokratischen Dialoge wurden durch dessen Schüler Platon aufgeschrieben. Durch seine Schriften konnten die sokratischen Dialoge der Nachwelt erhalten werden.

Für die Frage nach dem ‚Dialogischen' eines Gespräches lernen wir von ihm, dass
- notwendiges Wissen oftmals schon implizit vorhanden ist,
- es nicht um Wissensvermittlung, sondern um ein Bewusstmachen des vorhandenen Wissens geht,
- der Einstieg in einen Erkenntnisprozess mit Fragen beginnt,
- Verwirrung und Verunsicherung Teil des Erkenntnisprozesses und der Neuorientierung sind,
- es im Dialog um Themen geht, die für das menschliche Dasein bedeutsam sind.

2.2 Martin Buber und die Hinwendung zum Anderen

Von den Philosophen der letzten 150 Jahre, hat sich – neben Gadamer – vor allem Martin Buber (1899-1969) mit dem Dialog beschäftigt. Für ihn ist der Dialog weniger eine Gesprächs-Form zu Erkenntnisgewinnung und Neuorientierung als vielmehr ein Weg zur Entfaltung des eigenen Menschseins. Buber verstand den Menschen als soziales Wesen, das sich nur durch Begegnung und Beziehung entwickeln kann: „Ich werde am Du" und „Jedes Leben ist Begegnung" sind zentrale Aussagen Bubers (Buber 1997, S. 15). Kern der Beziehung ist für Buber das echte Gespräch mit der „Hinwendung zum Partner in aller Wahrheit" (Buber 1997, S. 293).

Buber definierte für das echte Gespräch, also für den Dialog, drei Merkmale: ein Hinwenden zum Anderen als aktive Grundhaltung, ein Einbringen der eigenen Gedanken und ein Verzichten auf Scheinenwollen. Für ihn bedeutete das Hinwenden zum Partner, den Anderen im Miteinandersprechen als Anderen wahrzunehmen und ihn in seiner Existenz anzunehmen. Damit war nicht gemeint, dessen gesamtes Denken und Tun zu billigen, es ging Buber vielmehr darum, den Anderen als Person in seinem Sein zu akzeptieren. Das zweite Merkmal, das Einbringen der eigenen Gedanken, verband Buber mit dem Wort rückhaltlos: „Wo das dialogische Wort echtbürtig besteht, muss ihm sein Recht durch Rückhaltlosigkeit werden" (Buber 1997, S. 294). Er verstand darunter, dass der Teilnehmer ausspricht, was er zu dem besprochenen Gegenstand im Sinn hat, und dass er „den Beitrag seines Geistes ohne Verkürzung und Verschiebung hergebe" (Buber 1997, S. 294). Und als drittes gehörte für Buber die Abwesenheit von Selbstdarstellung und Scheinenwollen zum Dialog. Ein echtes Gespräch war für ihn nur ohne diese Attitude vorstellbar. „In wem [...] der Gedanke an die eigene Wirkung als Sprecher des von ihm zu Sprechenden waltet, der wirkt als Zerstörer. Wenn ich statt des zu Sagenden mich anschicke, ein zur Geltung kommendes Ich vernehmen zu lassen, habe ich unwiederbringlich verfehlt, was ich zu sagen gehabt hätte, fehlbehaftet tritt es ins Gespräch, und das Gespräch wird fehlbehaftet" (Buber 1997, S. 294).

Das echte, das dialogische Gespräch ist bei Buber eine „onthologische Sphäre" (Buber 1997, S. 295), die durch die Authentizität des Seins zwischen den Menschen entsteht und in der sich eine besondere Fruchtbarkeit entwickelt: „Wo aber das Gespräch sich in seinem Wesen erfüllt, zwischen Partnern, die sich einander in Wahrheit zugewandt haben, sich rückhaltlos äußern und vom Scheinenwollen frei sind, vollzieht sich eine denkwürdige, nirgendwo sonst sich einstellende gemeinschaftliche Fruchtbarkeit. Das Wort ersteht Mal um Mal substantiell zwischen den Menschen, die von der Dynamik eines elementaren Mitsammenseins in ihrer Tiefe ergriffen und erschlossen werden. Das Zwischenmenschliche erschließt das sonst Unerschlossene" (Buber 1997, S. 295).

Was zeigt uns Buber für das dialogische Gespräch?
- Ein dialogisches Gespräch braucht die Bereitschaft, sich dem Anderen zuzuwenden und ihm gegenüber aufgeschlossen zu sein;
- Es braucht rückhaltloses Einbringen, das Wollen und die Fähigkeit, zu sagen was man als Teilnehmender zu dem Gegenstand im Kopf hat;
- Der Wunsch, sich selbst darzustellen und scheinen zu wollen, verhindert ein dialogisches Gespräch;
- In einem Dialog ist jeder ein Teilnehmender und keiner hat Verfügungsgewalt über den Gesprächsprozess;
- Im Dialog entwickeln sich Menschen miteinander – menschliche Entwicklung ist ohne Begegnung und dialogische Beziehung nicht möglich.

Ein Dialog im Sinne Bubers ist ein aufmerksames und achtsames Aufsuchen von Differenzen und Gemeinsamkeiten, von Spannungen und Liebenswertem, von Konflikten und von ungeliebten Seiten des Lebens, es ist Begegnung eines Ichs mit dem Du und erfordert nicht nur den Intellekt, sondern den ‚ganzen' Menschen.

2.3 David Bohm und das Erkunden von kollektiven Denkmustern

Obwohl auch David Bohm mit Dialog das Einlassen auf einen unvorhersehbaren Prozess verbindet, so setzt er doch einen anderen Fokus als Buber. Für ihn stand der Dialog nicht für ein „Werden am Du", sondern für einen gemeinsamen Erkundungsprozess, um den kollektiven impliziten Denkmustern und der Art des Denkens auf die Spur zu kommen. Der Einstein-Schüler (1912-1992) kam aus einem anderen Zusammenhang. Er war Quantenphysiker, seine Beschäftigung mit der Quantentheorie brachte ihn in der zweiten Lebenshälfte zu philosophischen Fragen des menschlichen Daseins.[4] Ausgehend von seinen Forschungen über das Wesen der Elementarteilchen, kam er zu der Schlussfolgerung, dass die Welt nicht eine Ansammlung von unabhängig voneinander existierenden Bruchstücken ist, sondern „ein zusammenhängendes Ganzes, das niemals statisch oder abgeschlossen ist" (Bohm 1987, S. 9). Das Wesen der Ganzheit ist bei Bohm eine unabhängige, universelle gültige Ordnung, die er implizite Ordnung nennt. Sie ist – vergleichbar einem Hologramm – in jedem „Abschnitt des Raumes und der Zeit eingefaltet" (ebd.).

Bohm versteht diese Ganzheit als ein „endloses Fließen von Ereignissen und Prozessen" (ebd., S. 30). Alles ist Prozess, war seine Aussage, die Realität, das Wissen und das Denken. Selbst die Elementarteilchen, von denen man glaubte, sie hätten ein unabhängiges Dasein als grundlegende Substanzen, werden erzeugt, vernichtet und umgewandelt. Auch sie stellen nur relativ konstante Formen dar, die von einer Bewegung auf einer tieferen Ebene abstrahiert wurden.

Das „ungeteilte zusammenhängende Ganze", die Bedeutung der „impliziten Ordnung" und die „endlose fließende Bewegung" sind grundlegend in Bohms Weltverständnis. Daher ist sein Hinweis auf die Trennungen, die wir in unserem Denken vornehmen, nicht verwunderlich. In unseren Gedanken und in unserer Sprache konzentrieren wir uns auf das Einzelne, das Zusammengehören und das Prozesshafte wird nicht abgebildet. Zwar ist es einerseits notwendig und zweckmäßig, die Dinge – vor allem auf dem Gebiet der praktischen, technischen und funktionalen Tätigkeiten – gedanklich zu unterteilen und zu isolieren, um die Probleme in einer handhabbaren Größenordnung zu halten. Andererseits ist die Vorstellung verloren gegangen, dass diese Trennung nur ein Mittel ist und nicht die Realität.

Dieser fragmentierenden Art des Denkens stand Bohm kritisch gegenüber. Er wies immer wieder mit Nachdruck darauf hin, dass es notwendig ist, sich bewusst zu werden, dass wir die Teile als (im Wesentlichen) unabhängig und für sich selbst existierend sehen. „We select certain things and seperate them from others – for convenience at first. Later we give this seperation great importance" (Bohm/Nichol 1996, S. 9). Wie sehr die Fragmentierung in unserem Denken verankert ist, lässt sich an einem einfachen Beispiel zeigen: an der Art und Weise, wie Menschen über

---

4 Bohm hat in der zweiten Lebenshälfte intensive Gespräche mit dem indischen Philosophen Jiddu Krishnamurti zu wesentlichen Fragen des menschlichen Daseins geführt. Sieben dieser Dialoge wurden 1999 in *The Limits of Thought*, Routledge, London, veröffentlicht.

Hand und Finger sprechen. Wir sagen, eine Hand hat 5 Finger. Damit trennen wir gedanklich die Hand von den Fingern und definieren außerdem die Beziehung als ein Besitzverhältnis: die Hand hat 5 Finger. Hand und Finger sind aber nicht getrennt, sondern ‚eins' und ihre Beziehung ist die von Teilen zum Ganzen, die Finger sind Teil der Hand. Solche Beispiele, in denen die Dinge – durch die Sprache und unser Denken – voneinander getrennt und dann „unpassend" zueinander in Beziehung gebracht werden, findet man überall.

In Bohms Verständnis werden durch das fragmentierende Denken und die darauf basierende Sprache die Probleme in der Umwelt und der Gesellschaft erzeugt, mit denen die Menschheit heute zu tun hat. (vgl. Bohm 1987, S. 20).

Diese über Jahrhunderte praktizierte Form des Denkens bezeichnet Bohm auch als verkrustet, weil die inneren Bilder (oder mentalen Modelle), die Menschen in ihrer Sozialisation erworben haben – und die ihr Denken und Handeln bestimmen – wie feste Strukturen wirken. Sie geben Sicherheit und ermöglichen Kontrolle, gleichzeitig machen sie es den Menschen schwer, ihre Vorstellungen von der Welt zu modifizieren oder sich von ihnen zu verabschieden. Chris Argyris, ehemals Professor an der Harvard Business School, beschäftigte sich in seinen Untersuchungen mit eben diesem Phänomen. Er nannte das Festhalten an eingefahrenen Vorstellungen und Denkmustern „defensive Routinen".[5] In dem Buch „Knowledge for Action" beschrieb er, dass Menschen dazu neigen, ihre Vorstellungen von der Welt und vom Leben zu verteidigen und warum Veränderungen so schwer zu realisieren sind. Ein solches (defensives) Verhalten schränkt, so Bohm und Agyris, das kreative Potenzial ein, das Menschen besitzen, und limitiert folglich ihre Entwicklungsmöglichkeiten.

Sprachbilder korrespondieren mit Denkmethoden. Analytisches Denken und logisches Argumentieren stehen in der westlichen Welt im Vordergrund, darin sind die Menschen geschult. Dialektisches oder systemisches Denken, das den Fokus auf Relationen legt, wird vernachlässigt. Da es einen direkten Zusammenhang gibt zwischen Denk-Vorgang und Gedanken-Inhalt, kommen bestimmte Inhalte häufig vor, während andere nicht oder nur selten zu finden sind. Ein Weg, dem verkrusteten und fragmentierten Denken auf die Spur zu kommen und es darüber zu verändern, war für Bohm die Selbstbeobachtung in der Gruppe. Als Gesprächsform wählte er ein freies und offenes Assoziieren und Erkunden, bei dem die Aufmerksamkeit auf den inhärenten Bildern und Annahmen liegt. Die impliziten Bedeutungen der

---

5   Chris Argyris wies darauf hin, dass „defensive Routinen" eingeübte Inkompetenzen sind, die Menschen zwar Sicherheit und Kontrolle geben, gleichzeitig aber deren Problemlösefähigkeit und Kreativität einschränken. Vgl. dazu: Argyris, C. 1993. *Knowledge for Action: a Guide to Overcoming Barriers to Organizational Change*. San Francisco: Jossey-Bass, und Argyris, C. 1996. Defensive Routinen. In *Organisationsentwicklung für die Zukunft*, hrsg. G. Fatzer. Köln: EHP.

Worte und die verwendeten Sprachbilder werden hinterfragt und dadurch sichtbar gemacht. Bohm nannte das „die stumme Infrastruktur des Denkens aufdecken" (Bohm/Nichols 1996). Auf diese Weise entwickeln Teilnehmer ein tieferes Verstehen von dem, was die inhärenten Bilder transportieren, was darin in welcher Weise zusammen gehört und was wie unterschieden werden muss. Dieses gemeinsame Erkunden und sich darin beim Denken beobachten, das war für Bohm der ‚Dialog'. Er bezeichnete ihn als „das offene Gespräch am Ende der Diskussion" (Bohm/Nichols 1998).

Für Bohm konnte ein Dialog nur in einer Gruppe stattfinden, da die Denkmuster, mit denen die Individuen operieren, nicht individuelle, sondern kollektive Muster sind. Sie wurden über Jahrhunderte in den einzelnen Regionen, Ländern und Kulturen entwickelt und Kindern in ihrer Sozialisation weiter gegeben. Ein Beispiel dafür sind die verschiedenen Weltbilder und unterschiedlichen Denkweisen in der westlichen und in der östlichen Welt.[6] Individuelles Reflektieren reicht daher nicht aus, kollektive Denkweisen kann man nur als Kollektiv aufspüren.

Damit ein Dialog gelingen kann, müssen – nach Bohm – die Teilnehmer
- mit einer erkundenden Haltung in das Gespräch gehen,
- auf schnelles Bewerten und Einordnen verzichten und entsprechende Impulse halten,
- sich als Einzelne und als Gruppe im Sprechen und Denken beobachten,
- bereit und in der Lage sein, sich auf den Gespräch-Prozess einzulassen, auf das, was im Hier und Jetzt gesagt wird (oder nicht gesagt wird) und was im Hier und Jetzt geschieht (oder nicht geschieht).

Bohms Überzeugung war, dass die Menschen sich nur dann weiter entwickeln können, wenn sie verstehen, warum sie so denken, wie sie denken und ihren Denkmustern auf die Spur kommen. Dazu braucht es das Gesprächsformat des Dialoges.

---

6   vgl. Untersuchungen von Hofstede (1991) zu kulturellen Unterschieden.

3 Dialog, das „andere" Gespräch

Was kann man von diesen Erkenntnistheoretikern für die „Gespräche über Lernen" und für das „Lernen im Gespräch" mitnehmen? Alle drei setzen auf das Gespräch als wichtiges Geschehen in der menschlichen Entwicklung – der individuellen und der gemeinschaftlichen. Sie wählen dabei ein spezielles Format, das sie Dialog nennen. Während Sokrates und Bohm mit dem Dialog einen Erkenntnisgewinn zu den wesentlichen Fragen des Lebens, zu den inhärenten Annahmen und den Denkmustern intendieren, geht es Buber um die Entwicklung des Menschen in seinem ganzen Dasein, um ein persönliches Wachsen am Anderen durch die Begegnung.

Auch wenn es in den Intentionen Unterschiede gibt, so gehen doch alle drei davon aus, dass

- die Teilnehmer eines Dialoges über das notwendige Wissen verfügen, ohne sich dessen bewusst zu sein,
- die Fruchtbarkeit eines Gespräches und das sich daraus entwickelnde Neue durch die Interaktion zwischen den Menschen entstehen und nicht durch Wissen einzelner Teilnehmer,
- diese Fruchtbarkeit von der Offenheit abhängt, mit der die Teilnehmenden einander begegnen, einer Offenheit für das, was gesagt wird und für das, was geschieht,
- die ordnende und selektierende Kategorie „Richtig – Falsch" im Dialog keine Rolle spielt, dass es um ein „Sowohl als auch" geht und darum, widersprüchliche Aussagen nebeneinander stehen zu lassen,
- sich die Qualität des Gespräches im Prozess entfaltet und dass der Gesprächsprozess unvorhersehbar ist,
- es im Dialog nicht um eine Erweiterung des Wissens geht, sondern um ein Verstehen und ein Aufspüren von Denkmustern,
- sich Menschen nur durch Begegnungen mit Anderen und durch ein Einlassen auf diese Begegnungen entwickeln können.

In meiner Beobachtung hat jeder Erfahrung mit dialogischen Gesprächen. Man spürt das „Besondere" des Gespräches, ohne dass man sagen könnte, was es eigentlich ist. Das Gespräch fließt, leicht und tief zugleich. Phasen von Auseinandersetzungen sind anstrengend, aber man spürt auch, dass man „am richtigen Thema" ist und dass sich ein Durcharbeiten lohnen wird. Reden und Schweigen, beides hat seinen Platz. Man fühlt sich lebendig und innerlich bewegt, wach und präsent. Man ist bei dem oder den Anderen, fühlt sich mit ihm oder ihnen verbunden und ist gleichzeitig auch bei sich. Mihaly Csikszentmihalyi bezeichnet ein solches Aufgehen in einer Sache oder in der Situation als „Flow" (Csikszentmihalyi 1985).

4 Dialogische Gespräche im Kontext der Schule

Wie passen nun dialogische Gespräche in den Kontext Schule? Schule ist nicht der Marktplatz von Athen, nicht der spirituelle Kontext Bubers, nicht eine Gruppe von Suchenden, wie Bohm sie um sich herum versammelte. Schule ist die Institution, in der die Gesellschaft die nächste Generation in relevantes Wissen und relevante Techniken einführt und Kinder nach Leistungen selektiert. Entsprechend ihrer „primary task[7]" haben sich Arbeitsweisen und Annahmen entwickelt, mit denen das System Schule im Alltag operiert. In meinen Beratungen sind mir u. a. begegnet:

- Die angemessene Kommunikationsform ist Instruktion.
- Wissen und Nicht-Wissen sind Gegensätze. Dabei wird Wissen positiv und Nicht-Wissen negativ bewertet.
- Konzeptorientierung und Offenheit gehen nicht zusammen.
- Beziehungen sind durch eine hierarchische Ordnung bestimmt, von der Schulaufsicht über die Schulleitung über die Lehrer zu den Schülern. Kinder und Jugendliche stehen in der Hierarchie an unterster Stelle.
- Die Beziehungen bestehen zwischen Rollen und nicht zwischen Personen.
- Kinder werden in den einzelnen Fachgebieten mit Ziffern bewertet, eingeordnet und gerankt.

Ein Vergleich mit den Annahmen, die dem Dialog zugrunde liegen, macht deutlich, dass Mitglieder einer Schule denken und handeln. Sind bei diesen Unterschieden dialogische Gespräche in der Schule oftmals überhaupt möglich?

Sie sind möglich und nötig. Ein Gesprächsformat, bei dem Kinder gedanklich erproben und etwas wagen können, ohne dass gleich kommentiert und bewertet wird, in dem Lehrer ihnen ein respektvolles und zugewandtes Gegenüber sind,

---

7 Der Begriff „primary task" entstammt dem Ansatz des Tavistock Institutes, London, und wurde durch die Arbeiten von Larry Hirschhorn bekannt. Eine Organisation wird hierin als ein Konstrukt verstanden, das sich rund um eine Kernaufgabe entwickelt. Man lernt eine Organisation zu verstehen, wenn man Antworten auf Fragen findet, wie: Wozu gibt es diese Organisation? Wie hat sie sich organisiert, um diese Aufgabe zu erfüllen? Welche unbewusste Organisations-Dynamik begrenzt oder verfremdet die Fähigkeiten der Mitarbeiter in der Durchführung ihrer Aufgaben?

ist eine Bereicherung für die Schule. Hirnforscher zeigen, dass das Verhalten von Kindern und Jugendlichen regressiver wird, je größer der Druck und die dadurch sich im Gehirn ausbreitende Erregung wird. Settings, in denen Schüler und Lehrer sich ohne Druck begegnen, würden dazu beitragen, dass „hochvernetzte, subtilere und fragilere Beziehungsmuster zwischen möglichst vielen Nervenzellen aus möglichst unterschiedlichen Bereichen des Gehirns „aufgebaut und als handlungs- und denkleitende Muster aktiviert werden. Und die brauchen unsere Kinder heute dringender denn je zuvor, um sich in einer immer komplexer werdenden Lebenswelt mit komplizierten zwischenmenschlichen Beziehungen zurecht zu finden" (Hüther 2014, S.13).

5 Kontext, Praktiken und Kompetenzen

Wer sich für den Dialog als Gesprächsformat entscheidet, der sollte die „Komponenten" kennen, die für ein Gelingen förderlich sind. Auch wenn ein Dialog manchmal wie von alleine entsteht, so sollte man die dialogische Qualität nicht nur dem Zufall zu überlassen. Bestimmte Rahmenbedingungen und Praktiken wirken unterstützend.

5.1 Der ‚geistige Raum'

Dialoge können in jedem Kontext stattfinden, aber man muss sich bewusst machen, in welcher Situation, in welchem Rahmen man sich befindet. Der Kontext bestimmt den Gesprächs-Raum und die Gesprächs-Qualität, er bestimmt, was gesagt oder nicht gesagt werden kann, wie miteinander gesprochen oder geschwiegen werden kann, was Teilnehmer denken und wie sie fühlen. Dialoge brauchen – vor allem dann, wenn der vorhandene Kontext auf anderen Haltungen und Annahmen basiert – ihren eigenen geistigen Raum oder ihren „Container", wie David Bohm und William Isaacs ihn nennen[8].

---

8 Der Begriff „Container", wurde von Bohm (und später von Isaacs) in Anlehnung an Winnicott gewählt. In Winnicott's Theorie bezeichnet „Container" die haltende Umgebung, die ein Kind zum Lernen und zur Entwicklung braucht. William Isaacs hat David Bohm in den 1990er Jahren kennen gelernt, als er in London studierte. Isaacs hat seine Erkenntnisse aus der Arbeit mit Bohm in das Learning Center am MIT und das Konzept der „lernenden Organisation" von Peter Senge eingebracht. Seine Erfahrungen mit Dialog im Rahmen des Learning Center veröffentlichte er 2002 in dem Buch „Dialogue".

Der Container für dialogische Gespräche ist anders als der für das Alltagsgeschäft der Schule und es ist notwendig, den Container herzustellen bzw. aufzubauen. Das geschieht in mehreren Schritten. Der erste Schritt ist ein Bewusst-Machen der eigenen Haltung und ein Einstellen auf einen anderen Kontext. Das bedeutet konkret, sich innerlich bereit zu machen für einen Gesprächsprozess, den man als Lehrer nicht oder nur begrenzt kontrollieren kann und sich darauf einzustimmen, dass man dem Impuls zum Bewerten nicht sofort nachgibt, sondern ihn hält, um den anderen Gesprächsteilnehmern, den Kindern oder Kollegen, mit Offenheit und bedingungslosem Respekt begegnen zu können. Der zweite Schritt ist die Eröffnung des Gespräches. Wer einleitet, geht nicht bei diesem Format sofort zum Thema über, sondern beginnt bei den Teilnehmern: „Aus welcher Situation kommt ihr? Wie gestimmt kommt ihr hier an? Was bringt ihr mit, was beschäftigt euch?" Die Teilnehmer erzählen und kommen dadurch gedanklich und emotional an, auch wenn sie physisch schon da sind. „Einchecken" nennen Isaac und Garett[9] diese Form des Anfangs.

Wenn man zu Beginn eingecheckt hat, dann muss man am Ende auch auschecken. Auch beim Abschließen gilt die Hinwendung wieder den Teilnehmern, sie sind eingeladen von einer Vogelperspektive aus auf den Gesprächsprozess zu schauen: „Wenn ihr, quasi von oben auf unser Gespräch schaut, was seht ihr? Was war bemerkenswert? Was waren wichtige Momente und warum?" Für einen gelingenden Dialog sind ein guter Einstieg und ein gutes Ende wichtig. Wenn mit dem Perspektivenwechsel und der Draufsicht ein gutes Abschließen gelingt, bei dem der Gesprächs-Prozess ehrlich und offen kommentiert und seine Ergebnisse bewertet werden, ohne zu harmonisieren, dann hat das Gespräch eine bleibende Wirkung auf die Teilnehmer.

Es könnte eine Herausforderung für viele Lehrer sein, Kindern mit bedingungslosem Respekt zu begegnen, sich von der Haltung des Wissens und der Orientierung an Konzepten für eine begrenzte Zeit zu lösen und mit ihren Schülern zusammen Thema A oder B zu erkunden. Wenn sie bei dem ansetzen wollen, was die Kinder ausdrücken, dann geben sie ihre vorrangige Position auf. Sie setzen sich dem Risiko aus, unsicher zu werden oder etwas nicht zu wissen, und das bedeutet, dass sie sich mit den eigenen und kollektiven Annahmen in selbstkritischer Weise werden beschäftigen müssen.

---

9 Peter Garett war Schüler von Bohm und hat dadurch William Issacs kennen gelernt. Ich habe bei Peter Garett und William Isaacs über mehrere Jahre gelernt und mit Peter Garett zusammen gearbeitet.

5.2 Dialogische Praktiken

Wie andere Gesprächsformate, so ist auch der Dialog auf gekonntes Tun angewiesen, die Teilnehmer müssen über bestimmte Praktiken und Kompetenzen verfügen. Dabei lässt sich Dialog nicht auf eine Technik reduzieren, die, wenn man nur die richtigen tools einsetzt, auf jeden Fall funktioniert. Dialog lebt von der Haltung, mit der man in das Gespräch geht. Das ist die Basis.

Darauf aufbauend sind fünf Praktiken im Dialog hilfreich. Den Begriff ‚Praktik' habe ich von William Isaacs[10] übernommen und benutze ihn bewusst, weil er deutlich macht, dass es ums Praktizieren, d. h. ums Tun geht und nicht nur ums Können.

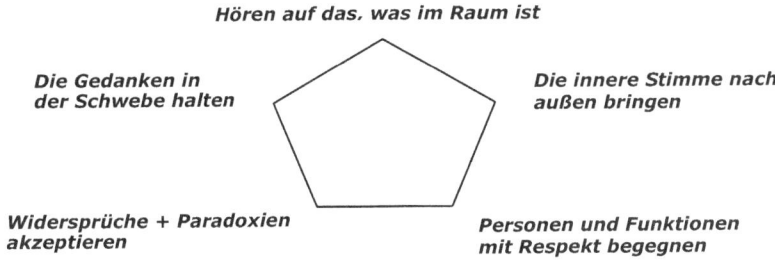

Abb. 1 Dialog-Praktiken, © Beucke-Galm 2009

- **Hören auf das, was im Raum ist**

„Hören und Zuhören" im Dialog beinhaltet, sich für eine begrenzte Zeit innerlich von dem zu lösen, was einen aktuell beschäftigt und von den Vorstellungen, wie Dinge sein sollten (was ist „richtig und falsch"). Das Einchecken hilft dazu, geistig anzukommen und in der Situation mit einem offenen Ohr und Blick („Anfänger-Geist" nennen ihn die Zen-Buddhisten) präsent zu sein. Dann kann man zuhören und aufnehmen.

---

10 Isaacs spricht von 4 Practices: voicing, listening, respecting, suspending. Ich habe diese vier durch eine weitere ergänzt: „Widersprüche und Paradoxien akzeptieren", da in dialogischen Gesprächen die vorhandenen Widersprüche und Paradoxien des jeweiligen Themas immer vorkommen. Außerdem stelle ich das Zuhören an die erste Stelle. Zum einen, weil sich das Hören früher entwickelt hat als Sprechen, und zum anderen, weil nach Buber der Dialog mit dem Hinwenden und Zuhören beginnt.

Hören und Zuhören hat zwei Richtungen: nach außen und nach innen. Man hört auf die Anderen und auf die Gruppe, und man hört gleichzeitig auf sich selbst und auf die Resonanz, die die Worte der Anderen und das Geschehen in der Gruppe in einem hervorrufen. Da sind die Einzelnen und da ist die Gruppe, da bin ich mit meinen eigenen inneren Bildern und mit der Resonanz, die die Beiträge der Anderen in mir erzeugen (Beucke-Galm 2010). Beim Zuhören achtet man auf das, was gesagt und geantwortet wird. Man hört auf die Inhalte und auf deren emotionale „Färbung", man hört auf die einzelnen Beiträge und auf deren Zusammenwirken im Gesprächsgeschehen (welche Töne höre ich und welche Melodie entsteht daraus?).

- **Die eigene Stimme in den Raum bringen**

Wie beim Zuhören geht es auch beim Sprechen zuerst um die innere Gestimmtheit. Um seine Stimme in den Raum bringen zu können, muss man sich ihrer zuerst bewusst werden. Und erst dann geht es um die Entscheidung, was ich davon in den Raum bringen will und wie ich es ausdrücke. „Was ist es, was ich meine, und wie sage ich das, was ich meine?" Es bedeutet, in einer (oftmals) vorhandenen Unsicherheit der inneren Stimme nach außen Ausdruck zu verleihen. Damit verbunden ist, für sein eigenes Denken einzustehen und engagiert für das einzutreten, was einem wichtig ist oder wie Buber es sagt: „den Beitrag seines Geistes ohne Verkürzung und Verschiebung hergeben." Ein Dialog lebt davon, dass die Teilnehmer sich einbringen und nicht bedeckt halten. Diese Praktik bedeutet, in der doppelten Unsicherheit, die sich aus dem Sprechen über die eigenen Annahmen und die der anderen ergibt („Ich weiß nicht, ob ich recht habe, mit dem, was ich sage und ich weiß nicht, ob Dich das erreicht?"), trotzdem etwas zu wagen.

- **Personen und Funktionen mit Respekt begegnen**

Respekt ist zuerst einmal eine Haltung. Als Praktik geht es um Verhaltensweisen, die Teilnehmer im dialogischen Gespräch den Anderen gegenüber zeigen, z.B. die Beiträge des Anderen als legitim zu behandeln. Alles kann im Dialog ausgesprochen werden, auch wenn die Aussagen des Einen vom Anderen abgelehnt werden. Man kann leidenschaftlich dagegen argumentieren, aber den Anderen nicht abschätzig behandeln. Dabei hilft es, sich klar zu machen, dass die Resonanz, die die Beiträge des Anderen in einem selbst hervorrufen, zuerst einmal etwas über einen selbst aussagen, über die eigenen inneren Bilder, Denkmodelle und Wertevorstellungen.

Bei dieser Praktik ist mir nicht nur der Respekt vor der Person, sondern auch der Respekt vor der Funktion (oder Rolle) wichtig. Ich habe in meinen Beratungen beobachtet, wie stark Rollenbilder wirken und wie leicht es in der Schule zu wechselseitigen Abwertungen kommen kann: Lehrer sprechen abwertend über Schüler,

Schüler abwertend über Lehrer, Schulleiter sprechen abwertend über Schulaufsicht und umgekehrt. Oft spielt in diesen abwertenden Kommentaren die persönliche Haltung zu Autorität und zu Autoritäten eine Rolle. Die Philosophie des Dialoges ist, dass alle Teilnehmer in gleicher Weise respektiert werden, unabhängig davon, welche Rolle sie haben.

- **Widersprüche und Paradoxien akzeptieren**

Alle komplexen Themen beinhalten Widersprüche und Paradoxien. In der Regel versuchen wir, sie nicht als Widersprüche und Paradoxien zu behandeln, sondern sie in ein logisches Ordnungs-System einzufügen oder – wenn das nicht geht – sie durch schnelle Entscheidungen aus der Welt zu schaffen. Dieses Vorgehen ist der komplexen Realität nicht angemessen und nach einiger Zeit treten die gleichen Probleme wieder auf. Im Dialog geht es darum, Widersprüche und Paradoxien als Teil des ‚normalen Alltagslebens' zu betrachten und sie nicht als Störungen zu behandeln, die (auf)gelöst werden müssen. Widersprüche zu akzeptieren ist – wie das Respektieren – zuerst einmal eine Haltung. Als Praktik bedeutet es, Widersprüche oder Paradoxien – wenn sie sichtbar werden – zu benennen. Wichtig ist, nicht auf die eine Seite der Paradoxie zu gehen und die andere auszublenden, sondern beide ‚Wahrheiten' auszusprechen, die der Paradoxie zu eigen sind. Im Akt des beschreibenden Aussprechens werden Widersprüche und Paradoxien akzeptiert. Danach kann man im Gespräch weitergehen, ohne sich in der konkreten Situation festzubeißen.

Widersprüche und Paradoxien begegnen den Dialog-Teilnehmern aber nicht nur in den Themen der ‚äußeren Welt', sie erleben diese auch in sich selbst, im eigenen Denken und Fühlen. Im Verlauf des Dialogprozesses entstehen in einem selbst widersprüchliche Gedanken und Gefühle zu einer Thematik. Die Vierte Praktik meint, diese Widersprüche in sich wahrzunehmen und sich selbst zuzugestehen, sie nicht auszublenden oder zu verdrängen.

- **Gedanken in der Schwebe halten**

Die fünfte Praktik bedeutet zum einen, zwischen Beobachten und Bewerten zu unterscheiden und zuerst einmal – und dann immer wieder neu – die Aufmerksamkeit auf das Beobachten zu richten. (Was höre ich? Was erlebe ich?) In diesem Sinne setzt sie an der vierten Praktik an, nur mit einem anderen Aufmerksamkeitsfokus.

Die Praktik, die Gedenken in der Schwebe zu halten, heißt konkret: die im Denkprozess bei jedem Gedanken sofort einsetzende Bewertung bei sich (und bei Anderen) wahrzunehmen und ihr nicht sofort nachzugeben. Es geht darum, diese Bewertung zu verzögern und dadurch das Denken zu verlangsamen. Gedanken und bewertende Impulse werden nicht unterdrückt, aber auch (noch) nicht in Aktion (= Sprechen) umgesetzt. Es ist ein kurzer Moment des Hinauszögerns und „Selbstbeobachtens".

Dabei wird man als Teilnehmer wahrnehmen, dass man immer bewertet und dass man schnell bewertet. Die Praktik des „in der Schwebe halten" ermöglicht, dass die verschiedenen Facetten eines Themas im Raum vor dem geistigen Auge schweben und noch keiner Einordnung unterworfen wurden. Wenn die verschiedenen Gedanken nicht sofort eingeordnet werden, besteht die Chance, dass man als Teilnehmer das ganze Spektrum (des Themas) sehen und daraus neuen Einsichten gewinnen kann.

5.3 Kompetenzen im dialogischen Gespräch

Durch diese Form des kommunikativen Tuns entwickeln Menschen komplexe Kompetenzen, die auch in anderen Lebenssituationen benötigt werden. Sie werden als Meta-Kompetenzen bezeichnet (vgl. auch Hüther 2014), weil sie emotionale, soziale und intellektuelle Einzelkompetenzen in sich vereinigen. Metakompetenzen lassen sich nicht unterrichten, sondern können nur durch Erfahrungen bzw. durch Lernprozesse, die auf Erfahrungen beruhen, gewonnen werden.

Der Dialog braucht und fördert – so meine Erfahrung – die Entwicklung von vier Meta-Kompetenzen:
- Die Kompetenz des Nichtwissens
- Das Umgehen mit Unsicherheit
- Das Lernen aus dem Prozess
- Die Kompetenz der Anschlussfähigkeit

Die *„Kompetenz des Nichtwissens"* bedeutet, von der Annahme auszugehen, dass man nicht weiß. Im Zen-Buddhismus spricht man von „Anfängergeist" und meint damit, dass sich Menschen von ihren Konzepten lösen und dadurch Dingen und Mitmenschen immer wieder neu so begegnen können, als erlebten sie diese zum ersten Mal. Im Kontext Schule würde das bedeuten, dass Lehrer akzeptieren, dass sie nicht (bereits) wissen, wie Kinder ihr Lernen organisieren und wie sie sich in ihren Lernprozessen erleben. Erst, wenn sie ihr Nichtwissen hierzu akzeptieren, werden sie sich als Erkundende verhalten und können dann aus Beobachtungen lernen, wie die Schüler, mit denen sie arbeiten, ihre Wirklichkeiten konstruieren. Die *Kompetenz des Nichtwissens* beinhaltet auch, als Lehrer die Angst zuzulassen und wahrzunehmen, die aufkommt, wenn man nicht (alles) weiß.

„Nichtwissen" bedeutet keineswegs, nicht kompetent zu sein, im Gegenteil: Die Kompetenz des Nichtwissens basiert auf Wissen, auf Wissen über die kindliche Entwicklung, auf Wissen über Lernen, auf Wissen über die Schule als Institution und Organisation, über ihre Strukturen und ihre Widersprüche. Zum Nichtwissen gehört auch ein Wissen über sich selbst und darum, dass es sich bei diesem Wissen nicht um Wahrheiten handelt, sondern um Konstruktionen und dass sich deren Brauchbarkeit erst im Handeln herausstellen wird.

Das *Umgehen mit Unsicherheit* korrespondiert mit der Kompetenz des Nichtwissens. Unsicherheit entsteht, weil sich der Verlauf eines dialogischen Gesprächs nicht vorbestimmen lässt und doppelt kontingent ist (vgl. de Boer in diesem Band). Sie schreibt: „Die Lehrperson weiß nicht, was Schüler_innen sagen werden und die Schüler_innen wissen nicht, was die Lehrperson sagen wird." In der Ausbildung lernen Lehrer jede Zeiteinheit durchzuplanen und vorher zu bestimmen, was in den einzelnen kleinen Einheiten geschehen soll. Dialog ist anders, er ist gewollt, aber nicht durchgeplant, Teilnehmer beziehen sich immer wieder neu auf das, was im jeweiligen Moment „aufscheint". Und das ist ungewiss und unvorhersehbar. Ein Umgehen damit bedeutet, das Unvorhersehbare nicht als störend, sondern als ‚normal' oder als bereichernd zu erleben. Unsicherheit ergibt sich auch aus der Kommunikation über die eigenen Annahmen und über die der Anderen: „Ich weiß nicht, ob ich recht habe, mit dem, was ich sage und ich weiß nicht, ob Dich das erreicht?" Lehrer lernen ihr Handeln auf Konzepten aufzubauen, und gehen davon aus, dass sie darin „richtig liegen", dass ihre Schüler sie verstehen und dass sie die passenden Antworten auf die von ihnen vorbereiteten Fragen gleich mitplanen können.

Das dialogische Gespräch enthält immer auch Unvorhergesehenes und Überraschendes. Das kann belebend oder erschreckend sein. Oft ist Menschen das Unvorhergesehene fremd, nicht weil sie ihm noch nie begegnet sind, sondern weil es anders ist, und das Andere kann auch dann fremd bleiben, nachdem man es kennengelernt hat. Ein dialogisches Gespräch braucht die Fähigkeit des Einzelnen und der Gruppe, für diese Unsicherheit aufmerksam zu sein und sie nicht abzuwehren oder abzuwerten, sondern sie zu halten. Umgehen mit Unsicherheit bedeutet, es zu wagen, sich auf Ereignisse in einem offenen Raum einzulassen.

Eine weitere Kompetenz fürs dialogische Gespräch ist die *Fähigkeit, aus dem Prozess zu lernen*. Das bedeutet, sowohl präsent zu sein im momentanen Geschehen als auch – von Zeit zu Zeit – auf eine andere „Flughöhe" gehen zu können. Aus der Vogelperspektive kann man als Teilnehmer Abfolgen und Zusammenhänge sehen. Die gilt es, zu beschreiben und auch mitzuteilen, wie man sie interpretiert. („Welche Beiträge haben sich wiederholt und wie verstehe ich das? Welches Thema wird sichtbar, wenn ich auf den Verlauf des Gespräches schaue? In welchen Phasen hat sich die Stimmung verändert und wie verstehe ich das? Wie erlebe ich die Beziehungen zwischen Inhalten, Prozess-Schritten und emotionalen Färbungen? Was fehlt?")

Die Aufmerksamkeit im Dialog ist daher nicht nur bei dem, was man als Teilnehmer als nächstes sagen will, auch nicht nur bei den Beiträgen der Anderen, sondern vor allem bei den Zusammenhängen der Beiträge in den verschiedenen Phasen des Prozesses und bei den Informationen, die darin enthalten sind. Wenn man auf sie fokussiert, lernt man aus dem Prozess.

Als letztes möchte ich die *Kompetenz der Anschlussfähigkeit* anführen. Das ist die Fähigkeit, die Beiträge der Anderen aufzunehmen und daran anzuschließen. Nach Luhmann ist das die wesentliche Kompetenz in der Kommunikation. Wenn man seiner Theorie folgt, dann liegt die Qualität der Kommunikation nicht darin, Verstehen zu erzeugen, sondern Anschlussfähigkeit herzustellen. Verstehen wird erst durch das generiert, was durch die Anschlüsse sichtbar wird und entsteht. Anschlussfähigkeit ist eine Gruppen-Kompetenz. Auf der Ebene des Einzelnen geht es darum, Bezug auf den Anderen zu nehmen und sich mit ihm und zu ihm in Beziehung zu setzen.

6 Perspektiven für die Arbeit im Schulalltag

Ich möchte zum Abschluss zu Martin Wagenschein zurückkehren:

> „Ein Unterricht, der für die moderne Welt produktive Köpfe fördern will, darf sich nicht damit begnügen, Richtigkeiten sicher zu stellen. Er wird, in geeigneten Themenkreisen, das produktive Finden auszulösen, als seine Aufgabe sehen" Wagenschein 1988, S. 3).

Dialogische Gespräche können ihren Beitrag leisten beim „Auslösen von produktivem Finden." In solchen Gesprächen können Kinder sich selbst erfahren und Erwachsenen offen begegnen. Das ist ein wichtiger Schritt in der Entwicklung zur selbstbewussten Persönlichkeit.

Literatur

Argyris, C. 1993. *Knowledge for Action*: A Guide to Overcoming Barriers to Organizational Change. San Francisco: Jossey-Bass Wiley.
Argyris, C. 1996. Defensive Routinen. In *Organisationsentwicklung für die Zukunft*, hrsg. G. Fatzer, 179-226. Köln: EHP.
Beucke-Galm, M. 2001. Über die Bedeutung von Dialog in der lernenden Organisation. *OE – Zeitschrift für Organisationsentwicklung*, 01/2001: 20-31.
Beucke-Galm, M. 2003. Wie kommt das Neue in die Welt? In *Beratung der Veränderung: Grundlagen, Konzepte, Beispiele*, hrsg. H. Lobning, J. Schwendenweinl, und L. Zvacek, 174-193. Wiesbaden: Gabler-Verlag.
Beucke-Galm, M. 2008. Coaching – ein Dialog mit sich selbst, der Gruppe und der Organisation. In *Supervision und Coaching. Praxisforschung und Beratung im Sozial- und Bildungsbereich*, hrsg. J. Krall, E. Mikula, und W. Jansche, 133-146. Wiesbaden: Springer VS.
Beucke-Galm, M. 2010 unveröffentlichtes Transkript, Beratungsgespräch mit einer Schulleitung
Bohm, D. 1980. *Wholeness and the implicate order*. London: Routledge.
Bohm, D. 1985. *Unfolding meaning*. Loveland: Foundation House.
Bohm, D. 1987 *Die implizite Ordnung*. München: Goldmann.
Bohm, D. 1990, *On Dialogue*. Ojai
Bohm, D., und J. Krishnamurti. 1987. *Vom Werden zum Sein*. Bern: Barth.
Bohm, D., und J. Krishnamurti. 1999. *The limits of thoughts*. London: Routledge.
Bohm, D., und L. Nichol. 1996. *On dialogue*. London: Routledge.
Bohm, D., und L. Nichol. 1998. *Der Dialog*. Stuttgart: Klett-Cotta.
Buber, M. 1983. *Ich und Du*. Darmstadt: Wiss. Buchgesellschaft.
Buber, M. 1997. *Das dialogische Prinzip*. Gerlingen: Schneider.
Csikszentmihalyi, M. 1985. *Das Flow-Erlebnis*. Stuttgart: Klett-Cotta.
Garrett, P. 1997. *Dialogue and the transformation of memory*. Bath.
Hirschhorn, L. 1990. *The Workplace within: Psychodynamics of Organizational Life*. Cambridge: The MIT Press.
Hofstede, G. 1991. *Cultures and Organsiations*. Software of the Mind. London: McGraw-Hill.
Hüther, G. 2014. *Die Ausbildung von Metakompetenzen und Ich-Funktionen während der Kindheit*. Aufsatz im Rahmen der Materialien zum Thüringer Bildungsmodell.http://www.nelecom.de/pdf/huether_metakompetenzen_und_ich_funktionen_in_der_kindheit.pdf; Zugriff 15.12.14
Isaacs, B. 1996. Der Dialog. In *Das fieldbook zur fünften Disziplin*, hrsg. P. Senge. Stuttgart: Klett-Cotta.
Isaacs, B. 1999. *Dialogue and the art of thinking together*. New York: Crown Business.
Luhmann, N. 2000. *Organisation und Entscheidung*. Opladen: Westdt. Verlag.
Scharmer, C. O. 2007. *Theory U: Leading from the Future as It Emerges*. Cambridge: SoL.
Wagenschein, M. 1983. *Erinnerungen für morgen*. Weinheim und Basel: Beltz.
Wagenschein, M. 1988. *Naturphänomene sehen und verstehen*. Stuttgart: Klett.
Winnicott, D. W. 1964. *The child the family and the outside world*. London: Pelican Books.

Teil II
Gespräche über Lernen

Schüler-Lehrer-Gespräche: Lernberatung

Karin Bräu

Zusammenfassung

Von Lernberatung spricht man, wenn im individualisierenden Unterricht die Lehrerin bzw. der Lehrer mit einzelnen Schülerinnen und Schülern spricht, während diese an Aufgaben arbeiten, z. B. mit Wochenplänen. Ziel ist in der Regel, die Lernenden inhaltlich und in der selbstständigen Aufgabenbearbeitung zu unterstützen, aber auch ihren Arbeitsfortschritt zu kontrollieren. Wie jedoch die Praxis der Lernberatung aussieht, soll in diesem Beitrag durch Einblicke in empirische Studien aufgezeigt werden. Nach einer Zusammenfassung des Forschungsstandes werden einzelne Lernberatungsgespräche mikroanalytisch betrachtet. Dabei werden der strukturtypische Gesprächsverlauf (das Handlungsschema) aufgezeigt, die Behandlung der Lerngegenstände problematisiert und grundsätzliche Antinomien behandelt, mit denen die Lehrerinnen und Lehrer in und mit Lernberatungsgesprächen umgehen müssen.

1 Einführung

Wenn in diesem Text von Lernberatung die Rede ist, dann sind damit jene Gespräche gemeint, die eine Lehrerin bzw. ein Lehrer im individualisierenden Unterricht mit einzelnen Schülerinnen oder Schülern führt. In diesem Unterrichtskonzept verabschiedet man sich – zumindest phasenweise – vom lehrergelenkten fragend-entwickelnden Unterrichtsgespräch und vom gleichschrittigen Vorgehen. Stattdessen werden unterschiedliche Unterrichtsmethoden und -konzepte realisiert, z. B. Wochenplanarbeit, Stationenlernen, individuelle Projekte, Lernbüros, denen gemeinsam ist, dass die Schülerinnen und Schüler einer Klasse unterschiedlich schnell an unterschiedlichen Aufgaben und Materialien und bisweilen auch an unterschiedlichen Themen sowie Lerngegenständen arbeiten. Die Lehrerin[1] begleitet, unterstützt und berät die Schülerinnen und Schüler bei der Aufgabenbearbeitung und kontrolliert den Lernfortschritt. Diese Einzel- oder Kleingruppengespräche werden hier Lernberatung, in anderen Publikationen auch individuelle Lernbegleitung, Lernunterstützung und im englischsprachigen Raum Scaffolding bzw. Tutoring genannt (vgl. Krammer 2009, S. 87-96).

Lernberatung ist also eine *Gesprächs*form, die der Unterrichtskommunikation zugeordnet werden kann und die gleichzeitig als kommunikatives *Handeln* verstanden wird.[2] Insofern ist Lernberatung eine Form des Lehrens, die zudem von normativen Erwartungen geprägt ist. Diese bestehen z. B. darin, dass die Lehrerin das Ziel habe, die Schülerinnen und Schüler individuell zu unterstützen, dass hierfür ein diagnostischer Vorgang vonnöten sei, bei dem der Lernstand und eventuelle Lernhindernisse oder -probleme erkannt würden, auf die sich die Beratung dann beziehe, und dass Lernberatung daher hilfreich sei für den Lernprozess und im besten Falle bildend wirke (z. B. Hellrung 2011, S. 30; Dubs 1995, S. 140).

Ob dies für die Praxis von Lernberatung tatsächlich zutrifft, muss empirisch untersucht werden. Hier bieten sich v. a. mikroanalytische Studien bzw. eine praxeologische Forschung[3] an, mit der Unterricht als das faktisch Vorzufindende untersucht wird.

Im Folgenden werden zunächst der Forschungsstand der Lehr-Lernforschung und dann einige qualitative Studien zu Lehrereinstellungen und zu beobachtbarem Lehrerhandeln zusammengefasst (2.), bevor die Mikroperspektive auf Lernberatungsgespräche eingenommen wird. Hierbei wird das Handlungsschema der Lernberatung vorgestellt, d. h. ein typischer Verlauf solcher Gespräche (3.), und dann aufgezeigt, wie der Lerngegenstand, also die inhaltliche Seite des Lernens, in Lernberatungsgesprächen behandelt wird (4.). Der Beitrag schließt mit einem

---

1   Neben der Nennung beider Geschlechter wird gelegentlich wegen der besseren Lesbarkeit nur eines der Geschlechter genannt, selbst wenn beide gemeint sind – mal das männliche und mal das weibliche in unregelmäßiger Reihenfolge.

2   Sprechen als kommunikatives Handeln wird in der Linguistik von den Vertreterinnen und Vertretern der Sprechakttheorie verfolgt. Als philosophischer Wegbereiter der Sprechakttheorie wird Ludwig Wittgensteins Spätwerk „Philosophische Untersuchungen" (Wittgenstein 1953/2001) angesehen.

3   Praxeologische (auch „praxistheoretische") Forschung ist dadurch gekennzeichnet, dass das Untersuchungsfeld – hier Unterricht – als soziale Praxis verstanden wird, die von Schülern und Lehrerinnen gemeinsam hergestellt und gestaltet wird. Untersucht wird die tatsächlich beobachtbare und interaktiv entstehende Praxis („Praktiken") und nicht z. B. Vorstellungen zu oder Wirkungen von Unterricht (z. B. Breidenstein 2008).

Fazit, bei dem die Widersprüchlichkeit der Anforderungen an eine gelingende Lernberatung diskutiert wird (5.).

2 Forschungsstand: Wirkungsforschung, Lehrereinstellungen und Praktiken

Der Forschungsstand zur Lernberatung ist noch wenig differenziert. Bis in die 2000er Jahre lagen v. a. einige anglo-amerikanische Studien vor. Derzeit werden aber durch die faktische Zunahme individualisierenden Unterrichts auch im deutschsprachigen Raum vermehrt Studien zur Lernberatung durchgeführt.

Die Lehr-Lernforschung sucht nach Merkmalen guten Unterrichts und definiert diesen insbesondere über hohe Lernergebnissteigerungen. Fragt man in diesem Sinne nach der Wirksamkeit von Lernberatung, so zeichnet sich ab, dass adaptive, individuelle Unterstützungsmaßnahmen und gezielte Rückmeldungen die Lernmotivation leicht steigern (Kobarg 2004) und den Lernzuwachs stärker positiv beeinflussen als Unterricht ohne tutorielle Unterstützung (Cohen et al. 1982; Bloom 1984; Rojas-Drummond 2000; Shute 2008). Die Merkmale solchermaßen erfolgreicher Lernberatung lassen sich nach Krammer (2009, S. 128) im Akronym *INSPIRE* zusammenfassen:

Intelligent	Die Lehrerin hat Fachwissen und kennt Strategien der Lernberatung.
Nurturant	Der Lehrer ist fürsorglich, empathiefähig und gibt auch affektive Unterstützung.
Socratic	Statt direkte Anweisungen zu geben, werden eher Fragen gestellt, die weiterhelfen sollen.
Progressive	Die Lehrerin steigert den Anforderungsgrad sukzessive.
Indirect	Es herrscht eine fehlerfreundliche Atmosphäre mit indirekten Rückmeldungen bei Fehlern.
Reflective	Der Lehrer gibt Anregungen zur (Selbst-)Reflexion.
Encouraging	Es besteht eine ermutigende Grundhaltung.

Vergleicht man diese Liste an Lehrerkompetenzen für erfolgreiche Lernberatung mit anderen Zusammenfassungen der Lehr-Lernforschung von Merkmalen erfolgreicher Lehrer und guten Unterrichts (z. B. Kiel 2010; Baumert und Kunter 2006 oder als Lehrbuch Meyer 2009), so findet man eine Reihe von Übereinstimmungen, etwa die Notwendigkeit fundierten Fachwissens oder eines unterstützenden Klimas. So könnte man die These aufstellen, dass Lernberatung – aus der Perspektive der Lehr-Lernforschung – nur bedingt spezifische Handlungsanforderungen an Lehrpersonen stellt und stattdessen prinzipiell ähnliche Kompetenzen verlangt, wie gute Lehre in jeglichen Unterrichtsarrangements.

Schaut man nun weniger auf die Effektivität von Lernberatung, sondern analysiert deren Praxis detaillierter, deutet sich tatsächlich an, dass Muster des gewohnten Lehrerhandelns im lehrergelenkten Unterricht auf Lernberatungsgespräche mit einzelnen Schülern oder Schülergruppen übertragen werden. So stellt Kobarg (2004) einen immer noch hohen Redeanteil der Lehrpersonen auch im Zweiergespräch der Lernberatung fest. Dann u. a. (1999), die Gruppenarbeitsphasen untersucht haben, beobachten häufige invasive, also lehrerinitiierte, Interventionen der Gruppenarbeit, die eher zur Verwirrung der Lernenden beitragen würden statt zu deren Unterstützung (Fürst 1999, S. 144). Umgekehrt zieht sich in einer Studie zum selbstständigen Lernen in der gymnasialen Oberstufe eine Lehrerin sehr weitgehend zurück in der Überzeugung, dass sie den selbstständigen Arbeitsprozess der Schülerinnen und Schüler nicht stören möchte (Bräu 2002, S. 234ff.). Hier zeigen sich allerdings Einbußen im Ergebnisniveau der Schülerarbeiten. In allen drei Studien wird demnach das Fazit gezogen, dass diese lehrerseitige Umsetzung von Lernberatungsgesprächen dysfunktional sei.

Diese Frage, wieviel Selbstregulation den Schülerinnen und Schülern beim Bearbeiten von Aufgaben zugetraut bzw. zugemutet werden könne und wieviel Fremdregulierung und Intervention durch die Lehrerin nötig sei, ist für Hellrung (2011, S. 56 und 78ff.) eine der zentralen Fragen zum Lehrerhandeln im individualisierenden Unterricht. Sie arbeitet auf der Grundlage von Interviews verschiedene Lehrertypen aus, die sich diesbezüglich in ihren Überzeugungen und Handlungskonzepten unterscheiden. Dabei geht es nicht nur darum, ob überhaupt Lernberatung angeboten wird oder ob Zurückhaltung angemessener sei, sondern auch um die Formen der „Hilfen" (eher sachbezogen-instruktiv) bzw. der „Unterstützung" (eher individuell-schülerorientiert) (ebd. S. 210f.).

In den folgenden beiden Kapiteln werden nun Lernberatungsgespräche mikroanalytisch untersucht. Die dargestellten Beispiele stammen aus einem Forschungsprojekt zur Lernberatung im individualisierenden Unterricht (Bräu 2007). Einbezogen sind Klassen des 5. und 6. Schuljahres. Die Kinder befassen sich inhaltlich z. B. im Deutschunterricht mit *Lesetagebüchern*[4], im Geografieunterricht mit den Themen

---

4   Ein Lesetagebuch ist ein in der Sprachdidaktik eingesetztes Format, bei dem z. B. über Kapitelzusammenfassungen und andere Aufgaben zum Buchinhalt der individuelle Leseprozess der Schülerinnen und Schüler unterstützt und abgebildet werden soll. „Es kann helfen, über das Gelesene nachzudenken und es besser zu verstehen, sich eine eigene Meinung zu bilden, sich vertieft mit dem Inhalt und den Handlungsträgern des Buches auseinanderzusetzen und sich später daran zu erinnern" (Hintz 2002, S. 3).

Nordsee und *Europa* oder mit *Weltraum und Planeten* und im naturwissenschaftlichen Unterricht mit Versuchen zur *Löslichkeit von Stoffen in Wasser*.

3 Das Handlungsschema der Lernberatung

Lernberatung ist ein Gesprächstypus, der eine Form des Handelns darstellt und mit dem Absichten verfolgt werden. Der Gesprächstypus hat daher eine diesen Absichten gemäße Struktur. Beide Gesprächspartner, hier also die Lehrerin und der Schüler, stellen diese komplexe Gesprächsstruktur – genannt *Handlungsschema* – gemeinsam her.

Ein **Handlungsschema** (Kallmeyer und Schütze 1976) besteht aus der Abfolge von Aufgaben bzw. Teilhandlungen, die empirisch für jeden Gesprächstyp herausgearbeitet werden kann. Gesprächstypen sind z. B. Verkaufs-, Beschwerde- oder Beratungsgespräche. Verkäuferin und Kunde oder Berater und die zu Beratende entfalten gemeinsam im Gespräch das Handlungsschema, mit dem der Zweck des Verkaufens oder des Beratens in mehreren Teilschritten erfüllt werden soll. Das einzelne, konkrete Gespräch enthält aber nicht unbedingt alle Teilaufgaben des Handlungsschemas. Oder es werden einige Aufgaben in mehreren Anläufen oder in verändertem Ablauf bearbeitet. Das Handlungsschema stellt also die Gesamtheit der einzelnen Schritte im Rahmen eines Gesprächstyps dar. Diese kann aber nicht als Ideal verstanden werden im Sinne eines theoretisch oder normativ bestimmten Idealablaufs des Gesprächs. Das Konzept des Handlungsschemas changiert stattdessen zwischen einem als „Schema" zu charakterisierenden Normalablauf eines Gesprächstyps und der tatsächlichen Praxis des Einzelgesprächs, die davon erheblich abweichen kann.

Das Handlungsschema der Lernberatung enthält also Teilhandlungen bzw. Teilaufgaben, die dem Zweck von Lernberatung gerecht werden müssten. Es kann an folgendem kurzen Lernberatungsgespräch aufgezeigt werden:

```
Frau Zava steht bei den Computern der Internetstation, Johann kommt angelaufen.
Frau Z:    Johann, was is' los? (.)
```

Johann:	((außer Atem mit Block und Füller unterm Arm)) Ich such' (unverständlich).
Frau Z:	Ach, dein Block hattest du nich' mit oder was?
Johann:	Doch. (.)
Frau Z:	[Was/]
Johann:	[Mein] Füller aber nich'. ((Johann und Frau Z lachen)) (.)
Frau Z:	Äh, welches Thema wo/ hattest du nochmal?
Johann:	Raumfahrt.
Frau Z:	Raumfahrt. Ja du, da findste was! Los.
Johann:	Mmh.
Frau Z:	Musst mal unter NASA sonst gucken oder E/ [ESA]
Johann:	[Ja.]
Frau Z:	Europäische/ [(.) ne]?
Johann:	[Mhm. Ja.]
Frau Z:	Gut. (.) Weißt du, wie's angeht?
Johann:	Ja.
Frau Z:	Gut. ((Frau Zava verlässt die Internetstation))

Die Lehrerin spricht Johann mit dessen Namen an und *initiiert* damit das Gespräch. Mit der Frage „Was ist los?" versucht sie, die Situation zu klären und ein eventuelles Problem festzustellen. Meist bezieht sich eine solche Frage auf eine offensichtliche Störung einer Routine. Hier mag sie sich auf das atemlose Ankommen des Schülers beziehen. Der Schüler erklärt der Lehrerin, was sein Problem war (er hat vergessen, den Füller mit zum Computer zu nehmen), das nun aber behoben ist. Die darauf folgende Frage nach dem Thema des Schülers ist dadurch bedingt, dass alle Schüler an unterschiedlichen Teilthemen arbeiten, die die Lehrerin nicht alle parat hat. Dieses Wissen braucht die Lehrerin jedoch, wenn sie den Schüler individuell unterstützen möchte. Ob er Unterstützung benötigt, könnte sie nun in der Folge feststellen. Dieser Gesprächsabschnitt hat also die Funktion zu klären, woran der Schüler arbeitet und ob ein Problem vorliegt, das Beratung nötig machen würde. Sie führt eine *Diagnose* oder eine *Problemfeststellung* durch. Ohne dass Johann Hilfsbedürftigkeit signalisiert hat, folgt zuerst eine Einschätzung bzw. *Rückmeldung*, dass das gewählte Medium Internet brauchbar ist („ja, da findste was") und dann ein *Ratschlag*, welche Suchkategorie die Lehrerin für erfolgreich hält („musst mal unter NASA gucken"). Sie *rückversichert* sich kurz, dass Johann sie verstanden hat („ne?") und *bewertet* die Annahme dieses Rates durch den Schüler („mhm ja") positiv („gut"). Bevor Frau Zava das Gespräch beendet, vergewissert sie sich noch, ob Johann den Computer bedienen kann („weißt du, wie's angeht?"). Man könnte das auch als *Diagnose* bezeichnen (ob ein Problem mit der Computernutzung besteht), es ist aber gleichzeitig eine *Rückversicherung* und das Herstellen von *Einvernehmen*, dass die Weiterarbeit gesichert und geklärt ist. Indem Frau Zava sich abwendet und die Internetstation verlässt, *beendet* sie das Gespräch. Das Handlungsschema der Lernberatung – nun verallgemeinernd – besteht demnach aus folgenden Teilhandlungen:

- *Initiierung des Gesprächs*: Das Lernberatungsgespräch kann von einem Schüler oder von einer Lehrerin initiiert werden.
- *Problempräsentation und Problemdefinition (Diagnose)*: Bei Initiative durch den Schüler hat er ein Anliegen, das er vorträgt, er stellt dem Lehrer eine Frage oder schildert ein Problem und bittet um Unterstützung. Der Lehrer versucht das Problem zu verstehen, den Sachverhalt zu erfassen und damit das Problem zu definieren. Beginnt der Lehrer das Gespräch, stellt er meist eine Frage nach dem Arbeitsgegenstand und/oder nach dem Arbeitsstand des Schülers, um zu prüfen, ob ein Problem vorliegt, das einer Beratung im engeren Sinn bedarf. In beiden Fällen geht es darum, eventuelle Probleme zu schildern und den Unterstützungsbedarf zu eruieren und einzugrenzen (zu definieren).
- *Ratschlag, Aufforderung bzw. Lernunterstützung*: Die Beratung im engeren Sinn erfolgt, wenn eine Frage oder ein Problem vorliegt. Sie kann unterschiedlich direktiv ausgedrückt sein, als Anregung („Vielleicht könntest du eine Zeichnung davon anfertigen!") oder stärker auffordernd, fast befehlend („Und das musst du jetzt gliedern! Du musst anfangen, das zu gliedern!"). Hierunter fallen alle Formen der Lernunterstützung, die sich auf ein zuvor erkanntes Problem beziehen.
- *Rückmeldung und Bewertung*: Darunter fallen alle Äußerungen zur Qualität der Arbeit und des Fortschritts („gut").
- *Verständnissicherung, Einvernehmensherstellung und Verabredungen*: Hier geht es um die Vergewisserung der Lehrerinnen und Lehrer im Hinblick auf die Wirkung ihrer Beratung: „Verstehst du, was ich dir rate, bist du einverstanden und sicherst du mir zu, den Ratschlag umzusetzen?" Man kann sagen, dass hier das Arbeitsbündnis[5] (Oevermann 1996) aktualisiert wird.
- *Gesprächsauflösung*: Die Gespräche enden meist durch Abwenden und Weggehen des Schülers oder der Lehrerin und nur sehr selten durch eine ausdrückliche Situationsauflösung mit einem Abschiedsgruß.

Um nun den schulischen, also institutionell geprägten Charakter von Lernberatung deutlicher hervorzuheben, soll das Handlungsschema der Lernberatung mit

---

5   Das „Arbeitsbündnis" ist ein komplex ausgearbeitetes Konzept. Sehr vereinfacht gesagt bedeutet es, dass Schule und Unterricht nur gelingen kann, wenn Lehrer und Schüler zumindest in Teilen „an einem Strang ziehen".

dem anderer professioneller Beratung[6] verglichen werden. Hierfür werden die Arbeiten von Nothdurft, Reitemeier und Schröder (1994) herangezogen, die bereits seit Mitte der 1980er Jahre Beratungsgespräche unter kommunikations- und sozialwissenschaftlichen Gesichtspunkten untersucht haben. Die Tabelle 1 zeigt die Teilhandlungen der beiden Handlungsschemata in der direkten Gegenüberstellung.

Tab. 1 Vergleich der Handlungsschemata der Lernberatung und der Beratung

Lernberatung	Beratung
Gesprächsinitiative entweder durch Lehrer oder durch Schüler	Situationseröffnung
Problempräsentation und -definition (Diagnose)	Problempräsentation durch Ratsuchenden
	Entwicklung einer Problemsicht durch Ratgeber
Ratschlag und Aufforderung/ Lernunterstützung	Lösungsentwicklung und Lösungsverarbeitung
Rückmeldung und Bewertung	
Verständnissicherung, Einvernehmensherstellung und Verabredungen	(Ratifizierung)
Gesprächsende	Situationsauflösung

Auch wenn sich die Begrifflichkeit ein wenig unterscheidet, sieht man das hohe Maß an Gemeinsamkeiten, insbesondere das Herausarbeiten eines Problems, auf das sich die Lösungsentwicklung bzw. die Lernunterstützung dann bezieht, oder die gegenseitige Absicherung, dass man sich verstanden hat und dass man sich einig ist darin, was nun zu tun ist. Lernberatung – und daher die Begriffswahl – ähnelt also anderen professionellen Beratungssituationen. Gleichzeitig ist aber ein Unterschied auffällig, der die Teilhandlung der Bewertung betrifft, die in der außerschulischen Beratung keine Analogie findet. Für viele Beratungs- und Therapiekonzepte ist geradezu die Enthaltsamkeit im Hinblick auf Bewertungen kennzeichnend. Für Schule generell und Unterrichtskommunikation im Speziellen sind Bewertungen allerdings in besonderer Weise typisch. Das hat Mehan (1979) für den fragend-entwickelnden Unterricht als IRE-Muster herausgearbeitet: Auf eine Lehrerfrage (*Initiation*) „Wie heißt die Hauptstadt von Dänemark?", folgt eine Schülerantwort (*Reply*) „Kopenhagen", die direkt vom Lehrer bewertet wird (*Evaluation*), „Ja, gut!". Diese Bewertung macht den Unterschied aus zum

---

6 Gemeint sind z. B. Eheberatung, Schuldnerberatung, psychosoziale Beratungen.

in nicht-schulischen Situationen üblichen zweigliedrigen Muster von Frage und Antwort. Das IRE-Muster ist in weiteren Studien immer wieder bestätigt worden (Bak 1996; Lüders 2003, S. 168-182). Die ständige Bewertungshandlung ist also ein typisches Merkmal von Unterrichtskommunikation und das – wie gezeigt – nicht nur im lehrergelenkten Unterrichtsgespräch, sondern auch in individuellen Lernberatungsgesprächen (vgl. auch de Boer in diesem Band). Dies verdeutlicht die institutionelle Rahmung von Lernberatungsgesprächen und verweist auf das für Schule grundlegende Dilemma zwischen Förderung und Auslese (siehe Abschnitt 5). Rückmeldungen in einer fehlerfreundlichen Atmosphäre (siehe oben: INSPIRE) scheinen lernförderlich zu sein, Bewertungen entfalten aber – etwa als Bestandteil mündlicher Noten – auch eine selektive Kraft.

4 Der Lerngegenstand im Lernberatungsgespräch

Worüber wird nun eigentlich in den Lernberatungsgesprächen gesprochen? Was sind die Inhalte der Gespräche? In der oben genannten Studie von Bräu wurden ca. 300 (oft kurze) Lernberatungsgespräche mit Hilfe der dokumentarischen Methode hinsichtlich dieser Frage analysiert.[7] Neben einigen wenigen außerschulischen Themen werden v. a. fachliche und fachübergreifende Lerngegenstände und Methoden sowie der Arbeitsprozess verhandelt (Bräu 2013).

---

7 Im ersten Schritt der dokumentarischen Methode, die formulierende Interpretation, fragt man nach dem „Was" in den Daten, also nach den Gesprächsthemen (Bohnsack 2007, S. 34; Kleemann u. a. 2009, S. 173-175).

Tab. 2 Themen von Lernberatungsgesprächen

Oberthemen			Beispiele
Schulische Lehrgegenstände	Lehrinhalte	fachlich	• Was ist eine Hallig? • Was hat es mit dem ‚Moulin Rouge' in Paris auf sich?
		fachunabhängig	• Rechtschreibung
	Methoden	fachlich	• Umgang mit geografischen Karten • Personencharakterisierung (Romananalyse)
		fachunabhängig	• gute Präsentation • Gliederung eines Textes
Steuerung des selbstständigen Arbeitsprozesses			• Zeitmanagement/Zeiteinteilung • Lernorte klären • Arbeitsfähigkeit herstellen
Sonstiges			• Schwangerschaft der Mutter

Insbesondere die Steuerung des selbstständigen Arbeitsprozesses nimmt einen erheblichen Raum in den Gesprächen ein. Dies ist insofern wenig verwunderlich, weil in programmatischen Texten von Schulen, die sich in besonderer Weise der Individualisierung des Unterrichts verpflichtet fühlen, neben der an den je spezifischen Lerndispositionen der Schüler/innen ausgerichteten Wissensvermittlung v. a. die Förderung von Selbstständigkeit und Selbstverantwortung als Ziele genannt werden (Brandt 2001, S. 241; Hellrung 2011, S. 22, 30). Die Lehrerinnen und Lehrer sprechen daher mit den Kindern z. B. über die Einteilung der noch zur Verfügung stehenden Zeit oder diskutieren, wie diese trotz vergessener Unterlagen in der Unterrichtsstunde weiterarbeiten können.

Grundsätzlich hat individualisierender Unterricht aber natürlich auch einen inhaltlichen Anspruch und der müsste sich maßgeblich in den Gesprächen abbilden. Jüngere Forschung zeigt allerdings, dass gerade der Lerngegenstand droht, in den Hintergrund zu rücken. Häufig wird individualisierender Unterricht mit Arbeitsblättern und wenig anspruchsvollen Aufgabenformaten organisiert und Lernberatung dient dann in erster Linie dazu, die Schülerinnen und Schüler in die Lage zu versetzen, Aufgaben auf Arbeitsblättern zu erledigen und weniger, sich eigenständig mit einer Sache auseinanderzusetzen (Lipowsky 2002; Rabenstein und Podubrin 2010, S. 113; Reh u. a. 2011).

Aber selbst wenn der Unterricht – wie in der Studie oben – auf anspruchsvolleren Erkundungsaufgaben beruht, scheinen intensivere Auseinandersetzungen mit den Unterrichtsthemen in den untersuchten Lernberatungsgesprächen selten zu sein.

Es lässt sich anhand von Gesprächsausschnitten zeigen, wie z. B. der Lehrer trotz einer anfänglichen Bezugnahme auf den Lerngegenstand „Großbritannien" schnell überwechselt zur Gliederung oder in einem anderen Fall der Lerngegenstand ganz beliebig zu sein scheint (vgl. Bräu 2013, S. 26-32): So wird die Aufgabe, im Rahmen eines Lesetagebuchs zu einem Roman, der auf einem Pferdehof spielt, weitere Informationen über Pferde zusammenzustellen, zu einer inhaltlichen Farce, da sich im Gespräch schnell herausstellt, dass es nicht eigentlich um die Erweiterung des Wissens über Pferde geht, sondern um das Erlernen des Recherchierens, Auswählens und Zusammenfassens von Informationen generell.

Bei genauerem Hinsehen erweisen sich nur wenige Gespräche als tatsächlich lerngegenstandsbezogen. An einem solchen Fall soll nun gezeigt werden, wie innerhalb einer Lernberatung der Gegenstand vom Lehrer wie von der Schülerin gemeinsam (ko-konstruierend) ausdifferenziert wird.

Lisa und Nina arbeiten beim Thema Europa über Frankreich. Der Lehrer kommt an ihren Tisch und fragt nach dem Arbeitsstand. Die beiden Mädchen zählen auf, was sie bereits erarbeitet und zusammengestellt haben: einige Daten, die Sie unter „Allgemeines" fassen, einen Stadtplan von Paris, eine Aufzählung von Sehenswürdigkeiten und einen Text über den Maler Monet.

Nina:	Was hatten wir noch?
Lisa:	Über,(.) äh, (Ruth: Genau.) über Moulin Rouge (...). Also, ähm,(.) das is' ein Theater,(.) ei/, ja, ein Theater, wo, wo, wo tanzende Leute da sind *((grinst))*, also die/ die tanzen, also, man sitzt sich da hin, das is' eine Re/ ein Restaurant, also da is' ,ne Bühne,(.) ein/ und darunter sind Tische, also für,(.) äh, für Ehepaare oder Familien, was/ was eigentlich eher für Ehepaare sind, weil ich weiß nich', ob Kinder erlaubt sind, (.) ich glaub nich.
Herr J:	Nee *((lacht))*, eher nich'.
Lisa:	Ja, nee, [ich glaub au nich'].
Herr J:	[Das is' ein Varieté, ein Tanz(-unverständlich)].
Lisa:	Mhm. Und da, da kann man halt auch essen und so, also das is' sehr teuer.(.) Aber is' schön.
Herr J:	Aber es is' berühmt.
Lisa:	Mhm. Und da tan/ da tanzen sie zum Beispiel Cancan oder/ oder Le Pirat oder so was.
Herr J:	Das sind besondere Tänze.
Lisa:	Genau.
Herr J:	Mhm.
Lisa:	Und dann auch noch die originale Musik dazu. (...)*((blättert in ihren Unterlagen))*.

Lisa, wohl in der Annahme, dass Herr J. nicht weiß, was das Moulin Rouge ist, erklärt es. Sie charakterisiert das Moulin Rouge als ein Theater mit „tanzenden Leuten" und dass man sich wie in einem Restaurant an Tischen hinsetzen könne, sozusagen ein Restaurant mit Bühne. Als Gäste und Zuschauer nennt sie „Ehepaare oder Familien". Ob das Lokal tatsächlich für Familien gedacht sei, zweifelt sie aber direkt selbst an und bekräftigt die Eignung eher für Ehepaare, denn sie wisse nicht, ob Kinder erlaubt seien. Der Lehrer bestätigt sie lachend, verwendet aber die Einschränkung „eher nicht". Das Lachen könnte ein Sich-lustig-machen bedeuten oder darauf verweisen, dass das Moulin Rouge tatsächlich nur für Erwachsene vorgesehen ist, was meist bedeutet, dass eine erotische Komponente mitspielt. Lisa lässt sich aber nicht verunsichern, sondern fühlt sich lediglich bestätigt. Herr J. erklärt es nun in seinen Worten. Bei dem Lokal handele es sich um ein Varieté, genauer um ein Tanz-Varieté. Er führt also einen Fachausdruck ein. Lisa erklärt nun, dass man dabei auch essen könne, dass das aber sehr teuer sei. Aber es sei schön. Dies klingt, als sei sie doch bereits einmal dort gewesen, vermutlich aber waren die Eltern oder andere Bekannte im Moulin Rouge und haben davon erzählt. Herr J. weist seinerseits darauf hin, dass das Moulin Rouge berühmt sei. Lisa bestätigt diese Einschätzung und erklärt nun, welche Tänze dort getanzt werden: Cancan und Le Pirat. Sie kennt die Namen und spricht sie richtig französisch aus. Obwohl Lisa bereits gesagt hat, dass das Tänze sind, erklärt der Lehrer nochmals, dass dies „besondere Tänze" seien. Er zeigt damit, dass er sich bei diesem Thema auskennt. Lisa bestätigt erneut die Aussage des Lehrers („genau"), als müsse sie ihn loben dafür, was er alles weiß. Fast ist die Rollenverteilung für einen kurzen Moment umgedreht: Der Lehrer referiert sein Wissen und die Schülerin lobt ihn dafür. Sie besteht darauf, die Expertin zu sein. Schließlich fährt Lisa fort, dass sie noch „originale" Musik zu den Tänzen als Anschauungsmaterial haben.

In dieser Sequenz geht es tatsächlich um den Austausch von Wissen und um die Differenzierung des Lerngegenstands. Dazu kommt es, weil die Schülerin dem Lehrer von sich aus über das Tanzlokal Moulin Rouge berichtet, da sie wohl annimmt, es handele sich um ein Spezialwissen, über das der Lehrer nicht verfüge. Der Lehrer weiß aber seinerseits doch einiges über das Moulin Rouge, so dass es in dem Gespräch nun um ein gegenseitiges sich Bestätigen und Ergänzen von Informationen geht, etwa um die Einführung eines Fachbegriffs (Varieté) oder um die Klärung der Zielgruppe (nicht für Kinder) und die Bezeichnung der speziellen Tänze. Da beide Seiten einerseits Wissen andererseits Wissenslücken haben, handelt es sich hier um den in Unterrichtsgesprächen eher seltenen Fall eines relativ symmetrischen Ausdifferenzierens des Lerngegenstandes.

5 Lernberatung als Bearbeitung von Antinomien – ein Fazit

Mehrfach deutete sich bereits an, dass Lernberatung widersprüchlichen Anforderungen unterworfen ist. So sollen im Lernberatungsgespräch die mehr oder weniger standardisierten fachlichen Zielsetzungen von außen (z. B. Lehrplanvorgaben, Lehrziele) mit den individuellen Voraussetzungen der einzelnen Schülerin vermittelt und in eine Balance gebracht werden (Bräu 2008a, 2008b). Lernberatung kann gerade als vermittelnder Vorgang angesehen werden zwischen Individualisierung und Standardisierung. Dabei werden Antinomien des Lehrerhandelns (Helsper 2000), wie sie für jegliches Unterrichtshandeln gelten, virulent.

Unter **Antinomien** des Lehrerhandelns versteht man jene Ansprüche an das Lehrerhandeln, die gleichzeitig erfüllt werden müssten, obwohl sie sich widersprechen. Professionelles Handeln zeigt sich in einem situationsabhängigen, balancierenden Umgang mit den widersprüchlichen Ansprüchen und nicht im unmöglichen Versuch, einseitig den Widerspruch aufzulösen. Eine typische Antinomie ist die von Nähe und Distanz: Professionelles Lehrerhandeln ist situationsabhängig mal durch Nähe und Empathie, mal durch professionelle Distanz gekennzeichnet. Weitere häufig auftretende Antinomien sind die Differenzierungsantinomie (gleichzeitig dem Einzelnen und allen gerecht zu werden), die Autonomieantinomie (die Selbstständigkeit der Schülerinnen und Schüler zu fördern in einer heteronomen Organisation und unter der Bedingung der faktisch noch nicht erreichten Selbstständigkeit der Kinder und Jugendlichen) sowie die Sachantinomie (die individuelle Auseinandersetzung mit den Sachthemen des Unterrichts fördern bei einem universellen Sachanspruch) (ebd.).

Individualisierender Unterricht ist durch die hier beschriebenen Antinomien in besonderer Weise geprägt und Lernberatung stellt dann eines der professionellen Handlungsfelder dar, in denen mit diesen Widersprüchen umgegangen werden muss. Im Hinblick auf Lernberatung betrifft dies v. a. folgende Antinomien:

Differenzierungsantinomie

Wenn man individuell auf jedes einzelne Kind eingehen und gleichzeitig den Ansprüchen der ganzen Klasse gerecht werden möchte, stellt sich z. B. die Frage für die Lehrerin, welche Schülerin oder welcher Schüler wie lange und in welcher

Reihenfolge beraten werden soll. Breidenstein (2014) spricht von der „knappen Ressource Lehrkraft" im individualisierenden Unterrichtssetting, da sich der Lehrer den Schülerinnen und Schülern aufgrund von deren individuellen Lernproblemen oder Fragen einzeln zuwendet und dies im Rahmen der begrenzten Unterrichtszeit und einer Vielzahl von Kindern in einer Klasse. Es etablieren sich in den Schulklassen unterschiedliche Praktiken, die Reihenfolge der Lernberatungen zu regeln, z. B. die Schlange vor dem Lehrerpult oder die „Lehrperson als mobiles Einsatzkommando", das von Schüler zu Schüler eilt (ebd., S. 38-43). Auch die unterschiedliche Länge von Lernberatungsgesprächen mit verschiedenen Schülerinnen und Schülern weist auf das Bemühen hin, dass das prinzipiell gleiche Recht aller Kinder auf Unterstützung nicht schematische Gleichbehandlung bedeuten kann.

Autonomieantinomie

Trotz der programmatischen Bekundungen vieler Schulen, dass im individualisierenden Unterricht die Selbstständigkeit geschult werden soll, macht die Beobachtung solchen Unterrichts und die Analyse von Lernberatungsgesprächen sowie den zugrunde liegenden Aufgabenstellungen schnell sichtbar, dass die Spielräume für die Schülerinnen und Schüler oft gering sind (Rabenstein 2010, S. 337). Denn selbst wenn der Anspruch auf selbstständiges Lernen besteht, werden deutliche Vorgaben durch die Lehrpersonen gemacht und deren Einhalten kontrolliert. Die Lehrerinnen und Lehrer gehen davon aus, dass die Heranwachsenden noch nicht zu vollständiger Selbstregulierung des Lernens in der Lage seien, und schwanken zwischen eher instruierendem oder eher selbstständigkeitsorientiertem Lernberatungsverhalten, je nachdem, wie wichtig ihnen Autonomieförderung oder Lehrzielerreichung ist (vgl. Hellrung 2011, S. 238ff.).

Sachantinomie

Die Individualisierung des Unterrichts hat den Anspruch, die unterschiedlichen Voraussetzungen der einzelnen Schülerinnen und Schüler als Ausgangspunkt der Lernprozesse anzusehen und individuelle Herangehensweisen an die Lerngegenstände zu unterstützen. Obwohl unterrichtliche Themen in der Regel einer fachlichen Systematik unterliegen und einen universellen Sachanspruch verkörpern, sind Bildungsprozesse dadurch gekennzeichnet, dass jeder Schüler einen persönlichen Zugang zu den Lerninhalten findet, sie sich sozusagen einverleibt und in ein Verhältnis zu seinen bisherigen Welterfahrungen bringt. Die Lernberatung müsste demnach an der persönlichen Auseinandersetzung des einzelnen Schülers mit dem jeweiligen Inhalt ansetzen, diese fördern und gleichzeitig mit der Perspektive der als allgemeingültig angesehenen Fachlichkeit konfrontieren, ohne das eine oder das andere zu entwerten. Dies bedeutet nicht zuletzt, der Sache bzw. dem Lerngegenstand überhaupt in der Lernberatung Raum zu geben.

Antinomie von Fördern und Selektieren

Das Handlungsschema der Lernberatung ist empirisch hergeleitet. Darin ist die Teilhandlung der Diagnose enthalten, die alle Gesprächsanteile umfasst, in denen die Lehrerin etwas über den individuellen Lerngegenstand, den Lernfortschritt, eventuelle Lernschwierigkeiten, individuelle Lernvoraussetzungen und das bereits Erreichte des Schülers herausfinden möchte. Dieses Wissen ist nötig für eine möglichst zielgerichtete, individuell an den Lernstand und die Voraussetzungen des Schülers angepasste (adaptive) Beratung und Lernunterstützung. Soweit die Idealvorstellung. Die diagnostizierende Teilhandlung wird in den realen Gesprächen aber auch zur bewertenden Einschätzung der Schülerinnen und Schüler herangezogen – daher enthält das Handlungsschema auch die Teilhandlung der Bewertung. Wenn der Lehrer den individuellen Lernfortschritt festgestellt hat, dann kann er dies nicht nur dafür nutzen, den Schüler daran anknüpfend zu beraten, sondern er kann ihn auch für den Umfang und die Qualität des bereits Erarbeiteten loben oder tadeln, zustimmend oder missbilligend darauf reagieren. Die institutionelle Einbettung der Lernberatung veranlasst Lehrerinnen und Lehrer offensichtlich schnell zu Bewertungen, wie auch sonst in anderen Unterrichtssettings. Beratung ist ein Instrument der Förderung, Bewertung ist eines der Selektion, aber auch der Rückmeldung. Selbst wenn man einen Selektionsauftrag der Schule annimmt, stellt sich die Frage, ob jede Lehrsituation gleichzeitig bewertend sein muss (vgl. Zaborowski u. a. 2011).

Die oben im INSPIRE-Modell zusammengefassten Qualitätsmerkmale für gute Lernberatung lassen sich demnach nicht umstandslos umsetzen, sondern sind eingebettet in widersprüchliche (antinomische) Anforderungen: Es gilt eben nicht nur fürsorglich zu sein („nurturant"), sondern abzuwägen, *wer* in der Klasse gerade besonderer Zuwendung und Unterstützung bedarf und wer weniger. Es reicht nicht, universell gültiges Fachwissen zu haben, sondern man muss auch die individuellen und subjektiven Zugänge der Schülerinnen und Schüler verstehen und beides miteinander in ein Verhältnis setzen, usw.. Sich diese Antinomien bewusst zu machen und sich um einen ausbalancierenden Umgang mit den jeweils konfligierenden Seiten zu bemühen, macht professionelles Lehrerhandeln aus – grundsätzlich und auch im Hinblick auf Lernberatung. Dies sollte daher bereits in der Lehrerausbildung thematisiert, reflektiert und in Praxissituationen erprobt werden können.

Literatur

Bak, Y.-I. 1996. *Das Frage-Antwort-Sequenzmuster in Unterrichtsgesprächen.* Tübingen: Niemeyer.
Baumert, J. und M. Kunter. 2006. Stichwort: Professionelle Kompetenz von Lehrkräften. *Zeitschrift für Erziehungswissenschaft,* Bd. 4: 469-520.
Bloom, B. S. 1984. The 2-sigma-problem. The search for methods of group instruction as effective as one-to-one tutoring. *Educational Researcher,* 13: 4-16.
Brandt, E. 2001. Der individualisierende Unterricht als Kern des pädagogischen Konzepts der Anne-Frank-Schule. In *Die Orientierungsstufe muss erhalten bleiben. Was macht sie erhaltenswert? Eine Denkschrift,* hrsg. M. Bönsch, E. Jürgens und J. W. Ziegenspeck, 241-246. Lüneburg: Verl. Ed. Erlebnispädagogik.
Bräu, K. 2013. Zwischen Lerninhalten und Prozessunterstützung, zwischen Sache und Person. Eine Analyse von Lernberatungsgesprächen im individualisierenden Unterricht. In *Zeitschrift für interpretative Schul- und Unterrichtsforschung (ZISU),* H. 2: 21-37.
Bräu, K. 2008a. Lehrerhandeln im Kontext Innerer Differenzierung. In *TriOS, Forum für schulnahe Forschung, Schulentwicklung und Evaluation,* 1/2008: 21-34.
Bräu, K. 2008b. Die Betreuung selbstständigen Lernens – vom Umgang mit Antinomien und Dilemmata. In *Paradoxien in der Reform der Schule. Ergebnisse qualitativer Schulforschung,* hrsg. G. Breidenstein und F. Schütze, 179-200. Wiesbaden: Verlag für Sozialwissenschaften.
Bräu, K. 2007. Die Betreuung der Schüler im individualisierenden Unterricht der Sekundarstufe. Strategien und Handlungsmuster der Lehrenden. In *Kooperatives und selbstständiges Arbeiten von Schülern. Beiträge empirisch-rekonstruktiver Unterrichtsforschung,* hrsg. Kerstin Rabenstein und Sabine Reh, 173-196. Wiesbaden: Verlag für Sozialwissenschaften.
Bräu, K. 2002. *Selbstständiges Lernen in der gymnasialen Oberstufe.* Baltmannsweiler: Schneider-Verlag Hohengehren.
Breidenstein, G. 2014. Die Individualisierung des Lernens unter der Bedingung der Institution Schule. In *Individuelle Förderung und Lernen in der Gemeinschaft,* Jahrbuch Grundschulforschung, Bd. 17, hrsg. B. Kopp, S. Martschinke, M. Munser-Kiefer, M. Haider, E. M. Kirschhock, G. Ranger und G. Renner, 36-50. Wiesbaden: Verlag für Sozialwissenschaften.
Breidenstein, G. 2008. Allgemeine Didaktik und praxeologische Unterrichtsforschung. In *Perspektiven der Didaktik,* ZfE Sonderheft 9, hrsg. M. Meyer, M. Prenzel und S. Hellekamps, 201-215. Wiesbaden.
Cohen, P. A., J. A. Kulik und C. L. C. Kulik. 1982. Educational outcomes of tutoring. A meta-analysis of findings. *American Educational Research Journal* 19, 2: 237-248.
Dann, H. D., T. Diegritz und H. Rosenbusch. 1999. *Gruppenunterricht im Schulalltag. Realität und Chancen.* Erlangen: Universitätsbund.
Dubs, R. 1995. *Lehrerverhalten. Ein Beitrag zur Interaktion von Lehrenden und Lernenden im Unterricht.* Zürich: Verl. des Schweizerischen Kaufmännischen Verband.
Fürst, C. 1999. Die Rolle der Lehrkraft im Gruppenunterricht. In *Gruppenunterricht im Schulalltag. Realität und Chancen,* hrsg. H. D. Dann, T. Diegritz und H. Rosenbusch. Erlangen: Universitätsbund.
Hellrung, M. 2011. *Lehrerhandeln im individualisierten Unterricht. Entwicklungsaufgaben und ihre Bewältigung.* Opladen u. a.: Budrich.

Helsper, W. 2000. Antinomien des Lehrerhandelns und die Bedeutung der Fallrekonstruktion – Überlegungen zu einer Professionalisierung im Rahmen der universitären Lehrerausbildung. In *Welche Lehrer braucht das Land?*, hrsg. E. Cloer, D. Klika und H. Kunert, 142-178. Weinheim: Juventa.

Hintz, I. 2002. *Das Lesetagebuch. Intensiv lesen, produktiv schreiben, frei arbeiten; Bestandsaufnahme und Neubestimmung einer Methode zur Auseinandersetzung mit Kinder- und Jugendbüchern im Deutschunterricht*. Baltmannsweiler: Schneider-Verlag Hohengehren.

Kallmeyer, W. und F. Schütze. 1976. Konversationsanalyse. *Studium Linguistik* 1: 1-28.

Kiel, E. 2010. Unterrichtsforschung. In *Handbuch Bildungsforschung*, hrsg. R. Tippelt und B. Schmidt, 773-791. Wiesbaden: Verlag für Sozialwissenschaften.

Kobarg, M. 2004. *Die Bedeutung prozessorientierter Lernbegleitung für kognitive und motivationale Prozesse im Physikunterricht – eine Videostudie*. Unveröff. Diplomarbeit, Kiel.

Krammer, K. 2009. *Individuelle Lernunterstützung in Schülerarbeitsphasen. Eine videobasierte Analyse des Unterstützungsverhaltens von Lehrpersonen im Mathematikunterricht*. Münster: Waxmann.

Lipowsky, F. 2002. Zur Qualität offener Lernsituationen im Spiegel empirischer Forschung – Auf die Mikroebene kommt es an. In *Freiarbeit in der Grundschule. Offener Unterricht in Theorie, Forschung und Praxis*, hrsg. U. Drews und W. Wallrabenstein, 126-159. Frankfurt/M.: Arbeitskreis Grundschule e.V..

Lüders, Manfred. 2003. *Unterricht als Sprachspiel. Eine systematische und empirische Studie zum Unterrichtsbegriff und zur Unterrichtssprache*. Bad Heilbrunn: Klinkhardt.

Mehan, H. 1979. *Learning lessons. Sozial organization in the classroom*. Cambridge: Harvard University Press.

Meyer, H. 2013. *Was ist guter Unterricht?* 9. Auflage. Berlin: Cornelsen Verlag.

Nothdurft, W., U. Reitemeier und P. Schröder. 1994. *Beratungsgespräche – Analyse asymmetrischer Dialoge*. Tübingen: Narr.

Oevermann, U. 1996. Theoretische Skizze einer revidierten Theorie professionalisierten Handelns. In *Pädagogische Professionalität – Untersuchungen zum Typus pädagogischen Handelns*, hrsg. A. Combe und W. Helsper, 70-182. Frankfurt am Main: Suhrkamp.

Rabenstein, K. 2010. Eigenverantwortliches Lernen. In *Handbuch Schulentwicklung*, hrsg. T. Bohl, W. Helsper, H. Holtappels und C. Schelle, 336-339. Bad Heilbrunn: Klinkhardt.

Rabenstein, K. und Podubrin, E. 2010. Der Umgang mit der Sache im Wochenplanunterricht. In *Zwischen Fachdidaktik und Stufendidaktik. Perspektiven für die Grundschulforschung* hrsg. K.H. Arnold, K. Hauenschild, 111-114. Wiesbaden: VS Verlag.

Reh, S., K. Rabenstein und S. Idel. 2011. Unterricht als pädagogische Ordnung. Eine praxistheoretische Perspektive. In *Unterrichtstheorien in Forschung und Lehre*, hrsg. W. Meseth, M. Proske und F.-O. Radtke, 209-222. Bad Heilbrunn: Klinkhardt.

Rojas-Drummond, S. 2000. Guided participation, discourse and the construction of knowledge in Mexican classrooms. In *Social interaction in learning and instruction. The meaning of discourse for the construction of knowledge*, hrsg. H. Cowie und G. van der Aalsvoort, 193-213. Amsterdam: Pergamon Press.

Shute, V. J. 2008. Focus on formative feedback. *Review of Educational Research*, 78, 1: 153-189.

Wittgenstein, Ludwig 2001. *Philosophische Untersuchungen. Kritisch-genetische Edition*. Unter Mitarbeit von Joachim Schulte. Frankfurt am Main: Suhrkamp. Erstausgabe posthum 1953.

Zaborowski, K., M. Meier und G. Breidenstein. 2011. *Leistungsbewertung und Unterricht. Ethnographische Studien zur Bewertungspraxis in Gymnasium und Sekundarschule.* Wiesbaden: Verlag für Sozialwissenschaften.

Reflexion und Partizipation in Lerngesprächen

Malte Fischer, Marie-Christin Wagner und Marek Breuning

Zusammenfassung

Wie können Lerngespräche schon im Anfangsunterricht einer ersten Klasse durchgeführt werden? Unter welchen Bedingungen gelingt es im ersten Schuljahr, die Auseinandersetzung mit den eigenen Lernprozessen anzuregen und die Mitgestaltung und Verantwortungsübernahme für das eigene Lernen anzubahnen? Zur Beantwortung dieser Fragen findet zunächst eine begriffliche Auseinandersetzung mit den zentralen Begriffen Lernen und Reflektieren statt und folgt anschließend die Diskussion eines Fallbeispiels. In zwei aufeinanderfolgenden Forschungsphasen wurden Lerngespräche im offenen Unterricht einer ersten Klasse beobachtet, aufgezeichnet, analysiert und hinsichtlich der Bedingungen, die ein Gelingen dieser Gespräche unterstützen, interaktionsanalytisch untersucht.

1 Theoretische Begriffsklärung

1.1 Lernen, partizipieren und reflektieren

„Lernen ist [...] ein Begriff, mit dem sich Menschen darüber verständigen, was es bedeutet, was sie tun. Da sie explizit oder implizit in der Kommunikation miteinander solche Deutungen austauschen müssen, ist Lernen als kommunikative Botschaft auch beobachtbar" (Scholz 2008, S. 79ff).

Lernen, so argumentiert Scholz, ist Kommunikation und ein Prozess, in dem es um Aushandlung von Bedeutungen geht; Lernen ist deswegen immer auch Interpretation (Scholz 2008, S. 97). Denn ein Lernprozess an sich ist nicht beobachtbar, nur die Schritte zwischen Können und Nicht-Können sind zu sehen, argumentiert Scholz. Lernen ist in diesem Sinnen auch das Ergebnis einer Verhaltensänderung und zugleich in den Prozess der Enkulturation eingebunden, in dem Sinne, dass sich Menschen lernend mit ihrem kulturellen Kontext auseinandersetzen. Dieses Verständnis von Lernen wird von Krummheuer u.a. ähnlich aufgefasst, indem Lernen als interaktive Aushandlung von Bedeutungen und als soziale Interaktion beschrieben wird (Krummheuer und Brandt 2001, S. 13).

Soziale Interaktion

Der Begriff der sozialen Interaktion hebt die Bedeutung der interaktiven Aushandlung von Lernprozessen hervor und verweist darauf, dass sich Lernen eben nicht nur durch die Verarbeitung von Informationen und individuellen, psychischen Prozessen vollzieht, sondern sich auch als Produkt eines sozialen, durch unterschiedliche Interaktanten geprägten Prozesses zeigt (vgl. de Boer in diesem Band). Entscheidend wird damit für die Entstehung von Lernen, wer, mit wem, wie und unter welchen Bedingungen interagiert (vgl. ebd.).

In diesem Kontext ist die Bedeutung der *Partizipation* der Beteiligten relevant. An einem Lernprozess aktiv zu partizipieren, heißt sowohl TeilnehmerIn als auch MitgestalterIn des Prozesses zu sein und Verantwortung für Fragen zu übernehmen, die einen selbst betreffen (vgl. de Boer et al. 2010, S. 161). Im Kontext individualisierter Unterrichtsgestaltung wird die positive Entwicklung eines Lernprozesses im Besonderen durch die aktive und sinnvolle Mitgestaltung durch die lernende Person charakterisiert. Krummheuer u.a. heben in Anlehnung an Bruner die Bedeutung der Entstehung von Autonomie als Rollenverschiebung in festen Interaktionsmustern hervor (vgl. Krummheuer und Brandt 2001, S. 20). Krummheuer konstatiert, dass ein erfolgreich verlaufender Lernprozess Autonomiezuwachs gewährleistet und mit einer sukzessiven Steigerung der Partizipation verbunden ist:

> „Von einer eher beobachtenden, nach erklärungskräftigen Sinnzuschreibungen suchenden Teilnahme des Lernenden zu einer zunehmend mitbestimmenden, sinnstiftenden Teilhabe" (Krummheuer 1997, S. 9).

Schulische Lerngespräche werden in diesem Sinne als Gespräche verstanden, an denen die sinnstiftende Teilhabe und Verantwortungsübernahme für den eigenen Lernprozess in den Mittelpunkt rückt. Sie geraten nicht nur als Reflexions- und Beratungsgespräche (vgl. Bräu in diesem Band), sondern auch im Rahmen von Lehrer-Schüler-Elterngesprächen (vgl. Bonanati in diesem Band) in den Blick. Hellrung argumentiert in ihrer Studie, dass die Lernberatung elementarer Bestandteil individualisierten Unterrichts sein sollte (vgl. Hellrung 2011, S. 41f). Erwünscht wird, dass Lernende ihr eigenes Lernen einschätzen lernen und somit befähigt werden, Verantwortung für ihre Lernprozesse zu übernehmen. Um diesen anspruchsvollen Schritt zu vollziehen, müssen Lernende ein Verständnis von ihrem kognitiven Wirken erhalten, es überwachen, steuern und kontrollieren lernen (vgl. Konrad 1997, S. 11). Vermutet wird, dass wer weiß, wo die eigenen persönlichen Stärken und Schwächen bezogen auf fachliche sowie emotionale und motivationale Fähigkeiten im Lernverhalten liegen, eher seinem Lernstand entsprechend passende Aufgaben auswählen und diese mit einer individuell angemessenen Lernstrategien angehen kann (vgl. Häcker 2008, S. 1).

Reflexion
Reflexion wird hier als die „metakognitive Auseinandersetzung mit dem eigenen Lernen" (Häcker 2008, S.1) verstanden. Die metakognitive Auseinandersetzung zeichnet sich einerseits durch Wissen über das eigene Denken und Lernen, andererseits durch die Kontrolle darüber aus.

1.2 Das Lerngespräch

Besonders wenn der Unterricht geöffnet[1] ist und durch ein hohes Maß an Selbstbestimmung der Schülerinnen und Schüler geprägt ist, erhalten Lerngespräche enorme Bedeutung für Lehrende und SchülerInnen, indem Lernfortschritte gemeinsam erörtert werden und nächste Schritte durchdacht und abgesprochen werden. Für die Lehrperson bietet sich damit die Chance, dass sie Lernfortschritte und Lernhindernisse erkennen und die SchülerInnen darin unterstützen kann, eine Passung von Aufgaben und individuellem Lernniveau zu finden. Für den Schüler oder die Schülerin erfüllt das Lerngespräch neben der Verantwortungsübernahme für den eigenen Lernprozess auch die Funktion der Selbsteinschätzung und Selbstreflexion. Niederegger konstatiert in diesem Kontext, dass „Kommunikation [im Lerngespräch]

---

1 Im Sinne der Freinet-Pädagogik, an der sich der Lehrer der beforschten Klasse bei der Ausgestaltung seines offenen Unterrichts orientiert, versteht sich der Lehrer als Partner und Helfer, der den kindlichen Initiativen Freiraum lässt und dann eingreift, wenn seine Hilfe benötigt oder erwünscht ist (vgl. Schröder 2001). Um dieser Helferrolle gerecht zu werden, sind Lerngespräche ein geeignetes Mittel, um Hilfe zu leisten und sich als Lernpartner der Kinder zu positionieren.

bedeutet [...] gegenseitige Erweiterung des Blickwinkels, Informationsanreicherung, Zielformulierung und Reflexion des Lernprozesses auf der Metaebene" (Niederegger 2009, S. 17), denn wenn gelernt wird, den eigenen Lernprozess zu reflektieren, kann daran anknüpfend die Gestaltung des Lernprozesses im Lerngespräch thematisiert werden und somit der Unterricht gestaltet werden. Das Lerngespräch erfüllt die Funktion, das Lernen zur Sprache zu bringen. Hierbei wird über das Lernen aus unterschiedlichen Blickwinkeln gesprochen, die Selbsteinschätzung des Kindes trifft auf die Fremdeinschätzung der Lehrperson.

Offener Unterricht

Offener Unterricht zeichnet sich dadurch aus, dass der Verlauf und der Inhalt des Unterrichts vornehmlich von den Interessenlagen und den Fähigkeiten der Schülerinnen und Schüler bestimmt wird. Zentrale Prinzipien eines offenen Unterrichts sind Schülerorientierung, Differenzierung und Individualisierung (vgl. Schröder 2001, S. 261).

„Offener Unterricht gestattet es dem Schüler, sich unter Freigabe von Raum, Zeit und Sozialform Wissen und Können innerhalb eines „offenen Lehrplans" an selbst gewählten Inhalten auf methodisch individuellem Weg anzueignen. Offener Unterricht zielt im sozialen Bereich auf eine möglichst hohe Mitbestimmung bzw. Mitverantwortung des Schülers bezüglich der Infrastruktur der Klasse, der Regelfindung innerhalb der Klassengemeinschaft sowie der gemeinsamen Gestaltung der Schulzeit ab." (Peschel 2010, S. 78)

2 Lerngespräche im Anfangsunterricht

2.1 Eine Interventionsstudie in einer ersten Klasse

Im Rahmen einer Masterarbeit wurde die Einführung von Lerngesprächen in einer ersten Klasse empirisch begleitet und untersucht (vgl. Fischer und Wagner 2013). In der beforschten Klasse haben Lerngespräche einen hohen Stellenwert, um damit die Selbstständigkeit der Kinder zu stärken. Diese wird in großen Teilen des Vormittages durch eine weitgehende Öffnung des Unterrichts, ein großes Zutrauen in das Lernen der Kinder und eine tägliche Reflexion des Arbeitsverhaltens sowie der Lernergebnisse angebahnt. Innerhalb der selbstständigen Lernphasen lassen sich die Lerngespräche in den Unterrichtsalltag integrieren. Die Lerngespräche stellen einen Baustein dar, um über mehrere Schuljahre hinweg eigenverantwortliches Lernen zu entwickeln. In diesem Sinne eignen sie sich, um Lehrer und SchülerIn in einem gemeinsamen Gespräch am Unterricht teilhaben zu lassen. Durch den Austausch über Verstehensprozesse, Ideen und Vorstellungen können Einsichten entstehen und neue Motivation und die Steigerung der Leistungsbereitschaft resultieren (vgl. Ruf 2010, S. 53). Lerngespräche im beobachteten Unterricht sind in diesem Sinne ein Instrument, damit Lehrer und Kinder gemeinsam über zurückliegende Lernprozesse ins Gespräch kommen, Fragen klären und neue Aufgaben gemeinsam absprechen.

Die Einführung der Lerngespräche vollzog sich in zwei Phasen. Zu Beginn des Prozesses verliefen die Lerngespräche nach keiner festen Struktur. Für die Kinder der ersten Klasse war das Gesprächsformat neu. Thematisch stand bei diesen Gesprächen die eher allgemein gehaltene Rückschau auf den Lernprozess im Vordergrund. In dieser Anfangsphase stand im Fokus der Untersuchung, in welchen Situationen Schülerinnen und Schüler aktiv am Gespräch teilhaben und in der Interaktion fachliche Bedeutung herstellen[2], die Rückschlüsse auf den Lernprozess zulassen. Während die Analyse dieser ersten Phase, die den Charakter einer Pilotphase hatte, dazu genutzt wurde, um mittels der ersten Eindrücke spezifische Veränderungen der Lerngespräche zu entwickeln und das Format zunehmend an die Kompetenzen und Potenziale der Erstklässler anzupassen, diente die zweite Phase der Untersuchung der Prüfung, inwiefern die vorgenommenen Veränderungen die Partizipation der SchülerInnen an der Gestaltung ihres Lernprozesses ermöglichten.

2.2 Die methodische Vorgehensweise

Über einen Zeitraum von drei Monaten wurde einmal pro Woche das Unterrichtsgeschehen beobachtet und die Lerngespräche aufgenommen. Es entstand ein Korpus von insgesamt 15 Gesprächen. Ein Großteil der Gespräche fand im Klassenraum an einem Schülertisch statt. Die übrigen Gespräche wurden während Doppelbesetzungen außerhalb des Klassenraums geführt.

---

2 Der Begriff der Bedeutung wird hier in Anlehnung an Krummheuer und Brandt (2001) verwendet. Deren Forschungsinteresse zielt „auf eine empirische Analyse von Interaktionsprozessen im Sinne eines von mehreren anwesenden Personen *in wechselseitiger Abhängigkeit* erzeugten Prozesses. In ihm klären die Beteiligten u. a. auch, welche Bedeutungen sie ihren interaktiven Handlungszügen zumessen können bzw. sollten: (Sprech-)Handlungen besitzen gewöhnlich a priori keine von allen Beteiligten geteilte gemeinsame Bedeutung, sondern erhalten diese erst in der Interaktion."

In der ersten Forschungsphase wurden sechs Gespräche aufgenommen, die zwischen vier und acht Minuten dauern. Die neun Gespräche der zweiten Forschungsphase variieren in ihrer Dauer zwischen sieben und 25 Minuten. Die Transkription der vorliegenden Sequenzen orientiert sich an der Erfassung einzelner Phänomene in Abhängigkeit ihrer Relevanz für das Erkenntnisinteresse (vgl. Deppermann 2008, S. 47). Daraus ergibt sich, dass neben den verbalen Äußerungen, die den jeweiligen Sprechern zugeordnet sind, auch das gleichzeitige Sprechen in der Partiturschreibweise, Auffälligkeiten beim Sprechen, wie besonders betontes oder langsames Sprechen und Sprechpausen, erfasst werden.

Mit Hilfe der Interaktionsanalyse (vgl. Höck in diesem Band) wurden einzelne Sequenzen der SchülerIn-Lehrer-Interaktion in den Blick genommen und interaktional-dichte Sequenzen ausgewählt. Merkmale interaktional dichter Sequenzen zeichnen sich in diesem Kontext dadurch aus, dass die Reflexion des Lernens zum Gesprächsthema gemacht wird und Rückschlüsse auf die Partizipation der Kinder am Gespräch gezogen werden können. Mittels der Methodik der Komparation[3] wurden anschließend einzelne Interaktionssequenzen verglichen und kontrastiert und hinsichtlich der Bedingungen untersucht, die zum Gelingen eines Lerngespräches beitragen, in dem Sinne, dass im Gespräch Partizipation für das eigene Lernen entsteht.

2.3 Erste Lerngespräche

Im Folgenden wird ein Gesprächsausschnitt aus der Anfangsphase vorgestellt, in dem die Lernprozesse der ersten drei Schulmonate mit dem Fokus auf die Lernbereiche Mathematik und Deutsch thematisiert wurden.

---

3 Die Methode der Komparation wird von Krummheuer und Naujok (1999, S. 26) erläutert. „Das Prinzip der Komparation in interpretativer Unterrichtsforschung hebt die empirischen Untersuchungen und Analysen über den Status von Fallanalysen hinaus. In dem Vergleich verschiedener Fälle treten Dimensionen zutage, die bei Einzelanalysen nicht in vergleichbar kontrollierter Weise rekonstruiert werden können. Die Ergebnisse werden somit dichter und empirisch gehaltvoller."

Initiation des Gesprächs

Interessant ist zu sehen, wie die Lehrperson das Gespräch initiiert:

Gesprächsdauer: 04:50 Minuten
Dauer des Gesprächsausschnitts: 01:05 Minuten

```
1   Lehrer:  So jetzt (3sek.) so ich wollt mich einfach nur mal ganz
2            kurz mit dir unterhalten siehste das nimmt auf Hallo
3            siehste wenn ich jetzt ha dann schlägt das hier siehste
4            das ha [lacht] ok Ähm kurz unterhalten darüber was du
5            jetzt bisher schon gelernt hast seitdem du in der Schule
6            bist (..) und was willst du denn als nächstes lernen
7            also wo denkst du denn Nina (..) in (..) beim beim Lesen
8            oder beim Schreiben was kannst du schon gut beim
9            Schreiben
10  Nina:    Hmm die Buchstaben (12sek.)
11  Lehrer:  Was meinst du denn mit den Buchstaben [fragend] (4sek.)
12  Nina:    Die Buchstaben kenn ich schon sehr viele und ich kann
             sie mir auch sehr gut merken (.)⁴
```

Die Lehrperson beginnt das Gespräch mit der allgemeinen Frage, was Nina bisher beim Schreiben schon gut kann. Vermutlich möchte der Lehrer ihr mit dieser sehr offenen Frage einen möglichst großen Spielraum für ihre Antwort eröffnen. Nina antwortet, obwohl der Lehrer ihr viel Zeit für ihre Antwort einräumt, recht kurz und allgemein auf diese Frage. Dies könnte damit erklärt werden, dass Nina nicht weiß, was sie auf diese Frage sagen soll. Erst die Nachfrage des Lehrers führt dazu, dass Nina etwas konkreter benennen kann, was sie schon „gut" kann. Dies ist möglicherweise ein Verweis darauf, dass die konkretere Anschlussfrage des Lehrers ein wichtiger Impuls dafür ist, dass Nina feststellt, dass sie sich viele Buchstaben merken kann. Ihre eigene Unterscheidung zwischen Buchstaben „kennen" und „merken" macht deutlich, dass für sie zwischen beidem eine Differenz liegt.

Aus fachdidaktischer Perspektive wäre allerdings noch interessant zu erfahren, welche Buchstaben sie sich gut merken kann und wie sie das macht. *Die hier beobachtete Erkenntnis, dass mit der Konkretisierung der Frage des Lehrers, die Konkretisierung der Schülerantwort steigt, ließ sich auch in anderen Gesprächen beobachten.* Ein sehr offener, allgemein gehaltener Einstieg in das Gespräch überfordert offensichtlich die Erstklässler, so ein Ergebnis der Interaktionsanalysen der

---

[4] Transkriptbeispiel aus der Forschungsarbeit: „Gelingensbedingungen von Lerngesprächen" (Fischer und Wagner 2013).

Pilotphase. Die Kinder benötigen *konkrete Fragen* und zugleich die Aufmerksamkeit des Lehrers, an das Geäußerte mit *Nachfragen anzuschließen*.

Partizipation im Gespräch

Gesprächsdauer: 04:50 Minuten
Dauer des Gesprächsausschnitts: 00:48 Minuten

```
42    Lehrer:   Hmhm [zustimmend] (..) okay( .) ähm und also vorwärts
43              rückwärts   aufschreiben   fällt   dir   gu   fällt   dir
44              mittlerweile leicht gibts denn etwas was du für dich als
45              nächste Aufgabe dir vornehmen möchtest (..)
46    Nina:     Hm (..) die Zahlen einfach durcheinander schreiben und
47              versuchen die zu verbinden die von der wenn von der eins
48              dann is da die 1 und daneben die 4 und dann erst die 2
49              dann soll ich die 1 dann zu der 2 verbinden
50    Lehrer:   Also dieses Malen nach Zahlen meinste (..) da möcht
51              würdest also gerne dann selber was dir ausdenken wollen
52              oder oder machen welche ausdenken [fragend]
53    Nina:     Ausdenken
```

In dieser Sequenz lenkt der Lehrer das Gespräch dahingehend, dass er einen nächsten Lernschritt mit dem Kind benennen möchte. Er wählt wieder eine offene Frage, die Nina viele Antwortmöglichkeiten gibt. Nina schafft es, schnell eine Idee zu verbalisieren. Sie leistet einen längeren Redebeitrag und erklärt konkret, was sie sich für eine Aufgabe zum Rechnen vorstellen kann. Der Lehrer bietet ihr hier den Spielraum, selbst zu bestimmen, was sie tun möchte, allerdings ohne eine inhaltliche, fachdidaktische Rahmung vorzugeben. Nina orientiert sich hinsichtlich ihrer Idee für den nächsten Lernschritt an den vorhandenen ihr bekannten Lernangeboten (wie die teilnehmende Beobachtung[5] sichtbar machte) und an einem Aufgabenformat, das ihr gefallen hat. Die Lernangebote, die sie in der Klasse vorfindet,

---

5   Bei der teilnehmenden Beobachtung wird das Untersuchungsobjekt (in diesem Fall die Schülerinnen und Schüler, sowie der Lehrer) von den Forschern untersucht. Die Forscher setzen die Methode um, indem sie persönlich an den Interaktionen (am Unterricht) teilnehmen (vgl. Lüders 2003, S. 151). „Dabei ist die Annahme leitend, dass durch die Teilnahme an face-to-face-Interaktionen bzw. die unmittelbare Erfahrung von Situationen Aspekte des Handelns und Denkens beobachtbar werden, die in Gesprächen und Dokumenten – gleich welcher Art – über diese Interaktionen bzw. Situationen nicht zugänglich wären." (Lüders 2003). Die Forscher konnten durch die teilnehmende

geben ihr eine Orientierung, um auf einer inhaltlichen Ebene am Gespräch zu partizipieren. Da auch in anderen Gesprächen diese Orientierung an vorhandenen Lernmaterialen zu beobachten war, lässt sich die Hypothese ableiten, dass die Präsenz von Materialien vielleicht auch eine wichtige Bezugsgröße im Gespräch zwischen Schülerinnen oder Schülern und der Lehrperson sein kann. Während Nina im Gesprächsverlauf zunehmend inhaltlich partizipiert, zeigen zahlreiche weitere Gespräche zur gleichen Zeit, dass es vielen Kindern auch im Verlauf des Gesprächs schwerfällt, eigene Gesprächsanteile zu leisten. Da Nina von sich aus den Bezug zu Materialien herstellt, entstand die Vermutung, dass es bedeutsam ist, im Gespräch einen Bezug zu konkreten Materialien herzustellen und zu beobachten, inwiefern dies eine Hilfestellung für alle Kinder sein könnte.

Reflexion im Gespräch

Ein essentieller Aspekt der Lerngespräche ist die *Reflexion des Lernens*. Dies ist ein anspruchsvolles Anliegen für den Anfangsunterricht. In den sechs ersten Gesprächen der Anfangsphase finden sich nur wenige Interaktionssequenzen, in denen Reflexion stattfindet. Die Schilderung des eigenen Könnens, also die *rückwärts gerichtete Beschreibung* dessen, was aus der eigenen Perspektive gelingt, wird in diesen Gesprächen formuliert (vgl. Transkript „Nina" aus: 2.3. Initiation des Gesprächs). So ist deutlich erkennbar, dass Nina ihr eigenes Können beschreibt. Sie schätzt sich dabei auf dem Gebiet „Buchstaben" als eine kompetente Schülerin ein. Ninas erste Antwort „Hmm die Buchstaben (12sek.)" drückt diese Selbsteinschätzung aus. Durch die folgende Nachfrage des Lehrers begründet sie dann auch ihre Einschätzung. *Die Bedeutung der Präzision des Frageverhaltens* wird in diesem Gesprächsausschnitt deutlich. Die Ebene, auf der Nina ihr Lernen reflektiert, orientiert sich an der Frage des Lehrers. Um Lernen und Lernprozesse mit Kindern einer ersten Klasse gezielt zu reflektieren, sind daher *konkrete Reflexionsfragen* der Lehrperson essentiell. So können Rahmenbedingungen geschaffen werden, die es ermöglichen, die Reflexion der Lernprozesse auf einer konkreten Ebene zu thematisieren.

Die sechs ersten Gespräche der Anfangsphase führten zu der Überlegung, dass *konkrete Aufgaben und konkretes Material* hilfreich sein könnten, um von den Schülerinnen und Schülern genauere Hinweise zu ihren Lernprozessen zu erhalten. Die allgemeine und unspezifische Fragestellung nach dem Können im Rechnen oder Schreiben, führt, wie sich zeigt, zu allgemeinen und unspezifischen Antworten. *Sichtbar wurde, dass die Präzision der Lehrerfragen, sowohl was die Klarheit der*

Beobachtung feststellen, dass Nina sich am Material „Malen-nach-Zahlen" orientiert, welches zuletzt in der Klasse verfügbar war.

Formulierung als auch die fachdidaktische Genauigkeit angeht, entscheidend ist für den folgenden Reflexionsprozess der SchülerInnen.

2.4 Veränderter Ablauf der Lerngespräche

Das Hauptanliegen der zweiten Untersuchungsphase war es nun, die Partizipation und damit die Lernchancen der Kinder zu erhöhen. Um dies zu erreichen, wurde aufgrund der bisherigen Analysen versucht, die Gespräche kontextgebundener zu gestalten. Mit Hilfe von Lernkarten[6] wurden Lerninhalte der Kinder aufgegriffen und ein thematischer Rahmen vorgegeben, wodurch die Gesprächsanforderungen an das Kind angepasst werden.

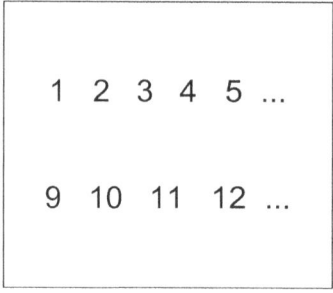 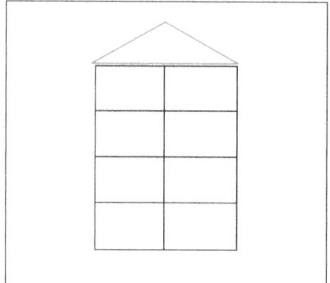

Abb. 1 Beispiele für Lernkarten

Im Folgenden werden besonders die Gespräche fokussiert, in denen Lernkarten zum Themenbereich Mathematik genutzt wurden.

---

6 Die Lernkarten in der Forschungsstudie zeigten jeweils eine bis zwei visualisierte mathematische Aufgaben zu verschiedenen Themenfeldern (Verdoppeln, Halbieren, größer – kleiner – gleich, Reihenfolgen, eine Zahlenmauer, etc.).

Initiation des Gesprächs

Gesprächsdauer: 10:25 Minuten
Dauer des Gesprächsausschnitts: 01:03 Minuten

```
1    Lehrer:   Alena ich hab hier son paar Kärtchen ausliegen (.) was
2              könnteste denn damit machen (…)
3    Alena:    Rechnen
4    Lehrer:   Was denn (7sek.) haste keine Idee
5    Alena:    Hmhm [verneinend]
6    Lehrer:   Soll ich dir helfen (.) also du nickst (.) ok ich nehm
7              das auch auf du siehst hier
8    Alena:    Mhm [zustimmend]
9    Lehrer:   Ja das bewegt sich (.) ha wenn wir sprechen /(.) hier
10             siehste das /
11   Alena:    /[lacht]/ mhm [zustimmend]
12   Lehrer:   Dann geb ich dir das hier mal (..) was isn das da was
13             wirdn da was soll was was was stehtn da
14   Alena:    Eine Eins (.) eine Zwei und eine Drei (..) und Vier und
15             Fünf und Acht und (.) die Zehn
16   Lehrer:   Wo steht denn da die Acht
17   Alena:    Daa
18   Lehrer:   Das ist die Neun
```

Die Lehrperson beginnt das Gespräch mit einem Verweis auf die Lernkarten und erreicht damit die Fokussierung der mathematischen Aufgaben. Im aufgeführten Beispiel hat die Schülerin die Möglichkeit, sich einen bestimmten Lernbereich (durch die Auswahl einer Lernkarte) auszusuchen. In der Sequenz wird deutlich, dass der Schülerin der Einstieg in das Gespräch an dieser Stelle trotz der Lernkarten schwer fällt, denn sie hat keine Idee, was sie mit den verschiedenen Lernkarten machen könnte. Schon in der Anfangsphase hatte sich gezeigt, dass eine konkrete Nachfrage zu einer Präzisierung der Schülerantwort führen kann. Nun hat die Lehrperson die Möglichkeit, bei ihrer konkretisierenden Nachfrage einen Bezug zur Lernkarte herzustellen. Die Lehrperson sucht eine Lernkarte aus und schränkt das Gesprächsthema somit ein weiteres Mal ein. Alena kann durch diese zunehmende Konkretisierung des Gesprächsthemas verbalisieren, welche Ziffern sie schon benennen kann, was gleichbedeutend mit dem ist, was sie schon gelernt hat. Es wird erkennbar, dass die Lernkarten helfen, einen Gesprächsanfang zu finden. So zeigt sich in mehreren Gesprächen der zweiten Feldphase deutlich, dass das Lerngespräch durch den Einsatz der Lernkarten ein Gespräch über das Gelernte der Kinder erleichtert. Anhand der Aufgabenbeispiele kann das Gelernte konkret benannt werden. Zu bedenken ist, dass die Lehrperson allerdings hier einerseits das

Gesprächsthema vorgibt und damit die Themenfindung einschränkt; andererseits wird dadurch die Präzisierung und Konkretisierung des Gesprächsthemas erhöht und der Einstieg ins Gespräch erleichtert. Bei der Fortsetzung von Lerngesprächen in weiteren Klassenstufen ist eine offenere Initiation des Gesprächs mit zunehmender Gesprächskompetenz der Schülerinnen und Schüler denkbar und im Sinne eines symmetrischen Gesprächs wünschenswert.

Partizipation im Gespräch

Um die Partizipation der Schülerinnen und Schüler zu erhöhen, wurde in der ersten Forschungsphase erarbeitet, dass konkrete Materialien eine Partizipation der Kinder am Lerngespräch erleichtern.

```
Gesprächsdauer: 08:02 Minuten
Dauer des Gesprächsausschnitts: 01:10 Minuten

80    Lehrer:    [unverständlich] (…)Anja gibt es etwas woran du morgen
81               (.) ne das kommt weg (…) äh woran du morgen oder
82               übermorgen (.) arbeiten möchtest Zahlenhäuschen
83    Anja:      [Zeigt auf die Lernkarte „Zahlenhaus"]
84    Lehrer:    Zahlenhäuschen
85    Anja:      Mhm [zustimmend]
86    Lehrer:    Warum gerade an den Zahlenhäuschen
87    Anja:      Weil das bisschen einfach ist für mich
88    Lehrer:    Weil das einfacher ist für dich [überrascht]
89    Anja:      Mhm [zustimmend]
90    Lehrer:    Und deswegen das gleichteil (…) warum machst du nicht
91               das schwerste (..) (zuckt mit den Schultern) warum
92    Anja:      Weil ich das nicht so gut kann (.)
93    Lehrer:    Was bräuchtest du denn dann wenn du etwas machst was
94               schwerer ist (..) damit das trotzdem klappen kann
95    Anja:      Hm (4sek.) [unverständlich]
96    Lehrer:    Hilfe holen genau (.) ok also machst du morgen
97               Zahlenhäuschen ja gut
```

Für dieses Lerngespräch wurden wieder die unterschiedlichen Lernkarten als Gesprächsgrundlage verwendet. Das gewählte Gespräch zeigt, genau wie auch die anderen Gespräche der zweiten Untersuchungsphase, dass sich die Kinder auf die Lernkarten beziehen. Anja nutzt eine Lernkarte, mit der sie schon vorher im Gespräch gerechnet hat, um einen nächsten Lernschritt zu formulieren.

```
Gesprächsdauer: 08:02 Minuten
Dauer des Gesprächsausschnitts: 00:36 Minuten

19  Lehrer:  Was ist das
20  Anja:    Zahlenhäuschen (..)
21  Lehrer:  Wie geht denn son Zahlenhäuschen
22  Anja:    Ähm (4sek.) da oben da kommt zum Beispiel ne drei hin
23           und dann muss man hier hinschreiben weil es ergibt drei
24  Lehrer:  Ok (..) kannst du sowas schon gut oder mittel oder noch
25           nicht so gut
26  Anja:    Gut
27  Lehrer:  Möchtest du von mir auch hören wie ich finde ob das wie
28           du das kannst (.) finde ich auch (.) machste echt
29           ordentlich (.)
```

An der Gesprächssequenz sieht man auch, dass der Lehrer über die Lernkarten mit Anja ins Gespräch kommen kann. Mit Hilfe der Lernkarten hat Anja im Lerngespräch reflektiert, dass sie gut mit Zahlenhäuschen rechnen kann. Die Lernkarten stellen in zweifacher Hinsicht eine Hilfestellung auf dem Weg zu mehr Partizipation im Gespräch dar: Zum einen bieten sie eine konkrete Lernaufgabe, mit der sich Anja bewusst machen kann, was sie schon gelernt hat: Sie weiß, wie das Aufgabenformat des Zahlenhäuschens funktioniert. Zum anderen nutzt Anja die Lernkarte, um einen konkreten nächsten Lernschritt zu formulieren. Sie nimmt die Hilfestellung durch die Lernkarten an, so wie auch die anderen Schülerinnen und Schüler, und gestaltet das Gespräch inhaltlich mit.

Reflexion im Gespräch

Die Analyse der modifizierten Lerngespräche berücksichtigt auch, inwiefern sich das Frageverhalten der Lehrperson auf die Reflexionsprozesse der Kinder auswirkt. In einem Lerngespräch mit Simon wird anfangs die Lernkarte „Halbieren und Verdoppeln" besprochen und Simon zeigt einen sicheren Umgang auf diesem Gebiet. Daran anknüpfend fragt der Lehrer gezielt nach Simons Leistungsgrenze:

Gesprächsdauer: 14:00 Minuten
Dauer des Gesprächsausschnitts: 00:36 Minuten

```
38   Lehrer: […] so ok (.) was sind denn welche Zahlen wären den
39           schwierig zu verdoppeln für dich (.)
40   Simon:  Hundert plus hundert sind hundert (.) eigentlich heißt
41           die Zahl wenn man die nennt ja zweihundert
42   Lehrer: So isses ist ja auch so (..) [unverständlich] soll ich
43           sie dir mal hinschreiben oder willst du sie dir mal
44           hinschreiben
45   Simon:  Ne zweihundert die kenn ich nicht ich weiß nicht wie
46           die Zahl
47   Lehrer: Hundert und hundert (.) und dann wie wird wohl die
48           zweihundert aussehen schreib mal selber auf?
49   Simon:  Eigentlich sieht die eher so aus wie zwei und dann
             null null
```

Simon schätzt in diesem Gesprächsausschnitt sein eigenes Können zielsicher ein und kann darauf aufbauend eine für ihn schwierige Aufgabe nennen. Durch die Fähigkeit, den Lernprozess an seine kognitiven Fähigkeiten anzupassen, zeigt er, dass er bereits in der Lage ist, seinen eigenen Lernprozess bewusst zu steuern. Initiiert wird der Ausschnitt durch den Lehrer, der durch die Lernkarte Informationen über Simons Vorwissen erhält. Darauf aufbauend kann er gezielt die Leistungsgrenze von Simon erfragen. Vom konkreten Material ausgehend wird so die Schwierigkeit erhöht und von Simon eine Reflexion des eigenen Lernens gefordert. Simon begründet seine Einschätzung, warum das Doppelte von hundert eine für ihn schwierige Aufgabe ist, indem er sagt, dass er die Zahl zweihundert noch nicht schreiben kann. Durch die gezielte Aufforderung des Lehrers ist Simon in der Folge allerdings in der Lage, aufbauend auf seinem bisherigen Wissen, über Zahldarstellungen die Schreibweise der Zahl 200 herauszufinden. Die Lernkarte mit der konkreten Lernaufgabe ist die Grundlage für diese gezielte Anschlussfrage des Lehrers. Es zeigt sich, dass die Lernkarten in diesem Fall Aufschluss über das Leistungsvermögen des Kindes geben und so passgenaue Anschlussfragen gestellt werden können.

Beobachtet wurde, dass in Gesprächen mit weiteren Kindern, die ihre Lernschwierigkeiten noch nicht selbst benennen konnten, erst einmal eine Selbsteinschätzung im Fokus der Lernreflexion stand. Dies bedeutet, die Kinder benannten, was sie gut oder schlecht können, waren aber nicht in der Lage diese Einschätzung zu begründen (vgl. Transkript: Anja aus: „3.4. Reflexion im Gespräch). Die geschlossene Frage z. B., ob Anja Zahlenhäuschen schon gut rechnen könne (s. o.), verleitet sie zu einer Kurzantwort ohne Begründung. Diese Selbsteinschätzung wird hier auch von der Lehrkraft nicht weiter hinterfragt. Die Frage nach einer Begründung wäre hier allerdings elementar, denn mit der Begründung der Selbsteinschätzung hätte sich das Kind mit dem eigenen Lernprozess auseinandersetzen müssen.

3 Fazit

Wie können Lerngespräche gelingen? Die Analyse von Lerngesprächen in einer ersten Klasse zeigt, dass die Partizipation am Gespräch und die Reflexion der eigenen Lernprozesse wichtige Faktoren für das Gelingen von Lerngesprächen sind. Resümierend können folgende Ergebnisse festgehalten werden, die die Bedeutung dieser beiden Faktoren im Lerngespräch stärken.

Es konnte gezeigt werden, dass die Partizipation der Kinder am Gespräch steigt, indem das Gesprächsthema konkretisiert wird. Durch Lernkarten wurde das Lerngespräch an einen konkreten fachlichen Kontext gebunden. Den Kindern wird so ermöglicht, einen Kontextbezug im Gespräch herzustellen und sich auf der fachlich-inhaltlichen Ebene im Gespräch zu beteiligen. Die konkreten fachlichen Lernprozesse rücken so in den Fokus des Gesprächs und werden intensiver beleuchtet, sodass der Lehrer gezielte Nachfragen stellen kann. Damit steigt zugleich wieder die Partizipation der Schülerinnen und Schüler, auch im Vergleich zu den kontextungebundenen Lerngesprächen der Anfangsphase.

Hohe Bedeutung für Partizipation und Reflexion der Kinder im Gespräch hat auch das Frageverhalten der Lehrperson. Durch die zunehmende inhaltliche Klarheit, Präzision und fachdidaktische Genauigkeit in der Fragestellung werden die Antworten der Kinder direkt beeinflusst. Einer Konkretisierung in der Fragestellung folgt häufig auch eine Konkretisierung in der Antwort des Kindes. Daher ist ein präzises und fachlich-konkretes Frageverhalten der Lehrperson eine weitere Gelingensbedingung für Lerngespräche.

Abhängig vom Frageverhalten der Lehrperson ist ebenso die Ebene der Reflexion des Lernens im Gespräch. Ob die Kinder auf der Ebene der noch nicht begründeten Selbsteinschätzung bleiben, oder darüber hinausgehend ihren Standpunkt begründen, hängt von den konkreten Nachfragen des Lehrers ab.

Kindern die Möglichkeit zu geben, an Lerngesprächen möglichst gleichberechtigt zu partizipieren, ihr Lernen zu reflektieren und den weiteren Lernprozess im Gespräch zu planen, erfordert ein hohes Maß an Gesprächs- und Fachkompetenz von der Lehrkraft. Gelingt es der Lehrperson, das Lerngespräch an die Gesprächskompetenz der Kinder und die hergestellten fachlichen Bezüge anzupassen, eignet sich das Lerngespräch um zurückliegende Lernprozesse zu thematisieren und weitere Lernschritte gemeinsam zu entwickeln.

Inwieweit sich Lerngespräche langfristig auf das Lernen von Kindern auswirken und ob ein nachweisbar selbständigeres Lernen entwickelt wird, wird Gegenstand weiterer Untersuchungen sein müssen.

Literatur

de Boer, H. et.al. 2010. Partizipation in der Schule. In *Allen Kindern gerecht werden*, hrsg. H. Bartnitzky und U. Häcker, 156-168. Frankfurt: Grundschulverb.
Deppermann, A. 2008. *Gespräche analysieren. Eine Einführung*. Wiesbaden: VS Verlag.
Fischer, M., und M. Wagner. 2013. *Gelingensbedingungen von Lerngesprächen. Ein empirisches Beispiel*. Koblenz: Masterarbeit, Universität Koblenz-Landau.
Häcker, T. 2007. *Portfolio: ein Entwicklungsinstrument für selbstbestimmtes Lernen. Eine explorative Studie zur Arbeit mit Portfolios in der Sekundarstufe I*. 2. Aufl. Baltmannsweiler: Schneider-Verl. Hohengehren.
Hellrung, M. 2011. *Lehrerhandeln im individualisierten Unterricht. Entwicklungsaufgaben und ihre Bewältigung*. Opladen [u. a.]: Budrich.
Konrad, K. 1997. *Lernen eigenständig reflektieren, überwachen und kontrollieren. Explorative Analyse handlungsleitender Kognitionen*. Landau: Verlag empirische Pädagogik.
Krummheuer, G. 1997. *Narrativität und Lernen. Mikrosoziologische Studien zur sozialen Konstitution schulischen Lernens*. Weinheim: Dt. Studien-Verl.
Krummheuer, G. 2010. Die Interaktionsanalyse. http://www.fallarchiv.uni-kassel.de/wp-content/uploads/2010/07/krummheuer_inhaltsanalyse.pdf. Zugegriffen: 28. September 2014.
Krummheuer, G., und B. Brandt. 2001. *Paraphrase und Traduktion. Partizipationstheoretische Elemente einer Interaktionstheorie des Mathematiklernens in der Grundschule*. Weinheim: Beltz Verlag.
Krummheuer, G., und M. Fetzer. 2005. *Der Alltag im Mathematikunterricht. Beobachten – Verstehen – Gestalten*. 1. Aufl. München, Heidelberg: Elsevier, Spektrum, Akad. Verl.
Krummheuer, G., und N. Naujok. 1999. *Grundlagen und Beispiele interpretativer Unterrichtsforschung*. Opladen: Leske und Budrich.
Lüders, C. 2003. Teilnehmende Beobachtung. In *Hauptbegriffe Qualitativer Sozialforschung*, hrsg. R. Bohnsack. Wiesbaden: Springer Fachmedien.
Niederegger, P., und U. Hofer. 2009. Über das Lernen sprechen. Lerngespräche fördern die Beziehung und das Lernen. http://www.schule.suedtirol.it/lasis/documents/info/2009/02_INFO_Thema.pdf. Zugegriffen: 28. September 2014.
Peschel, F. 2010. Freiraum statt Einschränkung: Offener Unterricht muss konsequenter umgesetzt werden. In *Selbstbestimmung und Classroom-Management. Empirische Befunde*

und Entwicklungsstrategien zum guten Unterricht. hrsg. T. Bohl, K. Kansteiner-Schänzlein, M. Kleinknecht, B. Kohler und A. Nold, 93-128. Bad Heilbrunn: Klinkhardt.

Ruf, U. 2010. Lernen im Dialogischen Unterricht – selbstbestimmt und sachbezogen. In *Selbstbestimmung und Classroom-Management,* hrsg. T. Bohl et al., 49-63. Bad Heilbrunn: Klinkhard.

Scholz, G. 2008. Der Sprung über die Bank. In *Dem Lernen auf der Spur. Die pädagogische Perspektive,* hrsg. K. Mitgutsch et al., 78-96. Stuttgart: Klett-Cotta.

Schröder, H. 2001. *Didaktisches Wörterbuch*: Wörterbuch der Fachbegriffe von „Abbilddidaktik" bis „Zugpferd-Effekt". 3., erweiterte und aktualisierte Auflage. Wien: Oldenbourg Wissenschaftsverlag.

Wildemann, A. 2009. Von sich selbst ausgehen. Lerngespräche als Mittel zur Selbst- und Fremdeinschätzung. *Grundschule Deutsch* (22): 24-26.

Portfoliogespräche

Frauke Grittner

Zusammenfassung

Portfolioarbeit ist seit einigen Jahren u. a. als alternative Form der Leistungsfeststellung im Gespräch. Sie unterscheidet sich von anderen Formen insbesondere dadurch, dass die SchülerInnen über das Zustandekommen und Gelingen ihrer Leistungen sowie deren Auswahl für das Portfolio reflektieren. Diese Reflexion kann schriftlich erfolgen, aber auch im Rahmen eines Portfoliogespräches, an dem die Schülerin / der Schüler, die Lehrkraft, aber auch weitere MitschülerInnen teilnehmen können. Erkenntnisse aus der Forschung zu selbstreguliertem Lernen zeigen, dass Reflexionen kognitive, metakognitive und motivationale Bereiche sowie äußere Lernbedingungen aufgreifen sollten. An dem Beispiel einer Portfolioarbeit an der Grundschule und dem anschließenden Gespräch wird gezeigt, wie dies im Schulalltag umgesetzt werden und ggf. weiterentwickelt werden kann.

---

1 Portfolioarbeit als reflexives Instrument der Leistungsfeststellung

[...] Mein Ziel war es, dass Einleitung, Hauptteil und Schluss im Gleichgewicht sind. Das hatte ich nämlich bei meiner letzten Portfolioarbeit nicht beachtet. Ich glaube, dies ist mir jetzt gelungen. Eigentlich gefällt mir die ganze Portfolioarbeit sehr gut. Besonders schön finde ich die Namen der Personen. Naja, das kommt bestimmt auch daher, weil ich so viele Indianerbücher lese.

Mit diesen Sätzen beendet Maike die Präsentation ihrer Portfolioarbeit zum Themenbereich Indianer. Das Nachdenken über die Entwicklung der Arbeit, das Erreichen der eigenen Ziele und die persönlichen Bezüge sind typische Bestandteile der Reflexion, die wiederum ein wichtiges Merkmal der Portfolioarbeit ist. Deshalb stehen die inhaltliche Gestaltung und das Gespräch über die Reflexion im Fokus dieses Beitrages über Portfoliogespräche.

Ein Portfolio im schulischen Kontext wird von Paulson, Paulson und Meyer (1991) genauer bestimmt als „eine zielgerichtete Sammlung von Arbeiten, welche die individuellen Bemühungen, Fortschritte und Leistungen der / des Lernenden auf einem oder mehreren Gebieten zeigt. Die Sammlung muss die Beteiligung der / des Lernenden an der Auswahl der Inhalte, der Kriterien für die Auswahl, der Festlegung der Beurteilungskriterien sowie Hinweise auf die Selbstreflexion der / des Lernenden einschließen" (Übersetzung von Thomas Häcker 2006, S. 36).

Diese Begriffsbestimmung macht deutlich, dass die Lernenden sowohl in die Leistungsfeststellung als auch in die Leistungsbewertung miteinbezogen werden, indem sie (mit-)entscheiden können, welche Arbeiten von ihnen bewertet werden und sie auch die Beurteilungskriterien (mit-)bestimmen können. Ebenso können sie im Rahmen der Reflexion selbst bewertend Stellung zu ihrer Arbeit nehmen. Für einige AutorInnen ist die Portfolioarbeit auch mit einer Präsentation des Portfolios vor Dritten verbunden, die ebenfalls eine Rückmeldung dazu geben können. Diese „Dritten" können außer den MitschülerInnen und weiteren Lehrkräften auch die Eltern und geladene Gäste sein (vgl. z. B. Brunner & Schmidinger 1999; Häcker 2007; Winter 2014).

Diese Idee der Portfolioarbeit wird seit einigen Jahren sowohl als Instrument der Leistungsfeststellung als auch der Unterrichtsentwicklung diskutiert (vgl. Häcker 2007, Grittner 2010). Als Form der Leistungsfeststellung bietet sie die Möglichkeit, individuelle Arbeiten und Leistungen der SchülerInnen abzubilden, wie sie z. B. in differenzierten Lernarrangements entstehen.

Bei der Portfoliopräsentation wird die Leistung für Dritte sichtbar gemacht. Sie dient so nicht nur der Leistungsbewertung in der Dyade Lehrkraft – SchülerIn, sondern auch Außenstehende können Rückmeldungen zu der Leistung geben. Ferner erhält die Leistung für die an der Präsentation Beteiligten ggf. einen Informations- und Unterhaltungswert (vgl. Winter 2014). Dient das Portfolio vornehmlich der Leistungsfeststellung, stehen stärker die Lernprodukte im Vordergrund und die Lernenden haben weniger Entscheidungsfreiheit. Die Bewertung findet vornehmlich summativ, also abschließend statt.

Das Portfolio als Instrument der Unterrichtsentwicklung unterstützt zumeist einen Unterricht, in dem die SchülerInnen selbstreguliert, bzw. selbstbestimmt lernen können.

Während selbstreguliertes Lernen sich auf die Mitbestimmung der SchülerInnen bei regulativ-operativen Aspekten des Lernprozesses, wie z. B. Auswahl von Methoden, Medien, LernpartnerInnen oder Schwierigkeitsgrad bezieht, umfasst selbstbestimmtes Lernen die Mitbestimmung der SchülerInnen bei thematisch-inhaltlichen und zielbezogenen Aspekten; sie können also wählen, welches Thema bzw. welche Zielsetzung sie bearbeiten möchten (vgl. z. B. Häcker 2007, Friedrich & Mandl 1997).

Aufgrund dieser größeren Entscheidungsfreiheit erhält die formative, begleitende Bewertung mehr Gewicht und die Lernprozesse werden stärker in den Blick genommen (vgl. Häcker 2007). Hier erhalten Portfoliogespräche ihre Bedeutung. Dies sind Gespräche zwischen den Lernenden und der Lehrkraft, an denen aber auch MitschülerInnen teilnehmen können. Die Lernenden begründen in diesen Gesprächen, warum sie welche Arbeiten für das Portfolio auswählen, welche Ziele sie sich gesetzt haben und ob sie sie erreicht haben, weiterhin, wie sie ihre eigene Arbeit bewerten und welche Ziele sie als nächstes verfolgen (vgl. Brunner und Schmidinger 1999). Die Arbeit an dem Portfolio wird also in diesen Gesprächen reflektiert.

Die Studien von Gläser-Zikuda und Lindacher (2007) sowie von Häcker (2007) zeigen, dass SchülerInnen diese Reflexion der eigenen Leistung durchaus wertschätzen. Brouër (2007) weist mit den Ergebnissen ihrer Studie aber darauf hin, dass die Selbstbestimmungsmöglichkeiten der Lernenden gewährleistet sein müssen, wenn die Potentiale des Portfolios als Dokumentations- und Reflexionsgrundlage voll ausgeschöpft werden sollen.

2 Reflexion im Kontext selbstregulierten Lernens

Da Portfolioarbeit eng mit selbstreguliertem bzw. selbstbestimmtem Lernen verknüpft ist, wird nun die Bedeutung von Reflexion im Kontext selbstregulierten Lernens näher betrachtet. Die Ausführungen gelten in gleichem Maß für selbstbestimmtes Lernen.

Reflexion kann verstanden werden als das „prüfende, vergleichende Nachdenken, besonders über die eigenen Handlungen, Gedanken und Empfindungen" (Wahrig-Burfeind 2001, S. 798).

Hier klingt bereits an, dass man über eigene Belange, aber auch über die von anderen reflektieren kann. So wird in Forschungskontexten auch unterschieden zwischen internem Feedback, das sich die lernende Person selbst gibt, und externem Feedback, das sie von einer anderen Person oder einem System (z. B. Computer) erhält. Dieses prüfende Nachdenken bzw. das interne Feedback über die eigene Leistung und das eigene Lernen hat insbesondere im Kontext des selbstregulierten Lernens eine große Bedeutung. Im Gegensatz zum fremdgesteuerten Lernen, bei dem die Lernprozesse stark von anderen Personen beeinflusst werden, bietet das selbstregulierte Lernen zahlreiche Handlungsspielräume. Diese gilt es produktiv für die Lernaktivitäten zu nutzen, wofür kognitive, metakognitive und motivationale Fähigkeiten notwendig sind (vgl. Boekarts 1996, Friedrich & Mandl 1995, Weinstein, Husman & Dierking 2000).

Die kognitiven Fähigkeiten beim selbstregulierten Lernen umfassen vor allem Wissen über die Anwendung von Methoden und Strategien zur Bearbeitung von Aufgaben (vgl. Brunstein & Spörer 1998).

Das interne Feedback zu diesem Bereich ist eng verknüpft mit dem Feedback zum metakognitiven Bereich.

Zu diesen metakognitiven Fähigkeiten gehört die Beobachtung der eigenen Lernfortschritte und ein Abgleich der Fortschritte mit den selbst gesetzten Lernzielen.

Um das eigene Lernziel besser erreichen zu können, müssen die Methoden und Strategien der Aufgabenbearbeitung ggf. abgewandelt werden.
  Wenn der Lernprozess nach diesem Abgleich korrigiert bzw. verändert wird, wird das interne Feedback somit zur eigenen Lernberatung. Brown und Palincsar (1989) haben mit ihren Studien schon vor über 20 Jahren gezeigt, dass es sich

positiv auf die Lernarbeit auswirkt, wenn die metakognitiven Prozesse kultiviert und geübt werden.

Mit Blick auf die motivationalen Fähigkeiten ist das interne Feedback wichtig, um mit der Lernaktivität zu beginnen und sie aufrecht zu erhalten. Dies gelingt insbesondere, wenn man sich eigene Stärken und Fähigkeiten vor Augen führt und adaptive Bewertungen der Lernergebnisse durchführt.

Reflexionen bieten jedoch nicht nur Potentiale für die Verbesserung der Lernaktivität; sie können dieser auch entgegenstehen. Insbesondere mit Blick auf die Bereiche, die reflektiert werden und eine mögliche Bewertung der Reflexion gibt es einige Aspekte zu beachten: Wenn die Lernenden viele äußere Lernbedingungen selbst bestimmen oder auswählen können, heißt das nicht automatisch, dass diese Lernbedingungen auch gut sind oder die Lernenden Einfluss auf ihre Qualität haben. Auch die kompetente Nutzung der verschiedenen Handlungsspielräume setzt eine gewisse Erfahrung der Lernenden voraus und erfordert ggf. ein hohes Maß an Unterstützung durch die Lehrkraft im Umgang mit den verschiedenen Wahlmöglichkeiten. Daher ist es wichtig, die äußeren Lernbedingungen und das didaktische Handeln der Lehrpersonen in den Reflexionen mit zu bedenken, um die Verantwortung für die Lernaktivität und das Lernergebnis nicht allein dem oder der Lernenden zuzuweisen.

Auch die Bewertung bzw. Benotung der Reflexion kann die Verbesserung der Lernbedingungen durch die Reflexion erschweren. Um eine gute Bewertung zu erhalten könnten SchülerInnen ggf. die Reflexion so verfassen, dass sie vermeintlich sozial erwünschte Aspekte enthält, die aber mit den authentischen Arbeitsbedingungen und Abläufen nur wenig zu tun haben. Auch ist zu berücksichtigen, dass sich Reflexionen ggf. auf persönliche Bereiche wie subjektive Gründe, Vorlieben und Interessen beziehen können, die einen sensiblen Umgang erfordern. Daher sollte sorgfältig abgewogen werden, ob eine Bewertung von Reflexionen überhaupt notwendig ist. Auch sollten die Lernenden ermutigt werden, möglichst authentisch zu reflektieren, damit die Reflexion zur Verbesserung der Arbeitsbedingungen beitragen kann. Dies setzt jedoch voraus, dass sie das Lernen als für sich persönlich bedeutsam und nicht allein extrinsisch motiviert erleben (vgl. Rihm 2006), zumal der Grad der Authentizität von Außenstehenden nur schwer eingeschätzt werden kann.

3 Darstellung und Analyse eines Portfoliogesprächs am Beispiel der Reflexion

Nachfolgend werden die Reflexion über eine Portfolio-Arbeit und Ausschnitte des sich anschließenden Gesprächs mit der Lerngruppe vorgestellt und analysiert. Die Analyse wird aufgrund der Ausführungen in Kap. 2 über Inhaltsbereiche und Probleme von Reflexionen von folgenden Fragen geleitet: Inwieweit werden die Bereiche der kognitiven, metakognitiven und motivationalen Fähigkeiten thematisiert und äußere Lernbedingungen berücksichtigt? Welche Bedeutung hat authentisches Reflektieren? Zunächst werden jedoch die Rahmenbedingungen der Portfolioarbeit dargelegt, um das Gespräch darüber besser nachvollziehbar zu machen.

3.1 Die Rahmenbedingungen der Portfolioarbeit

Die Portfolioarbeit fand in einer sechsjährigen Berliner Grundschule statt, in der Anfangsphase eines Schulversuches zur notenfreien Leistungsbewertung. Dem Schulkonzept entsprechend, werden die SchülerInnen bereits im ersten Schuljahr an selbstständiges Arbeiten und das Präsentieren ihrer Arbeiten herangeführt. Durch den Schulversuch erhalten die SchülerInnen ausschließlich verbale Bewertungen (vgl. Grittner 2010). Die Portfolioarbeit dient hier also sowohl der Leistungsfeststellung als auch der Weiterentwicklung eines Unterrichts, der ein hohes Maß an Selbstbestimmung zulässt. Das ausgewählte Beispiel entstand unter dem Rahmenthema „Ich begegne der Natur" in einer jahrgangsgemischten Lerngruppe der Schulbesuchsjahre 4, 5 und 6. Verknüpft wurden die Lernbereiche Deutsch und ästhetische Bildung. In Absprache mit den SchülerInnen gab die Lehrkraft drei Elemente für das Portfolio vor: es sollte eine Geschichte, einen Sachtext und eine künstlerische Arbeit enthalten. Die SchülerInnen konnten ein Thema frei wählen. Sie hatten für die Bearbeitung ca. acht Wochen Zeit und konnten diese innerhalb der Wochenplanarbeitszeit und in einer extra ausgewiesenen wöchentlichen Portfoliostunde vornehmen. Bereits während der Bearbeitung erhielten die SchülerInnen prozessbegleitend Rückmeldungen von der Lehrkraft. Die Portfolioarbeit und die Reflexion darüber wurden nach Fertigstellung den MitschülerInnen in einer ca. 20 minütigen Präsentation vorgestellt, der sich eine ca. 10 minütige Feedbackrunde anschloss. Diese Präsentation diente quasi als Generalprobe, bevor sie in Anwesenheit der Eltern zum Schuljahresende gezeigt wurde. In der Lerngruppe war bereits von der Lehrkraft eingeführt worden, dass Rückmeldungen zu Arbeiten von MitschülerInnen einen positiven Aspekt beinhalten sollten und negativ-kritische Anmerkungen möglichst konstruktiv, d. h. mit einem Verbesserungsvorschlag formuliert werden sollten. Außerdem hatte es sich eingebürgert, dass sich die SchülerInnen für eine Rückmeldung der anderen bedanken.

3.2 Darstellung von Maikes Portfolioarbeit und ihrer Reflexion

Maike, die Vortragende, ist im vierten Schulbesuchsjahr. Sie hat eine Geschichte über das Indianermädchen „Warmer Wind" geschrieben, in der sie zunächst den üblichen Tagesablauf des Mädchens beschreibt und hierin zahlreiche Sachinformationen über das Leben der Indianer und insbesondere das Färben mit Pflanzen einbindet. Es folgt ein abenteuerlich-fantastischer Teil der Geschichte, in dem das Indianermädchen in den Wald geht, um dort Färberpflanzen zu sammeln. Bei einem Unwetter trifft sie in einer Höhle auf ein Wolfsrudel, vor dem sie zunächst flüchtet und sich dabei im Wald verirrt. Die Wölfe folgen ihr, sind jedoch nicht aggressiv, sondern bringen das Mädchen dazu, ihnen zu folgen und führen sie zu ihrem Stamm zurück.

Für die Präsentation trägt Maike ein Perlenstirnband und ein buntes Tuch als Stola. Sie sitzt auf einem runden Teppich am Boden, die MitschülerInnen auf Stühlen im Halbkreis um sie herum. Vor sich hat sie verschiedene Dinge ausgebreitet: ein kleines Holztipi und Indianerfiguren, eine Blockflöte und eine Panflöte, ein kleines Körbchen mit Zweigen und Blättern. Das Vorlesen ihrer Geschichte unterbricht sie an drei Stellen: als das Indianermädchen Schutz in der Höhle gefunden hat, spielt Maike eine kurze Sequenz Panflötenmusik von einer CD ein. Als das Wolfsrudel auftaucht, spielt sie Perkussionsmusik ein, die die Bewegung der Wölfe in etwa aufgreift. Und als Warmer Wind die Trommeln des Stammes hört, spielt Maike gemeinsam mit Claudia, einer Mitschülerin aus dem sechsten Schulbesuchsjahr und Lukas, ihrem Bruder aus dem 3. Schulbesuchsjahr, ein ca. einminütiges Trommelstück auf zwei Bongos und einer Djembe live vor.

Sie setzt danach ihre Geschichte fort, die mit folgenden Sätzen endet, worauf sich das dargestellte Gespräch anschließt:

```
„...Ich wusste, das waren Silbermond und seine Freunde. Ja, sie würden
mich bald wieder besuchen. Ich dachte noch lange über das tolle
Ereignis nach bis ich endlich einschlief."
[Applaus]
[20 sec. Panflötenmusik]
Maike liest ihre Reflexion von einem Blatt ab: Meine Portfolioreflexion.
Ach, hallo, da seid ihr ja. Ich möchte euch heute erzählen, wie meine
Portfolioarbeit über Indianer entstanden ist. Also, ich bin auf das
```

Thema gekommen, weil mir Indianer sehr am Herzen liegen. Ich finde es einfach toll, wie sie so ohne Autos, Strom und andere elektronische Dinge auskommen. Na ja, heutzutage gibt es ja fast keine Indianer mehr, die ohne ein Auto leben. Das finde ich sehr schade. So würde ich auch gerne leben, so ohne den Gestank der Autos, ganz mit der Natur verbunden... also begann ich eine Geschichte über Indianer zu verfassen... nur da gab es ein Problem. Nämlich Claudia wollte auch über Indianer schreiben. Also beschlossen wir, dass ich eine Fortsetzung von ihrer Geschichte schreiben sollte. Nur dann hätte ich mich zu sehr mit Claudias Geschichte beschäftigen müssen und dazu hatte ich dann auch nicht die Lust. Aus diesem Grund schrieb ich dann doch alleine. Frau Müller ist mit mir die Geschichte auf Spannung und Satzbau durchgegangen. Dabei habe ich gelernt, dass der Satz „ von alleine in den Wald gehen", - wusste ich aber nicht - Umgangssprache ist. Verbessert lautete der Satz so: „Es ist nie davon die Rede gewesen, dass ich alleine in den Wald gehen sollte." Ich habe diese Geschichte mit viel Freude einfach so aus dem Bauch heraus verfasst. Mir fiel es schwer, einen guten Anfang zu finden. Ich habe meistens an meinem Schreibtisch bei Sonnenschein gearbeitet. Besonders gut ist mir die Formulierung des Textes gelungen. Besonders toll finde ich auch die Präsentation und die Auswahl der Musik. Vielen Dank an Frau Schwarze und Frau Kahle, die mir CDs und andere schöne Dinge mitgebracht haben.
Naja, der Höhepunkt könnte noch etwas spannender sein. Mein Ziel war es, dass Einleitung, Hauptteil und Schluss im Gleichgewicht sind. Das hatte ich nämlich bei meiner letzten Portfolioarbeit nicht beachtet. Ich glaube, dies ist mir jetzt gelungen. Eigentlich gefällt mir die ganze Portfolioarbeit sehr gut. Besonders schön finde ich Namen der Personen. Naja, das kommt bestimmt auch daher, weil ich so viele Indianerbücher lese.
[Applaus]
[20 sec. Panflötenmusik]
[allgemeines Gemurmel)

3.3 Analytische Betrachtung der Reflexion

Die Schülerin Maike adressiert zunächst ihren Reflexionstext an ein Publikum: „ach hallo, da seid ihr ja." Diese Formulierung ist für den Beginn des Reflexionstextes in der Lerngruppe eingeführt. Die Imagination eines Publikums, für das die Reflexion geschrieben wird, soll es den Kindern erleichtern, beim Schreiben der Reflexion, die in Einzelarbeit gefertigt wird, einen Metablick auf ihr eigenes Tun zu werfen.

Maike macht im nächsten Schritt ihren persönlichen Zugang und ihre Motivation zum Thema deutlich: ihre Bewunderung für Menschen, die ohne „Errungenschaften der Technik" wie z. B. Autos leben oder lebten, denn Maike merkt an, dass nur noch wenige Indianer ohne Auto leben würden. Sie selbst würde auch gerne so leben. Sie hatte im Rahmen des Themas „Ich begegne der Natur" hier auch die freie Wahl und kann solch ein für sie emotional besetztes, wichtiges Thema wählen.

Ihre Themenwahl wirkt sich auf die äußeren Arbeitsbedingungen aus, denn Maike ist nicht die einzige mit diesen Interessen: auch Claudia wählt das Thema Indianer und Maike steht vor einem Interessens- und Abgrenzungskonflikt. Sie hat verschiedene Handlungsspielräume: ginge sie die Kooperation mit Claudia ein, hätte sie damit eine ältere, erfahrene Mitschülerin als Kooperationspartnerin an ihrer Seite. Dies setzt aber voraus, dass sie sich deren Thema und Geschichte anschließen und Kompromisse hinsichtlich ihres eigenen Zugangs zum Thema machen müsste. Sie reflektiert über die Handlungsoptionen und entscheidet sich gegen die Kooperation und damit für ihren eigenen Themenzugang. (Sie geht aber dennoch eine Kooperation mit Claudia ein, indem sie sie bittet, mit ihr und ihrem Bruder das Trommelstück einzuüben und vorzuspielen.)

Nachfolgend betrachtet sie ihre fachlichen Lernfortschritte und befindet sich damit auf der metakognitiven Ebene: ihre Wortwahl in der Geschichte war stellenweise zu umgangssprachlich, worauf sie eine Rückmeldung der Lehrerin erhält, dies zu korrigieren. Sie reflektiert damit zugleich ihre äußeren Lernbedingungen, nämlich das prozessbegleitende, hilfreiche Feedback der Lehrerin.

Anschließend geht es um ihre intrapersonalen und motivationalen Arbeitsbedingungen: sie hat die Arbeit „aus dem Bauch heraus geschrieben", das impliziert ein relativ problemloses, unbeschwertes Herangehen an die Aufgabe, das nach ihren Angaben mit viel Freude verbunden ist. Dennoch hat sie Probleme damit, einen guten Anfang der Geschichte zu finden, hier verknüpfen sich fachliche Dimension und persönliche Arbeitsbedingungen. Das Problem wird von ihr nur benannt, aber nicht weiterverfolgt. So bleibt unklar, ob sie mit dem Anfang ihrer Geschichte noch unzufrieden ist oder ob sie das Problem gelöst hat. Sie springt zurück zu den äußeren Arbeitsbedingungen, indem sie beschreibt, dass sie an ihrem Schreibtisch bei Sonnenschein gearbeitet hat. Eine Wertung dieser Arbeitsbedingungen bleibt wiederum aus. Die folgenden Darstellungen sind der motivationalen Ebene zuzuordnen: sie benennt ihre eigenen Stärken, bzw. das in ihren Augen Gelungene der Arbeit: die Formulierung des Textes, die Präsentation und Auswahl der Musik. Übergreifende Kriterien, die das Gelungene konkretisieren würden, führt sie jedoch nicht an. Es folgt wieder eine Reflexion der äußeren Arbeitsbedingungen: sie bedankt sich bei zwei Personen, die sie mit Material versorgt haben.

Anschließend wendet sie sich wieder der metakognitiven Ebene zu und nimmt einen Abgleich der selbst gesetzten Ziele und ihrer Erreichung vor: sie wollte die Abschnitte der Geschichte „Einleitung", „Hauptteil" und „Schluss" in ein Gleichgewicht bringen, da sie mit diesem Punkt in der Vergangenheit unzufrieden war. Es bleibt hier jedoch unklar, ob diese Unzufriedenheit von einem internen oder externen Feedback initiiert wurde. Mit der (Selbst-)Bewertung zeigt sie sich noch unsicher: sie sagt, sie glaube, das sei ihr nun gelungen. Hier braucht sie anscheinend ein externes Feedback oder sie schützt sich mit der vorsichtigen Formulierung vor einer Fehleinschätzung ihrer selbst und der darauf folgenden Kritik durch MitschülerInnen oder Lehrkräfte. Sie schließt mit einer allgemeinen Stellungnahme zu ihrer Leistung und der Betonung einer besonderen Stärke und ihrer Ursache.

Zusammenfassend zeigt sich, dass vor allem äußere Arbeitsbedingungen, motivationale und metakognitive Bereiche beschrieben werden. Kognitive Bereiche und eine Bewertung der Bedingungen finden nicht oder nur in Ansätzen statt.

3.4 Kommentare zur Reflexion aus der Lerngruppe

An die Präsentation schließt sich ein Gespräch mit der Lerngruppe und drei Lehrerinnen an, in dem Maike Rückmeldungen zu ihrer Präsentation erhält. Nachfolgend werden aus dem etwa 10-minütigen Gespräch nur die Beiträge dargestellt, die sich auf die Reflexion beziehen. Um einen Eindruck vom Charakter des Gesprächs zu erhalten, werden jedoch die ersten Beiträge einleitend dargestellt.

```
Frau Müller:   Jetzt geht es zu unserer Feedbackrunde. Du bist
               jetzt die erste, die was sagen kann. Vielleicht wie's dir
               ergangen ist, wie du dich fühlst jetzt.
Maike:         Ja, ich fühl mich gut eigentlich.
Frau Müller:   Möchtest du die Kinder drannehmen, die was
               sagen möchten oder soll das jemand anders machen
Maike:         Ja, ich kann das machen.
[…]
```

Helena:	Also, ich fand deinen Vortrag schön, auch wie ihr da zu dritt getrommelt habt, und auch, was du da aufgebaut hast und auch, dass du dich ein bisschen verkleidet hast.
Maike:	Danke.
Leo:	Also, ich fand das auch schön mit dem Trommeln und ich fand die Namen auch lustig, Glücksbaum und so, und du hättest noch ein bisschen mehr betonen sollen, manchmal 'nen bisschen stockend.

[Es folgen vier weitere positive Kommentare von MitschülerInnen zum Blickkontakt beim Vorlesen, der Spannung der Geschichte und dem Trommeln.]

Maike:	Danke. Ja?
Pia:	Also, mir hat deine Geschichte auch gut gefallen, also ich war so richtig in die Geschichte so richtig vertieft und konnte mir so alles vorstellen, als wenn ich irgendwie dabei wäre und mir hat dein Reflexionstext auch so gut gefallen, weil der irgendwie, der war nicht so wie alle anderen, weil ich fand, der war so ganz persönlich, dass du auch z.B. so na ja, oder so deine richtigen Gefühle so beschrieben hast und das hat mir bei deinem Reflexionstext gefallen.
Maike:	Danke. Felix?

[Es folgt ein Schülerkommentar zum Trommeln.]

Maike:	Danke. Frau Lehmann.
Frau Lehmann:	Wir kennen uns ja schon sehr lang und ich hab dich als kleines, schüchternes Schulkind (...) kennen gelernt und ich bin unwahrscheinlich beeindruckt, wie selbstbewusst du geworden bist wie du gewachsen bist an (...) (Schulwesen?) und was du für eine wunderschöne Geschichte du geschrieben hast und auch vorgetragen das mit dem Schreiben war ja vorher auch nicht das Problem, aber wie du das geschafft hast, heute so eine wundervolle Atmosphäre zu schaffen – du hast wirklich an alles gedacht. Du hast an einen schönen Raum gedacht, du hast dich selbst verkleidet, die Musik miteinbezogen, das ist ein ganz, ganz tolles Erlebnis für mich heute, war das, was du gemacht hast. Was mir auch gefallen hat, ist die Reflexion, dass du ganz ehrlich mit dir umgegangen bist, das ist dir noch besser gelungen als das letzte Mal (...) wo du auch die Namen erwähnt hast (...) ganz viel Phantasie dahinter sich so was auszudenken (...) also, ganz ganz große Klasse.
Maike:	Danke.

[Es folgt ein Schülerkommentar zur Art der Geschichte.]

Maike: Danke. Frau Müller?

Frau Müller: Was mir sehr gut gefallen hat, Maike, ist, dass du wirklich sehr viele Indianergeschichten gelesen haben musst oder zumindest einige sehr tief beeindruckende und so von außen ist das in dich reingegangen, du hast die Bücher richtig verarbeitet und du hast jetzt wieder eine Geschichte herausgebracht. Wie man so richtig sagt: Bücher herausbringen, Texte herausbringen. Das fand ich schön. Weil da waren auch so viele Weisheiten in deiner Geschichte, von der großen Verbundenheit, so einer richtigen Verbundenheit, so eine tiefe Verbundenheit und man hat den Eindruck, du weißt genau, wovon du sprichst. Das hat mich sehr beeindruckt. Und die Reflexion, ähm, fand ich gut, die war auch gut wegen der Zielformulierung. Du hast gefragt, du hast nochmal gesagt, welches Ziel hattest du, und auch, ob du es erreicht hast.

Maike: (zustimmend) mhm, Danke.

[Es folgen zwei weitere Kommentare zur Musik, dem Trommeln und dem Aufbau der Geschichte.]

Maike: Danke.

Frau Hartmann: Ich fand es auch sehr schön. Aber es wurde schon alles gesagt. Eine Stelle hat mir auch gut gefallen in dem Reflexionstext, wie du auch geschrieben hast, wie du gearbeitet hast, dass es am Anfang auch nicht alles so einfach war, die Frage, machst du jetzt mit Claudia oder nicht oder, und wie du dich immer wieder neu entschieden hast, das hat dich so ein bisschen zerrissen, denn ist ja ganz oft bei vielen Kindern dann die Frage, arbeite ich mit einem Freund zusammen oder nicht, und dann sich zu entscheiden, ich mache es jetzt doch allein. Und das hat jetzt so super geklappt, ja.

Maike: Danke.

Peter: Ich fand das gut, was ich schon gesagt habe und ich fand die Geschichte so gut, ich fand es schade, wo sie zuende war und als du den Reflexionstext vorgelesen hast, da kam man wieder in die richtige Welt.

[Gemurmel (u.a.: das stimmt, ja), leichtes Gelächter]

Frau Müller: Vielleicht können wir mit diesen schönen Gedanken von Peter auch einfach abschließen, wenn du nicht

	noch was sagen möchtest, Maike, denn das war so ein schöner Gedanke von Peter, dass es einfach auch so rund wäre, wenn wir damit dann auch beenden. Ja?
Maike:	mhmh (zustimmend)
Frau Müller:	ok! Dann machen wir noch mal einen Riesenapplaus für Maike.

[Applaus]

3.5 Zur Analyse des Gesprächs in der Lerngruppe

Die Beteiligten beziehen sich auf verschiedene Weise auf Maikes Reflexion:
Pia, eine Mitschülerin aus dem 6. Schulbesuchsjahr, geht als erste auf den Reflexionstext ein:
Sie betont die individuell-persönliche Art der Reflexion und den emotionalen Charakter. Sie spricht dabei von „richtigen Gefühlen" und bestärkt Maike implizit damit positiv, eine authentische Reflexion zu verfassen und nicht sozial erwünscht zu reflektieren. Die Wertschätzung der Gefühlsäußerung stellt zugleich einen sensiblen Umgang mit den persönlichen Bereichen der Reflexion dar. So wird sie zugleich bewertet, aber nicht verurteilt.

Der nächste Kommentar zur Reflexion kommt von der Lehrerin, Frau Lehmann. Sie bezieht sich wie Pia auch auf die authentische Selbstreflexion. Sie setzt sie in einer individuellen Bezugsnorm in Beziehung mit der Reflexion einer vorherigen Portfolioarbeit und stellt heraus, dass die aktuelle Reflexion noch besser gelungen sei, als die vorherige. Kriterien, die das Gelungene der Reflexion konkretisieren, nennt sie jedoch nicht.

Als dritte äußert sich die Klassenlehrerin, Frau Müller, zu der Reflexion:
Sie eröffnet ein neues Thema und bezieht sich auf die metakognitive Ebene der Reflexion, genauer die Zielabgleichung. Sie stellt positiv heraus, dass Maike eine Zielsetzung für einen Teil der Portfolioarbeit hatte, diese auch genannt hat und darüber nachgedacht hat, ob sie ihr Ziel erreicht hat.

Ein weiterer Kommentar erfolgt von der Lehrerin Frau Hartmann:
Sie betont positiv, dass Maike über Probleme bei der Arbeit berichtet hat, in diesem Fall die Verquickung von ihren persönlichen Interessen mit den äußeren Arbeitsbedingungen, durch die doppelte Wahl des Themas. Sie äußert Verständnis für den inneren Konflikt sich zwischen der Kooperation mit einem befreundeten Kind und dem Verfolgen der eigenen Interessen entscheiden zu müssen, in dem sie es als häufig vorkommendes Problem bei Kindern bezeichnet. Sie benennt positiv, dass Maike sich für die Einzelarbeit entschieden hat.

Der letzte Kommentar kommt von Peter, der im 4. Schulbesuchsjahr ist. Er bezieht sich stärker auf die Arten bzw. Wirkungen der Texte und unterscheidet mit dem Indianertext und dem Reflexionstext zwei Phasen der Präsentation: die Geschichte über das Indianermädchen als eher literarischer Text mit Sachtextanteilen nimmt ihn gefangen und versetzt ihn in eine andere Welt, aus der ihn der Reflexionstext als nicht-literarischer Funktionstext wieder zurück in die „richtige Welt" führt. Peter benennt damit implizit die beiden grundlegenden Leistungen der Portfolioarbeit, einerseits die sachliche und literarische Auseinandersetzung mit dem Thema, hier Indianer, und andererseits die reflektierende Auseinandersetzung mit dem eigenen Tun. Sein Beitrag wird von der Klassenlehrerin als Schlusswort der gesamten Präsentation genutzt und sie schließt das Gespräch, nachdem sie Rücksprache mit Maike hält und ihr das letzte Wort anbietet, das diese jedoch ablehnt.

Zusammenfassend zeigt sich, dass sowohl SchülerInnen als auch Lehrkräfte Bezug auf die Reflexion nehmen. Dabei beziehen sich die SchülerInnen vornehmlich auf die Authentizität der Reflexion. Dies wird auch von den Lehrkräften positiv bestärkt, sie wenden sich außerdem den genannten Arbeitsbedingungen und dem Bereich der metakognitiven Fähigkeiten zu. Der Bereich der kognitiven Fähigkeiten, also die Reflexion von Methoden und Strategien zur Aufgabenbearbeitung erhält auch hier keinen Raum. Dies ist interessant, zumal die Schülerin es als ihr Ziel sieht, die Teile der Geschichte in Einklang zu bringen und einen Spannungsbogen zu erhalten. Gelegenheiten im Gespräch daran anzuknüpfen und darüber zu reflektieren, wie es der Schülerin denn nun gelungen sei, die Teile gleich zu gewichten und den Spannungsbogen zu halten, werden nicht aufgegriffen und weiterverfolgt. Insgesamt fällt auf, dass sehr wertschätzend über die Reflexion gesprochen wird und erwünschte Bereiche positiv bestärkt werden.

4 Abschließende Betrachtung

In den theoretischen Ausführungen dieses Beitrages wurde gezeigt, dass sich Reflexionen im Kontext selbstregulierten Lernens auf kognitive, metakognitive und motivationale Bereiche sowie äußere Lernbedingungen beziehen sollte. Zudem sollte eine Reflexion authentisch und nicht sozial erwünscht erfolgen. Das Beispiel der Reflexion über eine Portfolioarbeit und das anschließende Gespräch zeigen, dass in diesem Fall der Reflexion kognitive Bereiche außeracht gelassen wurden, obwohl die Zielsetzung der Arbeit sich auf die Verbesserung der Aufgabenbearbeitung bezog. Insgesamt fällt die Reflexion sehr deskriptiv aus, die Lernbedingungen werden kaum gewertet. Im folgenden Gespräch wird vor allem die Authentizität der Reflexion positiv gewürdigt. Während die wertschätzende Haltung der Schülerin und ihrer Arbeit gegenüber positiv zu bewerten ist, gibt es in diesem Beispiel doch deutliches Entwicklungspotential. So könnte die Schülerin stärker dazu angehalten werden, über ihre Art der Aufgabenbearbeitung nachzudenken, um den kognitiven Bereich der Reflexion zu stärken und ihre Arbeitsbedingungen nicht nur zu beschreiben, sondern auch zu bewerten. Ein strukturierter Leitfaden mit Fragen, die sowohl zum Beschreiben als auch zum Bewerten der Bedingungen und Entwicklungen anregen, könnte hier ggf. unterstützend wirken. So könnte der kognitive Bereich und damit auch die fachlichen Inhalte z. B. mit den Fragen „Wie hast Du Dein Ziel erreicht?", „Woran stellst Du fest, dass Du es erreicht hast?" (hier konkret: „Wie hast Du es geschafft, dass die drei Teile der Geschichte im Gleichgewicht sind?") gestärkt werden. Der metakognitive Bereich würde vertieft, wenn die Frage „Wo hast du gearbeitet" um die Frage „War es ein guter Platz zum Arbeiten? Warum?" ergänzt würde. Mit Blick auf die Förderung selbstregulierten Lernens könnte die Reflexion so noch gehaltvoller werden, da die Bewertung der Arbeitsbedingungen bzw. der kognitiven, metakognitiven und motivationalen Bereiche Entscheidungshilfe bei der Auswahl zukünftiger Handlungsoptionen sein kann.

Mit Blick auf diese Entwicklungspotentiale ist aber auch zu berücksichtigen, dass das Beispiel aus der Anfangsphase eines Schulversuches stammt, in der erst noch Erfahrungen mit der Portfolioarbeit und den dazugehörigen Reflexionen gesammelt wurden.

Literatur

Boekaerts, M., P.R., Pintrich, M. Zeidner (Eds.) 2000. *Handbook of selfregulation*. San Diego: CA: Academic Press.

Brouër, B. 2007. Portfolios zur Unterstützung der Selbstreflexion – Eine Untersuchung zur Arbeit mit Portfolios in der Hochschullehre. In *Lernprozesse dokumentieren, reflektieren und beurteilen*, hrsg. M. Gläser-Zikuda, T. Hascher, 235-265. Bad Heilbrunn: Klinkhardt.

Brown, A. L., A.S. Palincsar. 1989. Guided cooperative learning an individual knowledge acquisition. In *Knowing, learning and instruction*, hrsg. L.B. Resnick, 393-451. Hillsdale: Erlbaum.

Brunner, I., E. Schmidinger. 2000. *Gerecht beurteilen. Portfolio: die Alternative für die Grundschulpraxis*. Linz: Veritas.

Brunstein, J., N. Spörer. 1998. Selbstgesteuertes Lernen. In *Handwörterbuch Pädagogische Psychologie*, hrsg. D.H. Rost, 622-628. 2. überarb. Aufl., Psychologie Verlags Union: Weinheim

Friedrich, H. F., H. Mandl. 1997. Analyse und Förderung selbstgesteuerten Lernens. In *Psychologie der Erwachsenenbildung* hrsg. F. E. Weinert, H. Mandl, 237-293. Göttingen: Hogrefe.

Gläser-Zikuda, M., T. Lindacher. 2007. Portfolioarbeit im Unterricht – praktische Umsetzung und empirische Überprüfung. In *Lernprozesse dokumentieren, reflektieren und beurteilen*, hrsg. M. Gläser-Zikuda, T. Hascher, 189-204. Bad Heilbrunn: Klinkhardt.

Grittner, F. 2007. Leistung im Anfangsunterricht Sachunterricht. In *Sachunterricht im Anfangsunterricht*, hrsg. E. Gläser, 208-221. Baltmannsweiler: Schneider Verlag Hohengehren.

Grittner, F. 2010. *Leistungsbewertung mit Portfolio in der Grundschule*. Eine mehrperspektivische Fallstudie aus einer notenfreien sechsjährigen Grundschule. 2. durchgesehene Aufl., Bad Heilbrunn: Klinkhardt.

Häcker, T. 2006. Vielfalt der Portfoliobegriffe. Annäherungen an ein schwer fassbares Konzept. In *Das Handbuch Portfolioarbeit. Konzepte – Anregungen – Erfahrungen aus Schule und Lehrerbildung*, hrsg. I. Brunner, T. Häcker, F. Winter, 33-39. Velber: Kallmeyer.

Häcker, T. 2007. *Portfolio – ein Entwicklungsinstrument für selbstbestimmtes Lernen*. 2. überarb. Aufl. Baltmannsweiler: Schneider Verlag Hohengehren.

Jürgens, E. 2005. *Leistung und Beurteilung in der Schule*. 6. aktual. u. erw. Aufl., Sankt Augustin: Academia.

Klafki, W. 1994. *Neue Studien zur Bildungstheorie und Didaktik: zeitgemässe Allgemeinbildung und kritisch-konstruktive Didaktik*. 4. durchgesehene Aufl., Weinheim, Basel: Beltz.

Paulson, F. L., P.R. Paulson, C.A. Meyer. 1991. What makes a portfolio a portfolio? *Educational Leadership*, 48, 60-63.

Rihm, T. 2006. Täuschen oder vertrauen? Hinweise für einen kritischen Umgang mit Portfolios. In *Das Handbuch Portfolioarbeit. Konzepte – Anregungen – Erfahrungen aus Schule und Lehrerbildung*, hrsg. I. Brunner, T. Häcker, F. Winter, 53-59. Velber: Kallmeyer.

Vierlinger, R. 2002. Die kopernikanische Wende in der schulischen Leistungsbeurteilung. *Grundschule*, 34, H. 6, 22-24.

Wahrig-Burfeind, R. 2001. *Wahrig Fremdwörterlexikon*. Gütersloh: Bertelsmann Lexikon Verlag.

Weinert, F. E. 1982: Selbstgesteuertes Lernen als Voraussetzung, Methode und Ziel des Unterrichts. *Unterrichtswissenschaft*, 2, 99-110.

Weinstein, C. E., J. Husman, D.R. Dierking. 2000. Self-regulation interventions with a focus on learning strategies. In M. Boekaerts, P. R. Pintrich, M. Zeidner (Eds.), *Handbook of selfregulation*. 728-749. San Diego: CA: Academic Press.

Winter, F. 2014. *Leistungsbewertung. Eine neue Lernkultur braucht einen anderen Umgang mit den Schülerleistungen*. 6. unveränderte Aufl., Baltmannsweiler: Schneider.

Selbsteinschätzung in Lehrer-Schüler-Eltern-Gesprächen

Marina Bonanati

Zusammenfassung

Im Zentrum der in diesem Beitrag thematisierten Studie steht die Analyse schulischer Gespräche, an denen eine Lehrperson, eine Schülerin/ein Schüler sowie deren/dessen Eltern teilnehmen. Sogenannte *Lernentwicklungsgespräche* sind als Gespräche *über* Lernen konzipiert und werden als solche im folgenden Beitrag reflektiert. Im Mittelpunkt steht dabei die Selbsteinschätzung der beteiligten Schüler/innen, da in dieser Phase deren Partizipation sowie der Gesprächsgegenstand ‚Lernen' strukturell verankert sind. Exemplarisch wird rekonstruiert wie die Lernentwicklung eines Schülers konstruiert wird.

1 Einleitung

Lernentwicklungsgespräche (LEG) sind u. a. im Hamburger Schulsystem verankerte Gespräche, die mindestens einmal jährlich zwischen einer Klassenlehrerin[1], einer Schülerin/einem Schüler sowie deren/dessen Eltern durchgeführt werden (vgl. APO-GrundStGy Hamburg § 7). Die Gespräche dauern 15-30 Minuten und werden schriftlich dokumentiert. Anlass und zentraler Gegenstand eines Lernentwicklungsgesprächs sind der Lernprozess und die Lernleistungen eines/r Schüler/in. Im Gegensatz zu traditionellen Elternsprechtagsgesprächen ist die Teilnahme der Schüler/innen und ihrer Eltern konzeptionell verankert und deren Partizipation an der Leistungsbeurteilung und Lernentwicklungsplanung gefordert (vgl. BSB Hamburg 2012, S. 39).

---

1 Da in den vorliegenden Daten ausschließlich Lehrerinnen die Lernentwicklungsgespräche führen, wird teilweise nur die weibliche Form verwendet.

Für die Struktur der Gespräche aus dem vorliegenden Datenkorpus ist kennzeichnend, dass sie erstens die retrospektive Betrachtung der Lernentwicklung des vergangenen Schulhalbjahres aus der Perspektive aller Gesprächsteilnehmer/innen sowie zweitens die gemeinsame Planung des kommenden Halbjahres (Festlegen von Lernzielen) vorsieht.

Programmatisch wird das Verhältnis der beteiligten Personen als „Lernpartnerschaft" (vgl. u. a. Bondick et al. 2009, S. 25) bezeichnet und das Gespräch mit Schlagworten wie „symmetrisch" (vgl. Xylander/Heusler 2007) oder „auf Augenhöhe" (vgl. Beier 2011) charakterisiert. Bereits die triadische Interaktionskonstellation und die institutionelle Rahmung deuten jedoch auf asymmetrische Verhältnisse hin. Erstens sind die Erwachsenen (die Klassenlehrerin, teilweise auch Förderlehrer/in oder Sozialpädagogin sowie mindestens ein Sorgeberechtigter) dem Kind zahlenmäßig überlegen und zweitens nimmt die Lehrerin eine besondere Rolle ein, da sie die Gespräche organisiert und leitet.

Die hier vorgestellten Analysen stammen aus einer Studie, die sich der *ethnomethodologischen Forschungsperspektive*[2] verpflichtet fühlt. In Anlehnung an die Perspektive von Breidenstein/Tyagunova (2012, S. 392) geht es nicht etwa darum zu überprüfen, welche Wirkung die Gespräche haben oder inwiefern die Gesprächspraxis ihrer Programmatik entspricht, sondern vielmehr darum zu fragen, wie situativ Ordnungen und Kategorien hergestellt werden, die im Alltag von den Beteiligten in der Regel nicht hinterfragt werden.

Der vorliegende Text fokussiert die *Selbsteinschätzungs*phase in Lernentwicklungsgesprächen. Zunächst wird die Bedeutung, die der Selbsteinschätzung für das (selbstständige) Lernen zugeschrieben wird sowie Ergebnisse empirischer Forschung diskutiert (Kapitel 2). Kapitel 3.1 skizziert den methodischen Zugang zum Material. Anhand der Selbsteinschätzung des Schülers Fari[3] wird dann rekonstruiert (Kapitel 3.2), wie die Lernentwicklung des Jungen konstruiert wird. Der Beitrag wird durch ein Resümee abgeschlossen (Kapitel 4).

---

2 Zur ethnomethodologischen Forschungsperspektive vgl. Bergmann 2008; Breidenstein/Tyagunova 2012 sowie den Kasten „Ordnungen" in diesem Beitrag.
3 Um die Anonymität der beteiligten Personen zu wahren, verwende ich ausschließlich Synonyme.

2 Schülerselbsteinschätzung im erziehungswissenschaftlichen Diskurs

Zentrale Begründung für die Aufforderung zur Selbsteinschätzung ist, dass Schülerinnen und Schüler im Rahmen eines individualisierten Unterrichts[4] Verantwortung für ihr Lernen übernehmen sollen.

Schülerselbsteinschätzung

Mit Verfahren der Selbsteinschätzung soll der Blick der Schüler/innen auf den eigenen Lernprozess, die individuellen Lernstrategien und Leistungen gelenkt werden. Dadurch sollen Selbstbewertungskompetenzen gefördert und das Lernen positiv beeinflusst werden.

Die Förderung der Selbstbewertung fällt in den Bereich der Selbstkompetenz, welche definiert wird „als Fähigkeit für sich selbst verantwortlich handeln zu können" (Bartnitzky 2007, S. 6 zit. n. Roth 1971). Bereitschaft und Fähigkeit, Verantwortung zu übernehmen und den Lernprozess zu regulieren wird als Grundlage des selbstständigen Lernens im individualisierten Unterricht verstanden. Durch die Wahrnehmung und kritische Reflexion des eigenen Lernprozesses werden Einsichten in Lernprozesse und -ergebnisse erwartet, um Lernbedingungen besser klären und durch eine erhöhte Kontrolle die eigenen Lernhandlungen steuern und letztendlich positiv beeinflussen zu können (vgl. u. a. Bartnitzky 2007; Selter/Sundermann 2007; Vögeli-Montavani 2011). Verfahren der Selbsteinschätzung sind z. B. Selbsteinschätzungsbögen, Lerntagebücher und Logbücher oder Portfolioarbeit. Diese schriftlichen Verfahren können ergänzt oder gekoppelt werden mit mündlichen Verfahren, wie Lerngesprächen, Lernkonferenzen oder Reflexionsgesprächen (vgl. z. B. Vögeli-Mantovani 2011; Grittner sowie Breuning/Fischer/Wagner in diesem Band).

Neben der Bedeutung für die *Regulation des Lernens*, werden Instrumente der Selbsteinschätzung auch eingeführt, um die Beurteilung der Lernleistung durch

---

4 Hellrung (2011, S. 42) definiert individualisierten Unterricht als Setting, „[...] in dem die Heterogenität von Lerngruppen anerkannt wird (also binnendifferenziert gearbeitet wird), in dem der Gruppenunterricht zugunsten einer individuellen Bearbeitung von Aufgaben durch die Lernenden in den Hintergrund tritt und in dem eine Unterstützung der Lernenden nicht nur in Bezug auf bestimmte fachlich-inhaltliche Lernziele, sondern in Bezug auf Kompetenzerwerb und mit Blick auf ihren gesamten Lernprozess erfolgt".

eine autoritäre Person zu schwächen. Die Beteiligung von Schüler/innen am Beurteilungsprozess soll diesen transparenter machen und die Abhängigkeit reduzieren, welche durch reine Fremdbeurteilung erzeugt würde (vgl. Bartnitzky 2007). Durch die Beteiligung der Schüler/innen an der Reflexion der Lernentwicklung erhofft man sich eine *Demokratisierung der Leistungsbeurteilung* (vgl. z. B. Beutel 2010, S. 56ff).

Diese Gedanken fließen mit der Verankerung von Lernentwicklungsgesprächen in die hamburgische Schulgesetzgebung und in das normative Rahmenwerk für Schul- und Unterrichtsentwicklung ein. Unter dem Aspekt „Lernentwicklung begleiten und Leistungen beurteilen" des Orientierungsrahmens Schulqualität wird die Beteiligung von Schülerinnen und Schülern sowie Sorgeberechtigten an der Leistungsbeurteilung und Lernentwicklungsplanung gefordert (vgl. BSB Hamburg 2012, S. 39). Da im individualisierten Unterricht feste Zeitraster aufgeweicht werden und nicht mehr alle Schüler/innen parallel an der gleiche Aufgabe arbeiten, werden (neue) Formen der *Lernprozessdokumentation und -reflexion* benötigt. Nach Rabenstein (2007, S. 45-48) fungieren diese als Kontrollinstanzen. An die Stelle von Anordnung und Kontrolle der Abläufe im Unterricht durch die Lehrperson trete ein (Selbst-) Zwang zur kontinuierlichen Reflexion, dem Schüler/innen sich kaum entziehen könnten. Die Autorin versteht Reflexionen z. B. im Rahmen der Portfolioarbeit[5] als Einübung in retrospektive Sinngebungsprozesse und der *Darstellung* dieser *subjektiven Bedeutungsgehalte*. Insbesondere im *Darstellungsaspekt* ist eine Parallele zu Lernentwicklungsgesprächen zu sehen: Ebenso wie in Portfoliopräsentationen, gilt es für die Schüler/innen, sich nach außen als reflektierende und entwickelnde Subjekte zu präsentieren, indem sie ihre Lernprozesse und -produkte im Rückblick inszenieren. Auch Menzel/ Rademacher (2012, S. 84f) folgern aus ihren Analysen, dass das Subjekt durch den Einsatz von Selbsteinschätzungsbögen nur vermeintlich ins Zentrum gerückt würde: „Die individualisierte Hinwendung zu den Schülern, wie sie mit den Selbstbeurteilungen pädagogisch intendiert ist, dient vor allem der *Anpassung* der Schüler an die schulischen Normen und der Unterwerfung der Schülersubjekte unter die schulisch-pädagogische Deutungshoheit" (ebd., S. 96). Da die Schüler/innen keine Möglichkeit haben, sich authentisch zu positionieren, sondern sich in einem vorgegebenen Raster verorten müssen, habe die verordnete Selbstreflexivität vor allem die Funktion, dass Schüler/innen Selbstauskünfte hinsichtlich ihrer Positionierung zur schulischen Arbeit liefern (vgl. ebd., S. 91).

Dass die Logik von Interaktionsprozessen nicht aus den Ansprüchen an das jeweilige institutionelle Setting abzuleiten ist und entsprechend Differenzen zwischen pädagogischer Programmatik und empirischer Praxis konstatiert werden müssen, betonen Studien, die Interaktion als eigensinnige Konstruktionen verstehen und

---

5   Zur Portfolioarbeit und -präsentation vgl. Grittner in diesem Band.

entsprechend untersuchen (vgl. zum Klassenrat de Boer 2006; zur Praxis der Leistungsbeurteilung Zaborowski, Meier & Breidenstein 2011). Mit welchem methodischen Zugang sich dieser Beitrag der Eigenlogik von Selbsteinschätzungspraktiken in Lernentwicklungsgesprächen nähert, skizziert das nachfolgende Kapitel.

3 Schülerselbsteinschätzung in Lernentwicklungsgesprächen – Gesprächsanalytische Rekonstruktionen

3.1 Methodischer Zugang

Grundlage dieses Beitrages sind Gesprächsdaten, die aus einem Korpus von 40 Lernentwicklungsgesprächen stammen. Die Daten wurden erhoben, indem die Gespräche mit teilnehmender Beobachtung an zwei Hamburger Grundschulen in jahrgangsübergreifenden Klassen[6] aller Schuljahre begleitet und mit einem Audiorekorder aufgenommen wurden.

Um Selbsteinschätzungspraktiken in Lernentwicklungsgesprächen zu rekonstruieren, dient die Gesprächsanalyse als zentrale Methode. Die Verwendung des Begriffes „Gesprächsanalyse" in Anlehnung an Deppermann (2008, S. 66) verdeutlicht, dass mit den Analysen auch inhaltliche Interessen verfolgt werden und der Gesprächskontext als bedeutsam erachtet wird. So ist es möglich, die institutionelle Gesprächsform als eigenständige Sozialform mit lokal hergestellten (pädagogischen) Ordnungen zu betrachten.

Ordnungen

Teilnehmer/innen von Gesprächen zeigen sich durch ihre Äußerungen gegenseitig an, welchen Sinn sie der sozialen Situation zuschreiben, in der sie sich befinden. Durch Verknüpfung von Sinnzuschreibungen und Interpretationen dieser Zuschreibungen also der Verknüpfung einzelner Sprechakte wird Zug um Zug *soziale Ordnung* hergestellt. „Für die Ethnomethodologie ‚verwirk-licht' sich gesellschaftliche Wirklichkeit erst im alltäglich-praktischen Handeln, soziale Ordnung ist für sie ein fortwährendes Erzeugnis von Sinnzuschreibungen

---

6 In Jahrgangsübergreifenden Klassen lernen die Kinder in altersmäßig gemischten Gruppen. Das Konzept sieht vor, dass die Lernenden entsprechend ihrer Fähigkeiten und ihrer Entwicklung an unterschiedlichen Materialien arbeiten.

und Interpretationsleistungen" (Bergmann 2008, S. 527f). Ziel rekonstruktiver Verfahren wie der Gesprächsanalyse ist es, diese Sinnzuschreibungsprozesse und Interpretationen zu rekonstruieren.

Die besondere Bedeutung der Methode für kommunikative Abläufe innerhalb von Institutionen liegt darin, dass sie diese in ihrer Eigenlogik ernst nimmt (vgl. Breidenstein/ Tyagunova 2012, S. 400; Hitzler 2012, S. 12), da sie keine Strukturierungen o. ä. unterstellt, sondern die Praxis von Lernentwicklungsgesprächen in ihrem Vollzug rekonstruiert. Ziel der Studie ist es zu untersuchen, wie die Gesprächsteilnehmer/innen die Lernentwicklung einer anwesenden Schülerin/eines Schülers konstruieren und welche partizipativen Ordnungen die Gesprächsteilnehmenden in ihren Rollen als Lehrperson, Schülerin bzw. Schüler und Eltern(teil) im gemeinsamen Vollzug herstellen. Für die Analyse relevante Ausschnitte können über Gesprächsinventare identifiziert werden, da diese die Makrostruktur der Gespräche abbilden. Kernstück der empirischen Untersuchung bilden detaillierte *Sequenzanalysen*, die nachzeichnen, wie Themen gemeinsam hervorgebracht sowie prozessiert werden, und die Gesprächspraktiken[7] rekonstruieren (vgl. Deppermann 2008).

Im Folgenden steht der Gesprächsausschnitt einer Selbsteinschätzungsphase im Fokus. Das analysierte Transkript stammt aus einem insgesamt 35minütigen Lernentwicklungsgespräch, dass eine Klassenlehrerin mit ihrem Schüler Fari und dessen Vater geführt hat. In Minute 02:40 leitet die Lehrerin in die Phase der Selbsteinschätzung über. Mit Hilfe des sequenzanalytischen Vorgehens *wird untersucht, wie Faris Lernentwicklung in diesem Gesprächsabschnitt konstruiert wird*. Ein Schwerpunkt liegt hierbei auf der interaktiven Aushandlung der Inhalte sowie den wechselseitigen Positionierungen und Adressierungen. Um das spezifisch Pädagogische der Situation zu erfassen, werden Normen expliziert, auf welche die Interaktanden in ihren Darstellungen zurückgreifen.

---

7   In Anlehnung an Deppermann (2008, S. 79) werden Gesprächspraktiken als Gesprächsmethoden definiert, durch die spezifische Gesprächsprobleme und -aufgaben bearbeitet werden.

3.2 Gesprächsanalytische Rekonstruktion

3.2.1 „wo hab ich mich verBESSERT?"

Mit ihrer Einleitung weist die Lehrerin zunächst dem Schüler das Rederecht zu und fordert von ihm, mit seiner Einschätzung zu beginnen. Durch eine Fragenreihe *führt sie eine Entwicklungsperspektive ein.*

```
01    L       du du aber du WEISST ja schon wies geht,
02            du fängst AN,
03            und SAGst jetzt nochmal so;
04            was ist gut geLUNGEN hier?
05            was ist mir gut geLUNGEN im letzten halbjahr?
06            was hab ich gut HINgekriegt?
07            wo hab ich mich verBESSERT?
08            das KANN auch sich auf die jetzt zwei wochen vom neuen
              Schuljahr schon beziehen;
09            [was is mir DA gut gelungen oder nicht.]
```

In Zeile 1 spricht die Lehrerin ihren Schüler Fari mit direkter Rede (du) an. Mit ihrer Adressierung rekurriert sie auf eine gemeinsame Interaktionsgeschichte und weist das Lernentwicklungsgespräch als bekannte Situation aus. Dennoch fährt sie anschließend mit der Erläuterung des Verfahrens der Selbsteinschätzung fort (Z.2-9) und positioniert sich selbst als themensteuernde Gesprächsteilnehmerin, der die Initiierung von Gesprächsphasen obliegt – hier der Selbsteinschätzung des Schülers. Mit der Präsentation der vierfach reformulierten Leitfrage für diese Phase strukturiert sie die Antwort des Schülers vor.

Zunächst fragt die Lehrerin nach etwas, das gelungen ist und legt mit hier den schulischen Bereich fest (Z. 4). Mit Zeile 5 erfolgt ein unmarkierter Wechsel von der dritten Person zur Schülerperspektive und sie begrenzt die Darstellung des Gelungenen auf das letzte Schulhalbjahr. Die dritte Formulierung (Z. 6) fokussiert auf etwas, dass Fari gut HINgekriegt hat. Die geforderte Selbsteinschätzung soll demnach vor allem positive Aspekte enthalten. Mit der vierten Variante, die das Verb verBESSERT (Z. 7) enthält, wird eine Entwicklungsperspektive eingeführt. Fari wird als *sich zu Entwickelnder* positioniert, indem er von der Lehrerin als Person adressiert wird, von der erwartet wird, dass sie sich verbessert.

Didaktisch kann eine solche Formulierung als Unterstützungsmaßnahme gedeutet werden. Einer Interpretation von Reflexionsfragen in Selbsteinschätzungsbögen von Menzel/Rademacher (2012, S. 85) folgend, werden die diesen Formulierungen zugrundeliegenden Lehrerfragen den Schüler/innen so „als eigener Äußerungswille und damit als eigene Positionierung zum Schulischen untergeschoben" (ebd.).

3.2.2 „das i:ch (4.0) ein bisschen mehr AUFpasse,"

Eine präferierte Schülerantwort auf diese Fragen würde Positives oder Verbessertes aufgreifen. An welche Fragen schließt Fari sprachlich an und wie füllt der Schüler die unbestimmten Frageworte was und wo?

```
12      F         [also von den zwei WOchen,]
((…))
15      F         da hat sich (---) nur EINS verändert,
16                (---) das (2.0) mh: (2.0)
17                das ich während der arbeitszeit (2.0) fast nich mehr so viel
                  REDE,
18      L         mh_MH, ((nickt)) (3.0)
19      F         und, (2.0)
20                und das i:ch (4.0) ein bisschen mehr AUFpasse,
21                das ich (---) <<schnell> (n bisschen mehr AUFpasse)> auf
                  meine sachen,
22                das ich nicht immer alles verGESSE, (3.0)
```

Durch seinen überlappenden Anschluss (Z. 12) signalisiert Fari, dass er weiß worum es geht. Er greift den Verbesserungsaspekt (Z. 7) auf und interpretiert ihn als „sich verändern". Die von Fari erläuterten Handlungsweisen sind mit den schulischen Erwartungen kongruent: Er gibt an, nicht mehr so viel zu reden (Z. 17) und besser aufzupassen auf seine Sachen (Z. 20/21). Er orientiert sich somit an den Relevanzen des initiierenden Akts, sich positiv darzustellen. Seine Darstellung erfolgt allerdings in modalisierter Form (nur EINS; fast; so viel; bisschen mehr; nicht immer.) und schränkt eine positive Evaluation damit stark ein. Sein Beitrag ist außerdem durch Pausen und Abbrüche geprägt. Trotz des schnellen Anschlusses könnte dies als Unsicherheit oder Vorsicht interpretiert werden. Fari benennt nicht explizit seine Schwächen, in seiner Darstellung schwingt dieser Gegenhorizont jedoch mit und der Schüler positioniert sich so gleichzeitig selbst als (zuvor) „problematischer" Schüler. Er knüpft mit seiner Selbsteinschätzung an die *geforderte Entwicklungsperspektive an und deutet sie als Darstellung seines veränderten Arbeitsverhaltens.*

3.2.3 „mh_MH, (---) das STIMMT."

In der folgenden Sequenz *evaluiert die Lehrerin den Wahrheitsgehalt der Schüleräußerung.*

```
24   L    das MACHST du schon?
25        das du mehr AUFpasst auf deine SAchen?
26   F    ja.
27   L    ((nickt)) mh _ MH, (---)
28        das STIMMT.
29        du bist NICHT MEHR ständig am suchen,
30        wo ist mein BLEIstift,
31        und ich muss jetzt mein LOGbuch holen;
32        und °hhh das ist ja noch in meinem RANzen oder so=ne?
32        ((gestikuliert)) STIMMT,
33        schön,(2.0)
34   F    ((murmelt)) und(---)SONST hat sich nichts verändert.
```

Der Aussage des Jungen folgt eine Nachfrage der Lehrerin (Z. 24). Damit spiegelt sie ihm einerseits, wie sie ihn verstanden hat und fokussiert die Teilaussage, dass er mehr auf seine Sachen aufpasse. Andererseits prüft die Lehrerin mit dieser Frage, ob Fari seine Behauptung bestätigen kann. Inwiefern diese Veränderung einen für sie neuen Aspekt darstellt, bleibt unklar. Fari bestätigt kurz (Z. 26). In Zeile 27/28 positioniert sich die Lehrerin als Wissende, die den Wahrheitsgehalt der Schüleräußerung – auch für den Vater – evaluieren kann. Anschließend illustriert sie die Verhaltensänderung Faris anhand von Negativbeispielen, die nun nicht mehr gelten, den Schüler aber als zuvor unordentlich bzw. vergesslich ausweisen. Mit diesen, erneut in der Ich-Perspektive formulierten Beispielen, füllt sie den bis hierhin unbestimmten Begriff SAchen. Sie führt organisatorische Aspekte an, die der Vorbereitung des eigentlichen Lernens im Unterricht dienen (Z. 29-32). Da Faris Verhalten im Unterricht weder für ihn noch für seine Lehrerin neu sein dürfte, hat die Beispielnarration auch die Funktion, für den Vater zu illustrieren, wie die Einschätzung seines Sohnes einzuordnen ist. Ihren Beitrag beendet die Lehrerin mit einer positiven Evaluation (STIMMT, schön) und stärkt damit die Selbsteinschätzung des Schülers. Die Evaluation der Lehrerin könnte von den Gesprächsteilnehmern bereits als Abschluss der Selbsteinschätzung interpretiert werden. Fari übernimmt hier jedoch eine gesprächssteuernde Funktion, indem er mit der Äußerung und(---) SONST hat sich nichts verändert. seine Selbsteinschätzung abschließt.

3.2.4 „du HAST aber gesagt,"

Es folgt jedoch ein Einschub des Vaters, mit dem er eine Erweiterung der Selbsteinschätzung fordert und einen neuen Fokus setzt.

```
35    V      ((sieht Fari an)) du HAST aber gesagt,
36           (---) wenn ich das EINwerfen darf,
37           vor (-) fünf TAgen,
38           du hättest dich geÄNDERT.
```

Er widerspricht Faris Äußerung, indem er dieser eine gegenüberstellt, die sein Sohn vor einigen Tagen getroffen habe; nämlich *dass* er sich verändert habe. Seine Äußerung lässt sich so interpretieren, dass das von Fari beschriebene Verhalten noch keine hinreichende Veränderung für eine Selbsteinschätzung im Lernentwicklungsgespräch darstellt. Auch wenn die Formulierungen von Vater und Sohn auf den ersten Blick ähnlich erscheinen, so unterscheiden sie sich doch hinsichtlich ihres semantischen Gehalts: Fari referiert auf *etwas*, das sich *ver*ändert hat. Sein Vater dagegen auf ihn als *Person* (du), die sich *ge*ändert hat. In den Formulierungen ist eine Veränderung des Agens[8] festzustellen von der Sache zur Person. Strukturell hat der Einwurf für das Gespräch ein doppeldeutiges Potenzial: Einerseits kann der Beitrag als unterstützende elizitierende Maßnahme interpretiert werden, die Fari anregt, die Gesprächssituation zu nutzen, um (weitere) positive Veränderungen darzustellen. Andererseits kann die Aussage als Überprüfung gedeutet werden, ob die Aussagen, die Fari daheim getätigt hat, auch vor der Lehrerin Bestand hat. Fari gerät in einen *doppelten Rechtfertigungsdruck*. Dieser ist bedingt durch die Interaktionstriade, die eine Mehrfachadressierung[9] notwendig macht (vgl. auch Bonanati 2013).

3.2.5 „[so NERven,] (---) tu ich AUCH nich mehr fast,"

Nach dem Einschub des Vaters handeln die Gesprächsteilnehmer ein gemeinsames Verständnis des neu eingeführten Fokus aus.

---

8   Mit *Agens* ist die semantische Rolle des Urhebers bzw. Verursachers einer Handlung gemeint. Im Allgemeinen wird das Agens syntaktisch durch das Subjekt des Satzes realisiert (vgl. Er verändert die Welt. Etwas verändert die Welt) (vgl. Bußmann 2008, S. 14).

9   Unter Mehrfachadressierung wird der Umstand verstanden, dass die potenzielle Mehrdeutigkeit einer Äußerung von einem Sprecher dafür genutzt wird, um unterschiedliche Funktionen gegenüber unterschiedlichen Adressaten zu realisieren (vgl. Hartung 2001, S. 1352).

```
39  L   das !SIND! aber sachen,
40      die sich geÄNdert haben.
41  V   ja nein
42      <<schnell> das (bezog)>
43      du HAST mir ja gesagt,
44      in der KLASse,
45      du hättest dich geÄNdert.
46  F   ja=das !IST! in der klasse;=
47  V   !DAS! ist das?
48  F   ja.
49  V   achso ich dachte du
50      (da gehts) noch um NERven und äh=
51  F   =ja: also [ja.]
52  V             [QUATSCH machen (.)]
53      [<<schnell>(weil er sagt)>]=
54  F   [so NERven,] (---)
55      tu ich AUCH nich mehr fast, (---)
56      also <<:>meistens in der PAUSE mach ich das;>
57  L   [((lacht))]
58  V   [sehr gut,]
```

Zunächst wird die Intervention des Vaters zurückgewiesen, indem die Lehrerin ihm widerspricht (aber). Genau wie Fari, nimmt sie gegenständlich Bezug zu etwas (=sachen), das sich geändert habe. Die Lehrerin geht ein Bündnis mit dem Jungen ein, indem sie aufdeckt, dass beide sich an ähnlichen Relevanzen orientieren. Der Vater schließt direkt an die Lehrerin an, bestätigt sie mit ja, korrigiert dann aber direkt die Referenz nein <<schnell> das (bezog)>. Fari nun direkt adressierend (Z. 43), macht er einen intertextuellen Bezug relevant, indem er auf eine Aussage verweist, die außerhalb des Gesprächs liegt. Er ergänzt die Bezugsperson (du=Fari) um den Bezugsort in der KLASse und wiederholt seine These, Fari habe sich geändert (Z. 45). Mit diesem Kontextaufruf ist er jedoch noch nicht erfolgreich, da Fari ihm bestätigt, dass die eben aufgeführte Veränderung in der Klasse stattgefunden habe (Z. 46). Der Vater scheint an der Durchsetzung seines Themas interessiert, da er weiter nachforscht (Z. 47) und schließlich den bis dahin vage gehaltenen Gegenstand präzisiert: (da gehts) noch um NERven und äh= [QUATSCH machen (.)]. Es wird deutlich, dass mit Klasse nicht auf den Ort sondern implizit auf den Interaktionsrahmen (die Lerngruppe mit ihren Verhaltensregeln) der Veränderung verwiesen wurde. Fari unterbricht seinen Vater und greift dessen Formulierung so NERven, auf. Damit ist der „neue" Gesprächsgegenstand etabliert und *„Nerven" als weitere relevante Kategorie für Faris Veränderung ausgehandelt*. Mit dem Rederecht hat Fari auch die Möglichkeit erworben, selbst darzustellen, was sein Vater bereits angedeutet hat: In Bezug auf QUATSCH machen habe er sich geändert. Er stellt fest, dass er fast nicht mehr nerve. Auffällig ist, dass der Junge eine Differenz festmacht, zwischen nicht legitimem Nerven im Unterricht und legitimem Nerven in der Pause (Z. 56). Dies legt folgenden Schluss nahe: Fari signalisiert seinen Gesprächspartnern, dass er sich als *Person* nicht grundlegend geändert hat, aber die schulischen Anforderungen kennt und diese als *Schüler* (fast) bewältigt. Seine Darstellung wird von beiden Erwachsenen positiv ratifiziert, wobei der Vater die explizit evaluierende Sequenzposition einnimmt[10].

3.2.6 „dann hab ich es erstmal FERtig gemacht,"

Im Folgenden produziert Fari *Beispielnarrationen*[11] *um die eingeführte These zu stützen.*

```
59   F      aber nich im UNTERRICHT,
60          im unterricht sitz ich immer hier mit JASper,
61          und schreib mein LOGbuch, (5.0)
62          und DANN,
63          dann was dann sag ich mal
64          wenn jemand mich ANspricht,
65          dann SAG ich,
66          <<leicht verstellte Stimme>ja was WILLST du,>
67          dann SAG ich,
68          dann (---)
69          a=als KAMIL mich heute gefragt hat,
70          <<schneller>spielst du mit uno,>
71          hab ich geSAGT,
72          JA gleich;
73          mach erstmal mein LOGbuch °h eintrag fertig,
74          dann KOMM ich, (2.0)
75   L      ((nickt))
76   F      dann hab ich es erstmal FERtig gemacht,
77          dann bin ich gekommen als ich ALLES fertig habe.
78   L      JA=super; (4.0)
```

---

10 Für schulische Interaktion ist die *lehrer*seitige Evaluation typisch. Zum „Initiation-Replay-Evaluation" Muster vgl. Brandt in diesem Band.

11 Im Vergleich zu seinem LEG ein halbes Jahr zuvor, bringt Fari eigenständig Beispielnarrationen ein. Hier hatte die Lehrerin durch mehrfache Konkretisierungsfragen eine detailliertere Schilderung zu evozieren versucht. Im gleichen Gespräch hat sie mit einem eigenen kurzen Beispiel Faris Aussage gestützt (Z. 29-32). Beispielnarrationen sind also eine typische Praktik, um die Schülerselbsteinschätzung zu untermauern.

Fari beginnt seine Beispielreihe mit einer generalisierten Aussage zu seinem, schulischen Erwartungen entsprechendem, Verhalten im Unterricht (Z. 59-61). Mit der folgenden Aussage (Z. 64-74), die sich auf eine beispielhafte Situation bezieht (wenn jemand mich ANspricht,), stützt er die These weiter: Auch für den Fall, dass die Handlungen anderer ihn von der Arbeit abbringen, hat er eine Strategie, sich auf diese zu fokussieren. Er bringt erst seine „unterrichtsnahe" (Lern-)Tätigkeit zu Ende, um sich dann anderen (reizvollen) Aktivitäten – Uno spielen – zu widmen. Dass er dieser Verhaltensweise tatsächlich entspricht, belegt er, indem er erstens eine konkrete Episode des heutigen Tages reproduziert (Z. 69ff) und zweitens zeigt, dass sich seine „Ansagen" (Z. 71-74) gegenüber potenziellen Ablenkern mit seinem Verhalten decken (Z. 76/77). Abgeschlossen wird die Sequenz mit einer positiven Evaluation durch die Lehrerin (Z. 78), wodurch sie wieder die Gesprächssteuerung übernimmt. Der Einschub des Vaters (Z. 35-38) initiierte eine Gesprächssequenz mit folgenden Funktionen: Faris Aussage, er würde weniger nerven, wird von einer schulischen Instanz bestätigt[12] und Fari kann einen weiteren Beitrag zur Anforderung *„sich als entwickelnder Schüler darzustellen"* leisten. Gleichzeitig ist der Schüler durch die triadische Gesprächssituation, in der ein asymmetrisches Verhältnis zugunsten der Erwachsenen herrscht, einem doppelten Rechtfertigungsdruck ausgesetzt, dem er im analysierten Beispiel erfolgreich begegnet.

3.2.7 Zusammenfassung

Durch das sequenzielle Analyseverfahren, konnte ein Ausschnitt aus einem Gespräch rekonstruiert werden, das als Gespräch über die *Lernentwicklung* eines (anwesenden) Schülers gerahmt ist. Der Ausschnitt wurde als Bestandteil der Phase eines Lernentwicklungsgesprächs interpretiert, in dem die Lernentwicklung des Schülers in der Retrospektive (ko-)konstruiert wird.

Als zentraler *Gesprächsgegenstand* kristallisiert sich „Veränderung" heraus. Die lehrerseitige Initiierung der Schülerselbsteinschätzung mit der Frage nach „Gelungenem" und „Verbesserung", wird von dem Schüler Fari so interpretiert, darzustellen, dass sich „etwas verändert" habe. Die von ihm dargestellte Veränderung, bezieht sich im Gesprächsausschnitt vor allem auf die *Herstellung einer Lernordnung*. Mit Lernordnung ist gemeint, dass Fari und die Lehrerin auf Handlungen im Unterricht rekurrieren, die dazu führen, dass Fari in der Lage ist, den Anforderungen des individualisierten Unterrichts zu entsprechen. Hinsichtlich der Veränderung des Schülers Fari können unterschiedliche Bezüge rekonstruiert werden. Schüler und Lehrerin referieren auf eine sachliche Per-

---

12 Der Vater hat durch seinen Einschub eine Bewertung der positiven Verhaltensänderung seines Sohnes durch die Lehrerin evoziert.

spektive (etwas hat sich verändert), während der Vater auf personaler Ebene argumentiert (du hast dich geändert). Auch wenn sich der vom Vater initiierte Fokus durchsetzt, da Fari an das Thema „Nerven/Quatsch machen" anknüpft, vertieft er die Bedeutung von „Nerven" nicht auf der Beziehungsebene (etwa im Sinne von: ich störe andere weniger) sondern bleibt beim Kontext der Herstellung einer für den (individualisierten) Unterricht angemessenen Lernordnung. Fari wird nicht explizit als „problematischer Schüler" charakterisiert. Durch die Konstruktion von Entwicklung wird dieses Bild jedoch implizit sichtbar. Problematisches Verhalten wird sowohl durch den Schüler als auch durch die Erwachsenen fast ausschließlich über den positiven Gegenhorizont thematisiert[13].

Durch die Darstellungen der Interaktanden werden auch deren *normative Orientierungen*[14] sichtbar: Für den Vater scheint insbesondere die (positive) Gestaltung der Beziehungen innerhalb der Klassengemeinschaft relevant (andere nicht nerven), wohingegen zwischen Lehrerin und Schüler insbesondere Regeln thematisiert werden, die für das Lernen in der Gruppe bedeutsam sind (während der Arbeitszeit weniger reden). In diesem Kontext erhalten Strategien, die das eigene Lernverhalten kontrollieren (auf die geforderte Arbeit fokussieren) und eine bestimmte einzunehmende Lernhaltung (Lernaktivitäten Peeraktivitäten vorziehen) besonderes Gewicht im Gesprächsverlauf.

4 Resümee

In der Selbsteinschätzungsphase in Lernentwicklungsgesprächen soll die Lernentwicklung aus Schülerperspektive und damit die subjektive Sichtweise des Individuums in den Fokus rücken. Mit dem Verfahren der Gesprächsanalyse konnte dagegen für ein Beispiel rekonstruiert werden, dass der Beitrag des Schülers, eine angemessene Lernordnung herzustellen und aufrechtzuerhalten, als zentrales Thema ausgehandelt wird. Die rekonstruierten Inhalte scheinen exemplarisch für Lernreflexionen im Rahmen einer individualisierten Unterrichtskonzeption. Darauf verweisen Studien zum individualisierten Unterricht

---

13 Dies entspricht der von der Lehrerin in einem Interview geäußerten Haltung, das Positive zu entdecken, auszusprechen und zu würdigen, um die intrinsische Motivation der Schüler zu erhalten.

14 Mit normativen Orientierungen, sind diejenigen Normen und Kontexte gemeint, an denen sich die Gesprächsteilnehmer im wechselseitigen Prozess der Sinnzuschreibung orientieren.

die konstatieren, dass inhaltliche Aushandlungen zugunsten (lern)organisatorischer Fragen in den Hintergrund treten (vgl. u. a. Bräu in diesem Band). Mit der vermeintlich erhöhten Kontrolle des Schülers für die (Vorbereitung seiner) Lernhandlungen, erhöht sich auch die Kontrolle der Schule über die Haltung der Schüler. Auch Rabenstein et al. (2014, S. 151) resümieren im Anschluss an die Analyse eines Lernentwicklungsgesprächs, dass hier weniger die Lernziele selbst individualisiert würden. Vielmehr würde die Frage in den Verantwortungsbereich des einzelnen Schülers/der Schülerin gelegt, wie dieser/diese eine Haltung entwickeln kann, um die (gesetzten) Ziele selbstständig zu erreichen. Die vorliegenden Analysen stellen nicht nur dar, dass die Situation die Funktion hat, zu zeigen, dass die teilnehmende Schülerin/der teilnehmende Schüler um das „Wie" schulischen Lernens und anerkannten Leistungen weiß. Sie zeigen auch wie die Konstruktion der Lernentwicklung *interaktiv hergestellt* wird und dass die darin eingelagerte Normativität letztlich den Bewertungsmaßstab auch für zukünftiges Handeln des Schülers darstellt und damit sozialisatorisch wirksam sein kann. Die spezifische Funktion dieser Gesprächsphase ist, dass die Schüler/innen selbst – im Vergleich zu vorgedruckten Items auf Selbsteinschätzungsbögen (vgl. Rademacher/Menzel 2012) – die Normen und die Ausrichtung an selbiger darstellen und der Evaluation durch die anwesenden Erwachsenen unterwerfen.

Studien zur Unterrichtsinteraktion untersuchen (in-situ) die Praktiken von Lehrpersonen und Schüler/innen, die immer auch der Herstellung und Aufrechterhaltung einer Unterrichtsordnung dienen. Durch sequenzanalytische Rekonstruktionen kann die Normativität dieser Praxis aufgedeckt werden (Meseth 2013, S. 77). Anhand der Analyse von Lernentwicklungsgesprächen als Metagespräche über den Beitrag der Schüler zur Herstellung von Lern- und Unterrichtsordnungen, tritt die implizite Normativität der Beteiligten in besonderer Weise in Erscheinung. Dies konnte am Beispiel des hier vorgestellten Lernentwicklungsgesprächs mit Fari verdeutlicht werden. Die Frage, *wie* die Teilnehmer/innen an den Lernkonstruktionen partizipieren, wurde im Rahmen dieses Beitrags in den Hintergrund gerückt. Die damit zusammenhängenden Fragen, wie Orientierungen ausgehandelt und Themen gesteuert werden, stellen einen weiteren Schwerpunkt der hier vorgestellten Studie dar, in der die gemeinsame Herstellung der Situation ‚Lernentwicklungsgespräch' als pädagogische Praxis im Zentrum steht.

Literatur

Bartnitzky, Horst. 2007. *Selbst-, Sach- und Sozialkompetenz*. Frankfurt a. M.: Arbeitskreis Grundschule e.V.
Behörde für Schule und Berufsbildung, Hamburg. 22.07.2011. *Ausbildungs- und Prüfungsordnung für die Grundschule und die Jahrgangsstufen 5 bis 10 der Stadtteilschule und des Gymnasiums*.
Behörde für Schule und Berufsbildung, Hamburg. 2012. *Orientierungsrahmen Schulqualität und Leitfaden*.
Beier, Irene M. 2011. *Gespräche auf Augenhöhe. Ein Leitfaden für den Dialog zwischen Lehrern, Eltern und Schülern*. Seelze: Kallmeyer.
Bergmann, Jörg. 2008. Ethnomethodologie. In *Qualitative Forschung. Ein Handbuch*, hrsg. Ernst von Kardorff, Ines Steinke, und Uwe Flick, 118-135. Reinbek bei Hamburg: Rowohlt Taschenbuch-Verlag.
Beutel, Silvia-Iris. 2010. Im Dialog mit den Lernenden – Leistungsbeurteilung als Lernförderung und demokratische Erfahrung. In *Beteiligt oder bewertet? Leistungsbeurteilung und Demokratiepädagogik*, hrsg. Silvia-Iris Beutel, und Wolfgang Beutel, 45-60. Schwalbach/Ts: Wochenschau-Verlag.
de Boer, Heike. 2006. *Klassenrat als interaktive Praxis. Auseinandersetzung – Kooperation – Imagepflege*. Wiesbaden: VS Verlag für Sozialwissenschaften.
Bonanati, Marina. 2013. Lernentwicklungsgespräche – Gespräche über individuelle Lernprozesse? In *Individuelle Förderung und Lernen in der Gemeinschaft. Jahrbuch Grundschulforschung, Bd. 17*, hrsg. Bärbel Kopp, Sabine Martschinke, Meike Munser-Kiefer, Michael Haider, Eva-Maria Kirschhock, Gwendo Ranger, und Günter Renner, 138-141. Wiesbaden: VS Verlag für Sozialwissenschaften.
Bondick, Regine, Silke Jessen, und Heike Klamroth. 2009. Schüler und Eltern an der Reflexion der Lernentwicklung beteiligen. Das Beispiel Schüler-Eltern-Gespräch. *Pädagogik* 61 (7-8): 24-28.
Breidenstein, Georg, Michael Meier, und Katrin Ulrike Zaborowski. 2012. Die Ethnographie schulischer Leistungsbewertung – Ein Beispiel für qualitative Unterrichtsforschung. In *Qualitatives Forschen in der Erziehungswissenschaft*, hrsg. Friedhelm Ackermann, Thomas Ley, Claudia Machold, und Mark Schrödter, 157-175. Wiesbaden: VS Verlag für Sozialwissenschaften.
Breidenstein, Georg, und Tanja Tyagunova. 2012. Ethnomethodologie und Konversationsanalyse. In *Handbuch Bildungs- und Erziehungssoziologie*, hrsg. Ullrich Bauer, Uwe H. Bittlingmayer, und Albert Scherr, 387-402. Wiesbaden: VS Verlag für Sozialwissenschaften.
Bußmann, Hadumod (Hrsg.). 2008. *Lexikon der Sprachwissenschaft. Mit 14 Tabellen*. Stuttgart: Kröner.
Deppermann, Arnulf. 2008. *Gespräche analysieren. Eine Einführung*. Wiesbaden: VS Verlag für Sozialwissenschaften.
Hartung, Martin. 2001. Formen der Adressiertheit der Rede. In *Text- und Gesprächslinguistik. Ein internationales Handbuch zeitgenössischer Forschung*, hrsg. Klaus Brinker, Armin Burkhardt, Hugo Steger, Gerold Ungeheuer, und Herbert Ernst Wiegand, 1348-1354. Berlin [u.a.]: de Gruyter.
Hellrung, Miriam. 2011. *Lehrerhandeln im individualisierten Unterricht. Entwicklungsaufgaben und ihre Bewältigung*. Opladen [u.a.]: Budrich.

Hitzler, Sarah. 2012. *Aushandlung ohne Dissens? Praktische Dilemmata der Gesprächsführung im Hilfeplangespräch*. Wiesbaden: VS Verlag für Sozialwissenschaften.

Menzel, Christin, und Sandra Rademacher. 2012. Die „sanfte Tour". Analysen von Schülerselbsteinschätzungen zum Zusammenhang von Individualisierung und Kontrolle. *Sozialersinn* 79 (1): 79-100.

Meseth, Wolfgang. 2013. Die Sequenzanalyse als Methode einer erziehungswissenschaftlichen Empirie pädagogischer Ordnungen. In *Qualitative Forschungsmethoden in der Erziehungswissenschaft. Eine praxisorientierte Einführung*, hrsg. Barbara Friebertshäuser, und Sabine Seichter, 63-80. Weinheim: Beltz Juventa.

Rabenstein, Kerstin. 2007. Das Leitbild des selbstständigen Schülers. Machtpraktiken und Subjektivierungsweisen in der pädagogischen Reformsemantik. In *Kooperatives und selbstständiges Arbeiten von Schülern. Zur Qualitätsentwicklung von Unterricht*, hrsg. Kerstin Rabenstein, 39-60. Wiesbaden: VS Verlag für Sozialwissenschaften.

Rabenstein, Kerstin, Sabine Reh, Julia Steinwand, und Anne Breuer. 2014. Jahrgang und Entwicklung. Zur Konstruktion von Leistung in jahrgangsgemischten Lerngruppen. In *(Re-)Produktion von Ungleichheiten im Schulalltag. Judith Butlers Konzept der Subjektivation in der erziehungswissenschaftlichen Forschung*, hrsg. Bettina Kleiner, und Nadine Rose, 135-154. Opladen [u. a.]: Budrich.

Selter, Christoph, und Beate Sundermann. 2007. Kinder an der Beurteilung ihrer Leistungen beteiligen. Selbst- und Mitbestimmung als Ziel und Bedingung schulischen Lernens. *Grundschulmagazin* 75 (4): 29-33.

Vögeli-Mantovani, U. 2011. Selbstbeurteilung und Beurteilungsgespräche. Lernprozesse und Lernergebnisse eigenständig bewerten und kommunizieren. In *Diagnose und Beurteilung von Schülerleistungen. Grundlagen und Reformansätze*, hrsg. Werner Sacher, und Felix Winter, 251-262. Zürich: Pestalozzianum.

Xylander, Birgit, und Martin Heusler. 2007. Bilanz- und Zielgespräche. Rückmeldung und Bewertung auf Basis von Selbsteinschätzung, Logbuch und Zielvereinbarung. *Pädagogik* 59 (1-8): 18-21.

Zaborowski, Katrin Ulrike, Michael Meier, und Georg Breidenstein (Hrsg.). 2011. *Leistungsbewertung und Unterricht. Ethnographische Studien zur Bewertungspraxis in Gymnasium und Sekundarschule*. Wiesbaden: VS, Verlag für Sozialwissenschaften.

Eltern-Lehrer-Gespräche: Orte der interaktiven Aushandlung von Verantwortung

Claudia Knapp

Zusammenfassung

Wie werden die Lernentwicklung eines Schulkindes sowie mögliche Fördermaßnahmen in einem Gespräch zwischen einer Mutter und einer Lehrerin besprochen? Welche Verantwortung für den aktuellen Lernstand und die zukünftige Förderung des Kindes übernehmen sie bzw. weisen sie sich zu? Im Beitrag wird diesen Fragen empirisch am Beispiel eines „natürlichen" Eltern-Lehrer-Gesprächs nachgegangen. Gespräche werden hierbei als Orte der interaktiven Aushandlung von Verantwortungsübernahmen und -zuweisungen verstanden.

Das Gespräch und dessen Analyse machen deutlich, dass Vorsicht angebracht ist in Bezug auf die Annahme, dass Gespräche zwischen Eltern und Lehrkräften allein oder vor allem gemeinsamen Überlegungen zur Förderung des Kindes verpflichtet sind. Es geht auch – vermutlich in vielen derartigen Gesprächen – um Rechtfertigungsstrategien.

1 Einleitung

Vor dem Hintergrund einer erwünschten und forcierten Zusammenarbeit zwischen Eltern und Lehrkräften in Form von „Erziehungs- und Bildungspartnerschaften" (vgl. KMK 2013; Stange et al. 2012; BFSFJ 2005), bei denen als Bezugspunkt der Zusammenarbeit vor allem die Förderung des einzelnen Kindes stehen soll, gewinnen Gespräche zwischen Eltern und Lehrkräften zunehmend an Bedeutung. Doch gerade diese gelten als tendenziell konfliktbehaftet (vgl. Sacher 2008; Walker 1998; Ulich 1989).

Das Verhältnis von Elternhaus und Schule lässt sich als eines beschreiben, das durch gegenseitige Abhängigkeit geprägt ist und bei dem die Übergänge der Verantwortungsbereiche fließend sind (vgl. Staub 2015, S. 19f). So üben Eltern in

Deutschland einen maßgeblichen Einfluss auf die Bildungsbiografie ihrer Kinder aus (vgl. Becker und Lauterbach 2010; Baumert und Schümer 2001) und beiden Parteien obliegt ein Erziehungsauftrag (vgl. Artikel 6 (2) GG sowie Artikel 7 (1) GG).

Eltern-Lehrer-Gespräche bilden Schnittstellen zwischen den Institutionen Familie und Schule, an denen sie sich durchdringen (vgl. Busse und Helsper 2007, S. 337) und sich Eltern und Lehrkräfte „einander als verantwortlich für den schulischen Erfolg des Kindes" (Kotthoff 2012, S. 30) zeigen. Werden die schulischen Leistungen einer Schülerin bzw. eines Schülers besprochen, so werden mitunter auch die Leistungen und die Verantwortung der Lehrkräfte sowie die Leistungen und die Verantwortung der Eltern für die Schulleistungen des Kindes in den Gesprächen thematisiert (vgl. ebd.; Baker und Keogh 1995).

In den Analysen von Eltern-Lehrer-Gesprächen wird deutlich, dass die Verantwortung der Lehrkräfte bzw. die Verantwortung der Eltern kein eindeutig vorab bestimmter Sachverhalt ist. Ihre jeweilige Verantwortung wird vielmehr in den Gesprächen situativ ausgehandelt (vgl. Knapp 2015 in Vorb.).

Im Fokus meines Artikels steht *die Frage nach der Bedeutung der Verantwortungsaushandlung zwischen einer Mutter und einer Lehrerin für die Thematisierung der Förderung im Lesen.* Diese Frage diskutiere ich im Ausblick. Hierbei beziehe ich mich auf die Ergebnisse eines analysierten Gesprächsausschnittes. Der Gesprächsauszug ist einem „natürlichen" Eltern-Lehrer-Gespräch entnommen.

2 Forschungsstand, Fragestellung und methodisches Vorgehen

In diesem Kapitel werde ich zunächst das für diese Analysen zugrunde liegende Verständnis von Verantwortung näher bestimmen. Darauf folgt eine Skizzierung von Ergebnissen aus empirischen Studien, die thematisieren, ob und wie sich Eltern für die Bildung und die schulischen Leistungen ihres Kindes verantwortlich sehen und wie Eltern die gemeinsame Verantwortung mit den Lehrkräften für die Leistungen ihres Kindes erleben. Erste Analyseergebnisse von Eltern-Lehrer-Gesprächen werden anschließend im Hinblick auf Verantwortungsaushandlungen aufgeführt. Das Kapitel schließt mit den zentralen Untersuchungsfragen für diesen Artikel.

Das Wort *Verantwortung* leitet sich nach Heiß (2011) „von *verantworten* und damit von *Antwort* ab. Die *Ant-Wort* – das *Gegen-Wort* – verweist in ihrem ursprünglichen Sinn auf eine Situation, in der jemand auf gezielte Fragen bezüglich seines Handelns und Verhaltens Rechenschaft abgeben muss" (Heiß, D. 2011, S. 5; Hervorhebung im Original). Verantwortung verstehe ich in Anlehnung an Bayertz (1995) aus einem konstruktivistischen Verständnis heraus als „Verhandlungssache" (ebd., S. 16) und somit „als Ergebnis einer sozialen Konstruktion" (ebd., S. 21). Verantwortung lässt sich als „eine spezifische Deutung eines sozialen Problems und den Versuch seiner Lösung" (ebd., S. 21) bestimmen.

Verantwortung hat sowohl einen „*retrospektiven*" (Heiß, D. 2011; S. 40) als auch einen „*prospektiven*" (ebd.) Zeitbezug, d. h. eine Verantwortung kann sich sowohl auf einen in der Vergangenheit liegenden Sachverhalt beziehen als auch auf einen zukünftigen. Die „[r]etrospektive und prospektive Verantwortung stehen in einer Korrespondenzbeziehung zueinander" (ebd. S. 41), sodass eine „retrospektive Zurechnung von Verantwortung immer schon das Vorliegen einer prospektiven Verantwortung voraus[setzt]" (ebd.[1]).

Der Bedeutungsanstieg des Schulabschlusses für den späteren Berufs- und Lebenswegs erzeugt, wie die Sinus-Studie (vgl. Henry-Huthmacher und Borchard 2008) feststellt, einen „Bildungsdruck" (ebd., S. 12) bei Eltern. Gleichzeitig äußert die Mehrzahl der Eltern, dass sie wenig Vertrauen in das öffentliche Bildungssystem habe, ihre Kinder nicht ausreichend und wettbewerbstauglich gefördert sehe. Dies führt zu einer im Vergleich zu früheren Generationen gestiegenen Verantwortungsübernahme der Eltern insbesondere in den gehobenen Milieus bis in die Bürgerliche Mitte hinein, sodass Eltern sich zunehmend für die Förderung ihrer Kinder selbst zuständig zeigen und bereits ab einem frühen Alter ihrer Kinder in deren Bildung investieren (vgl. ebd., S. 12ff).

Von schulischer Seite werden zugleich Aufgaben wie z. B. die Hausaufgabenkontrolle und das Üben schulischer Inhalte verstärkt an die Eltern übertragen. Die gestiegene Zuweisung schulischer Aufgaben an die Eltern wird als mitverantwortlich für das hohe schulische Engagement der Eltern interpretiert (vgl. Henry-Huthmacher und Borchard 2008, S. 13).

Hinweise, wie Eltern ihre und die Zuständigkeit der Schule erleben, geben die empirischen Analysen von Rech (2006). Auf der Grundlage von Interviews mit

---

[1] Für eine Diskussion dieser Sichtweise und der Bezugnahmen von Heiß für seine Argumentation siehe Heiß 2011, S. 41.

Eltern, deren Kinder zum Zeitpunkt der Befragung eine Realschulklasse besuchten, kam sie zu der empirisch fundierten Einschätzung, dass sich „[d]ie Teilung des erzieherischen Auftrages zwischen Familie und Schule (…) nicht als Entlastung des Familiensystems, sondern als zusätzliche Belastung" (ebd., S. 238) darstelle. Insbesondere „Enttäuschungen [auf der Seite der Eltern (C.K.)] zeigen sich in der Mehrzahl der Fälle als Resultat einer spannungsgeladenen Verkopplungs- und Abgrenzungsfrage zwischen den Erziehungsinstanzen Familie und Schule" (ebd., S. 241).

Forschungsarbeiten, die empirisch Aushandlungen in Gesprächen untersuchen, wurden wiederholt als Forschungsdesiderat beschrieben (vgl. Baker und Keogh 1995, S. 264; Busse und Helsper 2007, S. 337). Aktuell sind einige Untersuchungen zu „natürlichen" Eltern-Lehrer-(Schüler)-Gesprächen im deutschsprachigen Raum mit unterschiedlichen Forschungsinteressen begonnen worden und erste Ergebnisse liegen vor (Kotthoff (2014; 2012), Bonanati (2015; 2013), Ackermann (2014), Knapp (2015; 2015 in Vorb.), Hauser und Mundwiler (2015 in Vorb.) und Bennewitz und Wegner (in Vorb.). Kotthoff (2012) hat in ihren Studien schulische Sprechstundengespräche untersucht und festgestellt, dass in diesem Gesprächstyp „Zuständigkeiten, Kompetenzen und Perspektiven" (ebd., S. 3) zwischen Lehrpersonen und Eltern verhandelt werden. Kotthoff (2012) kommt zu dem gleichen Ergebnis wie Baker und Keogh (1995):

„Man kann in den Gesprächen die subtile Politik des inter-institutionellen [Anm. C.K.2] Diskurses rekonstruieren, der zwar im Bezug auf einen Schüler/eine Schülerin veranstaltet wird, in dem aber Lehrerinnen und Eltern ihre eigenen Leistungen und ihre Ressourcen auf- und vorführen und ihre Perspektiven abgleichen." (Kotthoff 2012, S. 3; vgl. Baker und Keogh 1995, S. 265)

Elternhaus und Schule werden dabei meistens „als ideale Kontexte im Lichte von Leistungserwartungen" (ebd., S. 3) entworfen. Eltern stellen sich zudem häufig als Förderinstanzen ihrer Kinder dar (vgl. Kotthoff 2012, 2014).

Hier setzt nun mein Untersuchungsinteresse an. Für die Gesprächsanalyse stehen die beiden Fragen im Vordergrund:

- Wie werden die Lernentwicklung eines Schulkindes sowie mögliche Fördermaßnahmen in einem Gespräch zwischen einer Mutter und einer Lehrerin besprochen?
- Welche Verantwortung für den aktuellen Lernstand und die zukünftige Förderung des Kindes übernehmen sie bzw. weisen sie sich zu?

---

2   [Anmerkung C.K.: Mit Institutionen wird von Kotthoff (2012) auf Schule und Elternhaus referiert.]

Das empirische Material umfasst 35 Audioaufnahmen natürlicher Eltern-Lehrer-Gespräche, die an Grundschulen von vier Lehrerinnen aufgezeichnet wurden. Die hier verwandte Gesprächssequenz entstammt einer Aufnahme aus der Pilotstudie zu meiner Dissertationsarbeit „Eltern-Lehrer-Gespräche am Schulanfang – Verantwortungsaushandlungen zwischen familialen und schulischen Interessen sowie Erwartungen". Die Analyse der Gespräche erfolgt mittels des gesprächsanalytischen Inventars nach Deppermann (2001). Dieses ist durch ein sequenzanalytisches Vorgehen gekennzeichnet. Hiermit kann die situative Aushandlung von Verantwortung rekonstruiert werden.

3 Analyse der Gesprächssequenz „soo. das lesen"

Der hier ausgewählte Gesprächsausschnitt ist ein Auszug aus einem Gespräch zwischen der Klassenlehrerin (L) und der Mutter (M) der Schülerin „Stephanie". Das Gespräch fand zu Beginn des zweiten Halbjahres des ersten Schuljahres an einer Grundschule statt. Die Gesamtdauer des Gesprächs beträgt ca. 29 Minuten. Die Gesprächsstelle setzt nach sechs Minuten ein und dauert knapp 2,5 Minuten. Der folgende Transkriptabschnitt ist anonymisiert.

```
148  L:  ehe mh mh mh. ja. (.) soo. das lesen. da hat sie am
149      anfang SEHR schwer getan. ahm. jetzt geht's ein bisschen
150      besser, aber sie liest immer noch sehr langsam und in diesen
151      in diesen silben. ehm [sie liest
152  M:                       [sie liest noch so silbenmäßig
153      (während des Sprechens rhythmisches Pochen auf den Tisch)
155  L:  ja. ja.
156  M:  das hab ich schon gemerkt.
157  L:  jaa. also sie müssen wirklich jeden tag mit ihr zu hause ehm
158      üben. zehn bis fünfzehn minuten.
159  M:  ja
160  L:  da denken sie bitte dran, dass/
```

Die von der Lehrerin geäußerten Rezeptionssignale, „ehe mh mh mh" (Z 148), beziehen sich noch auf Schilderungen der Mutter, in denen die Mutter das von der Lehrerin beschriebene Arbeitsverhalten ihrer Tochter in Zusammenhang mit der Familiensituation setzt (ohne Transkript). Nach einer kurzen Pause leitet die

Lehrerin mit dem Diskursmarker „soo" (Z 148) und der knappen Ansage, „das lesen" (Z 148), zum nächsten Gesprächsthema über.

Mit skalaren Bewertungen, „SEHR schwer" (Z 149), „bisschen besser" (Z 149f), „immer noch sehr langsam" (Z 150), skizziert die Lehrerin kurz die individuelle Lernentwicklung von Stephanie beim Erlernen des Lesens. Die anfänglichen Probleme werden nicht näher beschrieben, dafür die von der Lehrerin augenblicklich gesehenen: „[S]ie liest immer noch sehr langsam und in diesen in diesen silben." (Z 150f). Die Darstellung der Lehrerin zeigt deutlich an, dass sie mit dem momentanen Fähigkeitsniveau von Stephanie beim Lesen nicht zufrieden ist.

Während die Lehrerin offenbar noch nach einer treffenden Formulierung für Stephanies Leseschwierigkeiten sucht, erkennbar an der Reformulierung in den Zeilen 150 und 151, beendet die Mutter die Beschreibung der Lehrerin. Sie zeigt sich als wissende und kompetente Mutter, die den Lernstand ihrer Tochter im Bereich des Lesens genauso wie die Lehrerin einschätzen kann. Dass sie weiß, wovon sie spricht, demonstriert die Mutter nicht nur durch die Benennung der Schwierigkeiten, sondern darüber hinaus auch durch die performative Darbietung der Schwierigkeiten in Form der akustischen Hervorhebungen. Die Lehrerin reagiert hierauf mit einer knappen zweifachen Bestätigung, worauf die Mutter erneut herausstreicht, dass ihr die Schwierigkeit des silbenmäßigen Lesens ihrer Tochter bereits bewusst war.

In diesem Gesprächsabschnitt wird die Mutter nicht nur von der Lehrerin informiert, sondern beide Gesprächspartnerinnen bringen Diagnosewissen ins Gespräch ein. Einigkeit besteht zwischen Mutter und Lehrerin sowohl im Bezug auf die Diagnose, Stephanie könne nicht so gut lesen, als auch in deren schulischer Relevanzsetzung. Während der festgestellte Lernstand der Mutter als Ausgangspunkt dient, sich als informierte Mutter zu präsentieren, nutzt die Lehrerin diesen im folgenden Redezug dazu, die Mutter auf ihre Zuständigkeit für das Lesen Üben mit ihrer Tochter hinzuweisen (Z 157, 158, 160). Mit dem einleitenden Kausaladverb „also" (Z 157) formuliert die Lehrerin eine Arbeitszuständigkeit, die von der Mutter zu erbringen sei. Die Aufgabenzuweisung an die Mutter erfolgt bestimmend („sie müssen", Z 157) und abrupt. Dass Mütter die Aufgabe haben, mit ihren Kindern Lesen zu üben, scheint für die Lehrerin eine erwartbare Norm zu sein. Da Stephanie noch nicht flüssig liest, sieht die Lehrerin die Mutter in der Pflicht und appelliert an sie, auch „wirklich" (Z 157) zu handeln. Die Äußerung der Lehrerin kann als Vorwurf interpretiert werden.

Die Mutter nimmt mit einer knappen Bestätigung die Anweisung der Lehrerin an. Während sich die vorherigen Äußerungen der Mutter mit ihrer Positionierung als informierte Mutter als Gestaltung eines gleichwertigen Verhältnisses zwischen ihr und der Lehrerin verstehen lassen, stellt die Lehrerin in diesem Redezug (Z 157f) erneut eine hierarchische Ordnung her.

Eltern-Lehrer-Gespräche: Verantwortungsaushandlungen

Im Anschluss an die Verantwortungszuweisung fordert die Lehrerin die Mutter erneut auf, das häusliche Üben auch umzusetzen: „[D]a denken sie bitte dran, dass/" (Z 160). Damit unterstreicht sie einerseits die Bedeutung des Übens, andererseits wird die Mutter als Person positioniert, die eine solche Aufgabe vergessen könnte. Das Gespräch entwickelt sich zu einer *Unterweisungssituation* für die Mutter, in der diese die Verantwortung für das Lesen Üben zugewiesen bekommt. Die Mutter soll die Rolle der häuslichen Ersatzlehrerin annehmen.

An dieser Stelle unterbricht die Mutter die Lehrerin. Der folgende Transkriptabschnitt schließt direkt an den oben aufgeführten an.

```
161  M:  da muss ich halt sehn, wenn ich spätdienst hab, bin ich ja
162      nachmittags nicht da wenn sie kommt,
163  L:  mhm.
164  M:  da muss ich das entweder der tochter aufgeben, dass die mit
165      der mal ne halb=zehn [minuten liest
166  L:                       [wo wo arbeiten sie?
167  M:  im krankehaus
168  L:  ah, ja.
169  M:  und da hab ich früh- und spät- und wochenend und da is es halt
170      immer so gewechselt ja.
171  L:  ja. ja. und wenn sie spätdienst haben und wann kommen sie dann
172      wieder?
173  M:  erst um elfe.
174  L:  ah ja. da schläft sie ja schon.
175  M:  da ist sie ja schon im bett.
176  L:  und wer bringt sie dann ins/
177  M:  die schwester oder der der mann, der tut die dann schon, die
178      fürs bad fertig machen und dann die tochter bringt sie ja dann
179      eigentlich meistens dann ins bett, weil die dann halt/
180  L:  ja. vielleicht können sie es ja mit der tochter verabreden
181  M:  =dass die dann/
182  L:  wenn se bevor sie schlafen geht, dass sie einfach so wie so
183      ein ritual einführen, ehm
184  M:  noch eh mal/
185  L:  dass sie noch mal zehn minuten, viertelstunde mit ihr liest,
186      ja?
187  M:  mhm.
```

Die Mutter entgegnet, dass ihr das tägliche Üben mit ihrer Tochter auf Grund ihrer Schichtarbeit nicht immer möglich sein werde. Dies kann als Einwand der Mutter gegen die Aufgabenzuweisung der Lehrerin interpretiert werden oder als Rechtfertigung der Mutter, warum sie das Lesen Üben nicht regelmäßig durchführen kann. Letzteres wäre ein Hinweis darauf, dass die Mutter die vorherige Äußerung der Lehrerin als Vorwurf verstanden hat. Zudem würde es anzeigen, dass die Mutter das Üben als ihre Verantwortung ansieht. Sie würde sich mit dieser Aussage als „gute Mutter" positionieren, der es nur nicht immer möglich ist, ihrer Aufgabe nachzukommen, da dies durch ihre Berufstätigkeit ein Stück weit eingeschränkt wird. Die Mutter argumentiert mit einer objektiv gegebenen Schwierigkeit. Die Lehrerin reagiert auf diese Schilderung mit einem Rezeptionssignal, „mhm" (Z 163) und damit ohne erkennbare Positionierung. Daraufhin beginnt die Mutter zwei Möglichkeiten zu entwerfen, wie – trotz der Schichtarbeit – das häusliche Üben umgesetzt werden könnte. Während sich in Zeilen 161f zwei Lesarten bezüglich der Sicht der Mutter auf ihre Verantwortung für das Lesen Lernen der Tochter anbieten, wird an dieser Gesprächsstelle (Z 164f) deutlich, dass die Mutter die Zuweisung der Lehrerin für das häusliche Lernen mit der Tochter annimmt. Die Lehrerin unterbricht die Mutter in ihren Überlegungen und schließt noch einmal bei der vorherigen Äußerung der Mutter an. Sie möchte wissen, wo sie arbeite. Auf die Nennung des Arbeitsplatzes, dem Krankenhaus, signalisiert die Lehrerin kurz ihr Verstehen. Daraufhin schildert die Mutter die wechselnden Arbeitszeiten. Die Lehrerin reagiert hierauf mit Hörersignalen. Hätte die Darstellung der sich immer wieder ändernden Arbeitszeiten auch Verständnis für die Nichtvereinbarkeit von verlässlichem Üben mit dem Beruf der Mutter nahegelegt, erfragt die Lehrerin hingegen weitere Informationen zum Arbeitsrhythmus. Der Fortgang des Gesprächs zeigt, dass die Lehrerin bei ihrer ursprünglichen Idee bleibt: Das Üben des Lesens soll zu Hause erfolgen.

Die Schilderungen der Mutter verdeutlichen erneut, dass sie das Üben nicht leisten kann, wenn sie Spätdienst hat. Die Lehrerin fragt nun gezielt nach, wer aus der Familie die Tochter zu Bett bringe.

Die Befragung durch die Lehrerin erfolgt mittels geschlossener Ad-hoc-Nachfragen, die der Lehrerin Einblicke in die Organisation der Kinderbetreuung, in die familiäre Situation und damit in den sozio-ökonomischen Hintergrund der Schülerin eröffnen. Die Mutter grenzt sich nicht ab, sondern kooperiert, indem sie bereitwillig die Fragen der Lehrerin beantwortet und damit als Auskunftgeberin fungiert.

Die Lehrerin unterbricht die Antwort der Mutter, um ihr einen Vorschlag für die Umsetzung des häuslichen Übens zu unterbreiten. Die Lehrerin schlägt der Mutter die von dieser bereits in Zeile 164 genannten Idee vor bzw. greift sie auf: Die ältere Tochter könne mit Stephanie das Lesen üben. Die Mutter versucht, an die Äußerung der Lehrerin anzuschließen, wird von dieser aber gleich wieder unterbrochen. Dies geschieht zweimal. Die Lehrerin lässt sich das Rederecht nicht nehmen.

Die Lehrerin bringt die Konkretisierung ihrer Idee, wie das häusliche Üben umgesetzt werden kann, zu Ende. Die ältere Tochter könnte „wie so ein ritual" jeden Abend zehn bis fünfzehn Minuten vor dem Schlafen gehen mit der jüngeren Schwester Lesen üben. Das ritualisierte Lesen Üben erinnert an das Vorlesen vor dem Einschlafen. Während Letzteres das Kind auf das Einschlafen einstimmen und für einen entspannten Ausklang des Tages sorgen soll, soll Ersteres der Schülerin, die noch nicht gut genug liest, eine zusätzliche Übungsmöglichkeit verschaffen. Stephanies Bereitschaft und ihre Bedürfnisse werden in dieser Gesprächssituation nicht thematisiert.

Im weiteren Gesprächsverlauf (ohne Transkript) schlägt die Lehrerin konkrete Lesematerialien für das häusliche Üben vor. Lehrerin und Mutter einigen sich darauf, dass zu Hause bereits behandelte Fibeltexte und Arbeitsblätter gelesen werden sollen.

Im letzten Teil des Segments wird gemeinsam von Lehrerin und Mutter das Thema beendet. Die Lehrerin versucht resümierend und appellierend die Annahme des täglichen Lesen Übens bei der Mutter zu sichern.

```
217   L:   ja, dann, eh, lassen sie sie da mal wieder was lesen,
218   M:   mhm.
219   L:   dass einfach dieses leeseen, ganz fleißig geübt wird. das
220   M:   jaja
221   L:   ah, mhm, jeden tag. dann, dann, sie hat das verstanden, sie
222        hat das prinzip verstanden, aber es fehlt ihr die übung. ja?
223   M:   mhm. ok.
224   L:   da müssten sie wirklich en bissel dranbleiben. jaaa, so die
225        schrift
```

Die Lehrerin wiederholt ihre Aufforderung nach „fleißigem" Üben (Z 219) und ruft durch Betonung des Wortes „leeseen" (Z 219) den Lernbereich noch einmal deutlich ins Gedächtnis. Als sie daraufhin das zweimalige „ja" (Z 220) der Mutter erhält, fordert die Lehrerin, dass das Üben täglich erfolgen solle. Die Lehrerin argumentiert, Stephanie habe das Prinzip des Lesens verstanden, jetzt fehle ihr die Übung. Damit untermauert die Lehrerin noch einmal, wie wichtig das regelmäßige Üben für Stephanie sei und appelliert indirekt an die Fürsorge der Mutter. Dahinter verbirgt sich auch die Idee einer Arbeitsteilung: Die Schule ist für das Beibringen zuständig, die Eltern für das Üben.

Über ein Rückversicherungssignal „ja?" (Z 222) fordert die Lehrerin die Redebestätigung der Mutter ein. Die Mutter signalisiert, dass sie es gehört habe und stimmt dann mit einem „ok" (Z 223) zu. Die Redebeiträge der Mutter beschränken sich auf Rezeptionssignale. Sie beansprucht keinen eigenen Redebeitrag mehr. Sie zeigt an, dass sie die Lehrerin gehört hat und die Aufgabenzuweisung bestätigt. Hierdurch wird deutlich, dass das Thema „Lesen" für die Mutter beendet ist. Gleichzeitig dient der Lehrerin dieser letzte Abschnitt als Resümee ihrer zentralen Aspekte. Die Lehrerin schließt mit der erneuten, diesmal eher die vorhergehende Schärfe relativierenden, Verantwortungszuweisung für das Lesen an die Mutter. Sie unterstreicht zunächst ihre Zuweisung mit „wirklich" (Z 224), schwächt sie aber sofort durch die darauf folgende Verniedlichung „en bissel" (Z 224) und die Verwendung des Konjunktivs ab. Die Lehrerin hat damit das ‚letzte Wort'. Direkt anknüpfend führt die Lehrerin zum nächsten Gesprächsthema, Stephanies Schrift, über.

4 Zusammenfassung

Die Zusammenfassung orientiert sich an den Analysefragen, zum einen, wie die Lernentwicklung und die Förderung in dem Gesprächsabschnitt besprochen wird, zum anderen, welche Verantwortlichkeiten für den aktuellen Lernstand und die zukünftige Förderung des Kindes zwischen Mutter und Lehrerin ausgehandelt werden.

Die Lernentwicklung im Bereich „Lesen" wird von der Lehrerin kurz beschrieben. Hierbei fokussiert sie auf die vergangenen und momentanen Schwierigkeiten, die sie bezüglich Stephanies Leselernprozesses wahrnimmt. Die Mutter bestätigt die Darstellung der Lehrerin und hebt hervor, dass ihr die von der Lehrerin benannten Schwierigkeiten ebenfalls aufgefallen seien. Welche Konsequenz die Mutter aus der Diagnose zur Behebung der Schwierigkeiten ziehen würde, bleibt im Gesprächsausschnitt offen. Unmittelbar nach den Äußerungen der Mutter weist die Lehrerin der Mutter die Zuständigkeit für das Lesen Üben zu. Sie sieht die Mutter in der Verantwortung, zukünftig für die Verbesserung der Lesefähigkeit von Stephanie zu sorgen. Da die Lehrerin die Norm unterstellt, dass das Üben zu Hause erfolgen solle, ist damit indirekt auch eine retrospektive *Schuldzuweisung* verbunden. Der bemängelte Leistungsstand von Stephanie kann implizit als nicht erbrachte Leistung der Mutter verstanden werden. Primär fordert die Lehrerin in der Gesprächsstelle die prospektive Unterstützung der Mutter für die Verbesserung der schulischen Leistungen ihrer Tochter im Lesen ein und weist ihr die Verantwortung hierfür zu.

In der *Verantwortungszuweisung* nimmt die Lehrerin eine *Trennung der Zuständigkeiten* vor. Sie unterscheidet zwischen Beibringen und Üben. Sich selbst sieht die Lehrerin für das Vermitteln neuer Kompetenzen zuständig, die Mutter für das Üben schulisch erworbener Fähigkeiten. Da Stephanie das Prinzip des Lesens (Z 221f) verstanden hat, sieht sie die Mutter in der Verantwortung, sich um die Verbesserung der Lesefähigkeit ihrer Tochter zu kümmern.

Die Mutter ordnet sich der Verantwortungszuweisung der Lehrerin unter, führt jedoch einschränkend ihre Arbeitssituation an, die ein verlässliches Üben erschwert. Die zu Beginn der Passage etablierte Situation der *Verantwortungs- und Schuldzuweisung* an die Mutter wird von der Lehrerin zu einer konkreten *Unterstützungssituation* ausgeweitet, die in der Gesprächssequenz die meiste Zeit in Anspruch nimmt. Die Beratung durch die Lehrerin erfolgt nicht auf Anfrage der Mutter. Sie zielt darauf ab, der Mutter von Stephanie direkte Umsetzungsmöglichkeiten für das häusliche Üben aufzuzeigen. Die Mutter wird bezüglich des Lesen Übens *als nicht verlässlich und auf Grund dessen als unterstützungsbedürftig konstruiert*. Wiederholt appelliert die Lehrerin in dem Gesprächsauszug an die Mutter, dass sie das Lesen mit ihrer Tochter üben solle. Die Positionierung der Lehrerin nimmt die Mutter an.

In der Gesprächssequenz handeln Lehrerin und Mutter zudem ihre *Hierarchie* aus. Während die Mutter zunächst selbstbewusst darauf hinweist, dass ihr die Schwierigkeiten ihrer Tochter beim Vorlesen bereits vor der Problematisierung der Lehrerin aufgefallen waren und sie sich hierdurch als kompetente Mutter auf Augenhöhe mit der Lehrerin darstellt, interpretiert die Lehrerin die Zusammenarbeit mit der Mutter als ein hierarchisches Verhältnis. Diese Sichtweise setzt die Lehrerin im Gespräch durch. Ihr gelingt es, in der Gesprächssequenz eine herausgehobene Position einzunehmen. So wertet die Aufforderung der Lehrerin, dass die Mutter das Lesen auch mit ihrer Tochter üben müsse, die Mutter ab. Hierdurch wird die Mutter von der Lehrerin als eine Person dargestellt, die ihrer Pflicht nicht verlässlich nachkommt. Diese Hierarchisierung wird durch die Überlegungen der Lehrerin, wie das häusliche Üben umgesetzt werden könnte, weiter verstärkt, da die Mutter als unterstützungsbedürftig positioniert wird.

In keinem Moment wird die Zuweisung des Lesen Übens an die Mutter in der Sequenz ernsthaft in Frage gestellt. Weder thematisiert die Lehrerin eine eigene Verantwortlichkeit für die Verbesserung der Lesefähigkeit der Schülerin, noch werden durch die Mutter das Lesen Üben im Unterricht sowie mögliche zusätzliche schulische Fördermöglichkeiten angesprochen. In dieser Gesprächsstelle und im gesamten Gespräch kommt es nicht zu einer Interaktionskrise, in der die Mutter die Sichtweise und *Deutungsmacht* der Lehrerin offen hinterfragen würde.

Die Macht der Lehrerin im Verlauf der Gesprächssequenz zeigt sich neben ihrer Deutungsmacht auch an ihrer *Strukturierungsmacht*[3] im Bezug auf die Ge-

---

3   Ackermann (2014) untersucht das gesprächssteuernde Verhalten von Lehrkräften in Gesprächen zwischen Eltern und Lehrpersonen. Sie verwendet in ihrer Untersuchung den Begriff der *Durchführungsverantwortung* und betont damit den Aspekt der Zuständigkeit der Lehrkräfte, die ihnen aufgrund ihrer institutionellen Aufgabe übertragen ist. Ich verwende hier den Begriff der „Strukturierungsmacht", um stärker auf den Machtaspekt in der Gesprächssituation zu verweisen.

sprächsorganisation, die von der Mutter in der Situation bestätigt wird. Zum Beispiel beendet die Lehrerin Themen und führt neue Themen ein. Sie weist der Mutter das Rederecht zu oder entzieht es ihr, in dem sie die Mutter in ihren Ausführungen unterbricht. Darüberhinaus befindet sich die Lehrerin in der situativen – jedoch nicht rechtlichen – Machtposition, der Mutter *Anweisungen* zu geben.

5 Ausblick

Die Frage nach der Bedeutung der Verantwortungsaushandlung zwischen der Mutter und der Lehrerin für die Thematisierung der Förderung im Lesen lässt zwei grundlegend unterschiedliche Lesarten möglich erscheinen.

Zum einen kann man den Ausschnitt als den Versuch der Lehrerin deuten, eine Arbeitsteilung zwischen Elternhaus und Schule etablieren zu wollen. Dieser Arbeitsteilung läge eine Trennung der Aufgaben von Beibringen und Üben zugrunde. Hierdurch würde die Verantwortung für den Leselernprozess kollektiviert werden. Aus dieser Sicht heraus würde im Gespräch primär die Förderung von Stephanie besprochen werden, die Verantwortungszuweisung für das Üben wäre der Förderung nachgestellt[4].

Zum anderen lässt sich die Gesprächssequenz als implizite Rechtfertigungsstrategie der Lehrerin verstehen. In ihr wehrt die Lehrerin von Beginn an ab, für die schwache Lesefähigkeit der Schülerin und deren Förderung verantwortlich gemacht zu werden. Durch die Argumentationsweise der Lehrerin, in der sie die Zuständigkeiten von Beibringen und Üben trennt und unterschiedlichen Institutionen zuweist, wird es ihr möglich, die Mutter bzw. die ältere Schwester der Schülerin verantwortlich zu machen. Die Überlegungen zur Förderung der Schülerin werden der Verantwortungsaushandlung nachgeordnet, was sich beispielsweise an der einseitigen Zuweisung der Förderung zeigt. In dieser Lesart dominiert die Abgabe und Zuweisung von Verantwortung für die Förderung des Lesens das Gespräch.

Nach dem Stand meiner bisherigen Analysen wird die Verantwortung insbesondere in den Gesprächen ausgehandelt, in denen unangepasstes Verhalten oder defizitäre Leistungen besprochen werden. Hierbei werden die Verantwortung für

---

4   Bezüglich dieser Arbeitsteilung sei auf zwei kritische Aspekte hingewiesen. Zum einen, dass der Erfolg der elterlichen Unterstützung bei der Hausaufgabenerstellung davon abhängt, auf welche Weise diese von den Eltern umgesetzt wird. Die elterliche Hilfe kann sich auch schädlich auf das Lernen auswirken (vgl. Niggli, A., Trautwein, U., Schnyder, I. u. a. 2007). Zum anderen, dass durch die Delegation der Förderung an die Familie die Abhängigkeit des Schulerfolges von der sozio-ökonomische Herkunft verstärkt wird.

mangelnde Leistungen oder Verhaltensauffälligkeiten und die Zuständigkeit für deren Verbesserung ausgehandelt. Rechtfertigungsstrategien zeigen sich, damit defizitäre Leistungen nicht als unzureichende Erfüllung des schulischen Auftrags oder der elterlichen Erziehung gedeutet werden. In Handlungsempfehlungen oder Gesprächstrainings bleiben Verantwortungsaushandlungen zwischen Eltern und Lehrkräften bisher unbeachtet. Durch die Analyse von „natürlichen" Eltern-Lehrer-Gesprächen wird offensichtlich, dass Eltern-Lehrer-Gespräche Orte der interaktiven Aushandlung von Verantwortung sind (vgl. Knapp 2015, Knapp 2015 (in Vorb.)). Diese Aushandlungen ergeben sich aus der beiderseitigen Verantwortung der Eltern und der Lehrkräfte für das Kind und sind damit strukturell bedingt. Eine reflexive Auseinandersetzung mit Verantwortungsaushandlungen in Eltern-Lehrer-Gesprächen erscheint für die Professionalisierung von Lehrkräften daher als sinnvoll.

Literatur

Ackermann, U. 2014. Soziale Positionierungen von LehrerInnen in der Elternsprechstunde: Zur ‚Gesprächssteuerung' im institutionellen Gesprächstyp ‚Elterngespräch'. *Freiburger Arbeitspapiere zur germanistischen Linguistik* 21. http://portal.uni-freiburg.de/sdd/fragl/copy_of_kotthoff2014.21. Zugegriffen: 08. Dezember 2014.

Baker, C., und J. Keogh 1995. Accounting for achievement in parent-teacher interviews. *Human Studies* 18: 263-300.

Baumert, J., und G. Schümer 2001. Familiäre Lebensverhältnisse, Bildungsbeteiligung und Kompetenzerwerb. In *PISA 2000 – Basiskompetenzen von Schülerinnen und Schülern im internationalen Vergleich* hrsg. J. Baumert, und E. Klieme, 323-407. Opladen: Leske + Budrich.

Bayertz, K. 1995. Eine kurze Geschichte der Herkunft der Verantwortung. In *Verantwortung: Prinzip oder Problem?*, hrsg. K. Bayertz, 3-71. Darmstadt: Wissenschaftliche Buchgesellschaft.

Becker, R., und W. Lauterbach (Hrsg.). 2010. *Bildung als Privileg. Erklärungen und Befunde zu den Ursachen der Bildungsungleichheit.* Wiesbaden: Springer VS.

Bennewitz, H., und L. Wegner (in Vorb.). „da hast du dich irgendwie gar nicht gemeldet". Die Aushandlung von Verantwortungsübernahme in Elternsprechtagsgesprächen. *Zeitschrift für Soziologie der Erziehung und Sozialisation*.

Bonanati, Marina. 2013. Lernentwicklungsgespräche – Gespräche über individuelle Lernprozesse? In *Individuelle Förderung und Lernen in der Gemeinschaft.* Jahrbuch Grundschulforschung, hrsg. B. Kopp, S. Martschinke u. a., 138-141. Wiesbaden: VS Verlag.

Bonanati, M. 2015. Partizipation in schulischen Lernentwicklungsgesprächen. In *Perspektiven auf inklusive Bildung. Gemeinsam anders lehren und lernen*, hrsg. D. Blömer, M. Lichtblau, A.-K. Jüttner u. a., 309-314. Wiesbaden: Springer VS.

Bundesministerium für Familie, Senioren, Frauen und Jungend (BMFSFJ) (Hrsg.). 2005. *Zwölfter Kinder- und Jugendbericht. Bericht über die Lebenssituation junger Menschen und die Leistungen der Kinder- und Jugendhilfe in Deutschland*. Berlin.

Busse, S., und W. Helsper. 2007. Familie und Schule. In *Handbuch Familie*, hrsg. J. Ecarius, 300-320. Wiesbaden: VS Verlag für Sozialwissenschaften.

Deppermann, A. 2001. *Gespräche analysieren*. Opladen: Leske + Budrich.

Hauser, St., und V. Mundwiler (Hrsg.) (in Vorb.). *Sprachliche Interaktion in schulischen Elterngesprächen*. Bern: hep.

Heiß, D. 2011. *Verantwortung in der modernen Gesellschaft. Grundzüge einer interaktionsökonomischen Theorie der Verantwortung*. Freiburg, München: Verlag Karl Alber.

Henry-Huthmacher, Ch., M. Borchard (Hrsg.). 2008. *Eltern unter Druck. Selbstverständnisse, Befindlichkeiten und Bedürfnisse von Eltern in verschiedenen Lebenswelten. Eine sozialwissenschaftliche Untersuchung von Sinus Sociovision im Auftrag der Konrad-Adenauer-Stiftung e.V.* Stuttgart: Lucius & Lucius.

Hessisches Sozialministerium, & Hessisches Kultusministerium. 2013. *Bildung von Anfang an. Bildungs- und Erziehungsplan für Kinder von 0 bis 10 Jahren in Hessen*. Mainz-Kastel: mww.druck und so... .

Kultusministerkonferenz (Beschluss vom 10.10.2013). Gemeinsame Erklärung der Kultusministerkonferenz und der Organisation von Menschen mit Migrationshintergrund zur Bildungs- und Erziehungspartnerschaft von Schule und Eltern. http://www.kmk.org/fileadmin/pdf/PresseUndAktuelles/2013/2013-10-10-Gemeisame_Erklaerung-KMK-Migrantenverbaende-Schule-Eltern.pdf. Zugegriffen: 17. August 2014.

Kotthoff, H. 2012. „(Un)common ground" zwischen Lehrer(inne)n und Eltern in schulischen Sprechstunden. Kulturelles Zusammenspiel in interinstitutionellen Gesprächen. *Freiburger Arbeitspapiere zur germanistischen Linguistik 2*. http://portal.uni-freiburg.de/sdd/fragl/kotthoff2012.2. Zugegriffen: 15. April 2014.

Kotthoff, H. 2014. Faul wie e Hund. Kritische Eltern in der schulischen Sprechstunde. *Freiburger Arbeitspapiere zur germanistischen Linguistik 22*. http://portal.uni-freiburg.de/sdd/fragl/kotthoff2014.22. Zugegriffen: 08. Dezember 2014.

Knapp, C. 2015. Verantwortungsaushandlungen in Eltern-Lehrer-Gesprächen. In *Perspektiven auf inklusive Bildung. Gemeinsam anders lehren und lernen*, hrsg. D. Blömer, M. Lichtblau, A.-K. Jüttner u. a., 150-155. Wiesbaden: Springer VS.

Knapp, C. 2015. in Vorb., Klinkhardt Verlag.

Rech, S. 2006. „*Wie eine andere Welt". Eine Grounded Theory-Studie zur Frage der Teilhabe von Eltern an schulischer Kommunikation am Beispiel von RealschülerInnen*. Dissertation, Johannes Gutenberg-Universität Mainz. http://ubm.opus.hbz-nrw.de/volltexte/2006/1157/pdf/diss.pdf. Zugegriffen: 10. Juni 2014.

Sacher, W. 2008. *Elternarbeit. Gestaltungsmöglichkeiten und Grundlagen für alle Schularten*. Bad Heilbrunn: Verlag Julius Klinkhardt.

Stange, W. 2012. Erziehungs- und Bildungspartnerschaften – Grundlagen, Strukturen, Begründungen. In *Erziehungs- und Bildungspartnerschaften: Grundlagen und Strukturen von Elternarbeit*, hrsg. W. Stange, R. Krüger, A. Henschel, und Ch. Schmitt, 12-39. Wiesbaden: Springer VS.

Staub, K. V. 2015. *Die Übergangsphase von der Primarstufe ins Gymnasium aus Elternsicht. Eine qualitative Studie zur elterlichen Bildungsbeteiligung*. Wiesbaden: Springer Fachmedien.

Niggli, A., U. Trautwein, I. Schnyder u. a. 2007. Elterliche Unterstützung kann hilfreich sein, aber Einmischung schadet. Familiärer Hintergrund, elterliches Hausaufgabenengagement und Leistungsentwicklung. *Psychologie in Erziehung und Unterricht*, 54: 1-14.

Ulich, K. 1989. *Schule als Familienproblem?: Konfliktfelder zwischen Schülern, Eltern und Lehrern*. Frankfurt am Main: Athenäum.

Walker, B. M. 1998. Meetings without Communication: a study of parents' evenings in secondary schools. *British Educational Research Journal* 24/2: 163-178.

Teil III
Lernen im Gespräch

Das mathematische Gespräch in Lernpartnerschaften im Mathematikunterricht

Gyde Höck

Zusammenfassung

Unter der eingangs von de Boer skizzierten interaktionistisch-konstruktivistisch orientierten Perspektive wird mit diesem Beitrag der fachbezogene Austausch unter Lernenden im Mathematikunterricht der Grundschule in den Blick genommen. Interessant erscheinen folgende Fragen: Wann wird es im Gespräch unter Grundschulkindern mathematisch? Und welche Lernchancen eröffnen sich im Rahmen der mathematischen Themenentwicklung? Um diesen Fragen nachzugehen, wird zunächst differenziert, welche verschieden gelagerten thematischen Schwerpunkte eines Gesprächs unter Lernpartnern im Mathematikunterricht der Grundschule auftreten. Anknüpfend zeigt das Beispiel der Schülerin Senna in einer Gruppenarbeit die Komplexität eines inhaltsbezogenen 'Fach'gesprächs unter Grundschulkindern mit seinen Lernchancen und -hürden. Inwieweit der mikroanalytische Blick auf Gespräche im Mathematikunterricht sensibilisieren kann für eine lernförderliche Gesprächskultur, ist abschließend zu diskutieren.

1 Grundschulkinder im Gespräch über Mathematik

Die spannende Frage ist: Wann wird es im Gespräch unter Lernpartnern tatsächlich mathematisch? Und was wird hierbei gelernt?

Gespräche, in denen über ein mathematisches Problem in Form einer im Mathematikunterricht gestellten Aufgabe verhandelt wird, werden – vor dem Hintergrund eines interaktionistisch-konstruktivistischen Lernverständnisses – vielfach als lernförderlich betrachtet (s. u. a. Brandt 2004, Brandt & Nührenbörger 2009a; Götze 2007). Indem die Lernenden sich mit eigenen Ideen in ein aufgabenbezogenes Gespräch einbringen, werden unterschiedliche Zugänge zur mathematischen Aufgabe versprachlicht und so mit anderen verhandelbar. Angestrebt wird hiermit eine

„Sprachkultur des wechselseitigen Bemühens um Verstehen und Verstandenwerden" (Götze 2007, S.1, unter Rekurs auf Bauersfeld 2002, S.12). Auf der Grundlage einer aktiven *Teilnahme* (Markowitz 1986, S.9)[1] an mathematischen Gesprächen kann sich ein tiefergehendes Verständnis mathematischer Zusammenhänge herausbilden (vgl. Götze 2007, S.28f. und S.188). Götze formuliert folgenden Schluss: „Setzt man Kinder in kleinen Gruppen in Rechenkonferenzen zusammen, so sind sie anschließend in der Lage, die [...] besprochenen Lösungswege bei Transferaufgaben individuell anzuwenden." (ebd., S.188). Allerdings zeigen eine Reihe anderer empirischer Studien, dass es oft nicht ausreicht, einer Gruppe von Kindern eine gemeinsam zu bearbeitende Aufgabe zur Verfügung zu stellen und darauf zu hoffen, dass sie sich mit dem Inhalt fachbezogen auseinandersetzen (s. Littleton & Howe 2010, S.4; s.a. Barnes & Todd 2006; Alexander 2001). Barnes und Todd stellen in ihrer empirischen Studie zu Gruppenarbeiten im Fachunterricht sogar fest, dass der Austausch in Gruppen sich zu großen Teilen nicht auf die zu bearbeitende Aufgabe bezieht (vgl. 2006, S.4). Es lohnt daher ein genauerer Blick auf die Entwicklung eben solcher Gesprächsmomente, in denen die Beiträge der beteiligten Lernenden tatsächlich auf den mathematischen Gehalt der Aufgabe Bezug nehmen.

Nach Miller sind insbesondere die Gespräche lernförderlich, in denen möglichst unterschiedliche Ideen verbalisiert und diskutiert werden, um so – „diskursiv" – zu neuen kollektiv erzeugten Ansätzen zu gelangen (vgl. 2006, S.9). Howe betont jedoch, dass gerade unter jungen Lernenden solche diskursiven Gesprächsverläufe äußerst selten vorkommen (2009, S.220). Die Teilnahme an einer Diskussion mit einer persönlichen Meinung, die sich von anderen unterscheidet, erweist sich nicht allein auf der fachlichen Ebene als anspruchsvoll, sondern stellt gerade auch hinsichtlich der Sprach- und Sozialkompetenz eine Herausforderung dar. So zeichnen sich nach Pauli und Reusser erfolgreiche Partner- und Gruppenarbeiten dadurch aus, „dass in einem qualitativ hochstehenden Dialog ein gemeinsames Verständnis der Aufgabe und ihrer Lösung entwickelt wird, wobei Standpunkte argumentativ begründet, differierende und kontroverse Sichtweisen konstruktiv diskutiert, Strategien und Vorgehensweisen verbalisiert und Unklarheiten durch gegenseitige Hilfe und elaborierte Erklärungen beseitigt werden" (2000, S.426). Wenn sich nun Kinder im Grundschulalter in einem Partner- oder Gruppengespräch über eine zu lösende Aufgabe befinden, erscheint es durchaus sinnvoll, den Anspruchsgrad des kollektiven Problemlöseprozesses zu reduzieren. Howe kann in mehreren Untersuchungen von Gruppengesprächen feststellen, dass eine solche Vereinfachung durch das kollektive Anschließen an eine überzeugend vorgetragene Idee erfolgt,

---

1   Nach Markowitz wird unter *Teilnahme* die aktive sprachhandelnde Mitgestaltung der Lernsituation verstanden (vgl. 1986, S.9, s.a. Brandt 2004, S.12).

die dann gemeinsam weiterverfolgt wird (vgl. Howe 2009, S.220). Entsprechend können von Howe gerade unter jungen Lernenden häufig Problemlösungen rekonstruiert werden, die auf einer ausschlaggebenden und überzeugenden Idee nur eines Gruppenmitgliedes fußen, die im Gesprächsverlauf durch Beiträge der übrigen Mitglieder angereichert wird (ebd.). Für die Überzeugung der Gruppenmitglieder von einer eigenen Idee spielen *Argumentationen* in jedem Fall eine prominente Rolle (Miller 1986/2006, s. a. Krummheuer 1997, Krummheuer & Brandt 2001).

Argumentation

Toulmin unterscheidet substantielle von analytischen Argumentationen (1958/2003, s. a. Krummheuer & Brandt 2001, S.31f.). Während der analytische Typ den mathematischen Beweis beinhaltet und deduktiv herleitet, bezieht die substantielle Argumentation rhetorische Mittel ein, um eigene Lösungsansätze plausibel erscheinen zu lassen (vgl. ebd., s. a. Brandt 2004, S.18). Für mathematische Gespräche in der Grundschule nehmen die substantiellen Argumentationen einen bedeutsamen Platz ein (vgl. ebd.). Mithilfe substantieller Argumentationen gelingt es bereits Grundschulkindern, auf Grundlage ihres Vorwissens, mathematische Zusammenhänge mit altersgemäßen Begründungen zu untermauern (s. a. Krummheuer & Brandt 2001, S.19). Hierbei nutzen sie häufig narrative Formen und greifen auf Alltagssprache zurück (Krummheuer 1997). Gelernt wird das Argumentieren nach Krummheuer entsprechend nicht nur in *diskursiven* Argumentationszusammenhängen, in denen Strittiges diskutiert wird. Die substantielle Argumentation beinhaltet ebenso reflexive Sprachhandlungen, die den Kooperationspartnern signalisieren, dass das eigene Vorgehen logisch ist (vgl. Krummheuer 2011, S.36). So werden mit reflexiven Argumentationen Lösungsansätze erläutert, die von anderen nicht infrage gestellt werden müssen: Es wird gleichsam ‚laut gedacht' und hierbei die Begründung für den mathematischen Ansatz mitgeliefert (ebd., Krummheuer 1997). Für die Analyse von Argumentationssträngen in Gesprächen steht ein Modell von Toulmin zur Verfügung, das vier verschiedene Kategorien ausweist:

1. das Datum als feststehender Ausgangspunkt (meist in Form der Aufgabe),
2. der Garant als Begründung,
3. die Stutzung als Grundlage, auf der die genannte Begründung (Garant) fußt und
4. die Konklusion als Schlussfolgerung der vollständigen Argumentation.

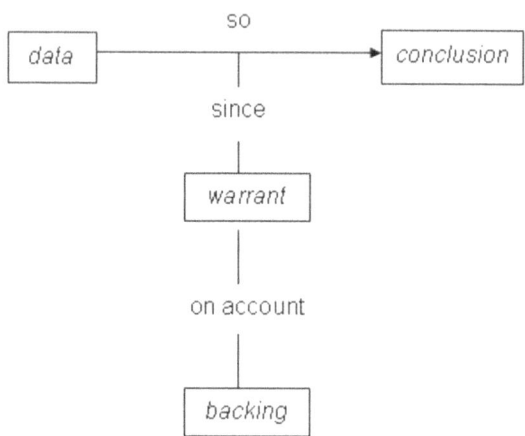

Abb. 1 Toulmins Layout der funktionalen Argumentationsanalyse (1958/2003, s. a. Krummheuer & Brandt 2001, S.31)

Im Rahmen der im Folgenden vorzustellenden empirischen Untersuchung „Kollektive Problemlösegespräche im Mathematikunterricht der Grundschule"[2] wurde mikroanalytisch gezielt nach Gesprächsphasen gesucht, die sich durch einen gemeinsamen Fokus auf die mathematische Aufgabe und die kollektive Entwicklung einer argumentativ gestützten Idee auszeichnen. Es wurde hierbei der Frage nachgegangen, an welchen Stellen eines Gespräches sich zwischen Lernpartnern im Tandem oder in der Kleingruppe ein *mathematisches Thema* entwickelt, das zu einer Lösungsidee führt, die am Ende als „gemeinsam geteilt" gelten kann (Krummheuer 1992, S.29; Krummheuer & Voigt 1991, S.15ff.).

---

2 Ein vom Zentrum für Lehrerbildung, Schul- und Unterrichtsforschung der Goethe Universität Frankfurt gefördertes Forschungsprojekt zur Erfassung lernförderlicher Momente in kommunikativen Phasen des Mathematikunterrichts (durchgeführt 2009/2010). Die Veröffentlichung der hieraus entstandenen Dissertationsschrift erscheint voraussichtlich im Sommer 2015 unter dem Titel „Ko-konstruktive Problemlösegespräche im Mathematikunterricht. Eine Studie zur lernpartnerschaftlichen Entwicklung mathematischer Lösungen unter Grundschulkindern".

2 Die Rekonstruktion des mathematischen Themas

Krummheuer und Brandt befassen sich in ihren Arbeiten mit der Rekonstruktion eines kollektiv erzeugten Themas, das in Unterrichtsgesprächen aus dem Geflecht der jeweils individuell hervorgebrachten Beiträge entsteht und nie im Voraus bereits feststeht (vgl. 2001, S.14). Mithilfe der *Interaktionsanalyse* (ebd., S.89f.) gelingt schrittweise die interpretative Annäherung an das im Gespräch verhandelte Thema und die daraus entstehende *als gemeinsam geteilt geltende* Idee.[3] Die am Lösungsprozess beteiligten Schülerinnen und Schüler nehmen hierbei in mehr oder weniger gleichberechtigtem Ausmaß Verantwortung für die Entwicklung der Aufgabenlösung durch ihre Wortbeiträge, aber auch durch unterstützende Gesten und das Hinzuziehen von Material (Krummheuer & Brandt 2001, Brandt 2004).

Interaktionsanalyse

Die Interaktionsanalyse nach Krummheuer und Brandt (2001, S.89f.) ermöglicht die kleinschrittige Interpretation thematischer Entwicklungen im Unterrichtsgespräch. Zunächst wird am Transkript eine erste Gliederung vorgenommen, die es erlaubt, die in Textform vorliegende Unterrichtssituation in verschiedene Abschnitte zu unterteilen (z.B. Unterrichtseinstieg im Plenum, Tischgespräch etc.). Es folgt eine „allgemeine Beschreibung der ausgewählten und gegliederten Abschnitte nach dem ersten Eindruck" (ebd., S.90). Erst dann werden die einzelnen Beiträge der Gesprächsteilnehmer unter die Lupe genommen und mit möglichen Interpretationen hinterlegt, denn ein Wortbeitrag kann je nach Kontext sehr unterschiedlich eingeordnet werden (vgl. ebd.). Im letzten Schritt, der Turn-by-turn Analyse (zurückgehend auf Eberle 1997, Edwards 1997, Sacks 1998 u.a.), werden die aufeinander folgenden Beiträge der untersuchten Gesprächssequenz in Beziehung gesetzt und überprüft, welche der zuvor vorgenommenen Interpretationsmöglichkeiten sich bestätigen und welche verworfen werden können (vgl. Brandt 2004, S.52f.). Aus allen Analyseschritten ergibt sich eine kleinschrittig und systematisch entwickelte Deutung des unter den Beteiligten verhandelten Themas.

---

3 *Als gemeinsam geteilt geltend* bedeutet in diesem Kontext, dass nicht von exakt übereinstimmenden Vorstellungen der Interaktionspartner ausgegangen werden kann und dennoch auf der Gesprächsebene ein gegenseitiges Verständnis signalisiert wird, das ein Voranschreiten im Arbeitsprozess ermöglicht (vgl. Krummheuer 1992, S.19).

2.1 Rekonstruktion der Gesprächsstruktur

Aus dem Bereich der Linguistik stehen Konzepte zur Verfügung, die die Strukturen eines Gesprächs genauer beschreiben lassen. Brinker und Sager (2010) differenzieren hierbei zwischen Phasen des Gesprächseinstiegs, -kerns und der –beendigung, wobei sie betonen, dass der Einstieg sowie die Beendigung vermehrt von ritualisierten Formen geprägt sind, während Kernphasen eines Gesprächs oftmals einen viel größeren Gestaltungsspielraum eröffnen (vgl. ebd., S.91). Innerhalb einer *Kernphase* definiert sich „ein thematischer Abschnitt [...] dadurch [...], dass die Aufmerksamkeitsausrichtung (Fokus) der Gesprächsteilnehmer auf einen Gegenstand oder Sachverhalt konstant bleibt" (ebd., S.99).[4] Nun interessieren für den Mathematikunterricht gerade die Gesprächsmomente, in denen am mathematischen Sachverhalt der Aufgabe orientierte Kernphasen zu finden sind. Das heißt zwei oder mehr Lernende fokussieren während des Problemlöseprozesses zeitgleich einen mathematischen Aspekt einer Aufgabe und verbalisieren hierzu Ideen, die in Verbindung mit den Aussagen des Gesprächspartners zu einer Lösungsfindung beitragen.

Problemlösen

Laut Stebler muss das Komplexitätsniveau einer Aufgabe gerade soweit angehoben sein, dass mehr erforderlich ist als die reine Reproduktion des bereits Gewussten und andererseits Aussicht auf Erfolg besteht (1999, S.21). Was als Problem gelten kann, ist demnach stark abhängig von der individuellen Perspektive: eine Aufgabe, die dem einen mit entsprechendem Vorwissen kaum Anstrengung abverlangt, kann für den anderen eine große Herausforderung darstellen (ebd.). Im Zusammenhang mit Partner- und Gruppenarbeit kommt die Sprachebene hinzu: hier reicht es nicht, eine Aufgabe mathematisch lösen zu können, der Lösungsansatz muss auch so versprachlicht werden, dass andere die Möglichkeit haben ihn nachzuvollziehen. Gerade der Akt des Versprachlichens bereits erkannter mathematischer Zusammenhänge wird in seiner Komplexität häufig unterschätzt (vgl. Schütte 2006, S.113f.).

---

4   Die Mindestanforderung an ein zwischen zwei Lernpartnern entwickeltes Gesprächsthema sind hier, neben der gemeinschaftlichen Fokussierung eines zu verhandelnden Aspekts, zwei Sprecherwechsel (Höck 2015, orientiert an Mehan 1979).

Die videografierten Unterrichtssequenzen aus der Studie „Kollektives Problemlösen im Mathematikunterricht der Grundschule" zeigen zahlreiche Situationen, in denen die beteiligten Schülerinnen und Schüler zunächst einen nichtaufgabenbezogenen Gesprächseinstieg in die Partner- oder Gruppenarbeitsphase erzeugen, der organisatorische Fragen oder soziale Regeln bzw. Befindlichkeiten thematisiert, bevor es tatsächlich um den mathematischen Inhalt der Aufgabe geht (Höck 2015). Allerdings ist nach diesem Einstieg nicht garantiert, dass es anschließend zu einem mathematischen Gesprächsthema kommt. Denn die Entfaltung einer Kernphase zwischen zwei Lernpartnern mit mathematischem Thema ist durchaus anspruchsvoll: Es entsteht nur dann ein mathematisch orientiertes Gesprächsthema, wenn die Lernpartner gemeinsam auf einen für sie bedeutsamen Aspekt der Aufgabe fokussieren können und ihre Beiträge an die Äußerungen des Lernpartners inhaltsbezogen anknüpfen. Hierfür ist eine generelle Gesprächsbereitschaft unter den Lernenden Voraussetzung. Wenn es dem Verständnis der Beteiligten entspricht, dass Gespräche bzw. Diskussionen unter Lernpartnern im Mathematikunterricht gar nicht erwünscht sind, kann es zudem sehr schnell zu Signalen der Zustimmung kommen, was die Entwicklung eines Themenstrangs mit mehreren Sprecherwechseln verhindert.[5]

2.2 Drei Schwerpunkte der thematischen Gesprächsentwicklung

Es scheint selbstverständlich, dass im Mathematikunterricht nicht ausschließlich Mathematisches zur Sprache kommt. Die Frage ist vielmehr, welche Schwerpunkte sich in den Themenentwicklungen der Grundschulkinder unterscheiden lassen und an welchen Stellen des lernpartnerschaftlichen Austauschs tatsächlich ein mathematisch orientiertes Gespräch entsteht.

Folgende Beispiele dienen der Illustration möglicher Gesprächseinstiege im Mathematikunterricht, die unter den jeweiligen Lernpartnern eine grundsätzliche Gesprächsbereitschaft (vgl. Brinker & Sager 2010, S.91) signalisieren:

---

5 Dieser Fall zeichnete sich im Rahmen der eigenen Forschungsdaten unter einem Mädchen-Jungen-Tandem ab, das sich mehrfach der Idee des Partners anschloss, ohne hierüber ein Gesprächsthema zu entfalten. Die Gründe hierfür können vielschichtig sein. Im Rahmen der Studie lag die Interpretation nahe, dass die Beteiligten es als unhöflich empfanden, die Idee des Partners infrage zu stellen und durch die direkte Zustimmung das sonst übliche „leise Arbeiten" im Mathematikunterricht weitestgehend eingehalten werden konnte.

2.2.1 Das organisatorische Gesprächsthema (OGT)

Janina	[kommt mit einer neuen Aufgabe]
Josefine	Also jetzt magst du wieder machen?
Janina	Ich lese und du schneidest und klebst das dann. [nimmt den Aufgabentext]
Josefine	[öffnet den Kleber und greift nach dem Arbeitsblatt]

Es zeigt sich an diesem Beispiel, dass im Gespräch ein Thema verhandelt wird, das bedeutsam erscheint für einen gelingenden Start in die kollektive Bearbeitung der Aufgabe. Zunächst muss für die beteiligten Gesprächsteilnehmer geklärt sein, welche organisatorischen Punkte zu berücksichtigen und als Auftrag zu verteilen sind.[6] Dieser Gesprächseinstieg signalisiert zudem eine generelle Gesprächs- und Kooperationsbereitschaft. Genauso kann es vorkommen, dass die Lernpartner organisatorische Fragen zwischen Gesprächsphasen mit mathematischem Fokus einschieben, entsprechend handelt es sich in folgendem Beispiel nicht mehr um eine Eröffnungsphase, sondern um eine eingeschobene Phase mit einem organisatorisch geprägten Gesprächsthema (OGT).

Alina	Hä? Ich versteh das nicht, wie man das aufschreiben muss.
Iman	Ah, ich hab´s kapiert. Man muss das da [zeigt mit dem Finger ins Buch] ganz abschreiben und dann schreibst du auch die Regel ab und dann verbindest du das.
Alina	Aha. [nickt langsam]
Iman	Ja, dann haben wir´s.
Alina	Aha, okay (..) ein a Komma [schreibt a)]

Diese thematische Orientierung, die sich an den hier gezeigten Beispielen ablesen lässt, ist durchaus sinnvoll unter der Prämisse einer reibungsarmen Zusammenarbeit, kann jedoch auch provoziert sein durch unklare Aufgabenstellungen, die viele organisatorische Fragen hervorrufen.

2.2.2 Das soziale Gesprächsthema (SGT)

Insbesondere im Klassenkontext, in dem sich Kinder in komplexen Interaktionszusammenhängen mit Rollenzuschreibungen (u. a. Barnes 2005) konfrontiert

---

6 Dieses Phänomen ist im Rahmen der Lehrerbildung ebenso unter kooperierenden Lehramtsstudierenden und -referendaren zu beobachten, die oftmals zunächst organisatorische Schritte klären, bevor es um die inhaltliche Arbeit geht.

sehen, kommt es auch im Rahmen mathematischer Problemlösegespräche zu sozial gelagerten Gesprächsthemen, wie folgender Transkriptausschnitt zeigt:

```
Sebastian    Sieben (.) siebzig (.) siebenundsiebzig (..)
             Kannst du mir mal den Trick verraten? Ich kapier´s immer
             noch nicht.
Rupert       Warum bist du so schlecht jetzt?
Sebastian    Schlecht? Ich bin gut im Rechnen, weil ich auch unver-
             ständlich (..) aber des da
Rupert       [zeigt aufgeregt ins Buch]Schreib doch jetzt, dann sind
             wir fertig.
```

Sebastian gerät in diesem Beispiel durch die Äußerung seines Lernpartners Rupert in Erklärungsnot, warum er wiederholt aufgabenbezogene Fragen stellt. Obwohl Sebastian genau das tut, was sich Lehrpersonen von einer kollektiven Zusammenarbeit im Problemlöseprozess erhoffen, nämlich dem mathematischen Zusammenhang mithilfe von gezielten Fragen argumentativ auf den Grund gehen zu wollen, wird er von seinem Lernpartner in ein sozial geprägtes Gesprächsthema verwickelt, das ihn in die Rolle des „schlechten Schülers" drängt. Hier steht kein mathematischer Aspekt im Zentrum des Gesprächs, obwohl Sebastian mit seinem ersten Beitrag die Möglichkeit dazu bietet.

2.2.3 Das mathematische Gesprächsthema (MGT)

Im Vergleich zu den oben aufgezeigten, eher alltagsorientierten organisatorisch und sozial geprägten Gesprächsthemenentwicklungen erweist sich das mathematisch orientierte Gesprächsthema (MGT) als vielfach anspruchsvoller. Die individuelle Bereitschaft, sich auf einen mathematischen Aspekt aus dem Aufgabenangebot einzulassen, erscheint zunächst als Grundvoraussetzung für die kollektive Entfaltung eines mathematisch orientierten Themas im Lernpartnergespräch. Wird diese Bereitschaft von einem Lernpartner signalisiert, sorgt der jeweilige Partner wiederum mit seiner Reaktion auf die gehörten Beiträge für eine Stabilisierung bzw. Veränderung oder Auflösung des eingeschlagenen Themas. Zwischen Patrick und Saaron gelingt die wechselseitige Stabilisierung eines mathematisch orientierten Gesprächsthemas (MGT) anhand einer vorliegenden Textaufgabe.

> Am Weihnachtsbaum auf dem
> Römerplatz hängen 15 Lichterketten.
> An jeder Lichterkette brennen 20 Lämpchen.
> 3 Lampen sind allerdings ausgefallen.

Abb. 2 Textaufgabe „Am Weihnachtsbaum"

Patrick	[liest] Auf dem Weihnachtsmarkt am Römerplatz hängen 15 Lichterketten. An jeder Lichterkette brennen 20 Lämpchen. Drei Lampen sind allerdings ausgefallen.
Saaron	Wegen den fünfzehn.
Patrick	Warte mal. Zehn mal (.) zehn mal zwanzig.
Saaron	Zehn mal zwanzig ist gleich zweihundert.
Patrick	Zweihundert? [kratzt sich an der Stirn]
Saaron	Und noch fünf mal dazu [fährt sich mit Hand durch die Haare]
Patrick	Zweihundertfünf äh hundert (.) zweihundertfünfzig.
Saaron	Zweihundert warte mal [schaut in die Luft]
Patrick	[schaut wieder aufs Arbeitsblatt][7]

Folgende Gelingensbedingungen[8] scheinen diesen Gesprächsverlauf zu stabilisieren:

a. Es besteht ein hoher Grad an Aufmerksamkeitsfokussierung beider Lernpartner auf die vorliegende Aufgabe.
b. Die Beiträge zeichnen sich durch *Reziprozität* aus, d. h. sie beziehen sich wechselseitig inhaltlich aufeinander.
c. Beide signalisieren Bereitschaft zur mathematischen Auseinandersetzung.
d. Die Aussagen des Partners werden nicht (negativ) bewertet.

Vor dem Hintergrund der empirischen Studie zu kollektiven Problemlösegesprächen unter Grundschulkindern im Mathematikunterricht wird deutlich, dass soziale

---

[7] Dieses Lerntandem kommt nach einer Unterbrechung des hier angeführten Themenstrangs zu einer gemeinsam entwickelten korrekten Lösung der Aufgabe. (Das Beispiel wird ausführlich vorgestellt in Höck 2015.)

[8] Siehe zu Bedingungen für ko-konstruktive Lernprozesse auch Brandt und Höck 2011, S. 253 (zurückgehend auf Rafal 1996, S. 286 und Barron 2000, S. 428).

und organisatorische Themen in ihrer Bedeutung für die Lernpartner zurücktreten müssen, bevor es im Gespräch zur Entwicklung eines mathematischen Themas kommt, das über mehrere Sprecherwechsel hinweg konsistent bleibt (Höck 2015). Kinder, die über einen längeren Zeitraum als Lernpartner miteinander arbeiten, scheinen sich schneller auf einen inhaltsbezogenen Aspekt im Gespräch einlassen zu können, als dies noch ungeübte und wenig vertraute Gesprächspartner tun (ebd.). Für die Bereitschaft des Einlassens scheint die Beziehungsebene ausschlaggebend, da gegenseitige Sympathie oder zumindest Respekt die Gesprächsentwicklung deutlich entlastet.[9] Das MGT ist dabei durchaus anfällig für Unterbrechungen, sei es von außen durch Ablenkungen, die andere Kinder, die Lehrerin oder auch das Eichhörnchen vor dem Fenster erzeugen, oder intern hervorgerufen durch plötzliches Abschweifen eines Lernpartners vom zuvor verhandelten mathematischen Aspekt.

In der mikroanalytischen Betrachtung der Gesprächsbeiträge, die dem einzelnen Kind zuzuordnen sind, wird deutlich, wie abhängig ein kollektives Problemlösegespräch ist von der jeweiligen Anstrengungsbereitschaft, an den Beitrag des Lernpartners inhaltlich anzuknüpfen, neue Aspekte aufzugreifen und den somit fortschreitenden individuellen Deutungsprozess zu versprachlichen. Rollenzuschreibungen können diesen Prozess beeinflussen oder sogar beeinträchtigen, wie bei dem Lerntandem Sebastian und Rupert (s. o.), die immer wieder aneinander ‚vorbeireden', da Rupert nicht bereit ist, die Fragen Sebastians inhaltsbezogen zu klären, sondern vielmehr auf sozialer Ebene das „Schlechtsein in Mathe" seines Partners betont.

2.3 Eine Mathekonferenz zur Aufgabe 78 : x

Am Beispiel eines kollektiven Problemlöseprozesses zur Aufgabe 78:x im Rahmen einer Kleingruppenarbeit soll im Folgenden das Komplexitätsniveau der Anforderungen für die Entwicklung einer gemeinsam argumentativ gestützten Lösungsidee aufgezeigt werden. Die Schülerinnen und Schüler erhielten den Auftrag die Zahl 78 durch alle einstelligen Zahlen von 2 bis 9 zu dividieren und sich im Anschluss in der Kleingruppe im Rahmen einer Mathekonferenz die gefundenen Lösungswege gegenseitig vorzustellen.

---

9   Schülerinnen und Schüler aus der o. g. Studie betonen im abschließenden Interview die förderliche Wirkung funktionierender Lernpartnerschaften vor dem Hintergrund von Freundschaftsbeziehungen (Höck 2015, s. a. Fölling-Albers 2001; Krappmann & Oswald 1989).

Mathekonferenz

Nach dem Vorbild der Schreibkonferenz aus der Deutschdidaktik (Spitta 1992) wird die Mathekonferenz als kooperative Methode zur Besprechung von Lösungswegen eingesetzt (vgl. Brandt & Nührenbörger 2009b, S.5). Mehrere Kinder treffen sich hierfür in der Kleingruppe mit ihren zuvor individuell dokumentierten Rechenwegen und stellen sich diese gegenseitig vor. Die zuhörenden Gruppenmitglieder erhalten den Auftrag, an unklaren Stellen gezielt nachzufragen und bei der Verfeinerung der Lösungsschritte zu helfen. Ziel ist es anschließend, eine entsprechend überarbeitete, korrekte und gut verständliche Fassung vor der gesamten Lerngruppe präsentieren zu können.

Die folgende Gesprächssequenz ereignete sich in der Mathekonferenz einer Fünfergruppe (Senna, Sebastian, Rupert, Kilius, Hazan), die zuvor alle möglichen Aufgaben (78:2, 78:3, ..., 78:9) untereinander aufgeteilt hatte, um sich im Anschluss an die individuelle Rechenphase den jeweiligen Lösungsweg gegenseitig zu präsentieren. Senna ist das einzige Mädchen in dieser 5er-Gruppe. Die Ausgangssituation ist folgende:

Sebastian ist für die Präsentation der Aufgabe 78:3 verantwortlich und stolpert in seinen Aufzeichnungen über die Teilrechnung 8:3. Er scheint mit seinem notierten Ergebnis nicht zufrieden und stellt die Rechnung in der Gruppe zur Disposition. Es entfaltet sich ein mathematisch orientiertes Gesprächsthema zur Frage, wie die (Teil-)Aufgabe 8:3 gerechnet und aufgeschrieben werden kann. An diesem MGT partizipieren alle Kinder mit sprachlichen Beiträgen und bringen so unterschiedliche Lösungsansätze hervor.

```
Sebastian    Acht geteilt durch drei.
Hazan        Leicht .. [hält drei Finger hoch]
             drei Rest eins [hält einen Finger hoch]
Senna        Nein warte.
Hazan        [dreht sich zu Senna] Drei Rest eins.
Rupert       [schaut hoch und nickt] Doch wirklich
Kilius       [sieht Rupert an und nickt]
Sebastian    Geht doch gar nicht
Hazan        [sieht Rupert mit gerunzelter Stirn an]
Sebastian    Acht geteilt durch drei .. drei sechs
>            >neun
>Hazan       >neun also
```

Rupert	Vier vier mal **zwei** ich meine **vier**
Senna	[lehnt sich vor] Zwei Rest-
Rupert	Nein

Bis hierhin scheinen sich vier unterschiedliche Problemlöseansätze in der Entfaltung des MGT unvereinbar gegenüber zu stehen. Es gibt folgende im Gespräch geäußerte Ansätze:

Problem: 8:3=?
A: 3 Rest 1 (Hazan)
B: 3, 6, 9   (Sebastian)
C: 4x2   (Rupert)
D: 2 Rest? (Senna)

Senna ist die nächste, die nach Hazan eine vollständige Lösungsidee formuliert.

Senna	Das ist zwei Rest zwei [Bewegung mit Handkante].
Hazan	Drei Rest eins [schüttelt den Kopf].
Senna	**Neiin** zwei Rest- [sieht erst Hazan dann Sebastian an]

Es kommt zu einer Konfrontation zweier Ideen: Senna nennt eindeutig die korrekte Lösung zwei Rest zwei, da mathematisch gilt: 2x3+2=8. Dies bleibt jedoch in den folgenden Beiträgen von Sebastian und Hazan unberücksichtigt. Hazan besteht nach wie vor auf seiner bereits mehrfach betonten Aussage von Drei Rest eins. Doch Sebastian interveniert:

Sebastian	Geht doch gar nicht
Hazan	Dohoch
Senna	[an Sebastian gewandt] Und zwei Rest zwei/
Hazan	[Fasst sich an den Kopf]
Sebastian	[an Hazan] Okay rechne mal des da mit Mal drei mal [guckt aufs Blatt] drei (.) acht geteilt durch drei ist?
Hazan	Drei mal drei ist neun also Rest eins.

Sebastian greift auf die von Rupert bereits angebotene Multiplikation als Umkehroperation zurück und fordert Hazan, auf die Aufgabe mit Mal zu rechnen. Allerdings nennt er gleich darauf selbst die Operation 3x3 und entscheidet sich für die Ausgangsfrage: acht geteilt durch drei ist? Doch Hazan lässt sich nicht beirren und bleibt bei seiner Aussage. Erst in dem folgenden argumentativ gestützten Beitrag wird Hazans Idee endgültig entkräftet. Gleichzeitig erfährt Sebastian Unterstützung von Kilius, der nun einen noch nicht genannten neuen Ansatz verbalisiert.

Sebastian	Hallo/ die acht und die neun ist ja höher als die acht da kann man nicht Rest eins machen\
Kilius	Sechs (.) Rest äh zwei.
Sebastian	Hab ich hier.(..)Ich habs!
Senna	Jaa, zwei Rest zwei, ganz einfach.
Sebastian	Gar nicht wahr.
Senna	[sieht Sebastian an und runzelt die Stirn]
Sebastian	Acht geteilt durch drei ist sechs Rest zwei.
Kilius	Hab ich doch gesagt.

Das MGT entfaltet sich zunächst diskursiv zwischen den Beiträgen von Sebastian und Hazan, da Hazans Lösungsansatz (8:3=9 R1) nicht auf Zustimmung Sebastians stößt. Im Verlauf des MGT wird Hazans Idee von Sebastian argumentativ entkräftet und somit von allen verworfen. Sebastian bringt in diesem diskursiv angelegten Gesprächsverlauf eine überzeugend vorgetragene vollständige substantielle Argumentation vor, die sich nach Toulmin wie folgt darstellen lässt.

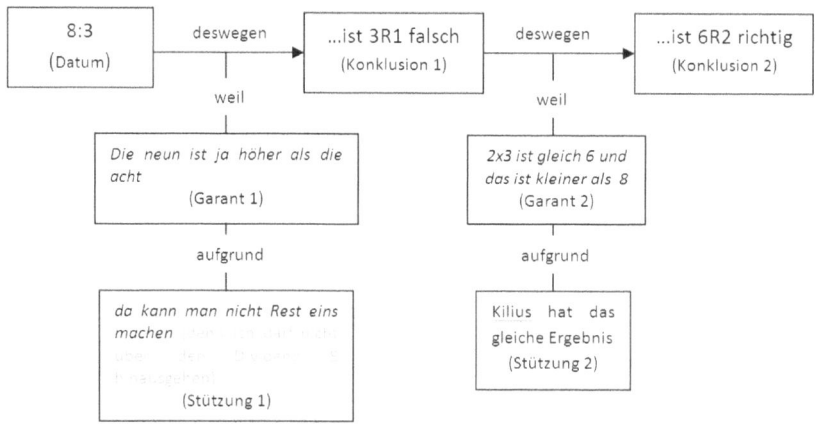

Abb. 3 Sebastians Argumentation im Layout nach Toulmin (1958/2003, s.a. Krummheuer & Brandt 2001, S.31)

Kilius und Sebastian signalisieren sich gegenseitig Verständnis und vertreten am Ende eine als gemeinsam geteilt geltende Idee, die sich im Rahmen des MGT herausgebildet hat: 8:3= 6 R2. Senna bleibt allerdings mit ihrem richtigen Ansatz ausgeschlossen – ihre fachlich korrekten Beiträge erfahren keine erkennbare Berücksichtigung in den Ansätzen der Jungen. Und dies obwohl sie Sebastians Argumentation entkräften könnte, indem sie seine eigene Aussage infrage stellt. Denn wenn 3x3=9 und damit um eins zu hoch, ist 6x3 um ein vielfaches höher und damit erst recht nicht korrekt. Doch dazu kommt es nicht.[10] Es setzt sich in diesem kollektiv hervorgebrachten MGT demnach nicht die fachliche Kompetenz durch, sondern vielmehr die argumentative Kompetenz. Wobei den Beteiligten nicht unterstellt werden kann, sie hätten sich mit der Aufgabe nur oberflächlich befasst. Es kann von einer engagiert geführten diskursiven Aushandlung gesprochen werden, die nach Miller und Howe hohes Lernpotential bietet (Miller 1986, Howe 2009). Sebastian und Kilius überzeugen mit der Vernetzung und Weiterentwicklung ihrer individuellen Deutungen selbst Senna, die sich zuvor ganz sicher war, den richtigen Lösungsansatz zu verfolgen. Auf ihrer eigenen Aufgabenkarte zur Rechnung 78:5 dokumentiert sie im Anschluss an die Mathekonferenz die vollständige Adaption des von Sebastian und Kilius propagierten Lösungsweges, indem sie die Lösung 8:3=6R2 auf die eigene Aufgabe 8:5=5R3 überträgt (s. Abb. 4). Für die Lehrperson ist hieran nicht mehr ersichtlich, dass Senna noch zu Beginn der Gruppenarbeit über das fachlich korrekte mathematische Konzept verfügte.

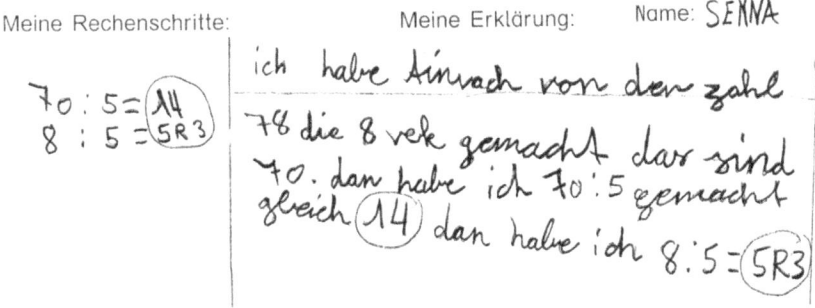

Abb. 4 Sennas Lösungskarte zur Aufgabe 78:5=14+5R3

---

10 Ob Senna rein sprachlich nicht in der Lage ist, eine solche Argumentation hervorzubringen oder ob hier Genderaspekte bewirken, dass sie sich mit ihrer fachlich vollständig korrekten Idee nicht durchsetzen kann, bleibt offen. Fakt ist, dass ihre Idee von ihr selbst nicht argumentativ gestützt wird und in den Beiträgen der anderen keine Berücksichtigung findet.

2.4 Lernpotential eines mathematisch orientierten Gesprächsthemas

Was ist an dieser kollektiven Problemlösung im Gespräch unter den fünf Kindern gelungen? Zunächst einmal konnten alle Kinder eine individuelle Idee zur Aufgabe 8:3 äußern. Mit der reziproken Vernetzung der Beiträge insbesondere zwischen Sebastian und Hazan wurde für alle deutlich, dass 3 Rest 1 nicht die korrekte Lösung darstellen kann, weil die Teilrechnung ohne Rest die Ausgangszahl (Dividend) nicht überschreiten darf. Sebastian gelingt in diesem Zusammenhang die Formulierung einer Begründung, die die Gesprächspartner überzeugt: Er bringt, der Argumentationsanalyse Toulmins folgend, die meisten *Garanten* hervor, inklusive der *Stützung*, dass Kilius den gleichen Ansatz formuliert. Senna nennt zwar mehrfach die fachlich korrekte Lösung (8:3=2R2), jedoch ohne diese argumentativ zu untermauern. Entsprechend reichen ihre Beiträge nicht aus, um die Jungen in ihrer Gruppe zu überzeugen. Die Gruppendiskussion führt letztlich zu einer als gemeinsam geteilt geltenden Idee: 6 Rest 2 ist korrekt, weil mit 2x3 die höchstmögliche Zahl zu erreichen ist, ohne die 8 zu überschreiten, es bleibt von der Zahl 6 aus ein Rest von 2. Fachlich korrekt ist diese Lösung nicht, auch wenn sich dahinter durchaus sinnvolle Überlegungen verbergen. Daneben gelingt den Kindern allerdings schon erstaunlich viel:

- Soziale und organisatorische Themen treten in den Hintergrund und geben Raum für die umfassende kollektive und diskursive Entfaltung eines MGT.
- Es besteht wechselseitige Bereitschaft sich inhaltlich auf die Beiträge des anderen einzulassen (Reziprozität).
- Es wird mit den Gesprächsbeiträgen auf einen mathematischen Aspekt fokussiert: Die Lösung der Teilaufgabe 8:3.
- Es kommt zu einer kollektiv akzeptierten Einigung aufgrund substantieller Argumentationen in einem diskursiv geführten Problemlösegespräch:
- Hazans Lösung kann nicht stimmen, da 9 über die 8 hinaus geht, deshalb stimmt 6R2, denn 6 als Zwischenergebnis aus 2x3 ist um 2 kleiner als 8.

Deutlich wird an diesem Beispiel, wie vielschichtig sich ein kollektiv erfolgreicher Problemlöseprozess im mathematischen Gespräch zusammensetzt. Es hängt nicht nur von zahlreichen Faktoren ab, ob es überhaupt zur Entfaltung eines MGT kommt (Beziehungsebene zwischen den Lernpartnern, Verständnis von Zusammenarbeit am mathematischen Problem, Organisation des Materials, Schwierigkeitsgrad der Aufgabe, Ablenkungen etc.). Selbst wenn diese Faktoren den Einstieg in das mathematische Gespräch ermöglichen, kommt es noch darauf an, inwieweit sich das Lernen zu argumentieren und das fachliche Lernen gegenseitig beflügeln oder behindern.[11]

3 Denkanstöße für den Mathematikunterricht

Unter Rekurs auf Howe lässt sich sagen, dass durchaus auch erzeugte Widersprüche, die sich im Gespräch ergeben und nicht sofort aufgelöst werden, lernförderliches Potential entwickeln können (2009, S.228ff. und 2010, S.35ff.). Kinder wachsen in eine Welt hinein, die sie sich fortwährend interpretativ erschließen (vgl. Bruner 1997). Sie stoßen täglich auf neue Phänomene, die oftmals erst viel später in anderen Kontexten erklärbar und in bestehende Wissensstrukturen eingeordnet werden können. An Bedeutung gewinnt im Zusammenhang mit dem Erkennen fachlicher Widersprüche die Beobachtungs- und *Interpretationskompetenz* der Lehrperson (Brandt & Krummheuer 2001, S.203). Die Lehrperson kann sich vor dem Hintergrund der hier skizzierten Prozesse des kollektiven Problemlösens nicht sicher sein, dass intensive Gespräche mit MGT, in denen auch umfangreiche Argumentationen versprachlicht werden, zur fachlich korrekten Lösung und darauf aufbauend zu fachlich fundierten Vorstellungen führen. Es kann durchaus vorkommen, dass gerade bei tiefgehender Auseinandersetzung mit dem mathematischen Gehalt der Aufgabe zwar aus Kindersicht logische, aber aus fachlicher Perspektive inkorrekte Schlüsse gezogen werden, die sich der Kenntnis der Lehrperson entziehen. Die Lehrperson kann bei Betrachtung der Dokumentationen den Eindruck gewinnen, dass bestimmte Kinder noch Schwierigkeiten mit dem Aufgabenformat haben, obwohl dies vor der kollektiven Bearbeitung nicht der Fall war.[12] Die Ergebnisse nach der Kleingruppenbearbeitung für eine Bewertung der mathematischen Leistungen heranzuziehen, würde der Komplexität der Entstehung des Lösungsansatzes nicht gerecht werden. Vielmehr kann die Dokumentation der Lernenden Aufschluss geben über interessante Diskussionsansätze aus der Gruppe, die die Lehrperson zum Nachfragen anregt, ohne hierbei in „gute" und „schlechte" Rechner einzuteilen. Mit dem Bewusstsein, dass Kinder gerade auch nach intensiver Diskussion ihrer Ergebnisse zu mathematisch fehlerhaften Schlüssen kommen können, wird der Blick geschärft für Widersprüche, die in einer folgenden Unterrichtssequenz

---

11 Zu den Begriffen „Lernen zu argumentieren" und „argumentatives Lernen" s. Miller (1986, S.15).
12 Notengebung ist vor diesem Hintergrund sicherlich kritisch zu beleuchten und zu relativieren.

wiederum zum Gesprächsthema werden können. Denkbar ist nach Howe hier, dass dieselben Kinder, die zuvor noch eine fehlerhafte Version vertreten haben, nun selbst den Widerspruch erkennen und eine neue, fachlich korrekte Lösung formulieren (2009 und 2010). Ein gewisser zeitlicher Abstand erscheint hierfür sogar förderlich, um einen neuen Blick auf das mathematische Problem einnehmen und die eigene Theorie überprüfen zu können (vgl. Howe 2010, S.36). Ein tiefergehendes Verstehen mathematischer Zusammenhänge kann so gleichsam einhergehen mit sich zeitweise gegenseitig überholenden Kompetenzen auf der argumentativen und fachlichen Ebene. Es spricht in diesem Zusammenhang einiges dafür, das Argumentieren gerade an für die Lernenden einfachen mathematischen Zusammenhängen zu erproben. Eine Unterrichtskultur, die das Aufspüren fachlicher Widersprüche gutheißt (und nicht die individuellen Schwierigkeiten betont) und sich Zeit nimmt für die Aushandlung von *als geteilt geltenden* mathematischen Deutungen (Voigt 1994, S.78), kann Raum für lernförderliche Gesprächssituationen im Mathematikunterricht schaffen, in denen sowohl fachliches Lernen als auch das Lernen zu argumentieren unterstützt wird; wenn auch nicht unbedingt gleichzeitig.

Literatur

Alexander, R. 2001. *Culture and Pedagogy: International comparisons in primary education.* Oxford und Boston: Blackwell.
Barnes, D., und F. Todd. 1995/2006. *Communication and Learning Revisited. Making meaning through talk.* Portsmouth, NH: Boynton/Cook Heinemann.
Barnes, M. 2005. Exploring how power is enacted in small groups. In *Communication and Learning Revisited Proceedings of the 29th Conference of the International Group for the Psychology of Mathematics Education*, hrsg. H. L. Chick, und J. L. Vincent, 137-144. Melbourne: PME.
Barron, B. 2000. Achieving coordination in collaborative problem-solving groups. *The Journal of the Learning Sciences* 9 (4): 403-436.
Bauersfeld, H. 2002. Interaktion und Kommunikation. Verstehen und Verständigung. *Grundschule* 34 (3): 10-14.
Brandt, B. 2004. *Kinder als Lernende. Partizipationsspielräume und –profile im Klassenzimmer. Eine mikrosoziologische Studie zur Partizipation im Klassenzimmer.* Frankfurt a. M.: Peter Lang.
Brandt, B., und G. Höck. 2011. Ko-Konstruktion in mathematischen Problemlöseprozessen – partizipationstheoretische Überlegungen. In *Die Projekte erStMaL und MaKreKi. Mathematikdidaktische Forschung am „Center for Individual Development and Adaptive Education" (IDeA)*, hrsg. B. Brandt, R. Vogel, und G. Krummheuer, 245-284. Münster: Waxmann.

Brandt, B., und M. Nührenbörger. 2009a. Kinder im Gespräch über Mathematik. *Die Grundschulzeitschrift* 222/223: 28-33.

Brandt, B., und N. Nührenbörger. 2009b. Strukturierte Kooperationsformen im Mathematikunterricht der Grundschule (Materialheft). *Die Grundschulzeitschrift* 222/223.

Brinker, K., und S. Sager. 2010. *Linguistische Gesprächsanalyse. Eine Einführung* (5.Aufl.). Berlin: Erich Schmidt.

Bruner, J. 1997. *Sinn, Kultur und Ich-Identität. Zur Kulturpsychologie des Sinns*. Heidelberg: Auer Verlag. Originalausgabe: *Acts of meaning*. Cambridge MA, 1990.

Eberle, T. S. 1997. Ethnomethodologische Konversationsanalyse. In *Sozialwissenschaftliche Hermeneutik*, hrsg. R. Hitzler, und A. Honer, 245-279. Opladen : Leske + Budrich.

Edwards, D. 1997. *Discourse and cognition*. London: Sage.

Fölling-Albers, M. 2001. Soziales Lernen in der Grundschule. In: *Online Familienhandbuch des Staatsinstituts für Frühpädagogik*. https://www.familienhandbuch.de/schule/grundschule/soziales-lernen-in-der-grundschule. Zugegriffen: 09.05.2012.

Götze, D. 2007. *Mathematische Gespräche unter Kindern – Zum Einfluss sozialer Interaktion von Grundschulkindern beim Lösen komplexer Aufgaben*. Hildesheim: Franzbecker.

Höck, G. voraussichtl. 2015. *Ko-Konstruktive Problemlösegespräche im Mathematikunterricht der Grundschule. Eine mikrosoziologische Studie zum Zusammenspiel lernpartnerschaftlicher Ko-Konstruktion und individueller Partizipation*. Münster: Waxmann.

Howe, C. 2009. Collaborative group work in middle childhood: Joint construction, unresolved contradiction and the growth of knowledge. *Human Development* 52: 215-239.

Howe, C. 2010. *Peer groups and children's development*. Oxford: Blackwell.

Krappmann, L., und H. Oswald. 1989. Freunde, Gleichaltrigengruppen, Geflechte. Die soziale Welt der Kinder im Grundschulalter. In *Veränderte Kindheit. Veränderte Grundschule*, hrsg. M. Fölling-Albers, 93-102. Frankfurt a. M.: Arbeitskreis Grundschule.

Krummheuer, G. 1992. *Lernen mit „Format": Elemente einer interaktionistischen Lerntheorie. Diskutiert an Beispielen mathematischen Unterrichts*. Weinheim: Deutscher Studienverlag.

Krummheuer, G. 1997. *Narrativität und Lernen. Mikrosoziologische Studien zur sozialen Konstitution schulischen Lernens*. Weinheim: Deutscher Studienverlag.

Krummheuer, G. 2011. Die empirisch begründete Herleitung des Begriffs der „Interaktionalen Nische mathematischer Denkentwicklung". In *Die Projekte erStMaL und MaKreKi. Mathematikdidaktische Forschung am „Center for Individual Development and Adaptive Education" (IDeA)*, hrsg. B. Brandt, R. Vogel, und G. Krummheuer, 25-90. Münster: Waxmann.

Krummheuer, G., und B. Brandt. 2001. *Paraphrase und Traduktion. Partizipationstheoretische Elemente einer Interaktionstheorie des Mathematiklernens in der Grundschule*. Weinheim und Basel: Beltz Wissenschaft.

Krummheuer, G., und J. Voigt. 1991. Interaktionsanalysen von Mathematikunterricht. Ein Überblick über Bielefelder Arbeiten. In *Interpretative Unterrichtsforschung*, hrsg. H. Maier, und J. Voigt, 13-32. Köln: Audius Verlag, Deubner & Co KG.

Littleton, K., und C. Howe. 2010. *Educational dialogues. Understanding and promoting productive interaction*. Oxon und New York: Routledge.

Markowitz, J. 1986. *Verhalten im Systemkontext. Zum Begriff des sozialen Epigramms. Diskutiert am Beispiel des Schulunterrichts*. Frankfurt a. M.: Suhrkamp.

Mehan, H. 1979. *Learning lessons*. Cambridge: Harvard University Press.

Miller, M. 2006. *Dissens. Zur Theorie diskursiven und systemischen Lernens*. Bielefeld: transcript.

Miller, M. 1986. *Kollektive Lernprozesse. Studien zur Grundlegung einer soziologischen Lerntheorie.* Frankfurt a. M.: Suhrkamp.

Pauli, C., und K. Reusser. 2000. Zur Rolle der Lehrperson beim kooperativen Lernen. *Schweizerische Zeitschrift für Bildungswissenschaften* 22 (3): 421-442.

Rafal, C. T. 1996. From co-construction to take-overs: science talk in a group of four girls. *Journal of the Learning Sciences* 5 (3): 279-293.

Sacks, H. 1998. *Lectures on conversation.* Malden: Blackwell.

Schütte, M. 2006. Die sprachliche Gestaltung des Lernprozesses im Mathematikunterricht vor dem Hintergrund sprachlich-kultureller Diversität. In *Der Blick nach innen: Aspekte der alltäglichen Lebenswelt Mathematikunterricht Band 1*, hrsg. H. Jungwirth, und G. Krummheuer, 85-118. Münster: Waxmann.

Spitta, G. 1992. *Schreibkonferenzen in Klasse 3 und 4. Ein Weg vom spontanen Schreiben zum bewussten Verfassen von Texten.* Frankfurt a. M.: Cornelsen Scriptor.

Stebler, R. 1999. *Eigenständiges Problemlösen. Zum Umgang mit Schwierigkeiten beim individuellen und paarweisen Lösen mathematischer Problemgeschichten.* Bern u. a.: Peter Lang.

Toulmin, S. E. 1958/2003. *The use of argument.* Cambridge und New York: Cambridge University Press

Voigt, J. 1994. Entwicklung mathematischer Themen und Normen im Mathematikunterricht. In *Verstehen und Verständigung – Arbeiten zur interpretativen Unterrichtsforschung*, hrsg. H. Maier, und J. Voigt, 77-111. Köln: Aulis.

Philosophieren als Unterrichtsprinzip – philosophische Gespräche mit Kindern

Heike de Boer

Zusammenfassung

Wie entsteht in philosophischen Gesprächen mit Kindern Neues und wie gelingt es im partizipativen Dialog gemeinsam Nachdenklichkeit herzustellen? Zur Beantwortung dieser Fragen wird zunächst reflektiert, wie mit Kindern philosophiert werden kann. Auf der Grundlage qualitativ empirischer Untersuchungen zum „exploraty talk" und „critical thinking" werden Herausforderungen an das Lehrerhandeln in philosophischen Gesprächen expliziert. An einem Fallbeispiel wird anschließend Partizipation interaktionsanalytisch rekonstruiert und in Prozessaktivitäten überführt, die sichtbar machen, wie es zur Entstehung neuer und relationaler Perspektiven im philosophischen Gespräch kommen kann.

1 Mit Kindern philosophieren

Anton   wenn man also nicht glücklich ist, dann aber etwas über
        glücklich- sein redet, wird man dann glücklich, oder? Das
        war jetzt eine frage. hat jemand die antwort?

Eine besondere Frage, die Anton entwickelt hat und an alle seine MitschülerInnen ganz direkt adressiert. Dass ein Schüler einer vierten Klasse im philosophischen Gespräch, hier über das Glück, eine neue und eigene philosophische Frage entwickelt ist ein bemerkenswerter Fall und kann der Anfang eines fruchtbaren Bildungsprozesses werden. Dieser stellt sich allerdings nicht ‚automatisch' ein, denn an die Frage muss von interessierten Anderen angeschlossen werden; das können MitschülerInnen, das kann aber auch die Lehrperson sein. Es bedarf eines Aufmerksamkeitsfokus, der gemeinsam hergestellt, geteilt und verfolgt wird, um aus der Frage ein gemeinsames neues Thema für die interaktive Bedeutungsaushandlung zu machen. Wie in philosophischen Gesprächen mit Kindern ein partizipativer Denkprozess mit *neuen und relationalen Perspektiven* hergestellt werden kann, ist die zentrale Frage, der in diesem Beitrag nachgegangen wird.

Die Förderung und Untersuchung philosophischer Gespräche mit Kindern geht auf den Amerikaner Lipman zurück, der seit den 70er Jahren das Konzept der „community of inquiry"[1] ins Zentrum der Kinderphilosophie stellte, philosophische Geschichten für unterschiedliche Altersstufen schrieb und ein Curriculum entwickelte, das mittlerweile weltweit umgesetzt und evaluiert wurde.[2] Sein Ziel war es, die Klasse in Forschergemeinschaften zu transformieren, in denen der kollektive und komplexe Denkprozess im Mittelpunkt der gemeinsamen Erfahrung stand und zur gelebten Demokratie einer Gemeinschaft führte (vgl. Camhy 2013, S. 735). Die Förderung des frühen logischen Denkens, der Denkgewohnheiten und die Entwicklung kritischer Urteilsfähigkeit waren zentrale Kriterien seines Ansatzes, die 1972 zur Gründung des „Institute for the Advancement of Philosophy for Children" durch ihn und seine Kollegin Sharp führte (Lipman 1991). Einige Jahre später erschien mit dem Konzept von Martens (1999) „*Sich im Denken orientieren – philosophische Anfangsschritte mit Kindern*" ein weiterer Ansatz, der das Philosophieren mit Kindern auch in Deutschland prominent machte. Das „Aufdecken dessen, womit wir es in der Welt zu tun haben oder was sich uns als Phänomen zeigt" (Martens 1999, S. 10) sind zentrale Anliegen von ihm.

Mit Kindern zu philosophieren bedeutet nicht nur, so die zentrale Überlegung dieses Beitrages, einen kollektiven Denkprozess im Gespräch zu ermöglichen und darauf hinzusteuern, dass Kinder miteinander argumentieren, Phänomene beforschen, hinterfragen und kreativ deuten; sondern es bedeutet auch mit der ‚Sprache der Anderen' vertraut zu werden, im Sinne des „going visiting" (Camhy 2013, S. 737), andere Perspektiven und Meinungen genauso wie den „Jargon" der Anderen (Kolenda 2010, S. 37) verstehen und akzeptieren zu lernen. Das Philosophieren

---

[1] Der Begriff „community of inquiry" geht auf den Pragmatisten Peirce (vgl. Lehmann-Rommel in diesem Band) zurück, der darunter den gemeinsamen Forschungsvorgang, ebenso wie die kritische Selbstkorrektur der Forschenden verstand (vgl. Camhy 2013, S. 734). Auch Deweys Überlegungen aus „How We Think" (1910) beeinflussten Lipman.

[2] Trickey und Topping haben 2004 eine systematische Zusammenschau der vielfältigen Untersuchungen, die auf Lipmans Konzept zurückgehen, vorgestellt. Untersucht werden vor allem mit quantitativen Methoden die Entwicklung der kritischen Denkfähigkeit sowie die Wirkungen auf das sozial-emotionale Verhalten (Trickey & Topping 2004). Die beiden spanischen ForscherInnen Cebas und Moriyon (2010) kritisieren in diesem Kontext, dass die eingesetzten Methoden zu wenig hinterfragt werden (da die oft aus dem psychologischem Kontext stammenden Designs für komplexe philosophische Fragestellungen nur bedingt passen) und heben die Bedeutung qualitativer Forschungen hervor.

mit Kindern wird auf diese Weise zum Unterrichtsprinzip, in dem besonders die Erwachsenen herausgefordert sind, das fragmentierende, evaluierende und auf dualistische Perspektiven (richtig-falsch, schwarz-weiß) ausgerichtete Denken zu suspendieren und relationale und pluralistische Denkweisen zuzulassen und herauszufordern.

Wie können philosophische Gespräche gestaltet werden? Idealerweise orientieren sie sich zum einen an den vier von Kant formulierten philosophischen Grundfragen: Was kann ich wissen? Was soll ich tun? Was darf ich hoffen? Was ist der Mensch? Zum anderen wird im Sinne des sokratischen Dialogs an die Erfahrungen der Kinder angeschlossen und zugleich zum Selber- und Weiterdenken angeregt.

Sokratischer Dialog

„Der Begriff ‚dialektike techne' war in Griechenland die ‚Kunst der Unterredung', die von Sokrates zu höchster Meisterschaft geführt wurde. Allerdings hat er keine schriftlichen Dokumente hinterlassen. Er philosophierte auf der Agora in Athen und war auch die Hauptperson in den philosophischen Dialogen seines Schülers Platon, in den die Dialektik als Methode von These und Gegenthese entwickelt wurde" (Brüning 2013, S. 672). Seine Gespräche verliefen nach einem typischen Ablauf und begannen zumeist damit, dass er die Meinung seiner Gesprächspartner erfragte und sich selbst unwissend stellte, sogar belehren ließ. In einem weiteren Schritt versuchte er durch „Kreuz- und Querfragen die Behauptungen auseinanderzunehmen oder Folgerungen daraus zu ziehen. Dabei werden Widersprüche offen gelegt, die zu einem Prozess des reflexiven Nachdenkens führen" (ebd. S. 673). Seine Methode wird vielfach auch mit den Begriffen „Hebamme der Gedanken" und „Stechfliege" verbunden.

Sokratisch Kommunizieren ist soziale Praxis, so Nussbaumer (2012), und rege zum propositionalem Denken an, im Sinne des Miteinander-Argumentierens und der Entwicklung des Perspektivenwechsels. Mit dem gemeinsamen philosophischen Weiterdenken schon in jungen Jahren, wird ein wichtiger Schritt zur Kultivierung bildender Prozesse mit Kindern angeregt (vgl. Martens 1999, S. 13), der deswegen auch seinen Platz im Unterricht der Grundschule hat. Michalik hebt die Bedeutung fachbezogener Lern- und Bildungsprozesse durch philosophische Gespräche mit Kindern hervor (vgl. 2013, S. 639 ff.) Sie spricht von der „Ent-trivialisierung" des Unterrichtsgesprächs (2013, S. 639) durch die Erörterung philosophischer Fragen in einem sonst eher eindimensional auf Wissensvermittlung ausgerichteten Unterricht.

Die Entstehung neuer fundamentaler Fragen, die Entwicklung von Mehrdeutigkeiten und unterschiedlichen Lesarten sind bedeutende Merkmale philosophischer Gespräche, die zugleich auch Denk- und Verstehensprozesse befördern und zum Unterrichtsprinzip für fachliches Lernen werden können (vgl. ebd.).

Weber (2013) arbeitet drei bedeutende Aspekte heraus, die philosophische Gespräche idealtypisch strukturieren können. Jedes Gespräch beginnt mit dem Staunen, der offenen Frage oder auch dem Infragestellen von Gegebenen. Es entwickelt sich im methodisch geleiteten Dialog durch das gemeinsame Denken und Sprechen weiter und führt zur Auseinandersetzung mit den Vorstellungen Anderer. In diesem Prozess kommt es zum Überprüfen der eigenen Werte und Urteile und möglicherweise zu Einstellungsänderungen, die wiederum zum erneuten Fragen und Staunen führen (vgl. ebd. S. 625-626). Das Gelingen dieser Strukturierung ist entscheidend an die Kooperation und Partizipation der Beteiligten im Gespräch gebunden. Die dazu notwendigen Schritte verweisen darüber hinaus auf grundlegende wissenschaftliche Arbeitsweisen, die sehr unterschiedliche methodische Zugänge des Beforschens und Untersuchens philosophischer Überlegungen innehaben.

Methodenkanon des Philosophierens (Brüning 2013, S. 677)
„*Die phänomenologische Methode:*
    Wahrnehmen, beschreiben, unterscheiden
Die hermeneutische Methode:
    Verstehen von Gedanken und Symbolen
Die analytische Methode:
    Begriffe verstehen, argumentieren
Die dialektische Methode:
    Gesprächsführung
Die spekulative Methode:
    Gedankenspiele, der fremde Blick"

2 Kollektive Denkprozesse in philosophischen Gesprächen im Spiegel der Forschung

Partizipation, verstanden als Teilhabe an der kollektiven Sinnkonstruktion in einem Gespräch, kann einen gemeinsamen Denkprozess und einen Denkfluss hervorbringen, dessen Produkt über die Einzeläußerungen der Beteiligten hinausgeht und die Entstehung von Neuem möglich macht. Ein bildendes Gespräch ist in diesem Sinne ein Gespräch, in dem sich das Denken, die Einstellungen, die Blickwinkel der Beteiligten geändert haben und es zum Einlassen auf neue Facetten und Denkwege kommt (vgl. de Boer 2015). Zu diesem Prozess gehört, dass im Gespräch der Umgang mit der Sprache der Anderen gelingt, im Sinne des Einlassens auf die „eigensinnige" Sprache (vgl. Kolenda 2010, S. 37) des Einzelnen. Die Entstehung neuer Fragen auf der Seite der SchülerInnen und die Herstellung von Anschlüssen, im Sinne des „Produktivmachens" unterschiedlicher Bedeutungen, sind wichtige Kennzeichen für das bildende Gespräch. Bohm (vgl. 2005, S. 55) arbeitet in diesem Kontext die Fähigkeit des „Suspendierens", als Fähigkeit die eigenen Annahmen und Vorstellungen in der Schwebe zu halten, als wichtige Voraussetzung für die Entstehung von dialogischen Gesprächen heraus (vgl. auch Gölitzer und Beucke-Galm in diesem Band). Damit kann eine auf Vertrauen basierende Gesprächskultur, die Reziprozität ermöglicht, aufgebaut werden und dazu führen, dass im gemeinsamen Gespräch auch das nicht „Ausdrückbare", der „Sinnüberschuss" in sprachliche Artikulation überführt werden kann (Kolenda 2010, S. 153).

Allerdings zeigen aktuelle Untersuchungen, dass diese Vorstellung dem sprachlichen Handeln im Unterricht nur wenig entspricht. In schulischen Gesprächen findet zu wenig aktives sprachliches und prozessorientiertes Handeln statt. Wissen wird eher reproduziert als rekonstruiert, konstatiert Schmölzinger-Eibinger (vgl. 2013, S. 30) und im Sachunterricht dominiert das Beschreiben und Sammeln von Fakten (vgl. Schramm 2013, S. 293). Insgesamt wird ein zu geringes kognitives Niveau der Lehrerfragen kritisiert, dem auf der Schülerseite Kurzantworten und nur wenige Antworten mit Begründungsformaten entsprechen (vgl. Kobarg et al. 2009; de Boer in diesem Band). Auch die wenigen Untersuchungen, die sich mit Sprechpausen in der Lehrer-Schüler-Interaktion beschäftigen, zeigen dass sowohl nach einer Lehrerfrage, SchülerInnen kaum Zeit zum Nachdenken gelassen wird, als auch nach einer Schülerantwort die sofortige Validierung durch die Lehrenden erfolgt (Rowe 1986; Heinze & Erhard 2006). Schon gering erhöhte Wartezeiten verlängern die folgenden Schülerantworten und steigern das inhaltliche Niveau (vgl. ebd.).

Der Zusammenhang von professionellem, kommunikativem Lehrerhandeln und der Qualität des Unterrichtsgesprächs ist empirisch mehrfach belegt (vgl. Kobarg et al. 2009; Schramm et al. 2013). Angesichts der Problematik, dass Unterrichtsgespräche oft durch Kurzantwortfragen und Validierungszwänge eng geführt werden, wird im Folgenden der Frage nachgegangen, wann Partizipations- und Bildungsprozesse von SchülerInnen in philosophischen Gesprächen entstehen und wie sie empirisch fassbar gemacht werden können. Während aus Deutschland bislang wenige Analysen vorliegen (vgl. Helzel & Michalik 2015; vgl. de Boer 2015), gibt es interessante Analysen aus Kanada, Finnland und England. Einige dieser qualitativ empirisch angelegten Untersuchungen nehmen in diesem Kontext das „joint meaning making" in den Blick, mit der ausdrücklichen Perspektive auf den kollektiven Denkprozess, der fachlich-inhaltliche und soziale Dimensionen umfasst und ebenso das Lehrerhandeln berücksichtigt. Besonders bedeutsam sind Ergebnisse von Daniel (2013) in diesem Kontext. Ihre Untersuchung ist in das internationale Forschungsprojekt P4CM[3] eingebunden, in dem Analysen in Australien, Mexico und Quebec vorgenommen werden. Sie analysiert den kritischen Dialog im Mathematikunterricht von 10-12-Jährigen SchülerInnen und findet drei Ausprägungen der „dialogical exchanges": non-critical, semi-critical and critical. Sie expliziert für den kritischen Austausch verschiedene Kriterien:

> „Explicit interdependence among pupils; the inquiry is focused on construction of meaning (vs. search for truth); pupils are aware of the complexity of their peers' points of view; they search for divergence and consider uncertainty to be a positive cognitive state; criticism is sought for its own sake, as a tool to further comprehension; pupils spontaneously justify their points of view coherently and completely; a social/ethical preoccupation can be observed in their interventions; statements are articulated in the form of hypotheses to be verified rather than as closed conclusions" (Daniel 2013, S. 63).

Daniel konstatiert, dass ein gelingender dialogischer Austausch weniger von den kognitiven Voraussetzungen der jüngeren SchülerInnen abhängt, sondern sie belegt eine enorme Bedeutung der LehrerInnenrolle in mathematisch-philosophischen Gesprächen. Sie expliziert, dass ohne die vertiefenden, kritisch hinterfragenden und einzelne Schüleräußerungen in Beziehung setzenden Impulse der Lehrkraft, in den Gesprächen kein gemeinsamer Denkprozess angestoßen wird, der zur Entstehung von „Neuem" führt. LehrerInnen benötigen das fachspezifische Wissen und die Aufmerksamkeit, um den Einsatz von monologischem oder dialogischem sowie kritischem oder nicht kritischem Austausch bewusst vornehmen und steuern zu können (vgl. Daniel 2013, S. 64).

---

3 Diese Untersuchungen stehen in der Forschungstradition der durch Lipmann in den 70er Jahren gegründeten „Philosophy for Children" (P4C).

Auch die Untersuchungen von Littleton und Mercier (2010) im Projekt „thinking together-talking for success" der Cambridge Universität interessieren sich für Prozesse des „interthinking" und verweisen auf die Vorbildfunktion der Lehrkraft und die Bedeutung ihrer fachlichen und prozessorientierten Impulse. Sie blicken mit einer sozio-kulturell orientierten Perspektive auf die Bedeutung interaktiver Prozesse. Anschließend an die Ergebnisse von Barnes und Todd (vgl. 1995, S. 127; vgl. de Boer in diesem Band) heben sie „the significance of exploraty talk" hervor (vgl. 2006, S. 175) und differenzieren drei Typen des „thinking together" aus. Sie unterscheiden zwischen: disputational talk (disagreement and individual decision making); cummulative talk (speakers build positively and uncritically on what the others have said); exploratory talk (partners engage critically but constructively with each other's' ideas) (ebd. S. 276). Littleton und Mercier konstatieren, dass im „exploraty talk" das koordinierte und kollektive Begründen, das Teilen von Ideen und Wissen sowie der Austausch von Meinungen und Bedeutungen in gleichberechtigter Form geschehen. In jüngeren Untersuchungen analysieren sie im Rahmen einer Interventionsforschung wie LehrerInnen auf die Durchführung des „exploraty talks" in Klassen mit 8-11-Jährigen SchülerInnen vorbereitet werden können. Jeder der beteiligten Lehrpersonen wurde zu diesem Zweck in die „thinking together lessons" eingeführt und darauf vorbereitet, den kollektiven Denk- und Argumentationsprozess im Gespräch befördern zu lernen. Im Anschluss an die erfolgten zwölf Lektionen zum „exploraty talk" können sie einen deutlichen Lerngewinn im kollektiven Problemlösen und individuellen Argumentieren nachweisen. Sie heben hervor, dass die Qualität der Interaktion entscheidend davon beeinflusst wird, ob die SchülerInnen darin unterstützt werden, Sprache als Werkzeug für das Miteinanderdenken nutzen zu lernen und spezifische Strategien angeboten bekommen, um produktive Diskussionen führen zu lernen (vgl. ebd., S. 285).

Angesichts der konstatierten Herausforderung für Lehrkräfte, SchülerInnen in Unterrichtsgesprächen stärker einzubinden, wird im Folgenden dargestellt, wie Partizipations- und Bildungsprozesse von SchülerInnen in philosophischen Gesprächen schon in der ersten Phase der Lehrerbildung vorbereitet und untersucht werden können.

2.1 Philosophische Gespräche im Koblenzer Netzwerk Campus ‚Schulen und Studienseminare

Im Rahmen des Projektes KONECS[4] entstanden im Wintersemester 2013/2014 60 philosophische Gespräche mit Kindern[5]. Die Gespräche wurden von Studierenden aufgezeichnet, transkribiert und im Seminar entlang festgelegter Kriterien analysiert. Im Folgenden wird nun ein Gesprächsausschnitt vorgestellt und die Analyse von Partizipation in Anlehnung an Krummheuer & Brandt 2001 vorgenommen. Die Partizipationsanalyse besteht aus dem Produktions- und Rezipientendesign (vgl. Brandt in diesem Band). Im Produktionsdesign werden Originalität und Autonomie der Äußerungen im Kontext des interaktionalen Gesprächsverlaufs untersucht und entsprechend wird der folgenden Sprecherstatus zugewiesen:

Tab. 1 Sprecherkategorien nach Krummheuer & Brandt (2001, S. 46-47)

Kategorie/Funktion	Form/ Gestalt	Inhalt/ Idee	Kategorie/Funktion	Form/ Gestalt
Kreator: schöpft in der Situation aus einer neuen Idee eine eigene Formulierung und trägt sie vor.	+	+	**Paraphrasierer:** übernimmt die Idee eines anderen und bringt sie persönlich in eigenen Worten zum Ausdruck.	+ –

---

4 Das Koblenzer Netzwerk Campus ‚Schulen und Studienseminare, kurz „KONECS", wirkt auf eine intensive Zusammenarbeit der an der LehrerInnenbildung beteiligten Institutionen hin, mit dem Ziel, mehr Kohärenz und Kontinuität zwischen den verschiedenen Phasen der LehrerInnenbildung in Rheinland-Pfalz herzustellen.

5 Diese Gespräche wurden im Rahmen einer Veranstaltung im Mastermodul Sachunterricht mit dem Titel „Philosophieren mit Kindern" durchgeführt. Nach einer gemeinsamen Theorie- und Vorbereitungsphase im Seminar beginnt für die Studierenden nach etwa fünf Wochen der Feldaufenthalt in der Schule. Grundschullehrkräfte aus dem regionalen Umfeld können sich über die KONECS-Homepage (http://www.uni-koblenz-landau.de/de/koblenz/fb1/gpko/konecs) für eine Kooperation mit der Sachunterrichtsveranstaltung anmelden, sodass die Studierenden ausschließlich in Klassen von Lehrenden philosophische Gespräche durchführen, die sich aus eigenem Interesse für die Zusammenarbeit gemeldet haben. Die Studierenden sind während ihres dreimaligen Feldaufenthaltes zu zweit und wechseln sich während einer Unterrichtsstunde mit der Leitung des philosophischen Gesprächs ab. Der/die Studierende leitet circa 20 Minuten das Gespräch, während der/die zweite StudentIn Beobachtungen vornimmt, um anschließend Feedback zu geben.

Kategorie/Funktion	Form/ Gestalt	Inhalt/ Idee	Kategorie/Funktion	Form/ Gestalt	
Traduzierer: trägt eine eigene Idee vor und übernimmt die Formulierung eines anderen; häufig wird die Wortwahl dabei in eine Äußerung mit einem neuen inhaltlichen Beitrag überführt.	–	+	Imitierer: trägt die bereits ausformulierte Idee eines anderen vor: eine Äußerung/Handlung wird imitiert.	–	–

Während die Äußerungen des Kreators hinsichtlich der geäußerten Idee und der umgesetzten Formulierung das höchste Maß an Autonomie und Originalität erreicht, steht der Imitierer mit der kompletten Übernahme von Idee und Formulierung dem gegenüber. Der Paraphrasierer übernimmt die Idee und setzt sie mit einer eigenen Formulierung um. Der Traduzierer überführt die geäußerte Idee und übernimmt einen Teil der Formulierung (vgl. Brandt in diesem Band).

3 Methodisches Vorgehen und ein Fallbeispiel

Im Folgenden wird nun ein Gesprächsausschnitt[6] vorgestellt, der in einer vierten Klasse zu dem Bilderbuch[7] „KÖNIG WIRKLICHWAHR" von Edith Schreiber-Wicke und Carola Holland (2007) entstanden ist. Im Kinderbuch gerät der Protagonist Leo immer wieder in schwierige Situationen, weil er stets die Wahrheit sagt. Er lernt den kleinen ‚König Wirklichwahr' kennen, der ihn mit seinen Geschichten nachdenklich macht. Das Gespräch wurde zunächst in einem ersten Schritt komplett inventarisiert, indem das gesamte Transkript in thematische Abschnitte gegliedert wurde und alle beteiligten Sprecher aufgeführt sowie alle Gesprächsimpulse und Pausen im Inventar dargestellt wurden (siehe Skizze). Auf der Basis des Inventars

---

6 Dieses Gespräch wurde von Christina Schröder und Kim Kaletsch im WS 2013/2014 geführt.

7 Für den Einstieg in das jeweilige Thema können z. B. entweder zu Beginn des Gespräches oder über das Gespräch verteilt ausgewählte Passagen eines Bilderbuches vorgelesen werden. Viele Bilderbücher eignen sich auf Grund ihres Inhaltes, wie z. B. Glück, Freundschaft, Mut oder Lügen, für philosophische Gespräche. Dabei können im Buch gestellte Fragen, Leerstellen in der Geschichte oder auch Vorlesepausen als Impulse genutzt werden.

wurde eine interaktiv dichte Szene ausgewählt (Zeile 131-187), die aus dem gesamten Gespräch heraussticht (neben weiteren interaktiv dichten Sequenzen), da die SchülerInnen hier phasenweise ohne Einwirkung der Studentin miteinander argumentieren, sich aufeinander beziehen und ihre Vorstellungen von Wahrheit und Lüge diskutieren und weiter entwickeln.

Tab. 2 Gesprächsinventar

Zeile	Themen, Fragen und Pausen	Beteiligte Personen
1 – 73	Wahrheit, Verschweigen und Notlüge **Was hättet ihr an Leos Stelle gemacht?**	Studentin I (S I), Hajo, Jürgen, Tobi, Susi, Maria, Max, Leon, Hanna
74 – 130	Wahrheit, Enttäuschung, Kränkung, Beschämung **Die Mama hat ja gesagt, man muss immer die Wahrheit sagen. Warum war sie denn dann nicht froh? (3)**	S I, Max, Michelle, Tobi, Hanna, Hajo, Rhianna
131 – 187	Situationsabhängige Wahrheitsdarstellung (Wahrheit, Freundschaft, Vertrauen, Petzen) **Was meint ihr denn, was könnte der König damit meinen, dass man erst die Wahrheit finden muss?**	S I, Max, S II, Tobi, Jürgen, Rüdiger, Thorben, Laurant
188 – 212	Wahrheit und „die dunkle Seite des Mondes" **Der König sagt, das ist Leos Wahrheit /deine Wahrheit. Gibt es dann noch andere Wahrheiten? (3)**	S I, Max, Fabi, Hajo
213 – 302	Es gibt mehrere Wahrheiten – die Wahrheit ist eine Sache der Perspektive **Wie viele Wahrheiten gibt es denn? (7)**	S I, Lena, Hajo, S II, Tobi
303 – 330	Wahrheit, Verantwortung und die Differenz zwischen Idee und Handlung **Ich hab noch eine andere Frage: Was meint ihr denn, wie könnte man König Wirklichwahr helfen, Leo das mit der Wahrheit zu erklären? Habt ihr noch ein Beispiel? (11) Wart mal n kleinen Moment, dann haben alle n bisschen mehr Zeit (.) zu überlegen. Aber ich nehm dich gleich dran, ja. Wie könnte man König Wirklichwahr helfen, Leo das mit der Wahrheit zu erklären? (12) Willst du denn anfangen?**	S II, Max, Rhianna, Hajo, Jürgen
331 – 349	Notlügen, um Kränkungen zu vermeiden **Ja?**	S II, Nora, Max, Tim
350 – 370	Die Wahrheit ist im Gehirn und im Herz **Wo würdet ihr nach der Wahrheit suchen? (11)**	S II, Hajo, Tobi
371 – 395	Die Notlüge wird zur Wahrheit **(10) Was ist denn für euch eure Wahrheit? (5) Ja?**	S II, Lena, Hajo, Phillip

396 – 485	Differenz von Wahrheit, Lüge und Notlüge **Also haben wir festgestellt, es gibt eine Wahrheit, es gibt eine Notlüge und eine Lüge. Wie unterscheiden die sich denn? (6) Ja, du.**	S II, Phillip, Peter, Hajo, Laurant, Rhianna, Tobi, Hanna, S I

In der nun folgenden Gesprächssequenz spitzt die Studentin mit ihrer Frage das Gespräch der SchülerInnen zu und verlangt von ihnen sich zu positionieren:

```
1   S II[8]   also, soll man jetzt die wahrheit sagen? (---) oder
2            soll man jetzt NICHT die wahrheit sagen?
3   Max      [ähm man soll nicht immer/
4   Tobi     [ah] ((Kind meldet sich))
5   S II     und warum? (-)
6   Tobi     es ist gut, wenn man eigentlich immer die wahrheit
7            sagt, weil dann ist man äh/ dann passiert halt nix
8            schlimmes. Aber wenn jetzt/ zum beispiel wenn jetzt
9            jemand, wie schon erzählt/ wenn ich jetzt denjenigen,
10           der die kiste kaputt gemacht hat, verpetzen würde und
11           (-) also dann hätte ich ja die wahrheit zwar gesagt,
12           aber das ist ja nicht nett. (-) das sollte man lieber
13           NICHT tun in so einer situation. (---) man könnte die
14           wahrheit sagen, wenn ich die süßigkeiten von meiner
15           mutter wegesse und sage „ich hab es ja gegessen" dann
16           kann man's ja sagen. (4.0) rüdiger
17  Rüdiger  ähm (--) das äh/ man hat da auch immer so ein doofes
18           gefühl, wenn man einen verpetzt hat und man/ und das
19           eigentlich gar nicht wollte (---), dann kann man/
20           dann fühlt man sich auch doof. thorben
```

Die Kinder nehmen die Frage auf und zeigen, dass die Frage nach der Wahrheit nicht ‚einfach' zu beantworten ist. Max' Antwort „man soll nicht immer" ist bereits in sich widersprüchlich und verweist einerseits mit der Formulierung „man soll" auf eine höhere moralische Instanz und macht zugleich mit dem „nicht immer" auf mögliche Ausnahmen vom generalisierenden „immer" aufmerksam. Tobi schließt an dessen Aussage unmittelbar an und paraphrasiert den Gedanken einerseits, in dem er feststellt, dass man die Wahrheit sagen soll und schränkt ihn zugleich mit dem relativierenden „eigentlich" wieder ein. Er illustriert seinen Gedankengang mit mehreren Konditional- und Konjunktivformulierungen und macht damit sichtbar,

---

8   Studentin II

dass es sich um eine Fiktion handelt. Tobi rekurriert auf ein Beispiel, dass er einige Minuten zuvor selbst eingebracht hat. Er argumentiert hier mit einer peerbezogenen höheren Moral, die lautet, dass Peers nicht verraten werden sollen. Tobi konstruiert im Folgenden ein Gegenbeispiel mit dem er seine Position untermauert, dass die Wahrheit dann gesagt werden kann, wenn es „nur" um einen selbst geht und niemand verraten wird. Sein Gedanke geht über die Äußerung von Max deutlich hinaus, sodass Tobi hier auch zum „Kreator" einer neuen Idee wird. Erst nach einer viersekündigen Pause meldet sich Rüdiger und traduziert Tobis Äußerung, indem er erläutert, unabsichtiges Verpetzen mache ein „doofes Gefühl"; auch hier verbirgt sich die höhere Moral, dass besonders nicht beabsichtigtes Verpetzen von Peers zu schlechtem Gewissen führe. Diese Differenzierung zwischen absichtsvollem und unbeabsichtigtem Petzen bringt einen weiteren neuen Gedanken in das Gespräch. Nun bezieht sich Thorben direkt auf die Äußerung seines Vorredners und differenziert nicht nur dessen Aussage weiter aus, sondern bringt ein weiteres neues Argument.

```
21  Thorben  also es kommt halt darauf an WO du einen verpetzt.
22           (-) also in welcher SITuation du einen verpetzt. wenn
23           jetzt äh (3.0) ja wie grade die situation mit der
24           bank ausrauben/ wenn du jetzt die wahrheit sagen
25           musst „war das dein freund oder war das der herr
26           dingsbums?" (--) dann (--) wär es schon besser, wenn
27           du den herrn dingsbums nehmen würdest. ja weil/(2.0)
28           also als notlüge/ aber wenn du zum beispiel jetzt
29           deinen freund nimmst, obwohl du die wahrheit gesagt
30           hast, ist es ja/ es war eigentlich gut, aber ich
31           glaube es kommt halt darauf an, ob es für DICH dann
32           auch ähm/ also für DICH und für den anderen auch für
33           wen ist/ beide müssen davon was gutes haben. Und wenn
34           einer von den beiden dann was nicht so gutes hat,
35           dann sollte man es lieber lassen. (7.0) findest du
36           nicht?
37  Laurant  finde ich nicht, weil ähm (2.0) weil dann muss der
38           ähm der, der die bank ausgeraubt hat, der freund/
39           weil das ist ja was richtig schlimm/ schlimmes, den
40           ähm/ dann würde ich ähm auch DEN eher nehmen. (---)
41           auch wenn/ ähm auch wenn ich dann auch nicht so was
42           gutes hätte (-) und der auch nicht (--) würd ich
43           trotzdem den nehmen, weil das sonst richtig
44           schlimm ist. jürgen.
45  Jürgen   Und wenn das nachher rauskommt, dann kommen ja beide
46           ins gefängnis. (11.0) ((Kind stimmt zu))
```

Thorben nutzt ebenso wie Tobi den Begriff „verpetzen" und differenziert aus, dass die jeweilige Situation entscheidend ist. Auch er bezieht sich auf ein Beispiel was bereits in den ersten Minuten des Gespräch von Max geäußert wurde: Zwei Freunde rauben eine Bank aus, werden gefasst, leugnen ihre Tat und beschuldigen eine dritte Person. Mit mehreren „wenn-dann" Implikationen und Konjunktivformulierungen stellt er die fiktive Situation dar und schließt an Tobis Argumentation an. Er begründet, dass im Falle der Leugnung, er seinen Freund nicht verraten und damit eine „Notlüge" geäußert habe. Thorben argumentiert weiter, dass „beide etwas Gutes davon haben müssen", sonst „sollte man es lieber lassen". Eine siebensekündige Pause verweist auf die im Gespräch entstandene Nachdenklichkeit. Mit einer auf Bestätigung hinzielenden geschlossenen Frage richtet er sich abschließend an die Kinder im Kreis. Laurant greift Thorbens Impuls auf und widerspricht ihm direkt. Mit seiner Begründung bringt er eine weitere Differenzierung in das Gespräch ein und hebt hervor, dass die „Schwere" der Tat, mit seinen Worten wenn es um etwas „Schlimmes" gehe, berücksichtigt werden muss. Auch er spricht in Konditional- und Konjunktivformulierungen, zitiert Thorbens verwendete Begrifflichkeiten und nutzt sie für seinen Widerspruch indem er deutlich macht, dass es in „schlimmen" Situationen nicht darum gehen kann, dass beide etwas „Gutes" davon haben. Jürgen bestätigt Laurant direkt und führt dessen Gedanken weiter, indem er schlussfolgert, dass dann schließlich beide ins Gefängnis kommen.

3.1 Wie werden neue und relationale Perspektiven im kollektiven Gespräch entwickelt?

Mit der analytischen Perspektive des ‚Produzentendesigns' wird in dieser kurzen Sequenz die Entstehung von Partizipation im Gespräch sichtbar. Die unterschiedlichen Formen mit denen die Kinder Gesprächsanschlüsse herstellen, den thematischen Faden aufgreifen, modifizieren und weiterentwickeln, zeigen wie sie miteinander im Gespräch nachdenken und neue Aspekte generieren. Hier interagieren sechs Schüler miteinander, entfalten Argumentationen und Widersprüche, ohne dass sich die Studentin einmischt. Sie leitet lediglich mit ihrer Frage den Diskurs ein und verlangt von den Kindern sich zu positionieren. Sie hält auch die Gesprächspausen aus, ohne sich einzubringen und trägt in diesem Fall damit dazu bei, dass Reziprozität im Gespräch entstehen kann. Die Kinder entfalten bereits in diesem kleinen Ausschnitt des insgesamt 43 Minuten langen Gesprächs verschiedene Themen, die sie im Laufe des weiteren, hier nicht abgedruckten, Gesprächs ausdifferenzieren (siehe Inventarisierung). Interessant ist zu sehen, wie die Auseinandersetzung mit der ‚Wahrheit' überformt wird von dem Thema ‚Freundschaft'. Die SchülerInnen entwickeln miteinander eine kollektiv geteilte moralische Perspektive, in der die Beziehungsdimension eine hohe Qualität erhält. Um Freunde nicht zu verletzten ist es erlaubt, die Wahrheit zurückzuhalten oder auch eine Notlüge vorzunehmen. Gesprächsanalytisch verweist der Gebrauch von Konditionalsätzen, Modalverben und -partikeln auf die Entwicklung von Uneindeutigkeiten. Im Gespräch erfolgen kreative Impulse, Paraphrase und Traduktion gepaart mit Argumentationen und machen nicht nur den kollektiven Denkfluss und die entstandene Nachdenklichkeit sichtbar, sondern zeigen auch, wie die SchülerInnen sich im Gespräch aufeinander beziehen und aneinander anschließen. Mit der Explikation von Paraphrase und Traduktion wird empirisch fassbar, wie die Kinder Formulierungen ihrer VorrednerInnen aufgreifen, in eigene Begrifflichkeiten überführen, zur vertiefenden Argumentation und auch zum Widerspruch nutzen; darüber hinaus entwickeln sie damit eigene neue Impulse. Wiederholt beginnen Aussagen der SchülerInnen paraphrasierend oder traduzierend und entwickeln im Sprechen einen neuen „kreativen Impuls". Gesprächspausen und Gesprächsschleifen, die durch den wiederholten Rückgriff auf zurückliegende Beispiele entstehen, können als Ausdruck von entstandener Nachdenklichkeit gewertet werden. Die Schüler entwickeln hier zum einen unterschiedliche Begründungslinien, die dazu beitragen die Relationalität von Wahrheit zu explizieren und überlegen zum anderen, dass es Fälle gibt, die der Wahrheitsäußerung bedürfen. Die Bedeutung des situativen Falls und die Tragweite der Konsequenzen werden heraus gearbeitet. Dabei kommt es zu kurzen und längeren Pausen, nach denen sich jeweils wieder Kinder zu Wort melden. Rowe formuliert für ihre Untersuchungen in den 80er Jahren in diesem Kontext die überzeugende These „slowing down may be a way of speeding up" (1986, S. 43). So zeigt sich auch in diesem Gespräch insgesamt, dass nach Wartezeiten nicht nur immer wieder lange, argumentationsreiche Schülerantworten folgen, sondern auch SchülerInnen neu das Wort ergreifen, die bis dahin noch nicht in das Gespräch involviert waren. Im Sinne von Daniel (s. o.) entsteht hier ein „critical dialog", bzw. mit Littleton und Mercier ein „exploraty talk", indem die Schüler kollektiv Argumentationen aushandeln, ihre Vorstellungen austauschen, miteinander und diskursiv weiterentwickeln und sich der Frage nach dem Gebrauch der Wahrheit nähern. Sie beforschen im gemeinsamen Gespräch den Wahrheitsbegriff und eine wesentliche, auch im weiteren Verlauf zu beobachtende, Gesprächspraktik liegt in der Entfaltung von Beispielen und zahlreichen Fiktionen, die sie gedanklich und argumentativ durchspielen. Auch wenn in dieser Sequenz die Studentin nur anfänglich mit ihrem Impuls am Gespräch beteiligt ist, zeigt sich im gesamten Gesprächsverlauf, dass sie durch zahlreiche Interventionen zum Gelingen des Gesprächs beiträgt. Folgende Impulse und Strukturierungen tragen zur Entwicklung des gemeinsamen Nachdenkens im Gespräch bei.

Impulse und Strukturierungen im Gespräch
- Gezieltes Nachfragen („Wie meinst du das?", „Kannst du das erklären?")
- Zusammenführen, Aufnehmen und Wiederholen verschiedener Gesprächsfäden
- Zuspitzen von Meinungen
- Rückführung auf das eigentliche Thema
- Zusammenfassung der Ergebnisse am Ende des Gesprächs
- Präzisieren von Gedanken
- Gedankenexperimente
- Beispiele erfragen
- Unterscheidungen herausfinden
- Revoicing (vgl. de Boer in diesem Band)
- Metagesprächsimpulse

Das vorliegende Gespräch macht sichtbar, dass es nicht nur gelungen ist eine von Vertrauen getragene Gesprächsatmosphäre aufzubauen und Reziprozität zu ermöglichen; sondern auch mit sehr wenigen und gezielten Interventionen der Studierenden ein hohes Maß von Partizipation im Gespräch zu erwirken.

4 Schlussfolgerungen

Lehrkräfte, die philosophische Gespräche initiieren, befinden sich in einem Spannungsfeld.

Philosophische Gespräche im Spannungsfeld von:

Zielorientierung	⇔	Prozessorientierung
Planung	⇔	Offenheit
Strukturierung	⇔	Rück- und Vorgriffe zulassen
Anschlüsse herstellen	⇔	Pausen ermöglichen
Impulse setzen	⇔	SchülerInnen aufeinander verweisen

Auf der einen Seite erfordern philosophische Gespräche eine inhaltliche Zielsetzung, in diesem Fall z. B. die Vorbereitung auf die Explikation bestimmter Begriffe (z. B. Wahrheit/ Lüge/ Notlüge); auf der anderen Seite kann der Gesprächsprozess komplett anders verlaufen, ohne dass die vorbereiteten Begriffe eine Rolle spielen. Damit ergeben sich besondere Herausforderungen für pädagogische Fachkräfte und LehrerInnen. Denn sie benötigen die curricular eingebettete Zielorientierung und zugleich eine Handlungsflexibilität, um situativ agieren zu können. Diese widersprüchlich gelagerten Anforderungen fordern das professionelle Handeln besonders heraus, denn Lehrkräfte können die Kunst des Fragens und Weiterfragens nur kontextbezogen einsetzen und müssen dabei stets aufs Neue und situativ ihr Interventionshandeln abwägen. Hierbei müssen die Spannungsfelder von Rück- und Vorgriffe erlauben und strukturieren, Anschlüsse herstellen und Pausen aushalten, Impulse setzen und SchülerInnen aufeinander verweisen, ausgelotet werden.

Die Frage wann und unter welchen Bedingungen es gelingt, mit Kindern im Gespräch zu lernen, das gemeinsame Nachdenken, Staunen, Zweifeln und Fragen im Gespräch zu erwirken, ist damit eine offene Frage, die nicht über die Validierung festgelegter Kompetenzen und Teilkompetenzen zu beantworten ist und des analytischen Blicks auf den Gesprächsprozess bedarf. Das forschende Lernen im Sinne der methodisch geleiteten Rekonstruktion der Schülerinteraktionen und Argumentationen professionalisiert den Blick für Gesprächsprozesse und die darin enthaltenen komplexen Schritte des Anschlussnehmens und Partizipierens im Gespräch.

Literatur

Barnes, D., und F. Todd. 1995/2006. *Communication and Learning Revisted. Making meaning through talk*. Portmouth, NH: Boynton/Cook Heinemann.

Bohm, D. 2005. *Der Dialog: Das offene Gespräch am Ende der Diskussionen*. Stuttgart: Klett-Cotta.

Brüning, B. 2013. Vom Blitzlicht zum Dialog. Die Entwicklung einer philosophischen Gesprächskultur als Kern sokratischer Pädagogik. *Pädagogische Rundschau* 67 (6): 671-688.

Camhy, D. G. 2013. Philosophieren mit Kindern aus kosmopolitischer Perspektive. Komplexes Denken und das Konzept der Community of inquiry. *Pädagogische Rundschau* 67 (6): 731-741.

Cebas, E., und F. G. Moríyón. 2010. *What we know about research in Philosophy for Children*. (Unpublished).

Daniel, M.- F. 2013. Engaging in Critical Dialogue about Mathematics. *Analytic Teaching and Philosophical Praxis* 34: 58-68.

de Boer, H. 2015. Bildung und Partizipation in philosophischen Gesprächen mit SchülerInnen – Rekonstruktion kollektiver Denkprozesse. In *Bildung im Sachunterricht*, hrsg. H. J. Fischer, H. Giest und K. Michalik. Bad Heilbrunn: Klinkhardt.

Dewey, J. 1910. *How We Think*. Boston: D.C. Heath & Co.

Heinze, A., und M. Erhard. 2006. How much time do students have to think about teacher questions? An investigation of the quick succession of teacher questions and student responses in the German mathematics classroom. *ZDM* 38: 388-398.

Helzel, G., und K. Michalik. 2015. Kindliche Entwicklungsprozesse beim Philosophieren mit Kindern – Eine empirische Untersuchung zu Mehr-Perspektivität und Ungewissheitstoleranz. In *Bildung und Sachunterricht*, hrsg. H. Giest, K. Michalik, und H.-J. Fischer, 183-191. Bad Heilbrunn Klinkhardt.

Kobarg, M., M. Prenzel, und K. Schwindt. 2009. Stand der empirischen Unterrichtsforschung zum Unterrichtsgespräch im naturwissenschaftlichen Unterricht. In *Mündliche Kommunikation und Gesprächsdidaktik*, hrsg. M. Becker-Motzek, 408-428. Baltmannsweiler: Schneider Verlag Hohengehren.

Kolenda, S. 2010. *Unterricht als bildendes Gespräch: Richard Rorty und die Entstehung des Neuen im sprachlichen Prozess*. Opladen: Barbara Budrich.

Krummheuer, G., und B. Brandt. 2001. *Paraphrase und Traduktion. Partizipationstheoretische Elemente einer Interaktionstheorie des Mathematiklernens in der Grundschule*. Basel und Weinheim: Beltz.

Lipman, M. 1991. *Thinking in Education*. Cambridge, New York: Cambridge University Press.

Littleton, K., und N. Mercier. 2010. The significance of educational dialogues between primary school children. In *Educational Dialogues Understanding and Promoting Productive Interaction*, hrsg. K. Littelton, und K. Howe, 271-289. Abingdon: Routledge.

Martens, E. 1999. *Philosophieren mit Kindern. Eine Einführung in die Philosophie*. Stuttgart: Reclam.

Michalik, K. 2013. Philosophieren mit Kindern als Unterrichtsprinzip. Bildungstheoretische Begründung und empirische Fundierung. *Pädagogische Rundschau* 67 (6): 635-650.

Nussbaum, M. 2012. *Nicht für den Profit. Warum Demokratie Bildung braucht*. Überlingen: Tibia Press.

Rowe, M. B. 1986. Wait Time: Slowing Down May Be a Way of Speeding Up! *Journal of Teacher Education*: 43-59.

Schmölzer-Eibinger, S. 2013. Sprache als Medium des Lernens im Fach. In *Sprache im Fach. Sprachlichkeit und fachliches Lernen*, hrsg. M. Becker-Motzek, K. Schramm, E. Thürmann, und J. Vollmer, 25-41. Münster: Waxmann.

Schramm, K., I. Hardy, H. Saalbach, und A. Gadow. 2013. Wissenschaftliches Begründen im Sachunterricht. In *Sprache im Fach. Sprachlichkeit und fachliches Lernen*, hrsg. M. Becker-Motzek, K. Schramm, E. Thürmann, und J. Vollmer, 295-317. Münster: Waxmann.

Schreiber-Wicke, E., und C. Holland. 2007. *König Wirklichwahr*. Stuttgart: Thienemann Verlag.

Trickey, S., und K. J. Topping. 2004. Philosophy for children': a systematic review. *Research Papers in Education* 19 (3): 365-380.

Weber, B. 2013. Philosophieren mit Kindern: Wieso, Weshalb, Wozu? Über das Spannungsverhältnis zwischen philosophischen und pädagogischem Anspruch in Auseinandersetzung mit Piere Hardot. *Pädagogische Rundschau* 67 (6): 623-635.

Literarisches Lernen in Vorlesegesprächen

Catharina Fuhrmann und Daniela Merklinger

Zusammenfassung

Wie können in einem Vorlesegespräch Prozesse literarischen Lernens angestoßen werden und wie kann es gelingen, im Gespräch über Literatur ein textbezogenes Gespräch, einen Dialog mit dem Text zu führen? Zur Beantwortung dieser Fragen werden zunächst die Konzeption des Vorlesegesprächs und Aspekte literarischen Lernens vorgestellt. Die Gestaltung und Vorbereitung eines Vorlesegesprächs und die Aufgaben der Vorleserin/des Vorlesers werden in einem weiteren Schritt diskutiert. Anhand eines Fallbeispiels wird rekonstruiert, wie literarisches Lernen in einem Vorlesegespräch im Zusammenspiel von Text, Bild und Impuls des Vorlesers/der Vorleserin entstehen kann.

1 Einleitung

Merle   ich glaub aber, er hat, ähm, ein ungutes gefühl im bauch, weil er jetzt ja das schaf mehr KENNen gelernt hat und es ganz SYMPATHISCH findet, deswegen, ähm, findet er es ein bisschen schwierig, wenn er, äh, es versuchen soll gleich aufzufressen. (2.0)

In dieser Äußerung aus einem Vorlesegespräch zu dem Bilderbuch „Ein Schaf fürs Leben" (Matter & Faust 2009), an dem 19 Viertklässler teilnehmen, bietet Merle ihren MitschülerInnen ihre Lesart der gerade vorgelesen Textstelle an, in der die Metapher „einen Knoten im Magen haben" eine zentrale Rolle spielt. Ihre Äußerung lässt darauf schließen, dass Merle die Perspektive der literarischen Figur des Wolfes versteht und zugleich auch das Verhalten der Figur vor dem Hintergrund ihres Weltwissens, aber auch vor dem Hintergrund der Handlungslogik der Geschichte reflektiert. Ihre Äußerung ist auf die Metapher aus dem Bilderbuch bezogen und zeigt, wie sich SchülerInnen im gemeinsamen Gespräch einem literarischen Gegenstand annähern und versuchen, die literar-ästhetische Dimension zu verstehen, die sich im Bilderbuch im Zusammenspiel von Bild und Text entfaltet. Das textbezogene Gespräch ist ein entscheidendes Merkmal von Vorlesegesprächen, in denen „im Wesentlichen ein Dialog mit dem Text" stattfindet (Kruse 2010, S. 19).

Damit ein solches Gespräch über den Text entstehen kann, bedarf es geeigneter Gesprächsimpulse seitens der Lehrkraft, die in den Text hineinführen und literarisches Lernen herausfordern. Im Folgenden soll daher, neben theoretischen Grundlagen, vorgestellt werden, wie Vorlesegespräche vorbereitet und gestaltet werden können.

2 Vorlesegespräche

Spinner hat 2004 ein didaktisches Konzept zur Gestaltung von Vorlesegesprächen vorgeschlagen. Den Begriff ‚Vorlesegespräch' entnimmt er Untersuchungen zu familiären Vorlesesituationen unter Vierjährigen (grundlegend Wieler 1997), aus denen hervorgeht, dass Vorlesesituationen insbesondere dann lernförderlich sind, wenn die Kinder aktiv an der Bedeutungskonstruktion beteiligt sind. Dazu gehört, dass den Kindern Raum zur Entfaltung ihrer Vorstellungen gegeben wird. In der (Grund-)Schule kann durch Vorlesegespräche an die vorschulischen Vorlesesituationen angeknüpft werden bzw. können diese familiären Formate, die – neben dem Erzählen – für den Erwerb von Schriftlichkeit und den Zugang zu Literatur zentral sind, unter schulischen Bedingungen für einige Kinder überhaupt erst eingeführt werden.

Vorlesegespräche

Anders als im literarischen Gespräch (vgl. z. B. Härle & Steinbrenner 2004) erfolgt das Vorlesegespräch nicht im Anschluss an die (selbstständige) Rezeption, sondern es begleitet den Rezeptionsprozess durch Gesprächsimpulse, die auf die narrative Struktur des Textes abgestimmt sein sollten, die die Imaginationsfähigkeit der Kinder unterstützen und zugleich eine vertiefende Auseinandersetzung mit Text und Bild anregen. Ziel eines Vorlesegesprächs ist der Erwerb literarischer Kompetenzen. Spinner (2006) unterscheidet in diesem Zusammenhang elf Aspekte literarischen Lernens, die unabhängig von der Lesefähigkeit bereits vorschulisch durch Vorlesen, im Umgang mit audio-visuellen und digitalen Medien sowie Hörmedien erworben werden können. Kruse (2010) hat die Herangehensweise Spinners unter der Bezeichnung ‚höreraktivierendes Vorlesen' adaptiert. Empirische Erhebungen, die Potenziale für literarisches Lernen anhand von Transkripten didaktisch konzeptionierter Vorlesegespräche untersuchen, bestätigen das Vorlesegesprächen innewohnende Potenzial für literarisches Lernen exemplarisch, weisen aber zugleich auf die Herausforderungen hin, die damit verbunden sind, dass sich diese Gespräche zwar vorbereiten lassen, ihr konkreter Verlauf jedoch nicht planbar ist (vgl. Merklinger & Preußer 2014 zu dem Bilderbuch ‚Steinsuppe', Merklinger & Fuhrmann 2014 zu dem Bilderbuch ‚Ein Schaf fürs Leben' sowie Merklinger 2015 und i. D. zu dem Bilderbuch ‚Schnipselgestrüpp').

Vorlesegesprächen wird im Hinblick auf den Erwerb literarischer Rezeptionskompetenzen ein großes Potenzial zugesprochen (vgl. Spinner 2004; Kruse 2010; Merklinger & Preußer 2014; Merklinger 2015, i. D.). Besonders gut können Kinder sich narrative Strukturen erschließen und komplexere literarische Prozesse verstehen, wenn es dem erwachsenen Vorleser gelingt, die Vorlesesituation dialogisch im Sinne einer gemeinsamen Bedeutungsaushandlung zu gestalten – ohne die imaginative Verstrickung durch zu viele Fragen oder Gesprächspassagen zu stören. Dass dies eine didaktische Herausforderung darstellt, zeigt die qualitativ-empirische PERLE-Studie von Kruse, die den Zusammenhang zwischen Lehreraktivitäten beim Vorlesen und dem daraus resultierenden Potenzial für literarische Lernprozesse untersucht (vgl. Kruse 2012, S. 116f.). Handlungsbedarf auf Seiten der Lehrkräfte besteht demzufolge – bei aller Vorsicht vor Verallgemeinerungen – u. a. im Bereich des Herstellens einer guten Vorleseatmosphäre, im sprechgestalterischen Beleben von Figuren, in der Unterstützung des Figurenverstehens und der Perspektivübernahme ebenso wie beim Setzen von imaginationsorientierten Impulsen, die zur narrativen Struktur des Textes passen. Auch dem Zusammenspiel von Text und Bild wird oft zu wenig Beachtung geschenkt (ebd.). Häufig werden die Bilder eines Bilderbuches nur als „schmückendes Beiwerk, als Motivationszugabe" (Jantzen 2008, S. 235) betrachtet, wenngleich ein Bilderbuch seinen Erzählraum im Zusammenspiel von Bild und Text entfaltet und die Präsentation dem Medium Bilderbuch nur dann gerecht werden kann, wenn der Rezipient die Möglichkeit hat, in der Rezeption beides miteinander zu verknüpfen (vgl. z. B. Thiele 2003).

Abb. 1 Vorlesesituation zu ‚Ein Schaf fürs Leben'

Es ist anzunehmen, dass literarisches Lernen auf Grund der Mehrdeutigkeit literarischer Texte und der ‚Unabschließbarkeit des Sinnbildungsprozesses' (Spinner 2006) gut geeignet ist, um Kinder dazu herauszufordern, Sprachformen für die ‚Unbestimmtheit des Gegenstandes' und die daraus folgende ‚Ungewissheit im Verständnis' zu finden (zur Begrifflichkeit vgl. Dehn 2014, S. 128ff). Dazu gehören Sprachformen wie z. B. ‚ich glaube', ‚ich denke', ‚irgendwie' und ‚vielleicht', aber auch ‚als ob' und ‚als wenn'. Auf die Bedeutung dieser Sprachformen, die vielerorts vorkommen, aber bisher kaum Beachtung finden, hat Dehn aufmerksam gemacht – am Beispiel des Sprechens und Schreibens zu Gemälden sowie zu Bilderbüchern (vgl. ausführlich Dehn 2014, S. 128-131; vgl. Dehn i. D.). Diese Art des Sprechens stellt ein besonderes Potenzial für Prozesse sprachlichen Lernens dar. Voraussetzung ist, dass das Gespräch auf ein Verstehen der individuellen Zugänge der SchülerInnen und auf eine gemeinsame Bedeutungskonstruktion ausgerichtet ist, für die das Aushalten von Mehrdeutigkeit konstitutiv ist.

Natürlich können die normativ geprägten, schulischen Rahmenbedingungen auch in literarischen Gesprächen nie ganz ausgeblendet werden (vgl. auch Wieler 1989). Ist die Gesprächskultur von der Suche nach der von der Lehrperson vermeintlich als richtig erachteten Antwort geprägt, kann ein Gespräch, in dem individuelle Deutungen, Ungewissheit und Nicht-Verständnis zur Sprache kommen, für die SchülerInnen riskant sein, weil die schülerseitige Meinung schnell beurteilt wird und nicht versucht wird, sie zu verstehen. Trotzdem kann auch in der Schule eine Gesprächskultur entstehen, in der Kinder miteinander ins Gespräch kommen und unterschiedliche Positionen miteinander verhandeln, ohne dass am Ende eine eindeutige Lösung stehen muss.

> „Nicht in einem endgültigen Ergebnis, sondern im Prozess der Verstehenssuche liegt der Sinn der Auseinandersetzung mit Literatur. Dabei spielt auch eine Rolle, dass in der Thematisierung literarischerer Erfahrungen die begriffliche Sprache an ihre Grenzen stößt, dass aber gerade das Vorantreiben des Redens über Literatur bis zu dieser Grenze erkenntnisfördernd ist" (Spinner 2011, S. 71).

In literarischen Gesprächen ist das Äußern unkonventioneller Gedanken und auch der Ausdruck von Nichtverstehen nicht nur geduldet, sondern geradezu erwünscht und wird als Qualitätsmerkmal für Prozesse sprachlichen und literarischen Lernens verstanden (vgl. Merklinger i. D.). Kretschmer betont in diesem Zusammenhang, dass „ein Grundverständnis von unterschiedlichen Auslegbarkeiten […] wohl zu den wichtigsten Erfahrungen [gehört], die Kinder beim Umgang mit literarischen Texten machen können" (2004, S. 19). Vorlesegespräche stellen die Lehrkraft dabei vor die Herausforderung, das eigene Mitteilungsbedürfnis zu disziplinieren: „Sparsamkeit in den Lehreräußerungen ist hier eine Tugend – um der Literatur, aber ebenso um der Kinder willen" (Spinner 2004, S. 306). Dabei ist Sparsamkeit nicht damit zu verwechseln, dass der Lehrer sich auf eine ausschließlich moderierende Rolle zurückzieht (vgl. Christ et al. 1995), sondern eine intensive Text- und Bildbegegnung durch geeignete Impulse unterstützt und auch Anschlüsse zwischen den Kinderäußerungen herstellt (siehe dazu Abschnitt 4. *Vorlesegespräche vorbereiten und gestalten*).

3 Durch Vorlesegespräche literarisches Lernen herausfordern

In der Lesesozialisationsforschung herrscht Einigkeit darüber, dass die Kommunikation über Literatur zentral ist für den Erwerb literarischer Kompetenzen (vgl. z. B. Hurrelmann 1997, S. 137), wobei begrifflich schwer zu modellieren ist, was genau unter ‚literarischer Kompetenz' zu verstehen ist (vgl. Kammler 2006, S. 11ff.). Vorlesegespräche sind – familiär, aber auch schulisch – eine Möglichkeit, literarisches Lernen und die Ausbildung literarischer Kompetenzen herauszufordern. Spinner hat in diesem Zusammenhang elf Aspekte literarischen Lernens ins Zentrum gestellt, die er sowohl für die ‚imaginative Verstrickung' als auch für den reflexiven Umgang mit Literatur als zentral erachtet.

Aspekte literarischen Lernens (Spinner 2006, S. 8ff.)
1. Beim Lesen und Hören Vorstellungen entwickeln
2. Subjektive Involviertheit und genaue Textwahrnehmung miteinander ins Spiel bringen
3. Sprachliche Gestaltung aufmerksam wahrnehmen
4. Perspektiven literarischer Figuren nachvollziehen
5. Narrative und dramaturgische Handlungslogik verstehen
6. Mit Fiktionalität bewusst umgehen
7. Metaphorische und symbolische Ausdrucksweise verstehen
8. Sich auf die Unabschließbarkeit des Sinnbildungsprozesses einlassen
9. Mit dem literarischen Gespräch vertraut werden
10. Prototypische Vorstellungen von Gattungen und Genres gewinnen
11. Literaturhistorisches Bewusstsein entwickeln

Diese Aspekte sind ausdrücklich „nicht als Kompetenzstufen im Sinne einer Steigerung zu verstehen" (Spinner 2010, S. 109) und können unabhängig von der Lesefähigkeit bereits vorschulisch z. B. beim Vorlesen erworben werden. Gleichwohl diese Aspekte nicht den Anspruch der Trennschärfe erheben, können sie helfen zu verstehen, wie sich SchülerInnen im gemeinsamen Gespräch einem vorgelesenen Bilderbuch nähern und dabei ein individuelles Verständnis des Vorgelesenen entwickeln (vgl. Merklinger & Preußer 2014, S. 158).

Im Schulunterricht wird der subjektiven Textbegegnung häufig nicht genug Raum gegeben, obwohl sie einen wesentlichen Bestandteil ästhetischer Erfahrung darstellt (vgl. Spinner 2011, S. 65). Das hat auch mit den institutionellen Rahmenbedingungen von Schule zu tun. So hat z. B. Hurrelmann schon in den 80er Jahren anhand von Rezeptionsanalysen ein für die Grundschule typisches Textdeutungsmuster festgestellt: Es ist durch „verbale Reproduktion der Textinhalte" und „konventionell-moralische Urteile" charakterisiert und lässt „die individuellen Erfahrungen, Vorstellungen und Bedürfnisse der Leser" außen vor (Hurrelmann 1982, S. 355). Auch Knopf konnte in ihrer Studie zu literarisch-ästhetischen Rezeptionsweisen in Kindergarten, Grundschule und Gymnasium zeigen (2009), wie mehr Wissen den Zugang zum Text auch verstellen kann. Dies hat zur Folge, dass nicht wenige SchülerInnen das Interesse an Literatur durch den Schulunterricht verlieren, was die Lesesozialisationsforschung vielfach belegt (vgl. Spinner 2011, S. 65). In Vorlesegesprächen soll daher ein Austausch über textbezogene subjektive Wahrnehmungen ermöglicht werden. Dies erfordert von den Teilnehmenden, „dass sie eigene Sinnbedeutungen einbringen, dass sie Vorschläge anderer nachvollziehen, dass sie das Gespräch als Suchbewegung verstehen und dass sie mit dazu beitragen, eine Balance zwischen Selbstkundgabe, Ernstnehmen des anderen und Textbezug herzustellen" (Spinner 2006, S. 12).

4 Vorlesegespräche vorbereiten und gestalten

Vor der eigentlichen Durchführung des Gesprächs entwickelt die Lehrkraft Gesprächsimpulse, die auf die Besonderheit des jeweils zu Grunde gelegten Bilderbuches abgestimmt sind. Hierzu ist es notwendig, dass die Gesprächsleitung das jeweilige Bilderbuch[1] zunächst in seiner narrativen Struktur, in seiner Mehrdeutigkeit und mit seinen Leerstellen durchdringt (vgl. Merklinger & Preußer 2014, S. 159). Geeignete Textstellen für mögliche Gesprächsimpulse sind u. a. der Höhepunkt einer Geschichte, Situationen, in denen eine Figur in einer Dilemmasituation steckt, rätselhafte Geschehnisse, das Auftreten eines Gegenspielers oder eine Entscheidungssituation für die Protagonisten (vgl. Spinner 2005, S. 296-297).

In Anlehnung an Spinner (2004) und vor dem Hintergrund der Ergebnisse der PERLE-Studie von Kruse (2012) möchten wir sechs Bereiche für Gesprächsimpulse unterscheiden:

Mögliche Gesprächsimpulse:
1. Vorstellungsbildung und das Vorwissen anregen
2. Antizipationen herausfordern
3. Perspektivübernahme und Figurenverstehen/Reflexion von Figurenverhalten anregen
4. Interpretationsfragen
5. Sprachliche Gestaltung des Textes fokussieren
6. Text-Bild-Korrespondenzen fokussieren

Neben ausformulierten Fragen können Impulse auch durch *besondere Betonungen*, *wiederholtes Vorlesen einer Textstelle* oder durch *gezielte Pausen* gesetzt werden.

---

1 Die ausgewählten Bilderbücher sollten Themen ansprechen, die für die Kinder bedeutsam sind. Sie sollten Leerstellen aufweisen, die Imagination anregen, Irritationspotenzial besitzen, Deutungsspielräume eröffnen und sprachlich-strukturell und/bzw. visuell spannungsreich sein (vgl. Merklinger & Preußer 2014, S. 159).

Wenn der Vorleser oder die Vorleserin eine Frage stellt, sollte diese Deutungsmöglichkeiten eröffnen und textbezogene Begründungen herausfordern – und nicht ausschließlich mit ‚Ja' oder ‚Nein' beantwortet werden können. Dennoch ist in Transkripten zu Vorlesegesprächen, die Studierende im Rahmen von Lehrveranstaltungen zum forschenden Lehren und Lernen durchgeführt haben, zu beobachten, dass es Situationen im Gespräch gibt, wo auch geschlossene Fragen ausführliche Schülerantworten hervorrufen.

Um einen Text auf sich wirken zu lassen und fundierte Antworten auf die Fragen der Gesprächsleitung zu finden, ist es außerdem wichtig, dass die SchülerInnen ausreichend Zeit zum Nachdenken erhalten (vgl. z. B. Spinner 2011, S. 64; für Lehrerfragen im Unterricht vgl. auch Lindner 2011, S. 40; Rowe 1986). Spinner spricht in diesem Zusammenhang von „Haltepunkte(n) für das Nachdenken" (Spinner 2011, S. 64), die er für Gespräche über Literatur als zentral erachtet. Nicht nur die SchülerInnen können von solchen Wartezeiten im Gespräch profitieren, sondern auch die Lehrenden: Sie haben die Möglichkeit, über einzelne Schüleräußerungen genauer nachzudenken, einem eigenen Gedanken nachzugehen, im Fortgang des Gesprächs vielleicht auch die Bedeutsamkeit einer Schüleräußerung zu unterstreichen oder diese für alle zum Thema zu machen und Anschlussfähigkeit herzustellen.

Eine wichtige Voraussetzung dafür, dass Gespräche entstehen können, in denen es um Verständigung geht und in denen im gemeinsamen Austausch individuelle, textbezogene Bedeutungen entstehen, die nebeneinander stehen können, ist, dass die Lehrkraft ein inhaltliches Interesse an den Beiträgen der SchülerInnen hat und verstehen möchte, wie sie über das Vorgelesene denken (vgl. Merklinger 2015, S. 126). Dazu gehört es auch, Anschlussfähigkeit zwischen Beiträgen einzelner SchülerInnen herzustellen (z. B. „Tom sagt, dass…. Was denken die anderen dazu?") und SchülerInnenäußerungen durch Fragen nach Erklärungen zu vertiefen (z. B. „Warum?" „Erklär mal, wie du das meinst."). Für die praktische Umsetzung eines Vorlesegesprächs bedeutet das für die VorleserIn, sich spontan auf die Äußerungen der Kinder einzustellen – und ggf. von den vorbereiten Impulsen abweichen zu können, ohne dabei die literarischen Lernmöglichkeiten, die das Buch eröffnet, aus dem Blick zu verlieren.

Ziel der vorlesebegleitenden Impulse ist stets die wechselseitige Aktivierung eigener Vorstellungen und Erfahrungen auf der einen Seite sowie die genaue Text- und Bildwahrnehmung auf der anderen Seite (vgl. Spinner 2004, S. 297), d. h., die Impulse sollten den Kindern Zugänge eröffnen und zu Entdeckungen am Text anregen. Der Gesprächsleiter steht hierbei vor der Herausforderung, eine Balance aufrecht zu erhalten zwischen der imaginativen Verstrickung mit dem Text und einem Reden über ihn (vgl. Spinner 2005, S. 155). Eine nicht aufzulösende Spannung besteht dabei darin, dass die dialogischen Einschübe Anstöße zur Vorstellungsbildung geben können, zugleich aber auch die Imagination des Einzelnen stören können. Neben der Auswahl geeigneter Textstellen für Gesprächsimpulse und der konkreten Ausgestaltung des jeweiligen Impulses (z. B. durch eine Frage, wiederholtes Vorlesen einer Textstelle etc. (s. o.)), sind in der Vorbereitung auch die folgenden Aspekte von Bedeutung (Merklinger & Preußer 2014, S. 159):

- Wie kann das Bilderbuch eingeführt werden?
- Mit welcher Stimmführung sollte das Buch vorgelesen werden?
- An welchen Stellen ist eine besondere Betonung, Pause etc. wichtig?
- Wie können Text-Bild-Korrespondenzen thematisiert werden?
- Wann und wie sollten die Bilder des Buches gezeigt werden? Vorher, gleichzeitig, nach dem Text?

5 Ein Fallbeispiel

Die Studentin[2] führt mit den Kindern einer vierten Klasse ein Vorlesegespräch zu dem Bilderbuch „Ein Schaf fürs Leben" (Matter & Faust 2009). Das Bilderbuch erzählt die Geschichte eines Wolfes, der auf der Suche nach Futter auf ein argloses Schaf trifft. Um es aus dem sicheren Stall zu locken, lädt Wolf Schaf auf eine Schlittenfahrt nach ‚Erfahrungen' ein. Vertrauensselig stimmt Schaf zu und der abenteuerliche Ausflug beginnt (siehe Abb. 2). Dabei lernen sich Wolf und Schaf näher kennen und Wolf zweifelt allmählich an seinem Plan, Schaf fressen zu wollen. Diese Veränderung wird im Text zum ersten Mal dadurch angedeutet, dass Wolf bei dem Gedanken, Schaf zu fressen, „einen komischen Knoten im Magen" verspürt (Matter & Faust 2009, S. 19). Trotzdem hält er zunächst an seinem Plan fest und stimmt lauthals und in guter Stimmung in ein Lied mit Schaf ein: „‚Doch was ich am liebsten mag…', sang Wolf. ‚…das ist Hafer jeden Tag!', johlte Schaf ausgelassen. ‚Oder Schaffleisch als Belag!', sang Wolf mit sich überschlagender Stimme" (ebd., S. 22). Gutgläubig überhört Schaf diese Zeile: „Was für ein Wolf, dachte Schaf. So einen Freund hab ich mir schon immer gewünscht" (ebd., S. 24).

---

2 Das Vorlesegespräch wurde im Wintersemester 2013/2014 von den Koblenzer Studentinnen Daniela Schumacher und Melanie Walter (Vorleserin) vorbereitet und durchgeführt. Wir danken ihnen für die Bereitstellung des Transkripts sowie Melanie Walter für die gemeinsame Diskussion des ausgewählten Gesprächsausschnittes.

Abb. 2 Schaf legt den Kopf an Wolfs Rücken; aus Matter & Faust: Ein Schaf fürs Leben, S. 20 © Verlag Friedrich Oetinger GmbH, Hamburg 2003 (7. Auflage)

Anhand der nachfolgenden Gesprächssequenz soll aufgezeigt werden, wie im gemeinsamen Gespräch ein tieferes Textverständnis entstehen kann und wie im Zusammenspiel von Bild, Text sowie den Impulsen der Vorleserin Potenziale für literarisches Lernen entstehen können. Sowohl die Vorgehensweise der Vorleserin als auch die Äußerungen der SchülerInnen werden u. a. im Spiegel der elf Aspekte literarischen Lernens nach Spinner analysiert. Der vorliegende Transkriptausschnitt setzt dabei unmittelbar an der oben zitierten Textstelle aus dem Bilderbuch ein.

```
1  Vorleserin   was für ein wolf. so einen freund hab ich mir schon
2               immer gewünscht. warum denkt das schaf wohl so?
3  Lilli        also, das ist halt, das ist voll NETT von wolf, al-
4               so, das schaf, das hat halt sowas noch nie geMACHT,
5               das weiß ja auch nicht, dass der wolf BÖse ist und
6               das denkt halt: „COOL, jetzt darf ich mit dem
7               SCHLItten fahren. der ist bestimmt total NETT, vor
8               allem, dass der mich MITgenommen HAT." (4.0) tony.
9  Tony         der macht so nette dinge, dass das schaf MITkommt
10              und mit dem schlitten fährt der dann weit WEG, wo
11              niemand was SIEHT, und dann, glaub ich, frisst er
12              die, frisst der das schaf. (unverständlich)
13              wegen schaffleisch (unverständlich)
14 Lilli        ich glaub nicht, dass, ähm, dass der wolf am ende
```

```
15              das schaf FRISST, weil die werden bestimmt FREUnde
16              oder so, weil geschichten enden (-) nie irgendwie so
17              [dass das]
18  Moritz      [aber nicht immer]
19  Lilli       also MEIstens.
20  Moritz      <<flüsternd> (unverständlich)>
21  Vorleserin  hier gibt's gegenstimmen? (3.0)
22  Kind        <<verneinend> hm'hm>
23  Kind        doch, tony.
24  Vorleserin  ja?
25  Tony        ich glaub, das schaf wird geFRESSen.
26  Kind        ich nicht!
27  Tony        oder das schaf läuft weg (---) oder so. (3.0)
28  Vorleserin  gibt es denn anzeichen daFÜR, dass er das NICHT
29              tut? weil er hat ja eben gesungen „schaffleisch als
30              belag" (2.0) Ja. (3.0)
31  Kinder      <<tuscheln>>
32  Lilli       es, (4.0) es gibt also, also es gibt KEIne anzei-
33              chen, also, dass, [dass das er]
34  Kind                          [ne vermutung]
35  Lilli       dass er das schaf nicht fressen wird. aber das mit
36              verknotet, also, das mit dem knoten im magen,
37              könnte vielleicht ein an', ein an', ein anzeichen
38              sein also.
```

Die Vorleserin fragt in Zeile 2 nach einer Begründung für das Verhalten von Schaf: warum denkt das schaf wohl so? Einerseits regt dieser Gesprächsimpuls dazu an, das soeben Gehörte zu überdenken und die Gedanken des Schafes zu hinterfragen, was eine vertiefende Auseinandersetzung mit dem Text erfordert: Welche Informationen liefert der Text, dass Schaf zu dieser Erkenntnis gelangt? Andererseits regt der Impuls zur Perspektivübernahme und Reflexion der Figurenkonstellation an (4. Aspekt Spinners). Der Impuls initiiert, dass sich die Kinder mit den Gefühlen, Erfahrungen und Gedanken von Schaf und mit dem Beziehungsgeflecht der beiden Protagonisten auseinandersetzen: Welche äußeren Handlungen des Einen führen zur inneren Haltung des Anderen und umgekehrt? Der Zusammenhang von innerer Welt und äußerer Handlung kann im Text explizit entfaltet sein, muss aber oft auch wie hier, „ausgehend von den Signalen im Text, vom Leser erschlossen werden" (Spinner 2006, S. 9-10). Die Frage der Vorleserin ist somit ein gelungenes Beispiel dafür, wie im Gespräch eine vertiefende Auseinandersetzung mit dem Text angeregt werden kann.

So übernimmt Lilli in ihrer Äußerung (Z. 3-8) die Perspektive von Schaf und reflektiert die Beziehung der beiden Protagonisten. Wolf verhält sich in seinen äußeren Handlungen wie ein ‚netter' Freund und erhält durch seine Einladung zur Schlittenfahrt eine besondere Bedeutung für Schaf (das schaf, das hat halt sowas noch nie geMACHT (Z. 4)). Zudem stellt Lilli fest, dass Schaf nicht weiß, dass der wolf BÖse ist (Z. 5). Sie betrachtet hier das Geschehen aus der Sicht eines Außenstehenden und macht deutlich, dass der Leser zwar weiß, dass Wolf böse Absichten hat, Schaf jedoch nicht. Lilli schließt ihren Beitrag mit einem inneren Monolog aus der Sicht des Schafes, in dem deutlich wird, warum Wolf ein guter Freund ist (Z. 6-8).

Tony nimmt Lillis Gedanken, dass Wolf nett ist, auf, führt ihn aber dahingehend weiter, dass er erläutert, was Wolf mit seinen Handlungen als ‚Freund' bezwecken möchte: der macht so nette dinge, dass das schaf MITkommt (Z. 9). Er erkennt und versprachlicht hiermit die List des Wolfes und sieht in Wolfs Handlungen den Grund dafür, warum Schaf glaubt, er sei ein Freund (Reflexion von Figurenverhalten). Weiterhin antizipiert er den Fortgang der Geschichte (Z. 10-12) und markiert mit glaub ich seinen individuellen Zugang und die ‚Unbestimmtheit des Gegenstandes' (Dehn 2014). Tony kommt zu dem Schluss, dass Wolf Schaf auffressen wird, und belegt seine Vermutung explizit mit einem Zitat aus dem vorgelesenen Text: wegen schaffleisch (Z. 13) – ein Beispiel für eine textbezogene Äußerung.

Lilli widerspricht Tonys Vermutung über einen bösen Ausgang (Z. 14-16). Vor dem Hintergrund ihrer bisherigen Erfahrungen im Umgang mit Literatur meint sie, dass Wolf und Schaf Freunde werden oder so, weil geschichten enden(-) nie irgendwie so (Z. 16). Lilli verknüpft hier ihre Textwahrnehmung mit ihren individuellen Vorstellungen und (literarischen) Erfahrungen und entwirft auf dieser Grundlage den möglichen weiteren Verlauf der Geschichte. Genau wie Tony (in Z. 11) leitet sie ihre Vermutung über den möglichen Ausgang der Geschichte mit ich glaub ein – ein Hinweis darauf, dass es in ihrem Verständnis nicht die eine, richtige Antwort gibt. Auch im Hinblick auf das mögliche Ende legt sie sich nicht fest: die werden bestimmt FREUnde oder so (Z. 15-16). Durch das oder so, das auf den ersten Blick als sprachliche Ungenauigkeit ausgelegt werden könnte, macht Lilli deutlich, dass es auch andere Möglichkeiten neben einer Freundschaft geben könnte, die einem guten Ende entsprechen. Insofern ist mit der vermeintlichen sprachlichen Ungenauigkeit eine Präzision verbunden, die der Unbestimmtheit des literarischen Gegenstandes und der Unabschließbarkeit des Sinnbildungsprozesses gerade durch diese Unbestimmtheit angemessen ist (vgl. Merklinger 2015, S. 133).

Die Äußerung geschichten enden (-) nie irgendwie so (Z. 16), regt die Aushandlung verschiedener Meinungen an. Moritz ist der Meinung, dass Geschichten nicht immer ein gutes Ende haben (Z. 18), und die Kinder beginnen, in

Nebengesprächen darüber zu diskutieren. Die Vorleserin macht dies in Zeile 21 zum Thema (hier gibt's gegenstimmen? (3.0)) und regt so die Kinder zu einem weiteren Austausch an. Tony wiederholt daraufhin seine Vermutung: ich glaub, das schaf wird geFRESSen (Z. 25). Auch hier macht er durch die Verwendung ich glaub deutlich, dass es mehrere Deutungen geben kann. Auf den Widerspruch eines Mitschülers reagiert Tony, indem er einen weiteren möglichen Ausgang der Geschichte anbietet: oder das schaf läuft weg (---) oder so (Z. 27). Genauso wie Lilli fügt er seiner Vermutung ein oder so hinzu – und signalisiert so, dass es vor dem Hintergrund der Mehrdeutigkeit literarischer Texte und der damit zusammenhängenden Unabschließbarkeit des Sinnbildungsprozesses auch andere Deutungen geben kann. Er macht in seiner Äußerung zwar deutlich, dass Schaf nicht unbedingt gefressen werden muss, lässt sich aber nicht auf ein gutes Ende im Sinne einer Freundschaft ein. Er geht weiterhin davon aus, dass Wolf Schaf fressen will, auch wenn er es am Ende vielleicht nicht schaffen wird.

Die Vorleserin macht die Kontroverse der Kinder zum Thema und fragt nun explizit nach Anzeichen in der Geschichte, die belegen, dass Wolf Schaf *nicht* fressen wird: gibt es denn anzeichen daFÜR, dass er das NICHT tut? weil er hat ja eben gesungen „schaffleisch als belag" (Z. 28-30). Dabei greift sie noch einmal den Textbeleg auf, den Tony zuvor als Begründung dafür angeführt hatte, dass Wolf Schaf fressen wird – und fordert die SchülerInnen so implizit dazu auf, sich ebenfalls auf den Text zu beziehen. Zunächst sagt Lilli, dass es kein Anzeichen gibt, dass er das schaf nicht fressen wird, fügt dann jedoch hinzu: aber das mit verknotet, also, das mit dem knoten im magen, könnte vielleicht ein an', ein an', ein anzeichen sein also (Z. 35-38). Im Buch wurde diese metaphorische Ausdrucksweise zuvor verwendet, um Wolfs ‚aufkeimenden' Zweifel an seinem Plan, Schaf fressen zu wollen, zu signalisieren (siehe auch das Beispiel in der Einleitung). Die Kinder hatten die Bedeutung dieser Textstelle bereits im Gespräch thematisiert. Lilli führt sie hier als Beleg für ihre Hypothese an, wobei sie im Konjunktiv spricht (könnte) und die Ungewissheit, die mit dieser Hypothese für sie verbunden zu sein scheint, zusätzlich durch vielleicht ausdrückt.

6 Schlussbetrachtung

Dieser kurze Transkriptausschnitt zeigt, wie SchülerInnen in einem textbezogenen Gespräch individuelle Zugänge zum Text entwickeln und gemeinsam Bedeutungen aushandeln. Die SchülerInnen lernen im Gespräch, indem sie sich mit der Mehrdeutigkeit des Textes auseinandersetzen – hier insbesondere mit der inneren

Zerrissenheit der Figur des Wolfes – und indem sie verschiedene Vermutungen für einen möglichen Ausgang der Geschichte äußern. In der Diskussion zwischen den SchülerInnen wird deutlich, dass sich Wolf innerlich in einem Konflikt befindet. Lilli und Tony arbeiten jeweils eine der beiden konträren Positionen in Wolfs Gefühlsleben heraus und können eigenständig (Tony) oder auf Nachfrage der Vorleserin (Lilli) ihre Deutungen am Text belegen. Durch die Verwendung von `glaub ich`, `oder so` und anderen Sprachformen der Ungewissheit signalisieren sie, dass es in ihrem Verständnis nicht die eine, richtige Deutung gibt. Dadurch entsteht ein Gespräch, dass seinen Sinn „nicht in einem endgültigen Ergebnis, sondern im Prozess der Verstehenssuche" (Spinner 2011, S. 71) findet.

Dass sich innerhalb dieser Gesprächssequenz eine vertiefende Auseinandersetzung mit dem Text entfalten kann, hat u. a. mit der Gesprächsleitung der Vorleserin zu tun. Sie eröffnet durch ihre Eingangsfrage Deutungsspielräume und ist zugleich in der Lage, die unterschiedlichen Positionen der SchülerInnen aufzugreifen und zum gemeinsamen Gesprächsthema zu machen. Dabei geht sie flexibel mit ihrer Vorbereitung um, denn was die SchülerInnen in der Situation tatsächlich sagen, ist nicht planbar. Zugleich verliert sie den Anspruch eines textbezogenen Gesprächs nicht aus dem Blick (z. B. `gibt es denn anzeichen daFÜR, dass er das NICHT tut? weil er hat ja eben gesungen „schaffleisch als belag`, Z. 28-30) – eine anspruchsvolle Aufgabe, die, so spontan sie auch zu gelingen scheint, eine genaue Textkenntnis und Planung der Gesprächsimpulse voraussetzt.

Auf diese Weise können im Vorlesegespräch zum Bilderbuch vielfältige literarische Lernprozesse bei den SchülerInnen herausgefordert werden. Zentral sind dabei insbesondere die Perspektivübernahme, das Figurenverstehen, das Aushalten von Mehrdeutigkeiten sowie der Umgang mit der Unabschließbarkeit des Sinnbildungsprozesses.

Literatur

Primärliteratur

Matter, M., und A. Faust. 2009. *Ein Schaf fürs Leben*. Hamburg: Verlag Friedrich Oetinger.

Sekundärliteratur

Bräuer, C. 2011. Literarische Gespräche im Deutschunterricht. Über Literatur sprechen (lernen). In *Reden über Kunst,* hrsg. J. Kirschenmann, C. Richter, und K. H. Spinner, 73-91. München: kopaed.
Christ, H., E. Fischer, C. Fuchs, V. Merkelbach, und G. Reuschling. 1995. *„Ja, aber es kann doch sein ...". In der Schule literarische Gespräche führen*. Frankfurt a. M.: Peter Lang.
Dehn, M. 2014. Visual Literacy, Imagination und Sprachbildung. In *BilderBücher: Theorie. Band 1*, hrsg. U. Abraham, und J. Knopf, 125-134. Baltmannsweiler: Schneider.
Dehn, M. i. D. Kunstkommunikation in der Deutschdidaktik. In *Sprache in der Kunstkommunikation,* hrsg. H. Hausendorf, und M. Müller. Berlin: de Gruyter.
Härle, G., und M. Steinbrenner. 2004. *Kein endgültiges Wort. Die Wiederentdeckung des Gesprächs im Literaturunterricht*. Baltmannsweiler: Schneider.
Hurrelmann, B. 1997. Familie und Schule als Instanzen der Lesesozialisation. In *Lesen im Wandel. Probleme der literarischen Sozialisation heute,* hrsg. C. Garbe, W. Graf, C. Rosebrock, und E. Schön, 125-148. Lüneburg: Universität Lüneburg.
Hurrelmann, B. 1982. *Kinderliteratur im sozialen Kontext. Eine Rezeptionsanalyse am Beispiel schulischer Literaturverarbeitung*. Weinheim: Beltz.
Jantzen, C. 2008. Warum haben Bilderbücher eigentlich Bilder? In *Lehren und Lernen mit Bildern. Ein Handbuch zur Bilddidaktik,* hrsg. G. Lieber, 235-245. Baltmannsweiler: Schneider.
Kallmeyer, W., W. Klein, R. Meyer-Hermann, K. Netzer, und H.-J. Siebert. 1974. *Lektürekolleg zur Textlinguistik. Bd. 1: Einführung*. Frankfurt a. M.: Fischer Athenäum.
Kammler, C. 2006. Literarische Kompetenzen – Standards im Literaturunterricht. Anmerkungen zum Stand der Diskussion. In *Literarische Kompetenzen – Standards im Literaturunterricht,* hrsg. ders, 7-23. Seelze: Klett/Kallmeyer.
Knopf, J. 2009. *Literaturbegegnung in der Schule – Eine kritisch-empirische Studie zu literarisch-ästhetischen Rezeptionsweisen in Kindergarten, Grundschule und Gymnasium*. München: Iudicium.
Kretschmer, C. 2004. *Kinderliteratur im Klassenzimmer. Leseförderung und literarisches Lernen*. Berlin: Westermann.
Kruse, I. 2010. Das Vorlesen lernförderlich gestalten. Astrid Lindgrens Märchen *Sonnenau* – Ein Unterrichtsbeispiel zum „Höreraktivierenden Vorlesen". *Grundschulunterricht Deutsch* 57 (1): 18-22.
Kruse, I. 2012. Gut vorlesen. Textpotenziale entfalten. In *Literarisches Lernen im Anfangsunterricht. Theoretische Reflexion. Empirische Befunde. Unterrichtspraktische Entwürfe,* hrsg. A. Pompe, 102-121. Baltmannsweiler: Schneider.
Lindner, M. 2011. *Gute Frage! Lehrerfragen als pädagogische Schlüsselkompetenz*. Marburg: Tectum-Verlag.

Merklinger, D. i. D. Sprachformen für Unbestimmtheit und Ungewissheit. Literarisches Lernen im Vorlesegespräch. In *Lernen durch Vorlesen – Interdisziplinäre Beiträge aus Forschung und Praxis*, hrsg. C. Müller, L. Stark, und E. Gressnich, Tübingen: Gunter Narr.

Merklinger, D. 2015. Spuren literarischen Lernens im Vorlesegespräch: Schnipselgestrüpp. In *Erzählen – Vorlesen – Zum Schmökern anregen*, hrsg. M. Dehn, und D. Merklinger, 124-135. Frankfurt am Main: Grundschulverband.

Merklinger, D., und U. Preußer. 2014. Im Vorlesegespräch Möglichkeiten für literarisches Lernen eröffnen. Steinsuppe. In *Bilderbuch und literar-ästhetische Bildung*, hrsg. G. Scherer, S. Volz, und M. Wiprächtiger-Geppert, 155-173. Trier: WVT.

Merklinger, D., und C. Fuhrmann. 2014. „Ein Schaf fürs Leben" – ein Vorlese-Hör-Gespräch gestalten. Literarisches Lernen mit einem Hörbuch. *Grundschulunterricht Deutsch* 61 (3): 28-33.

Rowe, M. B. 1986. Wait Time: Slowing Down May Be A Way of Speeding Up! *Journal of Teacher Education* 37 (1): 43-50.

Spinner, K. H. 2004. Gesprächseinlagen beim Vorlesen. In *Kein endgültiges Wort. Die Wiederentdeckung des Gesprächs im Literaturunterricht*, hrsg. G. Härle, und M. Steinbrenner, 291-308. Baltmannsweiler: Schneider.

Spinner, K. H. 2005. Höreraktivierung beim Vorlesen und Erzählstruktur. In *Narratives Lernen in medialen und anderen Kontexten*, hrsg. P. Wieler, 153-166. Freiburg i. B.: Fillibach.

Spinner, K. H. 2006. Literarisches Lernen. *Praxis Deutsch 33 (200)*: 6-16

Spinner, K. H. 2010. Literaturunterricht in allen Schulstufen und -formen. In *Literarische Bildung im kompetenzorientierten Deutschunterricht*, hrsg. H. Rösch, 93-112. Freiburg i. B.: Fillibach.

Spinner, K. H. 2011. Gespräch über Literatur. Was Schülerinnen und Schüler lernen sollen. In *Reden über Kunst*, hrsg. J. Kirschenmann, C. Richter, und K. H. Spinner, 63-72. München: kopaed

Thiele, J. 2003. *Das Bilderbuch. Ästhetik – Theorie – Analyse – Didaktik – Rezeption*. Oldenburg: Isensee.

Wieler, P. 1989. *Sprachliches Handeln im Literaturunterricht als didaktisches Problem*. Weinheim u. a.: Juventa.

Wieler, P. 1997. *Vorlesen in der Familie. Fallstudien zur literarisch-kulturellen Sozialisation von Vierjährigen*. Weinheim u. a.: Juventa.

Gespräche über Experimente

Ulrike Eschrich

Zusammenfassung

Wie erklären sich Kinder die irritierende Feststellung, dass Wasser nach oben fließen kann? Am Beispiel des Gesprächs einer Kindergruppe über ein Experiment werden nicht nur Alltagsvorstellungen der Schüler_innen sichtbar, sondern es wird auch deutlich welche fachlichen und interaktiven Impulse der Lehrkraft notwendig sind. Diskutiert wird die Bedeutung von Sprachbildungsprozessen im Sachunterricht. Der genetisch-sokratische Sachunterricht wird als Konzept zur Umsetzung einer ganzheitlichen Sprachbildung vorgestellt und beispielbezogen reflektiert.

1   Einleitung

Tom: „Der blubbert, guck mal, der geht aus. Was ist denn jetzt?" *[Tom geht mit dem Kopf nach vorne]* „Das Wasser geht hoch" (...) „Alter habt ihr das gesehen?" *[Tom dreht sich zu den übrigen Gruppen]* „Das Wasser ist hoch gestiegen. Das Wasser ist hochgestiegen. Das Wasser ist hochgestiegen bei dem Glas. (...) „Oh, das war so cool!"(...) „Ah die Kerze ist ausgegangen. Ich hab gesagt, dass das Wasser von dem Glas so hochkam und die Kerze ist ausgegangen und dann kam da noch ein wenig Blubber."[1]

Mit dieser Äußerung wird Toms Begeisterung während der Beobachtung eines Experiments sichtbar. Sein Staunen könnte der Anfang eines fruchtbaren Bil-

---

1   Dieses Transkript entstand im Rahmen des Master-Seminars „Experimentieren mit Kindern" WiSe 2013/14.

dungsprozesses werden, wenn durch unterstützende Äußerungen oder Fragen der Lehrerin oder anderer Kinder darauf Bezug genommen wird. Verschiedene empirische Reflexionen (Schramm et al. 2013) machen sichtbar, dass Kinder im Sachunterricht durchaus die Chance erhalten, selbstständig zu experimentieren, und in diesem Kontext auf erstaunliche Phänomene stoßen – ohne, dass sich daran jedoch ein argumentativer, fachlich vertiefender Diskurs anschließt (vgl. ebd.). Tom beschreibt hier mit den ihm zur Verfügung stehenden semantischen Mitteln das wahrgenommene Phänomen. Er erkennt einen ersten Zusammenhang zwischen dem Erlöschen der Kerze und dem Hochsteigen des Wassers. Doch damit aus diesen ersten Beobachtungen bildungssprachliche Prozesse werden, ist es bedeutsam, dass die Lehrperson Anschlüsse herstellen kann und dosiert fachliche Begriffe anbietet.

Die Sprache ist eine essentielle Grundlage des sachunterrichtlichen Lernens, da sie als universelles Medium zur Klärung von Phänomenen oder ‚Sachen‘ und daher als Medium des Unterrichts dient: „Ohne Sprache ist Wissenserwerb im Sachunterricht nicht möglich" (Schmölzer-Eibinger 2013, S. 25). Die von den Schülerinnen und Schülern zunächst verwendete Alltagssprache ist dabei ein Werkzeug ihres Denkens und Problemlösens und bildet die Alltagsvorstellungen der Kinder ab. Der Sachunterricht möchte das Eindringen in die Sprache von der Sache aus ermöglichen und dafür *sachbezogene Sprachkompetenzen* und Begrifflichkeiten als substantielle Komponenten des Lernens anbieten (vgl. Köhnlein 2012, S. 323). Köhnlein konstatiert, dass es ein *Wechselspiel zwischen Handeln, Denken und Sprechen* gibt, in dem sich die Schülerinnen und Schüler ihr Weltwissen aneignen. Denken hat diesem Verständnis nach seinen Ursprung im Handeln und wird durch die Sprache gefestigt und zugleich präfiguriert (vgl. ebd.). Durch Sprache werden Denkprozesse und Vorstellungen nachvollziehbar. In der Interaktion mit ‚kompetenten Anderen‘, den Schüler_innen und den Lehrpersonen, und durch die aktive Auseinandersetzung mit der Sache kann das noch nicht Gewusste oder Verstandene für den Lernenden erkennbar werden und im besten Fall zum Durchdringen und Verstehen führen. Im gemeinsamen Diskurs werden Gedanken strukturiert, Fragen formuliert, persönliche Sichtweisen dargelegt, gemeinsame Lösungswege ausgehandelt und eigene und fremde Ideen wechselseitig reflektierend geprüft. Lernen ist damit nicht nur ein individueller, sondern immer auch ein sozialer Prozess (vgl. de Boer in diesem Band). Schönknecht und Maier konstatieren zutreffend:

> „Indem Kinder sich untereinander und mit Erwachsenen austauschen, ihre Vorstellungen und Erklärungen thematisieren und bearbeiten, erfahren sie auch Widersprüchlichkeiten und Grenzen ihrer Erklärungen und werden angeregt, sie weiterzuentwickeln" (Schönknecht und Maier 2012, S.7).

2 Sprachen des Sachunterrichts

Medium und Konzeption – Alltagssprache – Bildungssprache – Fachsprache

Medium und Konzeption
Hierbei handelt es sich um eine doppelte Differenzierung von Mündlichkeit und Schriftlichkeit. Unterschiedliche sprachliche Register[2], unabhängig ob sie medial mündlich oder schriftlich realisiert werden, sind gebunden an bestimmte Versprachlichungsstrategien (Konzeptionen) hinsichtlich Planung, Komplexität oder Elaboriertheit (vgl. Koch und Osterreicher 1994; Pohl und Steinhoff 2010, S. 7).

konzeptionell mündlich
- kontextgebunden
- dialogisch
- Alltagswortschatz
- syntaktisch fehlerhafte Sätze (meist durch Gesprächsabbrüche und Gedankensprünge)
- parataktisch (nebengeordnete Sätze)
- zirkuläre Argumentation

konzeptionell schriftlich
- kontextentbunden
- hoher Anteil monologischer Formen
- „anspruchsvolles" (Fach) Vokabular
- syntaktisch korrekte Sätze
- hypotaktisch (Satzteile und Sätze sind einander untergeordnet)
- lineare Argumentation
- hoher Grad an Informationsdichte

(vgl.: Quehl und Trapp 2013; Koch und Oesterreicher 1994; Gogolin und Lange 2011 S. 112f.; Leisen 2012)

Alltagssprache[3]:
Alltagssprachliche Formulierungen sind gekennzeichnet durch Merkmale konzeptioneller Mündlichkeit und dienen der Bewältigung von Alltagskommunikationen. Die Bedeutung des Gesagten wird zusätzlich durch nonverbale (Gestik und Mimik) und paraverbale Signale (beispielsweise Betonungen) verdeutlicht (vgl. Schmölzer-Eibinger et al. 2013, S. 17). Man spricht auch von einer Sprache der Nähe (Koch und Oesterreicher 1994). Auch wenn die Alltagssprache meist medial mündlich Verwendung findet, zeigen beispielsweise Chats mit Freunden, dass sie auch schriftsprachlich genutzt werden kann.

Bildungssprache[4]:
Der Begriff der Bildungssprache impliziert bereits, dass es sich um eine Sprache handelt, die in jedem Bildungskontext von Bedeutung ist (vgl. Gogolin et al. 2011). In der Institution Schule reichen alltagssprachliche Kompetenzen nicht aus und eine fachliche Unterrichtssprache muss notwendig entwickelt werden (vgl. Dehn 2011, S. 129). Es handelt sich dabei nach Cummins um ein sprachliches Register, welches dazu befähigt explizit und präzise

---

2   Eine in einem bestimmten sozial-funktionalen Kommunikationsbereich charakteristische Sprachgebrauchsform.
3   Man spricht auch von alltagssprachlich-dialogischen Sprachkompetenzen = Basic interpersonal communicationskills (BICS) (vgl. Cummins 1991; Quehl und Trapp 2013).
4   Man spricht auch von kognitiv-akademischen Sprachkompetenzen =cognitiv academic language proficiency (CALP) (vgl. Cummins 1991; vgl. Quehl und Trapp 2013).

zu verbalisieren. Dabei ist sie dekontextualisiert[5] und kognitiv anspruchsvoll (Cummins 2000, S. 67ff.). Man spricht in diesem Zusammenhang auch von der Sprache der Distanz (Koch und Oesterreicher 1994). Bildungssprache ist dabei nicht an ein Medium gebunden. Während sie zu Beginn meist in geschieben Texten der Schülerinnen und Schüler realisiert wird, finden sich im Laufe der Grundschulzeit vermehrt auch Elemente konzeptioneller Schriftlichkeit in mündlichen Unterrichtsphasen wieder (vgl. Quehl und Trapp 2013).

Fachsprache:
Fachsprache ist gekennzeichnet durch die Verwendung lexikalischer Begriffe und spezieller Satz- und Textkonstruktionen (vgl. Gogolin und Lange 2011). Hierzu werden auch non-verbale Zeichen, wie z. B. Symbole, Formeln oder Graphiken gezählt (vgl. Schmölzer Eibinger 2013, S. 14). Sie ist von Merkmalen konzeptioneller Schriftlichkeit geprägt.

Als Reaktion auf die Ergebnisse von PISA, IGLU und TIMMS wird zu Recht der Anspruch an Bildungsinstitutionen formuliert, dass diese für die Vermittlung bildungssprachlicher Kompetenzen verantwortlich sind und das Prinzip einer durchgängigen Sprachbildung ermöglichen müssen (vgl. Gogolin et al. 2011, S. 16). Eine fortschreitende Dekontextualisierung[6] der Sprache stellt dabei den Schlüssel zum Schul- und damit Bildungserfolg dar. Ein Prinzip, fachliches und sprachliches Lernen miteinander zu verbinden und eine durchgängige Sprachbildung zu gewährleisten, stellt dabei der *Scaffolding-Ansatz* dar (vgl. auch de Boer in diesem Band). In drei Phasen soll hier durch die systematische Unterstützung (z. B. durch Bereitstellung von einzelnen Satzbausteinen oder spezifischer Fachbegriffe) der Lernenden der Übergang von der Alltags- zur Bildungssprache vollzogen werden. Durch die Konfrontation mit einem Phänomen aus der Lebenswelt der Kinder, können zu Beginn Vermutungen auf alltagssprachlichem Niveau formuliert und das interaktive Aushandeln von Erklärungen angebahnt werden. Hierbei wird z. B. in Kleingruppen experimentiert. Das Zitat zu Beginn des Textes macht sichtbar, wie die anfängliche Verwendung alltagssprachlicher Formulierungen die spontane Annäherung an ein Phänomen kennzeichnet. Köhnlein hebt für diesen Prozess hervor:

> „Die Sache muss reden und zum Reden herausfordern. Formalistische Eingriffe und Korrekturen („Sprich einen ganzen Satz") lenken von der Sache ab und können Kinder am Weitersprechen hindern" (Köhnlein 2012, S. 325).

Die sprachliche Darstellung in dieser ersten Phase, so auch Toms Formulierungen im Zitat, zeichnen sich durch die Verwendung kontextgebundener Begrifflichkeiten

---

5 Inhaltliche Bezüge müssen so dargestellt werden, dass sie auch unabhängig von der Situation erschließbar sind (vgl. Portmann-Tselikas und Schmölzer-Eibinger 2008, S. 8).
6 Situationsentbundene Verwendung von Sprache.

„der geht unter", „der geht aus" sowie durch Satzabbrüche und intuitive bildreiche Schilderungen, z. B. „Blubber" aus (vgl. Combe und Gebhard 2012, S. 9). In einer folgenden aktiven und interaktiven Auseinandersetzung könnten dann im Gespräch Toms bestehende semantische Netzwerke erweitert bzw. neue (wissenschaftliche) Register aufgebaut werden. Dafür müsste in einer zweiten Phase der dekontextualisierte Austausch anschließen, indem die Schülerinnen und Schüler aus der konkreten Experimentiersituation heraustreten und im gemeinsamen Diskurs Vermutungen und Problemlösungen formulieren, ohne dass dabei auf das aufgebaute Experiment zurückgegriffen werden kann. Die vorher kontextualisierten Äußerungen, z. B. „der geht aus", müssen nun dekontextualisiert dargestellt werden, z. B. die „Flamme der Kerze" geht aus. Gezielte Impulse der Lehrkraft können die Kinder dabei ermutigen, ihre Äußerungen zu präzisieren und zu strukturieren. Die Aufmerksamkeit wird so auf eine immer stärker kontextunabhängige Sprache gelenkt. In einem dritten Schritt kommt es zum Rückgriff auf Fachbegriffe – auch hier ist die dosierte Intervention der Lehrperson bedeutsam. Bedeutend ist hier, dass sie ausdrücklich nicht die gesamte fachliche Erklärung übernimmt, sondern lediglich an bestimmte fachliche Begriffe erinnert und die Schüleräußerungen nur ergänzt. In diesem Kontext könnten es z. B. die Begriffe „gasförmig", „Sauerstoff", „Erlöschen der Flamme", "Aufstieg des Wassers" und „Oxidation" sein (vgl. Quehl und Trapp 2013, S. 44ff.; vgl. Köhnlein 2012, S. 327). Abschließend folgt die Verschriftlichung der Beobachtungen, möglicherweise in einem Forscherheft, mittels der lexikalisch erlernten und fachlich präzisierenden Begriffe.

3 Genetisch-sokratischer Sachunterricht

Der Begriff des genetischen Unterrichts geht auf Wagenschein zurück. Zu Beginn der achtziger Jahre entwickelte Köhnlein dessen Konzept für den Sachunterricht weiter und spricht vom genetisch-sokratisch exemplarischen Sachunterricht.

konstruktiv:
Sachunterrichtliches Lernen knüpft an Alltagssprache und Alltagsvorstellungen von Kindern an. Lernen wird als individuell und kollektiv konstruiertes Wissen verstanden.
genetisch:
Basis erfolgreicher Lernprozesse sind Phänomene, die der Alltagswelt der kindlichen Erfahrungen entstammen und ‚bewegende' Fragen aufwerfen, die von der Ursache des Phänomens her geklärt werden. Dieser Prozess stellt die ‚Triebfeder' des Lernens dar. Durch die

Entwicklung eigener Gedanken und die gemeinsame Erkenntnisgenerierung kommt es zum schrittweisen Verstehen (vgl. Wagenschein 2013, S. 87).

sokratisch:
Der Lehrer fungiert dabei als ‚Geburtshelfer', indem er durch geeignete (Frage-)Impulse[7] die Schülerinnen und Schüler unterstützt, die im ersten Schritt beobachteten Phänomene gemeinsam verstehend zu durchdringen und eigene Beschreibungen des Phänomens zu formulieren. Hierbei stehen nicht vorgefertigte Ergebnisse im Fokus, sondern das gemeinsame dialogisch generierte Verständnis für die zugrundeliegenden Mechanismen (Köhnlein 2012, S.117).

exemplarisch:
Nach Wagenschein steht in einem solchen Lernkonzept die ‚Gründlichkeit' des Verstehens und nicht die ‚Vielwisserei' im Fokus. „Das exemplarische Betrachten ist das Gegenteil der Spezialisierung. Es will nicht vereinzeln, es sucht im Einzelnen das Ganze." (Wagenschein 1956, S. 7f.) An die Stelle einer umfassenden Stoffdarbietung rückt eine thematische Schwerpunktsetzung. Das aus der Erfahrungswelt der Kinder entnommene Phänomen sollte für die dahinterstehende Theorie, in welche eingeführt werden soll, beispielhaften Charakter haben. Durch die gründliche Bearbeitung geeigneter Beispiele können nachhaltige Ereignisse erschlossen und bestenfalls (natur-)gesetzliche Zusammenhänge erkannt und daraus verstandene Theorien generiert werden (vgl. Köhnlein 2012, S. 125).

Verstehen stellt die zentrale Zielsetzung des genetischen Sachunterrichts dar. Phänomene werden von den zu Grunde liegenden ‚Ursachen' heraus begriffen (vgl. Schuldt 1988, S. 4) und in Form eines ‚Brückenschlags' zwischen Alltagskonzepten der Kinder und wissenschaftlichen Konzepten (Sachperspektive) gemeinsam bearbeitet (vgl. Wagenschein 2013, S. 120f.).

Ausgehend von der angeborenen Denk- und Lernlust der Kinder, so Combe und Gebhard (vgl. 2012, S. 551), sind besonders krisenhafte, irritierende Phänomenbegegnungen lehrreich. Naturphänomene, die vom Gewohnten abweichen, provozieren Staunen und können Prozesse des Fragenstellens und Nachdenkens auslösen. Indem, mit dem Prinzip des Exemplarischen, Phänomene an ausgewählten, beispielhaften Kontexten erfahrbar gemacht werden und an die alltagssprachlichen Vorstellungen der Kinder angeschlossen wird, kann sich sukzessive ein auf fachliches Verstehen ausgerichtetes, konstruktives Lernen vollziehen (vgl. Combe und Gebhard 2012, S. 9; Köhnlein 2012, S. 118f.).

Die Lehrkraft folgt in einem solchen Unterricht einerseits dem Prinzip der minimalen Hilfe und gibt andererseits so viel Unterstützung, dass wichtige Erkenntnisse zur Sprache gebracht und fachlich ausgedrückt werden können, ohne

---

7   Worüber sprechen wir jetzt? Was wollten wir in Erfahrung bringen? Wer hat verstanden was eben gesagt wurde? (Beispielfrageimpulse: vgl. auch Wagenschein 2013, S. 118).

dabei die ‚Lösung' direkt vorzugeben (vgl. Labudde 2012, S. 19). Ein zentrales Ziel des genetischen Sachunterricht liegt darin, dass Schüler_innen von einer anfänglichen singulären „Sprache des Verstehens" (Alltagssprache) zur regulären „Sprache des Verstandes" (Bildungs- und Fachsprache) gelangen können (vgl. Wagenschein 2013, S. 122).

4 Genetisch-sokratischer Sachunterricht als schulische Praxis

4.1 Das Experiment

Der folgende Gesprächsausschnitt stammt aus einer neunzigminütigen Experimentiersituation, die zwei Studierende durchgeführt, videografiert und transkribiert haben. Den Ausgangspunkt bildet die Frage: Kann Wasser auch nach oben fließen? Dieses im Kontrast zum Alltagserleben – Wasser fließt abwärts – stehende Phänomen motiviert die Schülerinnen und Schüler einer vierten Klasse, sich gemeinsam in Kleingruppen auf den Weg zur Klärung ihrer Frage zu begeben. Ein demonstrierender Impuls in Form des Saugens an einem Strohhalm bildete den Ausgangspunkt der folgenden Experimentiersituation. Den Kindern stand Material zur Verfügung, bestehend aus zwei Gläsern (1), einer vorbereiteten Bierdeckel (3)-Trinkstäbchen (2)-Konstruktion und Wasser (4). Des Weiteren gab es Regel- und Hinweiskärtchen, mit denen das Saugen am Strohhalm untersagt wurde; zugleich gab es den Hinweis zu beachten, dass in die Becher keine Luft gelangen kann.

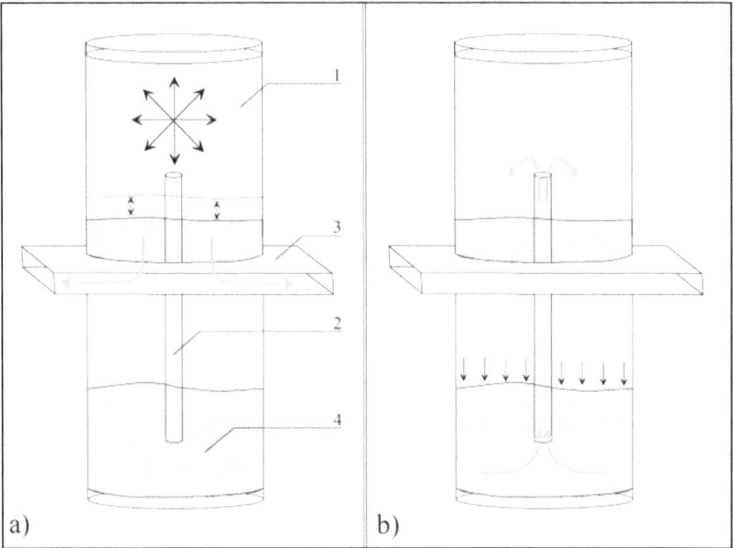

Abb. 1 Versuchsaufbau

Die idealtypische Versuchsdurchführung gestaltet sich dabei wie folgt: Zunächst wird ein Glas etwa zwei Finger breit mit Wasser gefüllt. Auf dieses Glas wird nun die Bierdeckel-Trinkstäbchen-Konstruktion aufgesetzt. Auch das zweite Glas wird mit Wasser befüllt. Das erste Glas wird gedreht und so mit dem Bierdeckel auf das zweite Glas gestellt. Es ist dabei essentiell, dass sich im unteren Glas so viel Wasser befindet, dass das untere Ende des Trinkstäbchens tief in das Wasser eintauchen kann.

Tab. 1 Beobachtung und fachliche Klärung

zu Abb. 1a)	
erste Beobachtung	fachliche Klärung
• Der Wasserspiegel im oberen Glas fällt, der Bierdeckel wird feucht und weicht durch.	• Das Wasser im Glas hat Kontakt mit dem Bierdeckel. Der Bierdeckel besteht aus gepresster faseriger Zellulose. In ihm haben sich mikroskopische Kanäle ausgebildet, in welchen der Kapillareffekt zum Tragen kommt; durch Kohäsion und Adhäsion wird das Wasser durch diese Kanäle transportiert. Die Kapillarkraft sorgt dafür, das Wasser aus dem Glas in den Bierdeckel befördert wird.

zu Abbildung 1b)	
zweite Beobachtung	fachliche Klärung
• Wasser aus dem unteren Glas steigt im Trinkstäbchen nach oben und sprudelt zum oberen Ende heraus.	• Das dem oberen Glas entzogene Wasser bewirkt eine Vergrößerung des lufterfüllten Raums in diesem Glas. Die Menge an Luft bleibt aber konstant. Die identische Menge an Luft in einem nun größeren Volumen ist gleichbedeutend mit einer geringeren Dichte an Luft und somit einem geringeren Luftdruck. • Zu beachten ist an dieser Stelle, dass durch den luftdichten Verschluss zwischen Bierdeckel und Glas die Lufträume im jeweiligen Glas als geschlossenes System zu betrachten sind. Ein direkter Luft- und damit Druckausgleich zur Umgebung bzw. dem jeweils anderen Luftraum ist ausgeschlossen. • Im Luftraum des unteren Glases bleibt der ursprüngliche Luftdruck erhalten. Als Resultat steht nun ein kleinerer Luftdruck im oberen Gefäß einem größeren Luftdruck im unteren Gefäß gegenüber. Das Verhalten des Wassers im unteren Gefäß wird bestimmt durch die Druckwirkung der es umgebenden Luft. Auf die Flüssigkeitsoberfläche außerhalb des Trinkstäbchens wirkt ein höherer Druck wie auf die Flüssigkeit innerhalb des Trinkstäbchens. Im Resultat steigt das Wasser aus dem unteren Glas im Trinkstäbchen nach oben. Ist der Druckunterschied groß genug bzw. die Höhe des Trinkstäbchens im oberen Glas klein genug, sprudelt das Wasser aus dem Trinkstäbchen in das obere Glas.

4.2 Gesprächsausschnitt während der Durchführung des Experiments

Im folgenden Gesprächsausschnitt erforschen Manuel, Ina und Lisa, ob und wie mit dem bereitgestellten Material Wasser (ohne Saugen) nach oben fließen kann. Der Situation geht bereits ein etwa fünfzehnminütiges Ausprobieren voraus. Im Zentrum der Analyse der beiden Gesprächsausschnitte steht die Frage, welche Versprachlichungsstrategien die Kinder verwenden und welche Vorstellungen, Denkwege und Ideen im gemeinsamen Miteinander dabei erkennbar werden.

1	Manuel	Ja. Aber wie kriegen wir das Wasser jetzt das Ding hoch?
2		[Ina drückt auf den Plastikbecher] Das hab ich schon
3		probiert, das klappt nicht. Ihr drückt nur den Becher
4		ein. [Ina hört auf zu drücken] (8)
5	Ina	Das klappt nicht. (5)
6	Manuel	Hmm. Wie könnte das gehen? (3) [Alle schauen auf die
7		Regelkärtchen.]
8	Ina	Deckel.
9	Manuel	Der Deckel ist da.
10	Ina	Hmm die wichtigsten [unverständlich] den Becher
11		hierher.(3)
12	Manuel	Es darf KEIne Luft in den Becher. (5) Aber-
13	Ina	Mann, das klappt nicht. (4)
14	Manuel	Nein, das klappt nicht, Lisa. Du drückst nur den Becher
15		ein. (2) [Lisa versucht den unteren Bechereinzudrücken]
16		Fest. Mal sehen, SAUgen ist verboten. (3)
17	Lisa	Einknicken auch. (4) Mann, das ist-
18	Manuel	Was hast du vor? [Lisa baut die Versuchsanordnung wieder
19		ab]
20	Lisa	Nicht RÜberkippen, weil das ist verBOten.
21	Manuel	Nein, muss man mit den drei Sachen arbeiten? Ich hab
22		gedacht, wenn man mit zwEI arbeitet- Wir müssen mit drei
23		Sachen arbeiten.
24	Ina	Aber das kriegt man nicht hoch. Wasser läuft nicht hoch,
25		nur wenn man sAUgt. (6)
26	Manuel	Man müsste irgendwie versuchen, dass die obere Luft in
27		den unteren Becher geht. Dann dass das Wasser HOCHläuft.
28	Ina	Warte. [baut Deckel und Glas wieder auf Plastikbecher](2)
29	Manuel	Weil in dem UNteren ist KEIne Luft und in dem <oberen-
30	Ina	<Ah da darf eben- Achte, dass in dem Becher keine
31		Luftkommt.
32	Manuel	Ja aber hier unten mUSS Luft drin sein. Weil man kann die
33		Luft DA nicht ausschließen.
34	Ina	Da darf aber keine- [hebt den Becher hoch](2) da IST aber
35		Luft drinne.
36	Manuel	Dann muss man den VOLLer machen. Machst du das jetzt?
37	Ina	[Hebt den Deckel ab]Guck mal, hier oben ist ja Luft
38		drin. Da muss ganz viel [unverständlich] [Setzt den
39		Deckel und das Glas wieder auf den Becher] (7)
40	Manuel	Irgendwie muss das funktionieren.
41	Lisa	Aber WIE?

Dieser Gesprächsausschnitt macht Versprachlichungsstrategien sichtbar, die der konzeptionellen Mündlichkeit zuzuordnen sind. So zeigen sich verstärkt alltagssprachliche, kontextgebundene Formulierungsmuster (beispielsweise: „Ding", „Luft drinne", „Guck mal", „hier oben", „rüberkippen" usw.). Vermehrt werden Satzabbrüche vorgenommen, die die Unmittelbarkeit der Ereignisse spiegeln (beispielsweise in Zeile[8] 12, 17, 29 oder 34). Um Sachverhalte zu verdeutlichen, kommen paraverbale Signale zum Einsatz: Für die Kinder bedeutsame Wörter wie ‚verboten', ‚saugen' oder ‚hochlaufen' werden betont verbalisiert. Längere, syntaktisch komplexere Ausformulierungen werden nicht gebildet. Es zeigen sich gelegentlich hypotaktische[9] Satzstrukturen, da alle drei Kinder ihre Behauptungen durch Begründungen mit ‚weil' belegen (Z. 20, 29, 32). Auch werden semantische Umschreibungen vorgenommen, (Z. 26/27 = Luftdruck; oder im zweiten Transkriptausschnitt Z. 20 = Kapillareffekt), ohne dass die Kinder explizit (Fach) Vokabular, wie etwa die Begriffe Kapillareffekt, Luftdruck, Druckausgleich oder Unterdruck verwenden.

Es zeigt sich, dass Ina, Lisa und Manuel nicht bei einer Lösungsidee stehen bleiben, sondern im interaktiven Austausch alte Ideen verwerfen und neue Erklärungen suchen. Zum Beispiel, wenn Manuel meint, dass das Drücken des Plastikbechers nicht funktioniert, da dabei nur der Becher eingedrückt wird. Er reagiert dabei direkt auf die Handlung von Ina (Z. 2/3) und später auch auf die von Lisa (Z. 14/15). Dadurch wird die Idee des Becherdrückens letztendlich verworfen. Aufgestellte Regeln finden bei der Handlungsplanung Beachtung. So werden Saugen oder „rüberkippen" als alternative Handlungsmöglichkeiten ausgeschlossen (Z. 20), da das entsprechende Regelkärtchen diese Schritte nicht zulässt.

In der Interaktion werden die Alltagsvorstellungen der Kinder daran sichtbar, dass sie der Meinung sind, dass Wasser nur durch Saugen und sonst nicht nach oben laufen kann (Z. 24-25). Für Ina ist die Ausgangsfrage an dieser Stelle bereits geklärt. Das Hochsteigen von Wasser ist für sie unmittelbar an das Saugen gekoppelt. Wird die Möglichkeit des Saugens ausgeschlossen, so kann das Ziel, Wasser nach oben steigen zu lassen, nicht erreicht werden. Manuel lässt diese Kapitulation allerdings nicht zu, sondern äußert eine neue Überlegung, wie das Ziel doch erreicht werden könnte (Z. 24-28). Dies dient Ina als Impuls, sich weiter mit dem Material auseinanderzusetzen und im Dialog mit Manuel neue Überlegungen anzustellen.

Im gemeinsamen Diskurs wird die Bedeutung des Hinweises „Achte darauf, dass in die Becher keine Luft kommt" hinterfragt. Dabei werden weitere Vorstellungen

---

8   Im Weiteren mit Z. abgekürzt.
9   Unterordnung von Nebensätzen unter Hauptsätze und Verknüpfung von diesen durch Konjunktionen.

zur Thematik Luft sichtbar. Dieser Impuls führt zum Austausch darüber, ob und wie Luft ausgeschlossen[10] werden kann. Auf diese Weise wird sichtbar, dass für Manuel und Ina das Konzept „Luft ist nicht Nichts" gilt. Sie entwickeln beide eine neue Lösungsidee und wollen den Becher „voller" mit Wasser füllen, um Luft „auszuschließen". Obgleich die Kinder noch weit vom eigentlichen Lösungsweg entfernt sind, äußert Manuel bereits an dieser Stelle ein fachwissenschaftlich orientiertes Konzept: „Man müsste irgendwie versuchen, dass die obere Luft in den unteren Becher geht. Dann, dass das Wasser HOCHläuft". Er kommt zur Erkenntnis, dass eine Umverteilung des Wassers nicht ohne eine Umverteilung der Luft geschehen kann. Manuel verbalisiert seine Gedanken in einer Art Hypothese. An dieser Stelle tritt auch ein bildungssprachliches Formulierungsmuster zu Tage.

Zu einem späteren Zeitpunkt findet eine Interaktion mit den anwesenden Studentinnen statt:

```
1    Studentin1   Nehmt am besten mal das MOOsgummi
2                 […]
3    Manuel       Mit Moosgummi geht glaub ich gar nicht durch. [Ina
4                 schüttetWasser aus Becher auf das Randstück des
5                 Moosgummideckels] Nur ein bisschen. NEIN. Moosgummi
6                 saugtWasser auf. Das ist immer noch da, wo es
7                 <letztes-
8    Ina          <aber es geht nicht durch.
9    Manuel       Nein, es geht NICHT durch. Also Moosgummi ist dafür
10                nichtso gut geeignet.
11                […]
12   Studentin1   Das geht- das Wasser geht aber ähm wie ihr schon
13                sagt,dass <das Wasser…
14   Ina          <nicht durch
14   Studentin1   …geht NIcht da durch. Das perlt ja da AB. (..)
16                […]
17   Studentin2   Also mit mit dem Moosgummi klappts halt einfach
18                DEShalbnicht, weil wir ja die Bierdeckel für
19                IRgendWAS bei diesem Experiment BRAUchen.
20   Ina          Damit das Wasser aufgesaugt wird.
```

Durch den Vorschlag, alternatives Material zu erproben, wird ein Parameterwechsel[11] vollzogen. Dadurch setzen die Studentinnen einen neuen Impuls, der auf die

---

10 Keine Luft im Becher wird von den Kindern als das Ausschließen von Luft interpretiert.
11 Veränderung einer Versuchseigenschaft.

für die Problemlösung entscheidende Eigenschaft des Bierdeckels hinweist: Er saugt Wasser auf. Die Erkenntnis von Manuel und Ina, dass im Gegensatz zum Bierdeckel das Wasser beim Moosgummi „nicht durchgeht" (Z. 8/9) wird von den Studentinnen aufgegriffen und genutzt, um darauf zu verweisen, dass der Bierdeckel im Experiment für "irgendetwas" gebraucht wird. Ina reflektiert daraufhin, dass es damit zu tun haben muss, dass er das Wasser „aufsaugt".

5 Schlussbetrachtung

Die exemplarisch aufgezeigte Experimentiersituation ist geprägt durch die Verwendung alltagssprachlicher Formulierungsmuster. Dies liegt darin begründet, dass das skizzierte Lernarrangement an sich nicht auf eine zunehmend dekontextualisierte Sprache fokussiert wird. Alle drei Kinder befinden sich im gleichen Handlungskontext und können sich auf das aufgebaute Experiment beziehen.

Sieht man sich die Experimentiersituation unter dem Gesichtspunkt des genetisch-sokratischen Lernens noch einmal genauer an, so wurde hier das Prinzip des Genetischen dahingehend umgesetzt, dass eine ‚irritierende' Ausgangsfrage ‚Kann Wasser auch nach oben fließen?' mit Lebensweltbezug (Funktionsweise eines Strohhalms) am Anfang der Lernsituation steht. Auch ermöglicht die vorbereitete Lernumgebung ein eigenaktives, selbstgesteuertes und selbstreflektiertes Handeln. Zu hinterfragen bleibt jedoch, ob die Kinder einen Einblick in die fachliche Klärung des Experimentes gewonnen haben. Orientiert an den Phasen des Scaffolding-Ansatzes wäre eine anschließende dekontextualisierte Reflexionseinheit ohne Materialien hilfreich gewesen, um von der kontextualisierten zur dekontextualisierten Beschreibung des Experiments zu gelangen. Losgelöst von der konkreten Experimentiersituation und geleitet durch die systematische Unterstützung in Form von Frageimpulsen (z. B. „Wozu dient der Bierdeckel im Experiment?"), exemplarischen Satzanfängen (z. B. „Wir haben beobachtet, dass…") oder bereitgestelltem Basis-Vokabular (z. B. Druckausgleich, Luftdruck, Kapillareffekt, Dichte, Volumen) durch die Studentinnen, hätten die Kinder die von ihnen entdeckten Wirkzusammenhänge präziser und strukturierter formulieren können.

Auch wäre nach dem Prinzip des Sokratischen bereits an früheren Schlüsselstellen ein Hinterfragen von Äußerungen („Wie meinst du das?") wie etwa die von Manuel („Man müsste irgendwie versuchen, dass die obere Luft in den unteren Becher geht. Dann dass das Wasser HOCHläuft") denkbar gewesen, um interaktiv den zugrundeliegenden Mechanismus (Transport von Wasser kann nur durch Austausch mit Luft geschehen) gemeinsam zu entdecken.

Das Prinzip des Exemplarischen ist hier in Ansätzen erkennbar. So ließe sich anmerken, dass das gewählte Experiment einen kognitiv sehr herausfordernden Charakter besitzt und besser am Ende einer Reihe von Experimenten stehen sollte (vgl. Köhnlein 2012, S. 125). Abschließend lässt sich festhalten, dass sich die Kinder im vorliegenden Beispiel beobachtend und spontan sprechend dem dargestellten Phänomen annähern, Fragen entwickeln und nach Erklärungen suchen. Ihre Äußerungen im Gruppengespräch machen ihre Vorstellungen und ihr Vorwissen sichtbar und zeigen zugleich, dass die dosierte Intervention der Studierenden hilfreich gewesen wäre, um daran anzuschließen. In einem genetisch-sokratischen Sachunterricht, der eine ganzheitliche Sprachbildung etwa durch das Prinzip des Scaffoldings verfolgt, geht es darum, Schülerinnen und Schüler dazu zu befähigen, aktiv und interaktiv von einer singulären „Sprache des Verstehens" zu einer regulären „Sprache des Verstandes" zu gelangen (s. o.). Diese Vorgehensweise stellt eine enorme Herausforderung für Lehrende dar; denn es bedarf nicht nur des entsprechenden fachwissenschaftlichen Hintergrundwissens, sondern auch einer prozess- und situationsorientierten Gesprächsfähigkeit und -sensibilität.

Literatur

Bainski, Ch., und M. Krüger-Potratz (Hrsg.). 2008. *Handbuch Sprachförderung.* Essen: Neue Deutsche Schule Verlag.
Combe, A., und U. Gebhard. 2012. *Verstehen im Unterricht. Die Rolle von Phantasie und Erfahrung.* Wiesbaden: Springer VS.
Combe A., und U. Gebhard. 2009. Irritation und Phantasie. Zur Möglichkeit von Erfahrungen in schulischen Lernprozessen. *Zeitschrift für Erziehungswissenschaft* 3: 549-571.
Cummins, J. 2000. *Language, power, and pedagogy: Bilingual children in the crossfire.* Clevedon, England: Multilingual Matters.
Cummins, J. 1991. Conversational and academic language proficiency in bilingual contexts. In Reading in Two Languages. *AILA-Review 8/91*, hrsg. J. H. Hulstijn, und J. F. Matter, 75-89.
Dehn, M. .2011. Elementare Schriftkultur und Bildungssprache. In *Migration und schulischer Wandel: Mehrsprachigkeit*, hrsg. S. Fürstenau, und M. Gomolla, 129-151. Wiesbaden: Springer VS.
Gogolin, I., und I. Lange. 2010. Bildungssprache und Durchgängige Sprachbildung. In *Migration und schulischer Wandel: Mehrsprachigkeit*, hrsg. S. Fürstenau, und M. Gomolla, 107-127. Wiesbaden: Springer VS.Gogolin, I., I. Dirim, T. Klinger, I. Lange, D. Lengyel, U. Michel, U. Neumann, H. H. Reich, H. J. Roth, und K. Schwippert. 2011. *Förderung von Kindern und Jugendlichen mit Migrationshintergrund FörMig: Bilanz und Perspektiven eines Modellprogramms. FörMig Edition 07.* Münster/New-York: Waxmann.

Koch, P., und W. Oesterreicher. 1994. Schriftlichkeit und Sprache. In *Schrift und Schriftlichkeit/Writing andItsUse. Ein interdisziplinäres Handbuch internationaler Forschung/An Interdisciplinary Handbook of International Research*, hrsg. H. Günther, und O. Ludwig, 587-604. Berlin/New York: de Gruyter.

Köhnlein, W. 2012. *Sachunterricht und Bildung*. Bad Heilbrunn: Klinkhardt.

Köhnlein, W. 2011. Die Bildungsaufgaben des Sachunterrichts und der genetische Zugriff auf die Welt. *GDSU-Journal* 1: 1-20.

Ladubbe, P., und M. Adamina. 2012. Kompetenzen fördern – Standards setzen: Naturwissenschaftliche Bildung in der Primarstufe. Kiel: IPN. http://www.sinus-an-grundschulen.de/fileadmin/uploads/Material_aus_SGS/Handreichung_LabuddeAdamina_web.pdf. Zugegriffen: 27.01.2015.

Leisen, J. 2012. Praktische Ansätze schulischer Sprachförderung: Der sprachsensible Fachunterricht. In *Begegnen, Verstehen, Zukunft sichern. Beiträge der Schule zu einem gelungenen kulturellen Miteinander*, hrsg. P. Bodensteiner, und A. Zöller, 29-42. Hanns Seidel Stiftung.

Lompscher, J., und E. Klewitz. 1997. Denken, Begriffsbildung, Problemlösen. In *Leben, Lernen und Lehren in der Grundschule*, hrsg. J. Lompscher, H. Nickel, G. Ries und G. Schulz, 222-242. Neuwied: Luchterhand.

Möller, K. 2007. Naturwissenschaftlicher Sachunterricht. Kindern beim Erlernen von Naturwissenschaften helfen. *Grundschulmagazin* 1: 8-10.

Pohl, T., und T. Steinhoff. 2010. Textformen als Lernformen. In *Textformen als Lernformen*, hrsg. T. Pohl und T. Steinhoff, 5-26. Duisburg: Gilles & Francke.

Portmann-Tselikas, P. R. , und S. Schmölzer-Eibinger. 2008. Textkompetenz. *In: Fremdsprache* Deutsch 39: 5-16.

Quehl, Th., und U. Trapp. 2013. *Sprachbildung im Sachunterricht der Grundschule. Mit dem Scaffolding-Konzept unterwegs zur Bildungssprache. FörMig Edition 04*. Münster/New-York: Waxmann.

Schmölzer-Eibinger, S. 2013. Sprache als Medium des Lernens im Fach. In *Sprache im Fach. Sprachlichkeit und fachliches Lernen*, hrsg. M. Becker-Motzek, K. Schramm, E. Thürmann, und H. J. Vollmer, 25-40. Münster/New York: Waxmann.

Schmölzer-Eibinger, S., M. Dorner, E. Langer, und M.-R. Helten-Pacher. 2013. *Sprachförderung im Fachunterricht in sprachlich heterogenen Klassen*. Stuttgart: Fillibach/Klett.

Schönknecht, G., und P. Maier. 2012. Diagnose und Förderung im Sachunterricht. Kiel: IPN. http://www.sinus-an-grundschulen.de/fileadmin/uploads/Material_aus_SGS/Handreichung_Schoenknecht_Maier.pdf. Zugegriffen: 27.01.2015.

Schuldt, C. 1988. Zur Genese des genetischen Lernens im Physikunterricht. In: *physicadidactica* 15: 3-19.

von Hentig, H. 2013. Einführung. In *Verstehen lehren: Genetisch – Sokratisch – Exemplarisch*, M. Wagenschein. 2. Aufl. Weinheim und Basel: Beltz.

Wagenschein, M. 1956. *Zum Begriff des Exemplarischen Lehrens*. Weinheim: Beltz.

Wagenschein, M. 1989. *Erinnerungen für Morgen – Eine pädagogische Autobiographie*. Weinheim und Basel: Beltz.

Wagenschein, M. 2010. *Kinder auf dem Wege zur Physik*. 2. Aufl. Weinheim und Basel: Beltz.

Wagenschein, Martin. 2013. *Verstehen lehren: Genetisch – Sokratisch – Exemplarisch*. 2. Aufl. Weinheim und Basel: Beltz.

Transkriptionslegende

=	schneller, unmittelbarer Anschluss neuer Beiträge/ Einheiten
[ ]	Überlappung und Simultansprechen
/	Redeabbruch
°h / h°	hörbares Ein- bzw. Ausatmen
(.)	Mikropause, geschätzt bis ca. 0.2 Sek. Dauer
(-)	kurze geschätzte Pause von ca. 0.2-0.5 Sek. Dauer
(--)	mittlere geschätzte Pause von ca. 0.5-0.8 Sek. Dauer
(---)	längere geschätzte Pause von ca. 0.8-1.0 Sek. Dauer
(4)	Pause (mit Angabe der Dauer in Sekunden)
:, ::, :::	Dehnung, je nach Dauer
akZENT	Primär- bzw. Hauptakzent
ak!ZENT!	extra starker Akzent
hm, ja, nein	einsilbige Signale
h_hm, ja_a	zweisilbige Signale

Intonation

?	hoch steigend
,	mittel steigend
-	gleichbleibend
;	mittel fallend
.	tief fallend

<<:)>so>	„Smilevoice"
<<erstaunt> bla>	interpretierende Kommentare mit Reichweite
<<hustend> bla>	sprachbegleitende Handlungen mit Reichweite
((hustet))	para-/außersprachliche Handlungen/Ereignisse

( )	unverständliche Passage
(solche)	vermuteter Wortlaut

(vgl. Selting et al. 2009)

Teilweise finden sich auch folgende Schreibweisen:

[hustet]	para-/außersprachliche Handlungen/Ereignisse
(...)	Pause, ein Punkt pro Sekunde
(4Sec.)	Pause mit Angabe der Länge
fett	Betonung
g e s p e r r t	Dehnung
>	Redeüberschneidung
/	heben der Stimme
\	senken der Stimme

Index

A

Adressierung 48, 54
Adressierung von SchülerInnen 30
Alltagssprache 269
Anpassung 180
Anschlüsse 18, 20, 24, 26, 31
Antinomien 137
Arbeiten, individuelle 162
Argument 244
Argumentation(en) 215, 228, 229, 245, 246, 248
Argumentation, kollektive 19
argumentieren, lernen zu 26

B

Bedenk- und Wartezeiten 23
Bedeutungen 61
Bedeutungskonstruktion 252
begründen 239
Begründungsprozesse 24
Bewertung, formative 163
Bewertung, summative 162
Beziehungsebene 25, 26
Bilderbuch 252
Bildungssprache 269

C

collaborative moves 25
community of inquiry 234
Container 114

D

Darstellung 180, 183, 184, 188
Denken, fragmentierendes 109
Denkfluss, kollektiver 246
Denkmuster, kollektive 107
Denkprozess 238
Denkprozess, kollektiver 234, 238
Denkprozess, partizipativer 234
Denk- und Arbeitsprozess, kollektiver 32
Diagnose 130
Dialekt 88
Dialog 93, 96, 104
dialogischer Charakter 40
Dialog, sokratischer 105, 235

E

Ein Schaf fürs Leben 251
Einzelsprachen 88
Eltern-Lehrer-Gespräche 196
Eltern-Lehrer-(Schüler)-Gesprächen 198
exemplarisch 272
Experiment 273

F

fachdidaktische Genauigkeit 152, 157
Fachsprache 88, 269
Fähigkeiten, kognitive 164
Fähigkeiten, metakognitive 164
Fähigkeiten, motivationale 165
Feedback, externes 164

Feedback, internes 164
Forschungsperspektive, ethnomethodologische 178
Fragen, Deep-Reasoning 20
Fragen, fundamentale 236
Fragenüberhang 20
Frageverhalten 157

G

Garant 228
genetisch 271
Gespräch, aufgabenbezogenes 213
Gespräch, bildendes 20, 31, 237
Gespräch, mathematisches 213, 214, 228
Gespräch, textbezogenes 252
Gesprächsanalyse 181
Gesprächsbeitrag 38
Gesprächsfähigkeit 32
Gesprächsimpulse 252
Gesprächspausen 245, 246
Gesprächssequenzen 39
Gesprächsstruktur, reziproke 20
Gesprächs- und Fachkompetenz 157
Gesprächsverlauf 38, 43
Gesprächsverläufe, diskursive 214

H

habit beliefs 65
habit of learning 66
Handlungsschema 129
Hierarchie 205
Hinwenden zum Anderen 106
Hörer 37, 40, 41, 48, 54
Hörersignale 41

I

Imagewahrung 27
inhaltliche Klarheit 157
inquiry 66
institutionelle Prägung 27
Instructional design 29
Interaktion, polyadische 48
Interaktionsanalyse 217
Interaktionsprozess, sozialer 19
Interpretationskompetenz 229

Inszenierung, schulische 27
I-R-E-Inszenierungsmuster 46, 54

J

joint construction 25
joint meaning making 25, 26

K

Kernphase 218, 219
Ko-Konstruktion 25, 26
konstruktiv 271
Kontext, fachlicher 157
Kontextarten der Sprache 88
Kontextbezug 157
kontingent 32
Kontrolle 179, 180, 191
Kunst des Fragens 20

L

learning habits 66
Lehrerausbildung 139
LehrerInnenfragen, kognitives Niveau 21, 24
Lehrer-Schüler-Eltern Gespräche 27
Lehrer-Schüler-Interaktion 28
Leistungsbeurteilung 180
Lernbedingungen, äußere 165
Lernbegriff 18
Lernberatung 125
Lernberatungsgespräche 31
Lernchancen 152
Lernen 61
Lernen, forschendes 32
Lernen, literarisches 252
Lernen, selbstbestimmtes 163
Lernen, selbstreguliertes 163
Lernentwicklung 11, 177, 178, 180, 182, 189, 190, 204
Lernentwicklungsgespräche 27, 177, 181
Lerngegenstände 133
Lerngespräch 157
Lernkarten 152
Lernordnung 189, 190
Lernpartner 213, 216, 218, 219, 228
Lernpartnerschaften 213, 223

Lernprodukte 162
Lernprozess(e) 20, 144
Lernprozesse, fachliche 157
Lernprozesse, Verantwortung 145

M

Mathekonferenz 223, 224, 227
Melderitual 38, 41
Metakompetenzen 118
methodischer Zugang 21

N

Nachdenklichkeit 245
Neues 18
Normativität 191

O

Objekte 61
Ordnung, pädagogische 29
Ordnungen 178, 181, 182
Organisation und Interaktion 31, 32
Orientierungen, normative 190
Orientierung, thematische 40, 42

P

Partizipation 19, 21, 24, 26, 144, 157, 233, 236, 237, 240, 245, 247
Partizipationsmodell 39, 48
Partizipationsmöglichkeiten 37, 39, 58
Partner- und Gruppenarbeiten 214
Pausen 246
Peerbühne 27
Portfolioarbeit 161
Präsentation 161
Praktiken, dialogische 115
Problemlösegespräche, kollektive 216
Problemlösegespräche, mathematische 221
Problemlösen, kollektives 219
Problemlöseprozess 218
Problemlöseprozess, kollektiver 214, 223
Produktionsdesign 48, 49, 57
Produktivmachen 20, 31
Produzentendesign 245
Prozessqualität 17, 18, 31

Prozess- und Zielorientierung 32

R

Reflexion 157, 162
Reflexion des Lernens 151
Reflexionsprozess 152
Regulation des Lernens 179
rekonstruktiv 182
Relationalität 246
Revoicing 22
Rezipienten 48, 54
Rezipientendesign 48, 54, 55
Reziprozität 222, 228, 237, 245
Rückmeldungen 162

S

Scaffolding-Ansatz 270
Scaffolding-Prozesse 23, 24
SchülerInnenantworten, Qualität 24
SchülerInnenfragen 20
Schülerselbsteinschätzung 179, 181, 188, 189
Schulsprache 28, 32
Selbsteinschätzung 157
Semiotik 69
Sequenzanalysen 182
Sinnkonstitution, gemeinsame 19
Sinnkonstruktion, kollektive 237
Sinnüberschuss 237
sokratisch 272
soziale und peerkulturelle Aktivitäten 32
Soziolekt 88
Spannungsfeld 247
Sprecher 37, 40, 41, 48
Sprecherrolle, funktionale 50
Sprecherwahl, potentielle 41
Sprecherwechsel 41
Sprechpausen 237
Stützung 215, 228
Suspendieren 237

T

Teilnahme 214
Thema, kollektiv erzeugtes 217
Thema, mathematisches 216

U

Uneindeutigkeiten 246
Unterricht, individualisierender 125
Unterricht, individualisierter 179, 180, 190
Unterricht als Sprachspiel 28
Unterrichtsbühne 27
Unterrichtsentwicklung 162
Unterrichtsforschung, interpretative 26
Unterweisungssituation 201

V

Verantwortlichkeit 48, 49, 50, 51, 58
Verantwortung 197
Verantwortungszuweisung 204
Verhältnis von Elternhaus und Schule 195
Verstehen 18, 19, 21, 24, 272
Verstehensprozesse 20
Videostudie 21
Vielsprachigkeit 84
Vorlesegespräch 251
Vorlesesituationen 252

W

Wartezeiten 237, 246

Z

Zeichen 61
Zuhörer 48, 54, 55, 57
Zusammenarbeit zwischen Eltern und
    Lehrkräften 195

Autor/inn/en

Mechtild Beucke-Galm, Geschäftsführende Gesellschafterin, Institut für Organisationsberatung und Dialog GmbH, Hansaallee 18, 60322 Frankfurt am Main, Hessen, beucke-galm@io-d.de

Dr. Heike de Boer, Professorin für Grundschulpädagogik, Institut für Grundschulpädagogik, Universität Koblenz-Landau, Campus Koblenz, Universitätsstraße 1, 56070 Koblenz, Rheinland-Pfalz, hdeboer@uni-koblenz.de

Marina Bonanati, Wissenschaftliche Mitarbeiterin, Institut für Grundschulpädagogik, Universität Koblenz-Landau, Campus Koblenz, Universitätsstraße 1, 56070 Koblenz, Rheinland-Pfalz, bonanati@uni-koblenz.de

Dr. Karin Bräu, Professorin für Schulpädagogik, Institut für Erziehungswissenschaft, Universität Mainz, Jakob-Welder-Weg 12, 55128 Mainz, Rheinland-Pfalz, braeu@uni-mainz.de

Dr. Birgit Brandt, Vertretung der Professur, Zentrum für Lehrerbildung, Professur für Grundschuldidaktik Mathematik, TU Chemnitz, 09111 Chemnitz, Sachsen, birgit.brandt@zlb.tu-chemnitz.de

Marek Breuning, Grundschullehrer, Bahnhofstraße 37, 56766 Ulmen, Rheinland-Pfalz, breuning@skolnet.de

Ulrike Eschrich, Wissenschaftliche Mitarbeiterin, Institut für Grundschulpädagogik, Universität Koblenz-Landau, Campus Koblenz, Universitätsstraße 1, 56070 Koblenz, Rheinland-Pfalz, eschrich@uni-koblenz.de

Malte Fischer, Malte Fischer, Grundschullehrer, Offene Ganztagsschule Gottfried Kinkel, Kastellstraße 31, 53227 Bonn, Nordrhein-Westfalen, fischmalte@web.de

Catharina Fuhrmann, Promotionsstipendiatin der Stipendienstiftung Rheinland-Pfalz, Institut für Grundschulpädagogik, Universität Koblenz-Landau, Campus Koblenz, Universitätsstraße 1, 56070 Koblenz, Rheinland-Pfalz, cfuhrmann@uni-koblenz.de

Dr. Susanne Gölitzer, Privatdozentin, Institut für deutsche Sprache und Literatur, PH Heidelberg, Rektorin an der Gesamtschule IGS-West, Palleskestr. 20, 65929 Frankfurt a. M., goelitzer@fechter-goelitzer.de

Dr. Frauke Grittner, Professorin für Grundschulentwicklung und Integrativen Sachunterricht, Institut für Erziehungswissenschaft, Universität Kassel, Nora-Platiel-Straße 1, 34127 Kassel, Hessen, grittner@uni-kassel.de

Gyde Höck, Studienseminar Frankfurt, Stuttgarter Straße 18-24, 60329 Frankfurt, Hessen, ghoeck@t-online.de

Claudia Knapp, Grundschullehrerin, Paul-Gerhardt-Grundschule, Neustraße 45, 53225 Bonn, Nordrhein-Westfalen, Claudia-Knapp@gmx.net

Dr. Roswitha Lehmann-Rommel, Akademische Mitarbeiterin, Institut für Erziehungswissenschaft, PH Freiburg, Kunzenweg 21, 79117 Freiburg, Baden-Württemberg, lehmann@ph-freiburg.de

Dr. Daniela Merklinger, Professorin für Grundschulpädagogik, Institut für Grundschulpädagogik, Universität Koblenz-Landau, Campus Koblenz, Universitätsstraße 1, 56070 Koblenz, Rheinland-Pfalz, merklinger@uni-koblenz.de

Marie-Christin Wagner, Grundschullehrerin, Schulamt Leverkusen, Goetheplatz 1-4, 51379 Leverkusen, Nordrhein-Westfalen, mariewagner1708@aol.com

The manufacturer's authorised representative in the EU is Springer Nature Customer Service Centre GmbH, Europaplatz 3, 69115 Heidelberg, Germany. If you have any concerns regarding our products, please contact ProductSafety@springernature.com

Printed and bound by CPI Group (UK) Ltd, Croydon, CR0 4YY

23/03/2026

02076738-0006